2025

물류 관리사

물류관련법규

Since 2006
누적판매
1위

최신기출
개정법령
완벽반영

물류관리사 분야의 바이블!

- 2024년 28회 기출문제 ⊕ 상세한 해설 수록
- '기초개념 → 전문 내용 → 신유형'의 3단계 구성

시험안내

물류관리사 개요

1 물류관리사란?

물류 관련 업무의 전문가로서, 물류의 전반적인 과정을 기획하고 관리하는 역할을 수행합니다. 물류관리사의 주된 업무는 물품의 수송, 보관, 하역, 포장, 유통, 국제물류 등을 체계적으로 관리하여 비용을 절감하고 효율성을 극대화하는 것입니다.

물류관리사 자격증은 국가공인 자격증으로, 한국산업인력공단이 주관하는 시험에 합격해야 취득할 수 있습니다. 물류 전문가로서의 전문성을 인정받기 위한 필수 자격증이라고 할 수 있습니다.

2 물류관리사 자격증이 필요한 사람들

① 물류 분야 취업을 원하는 취업 준비생

② 물류 실무자로서 자격증과 이론에 대한 지식이 필요한 직장인

③ 인사고과 및 승진을 위한 직장인 등

3 물류관리사의 수행업무

물류관리사는 물류관리에 대한 전문적인 지식을 가지고 원자재의 조달에서부터 물품의 생산, 보관, 포장, 가공, 유통에 이르기까지 물류가 이동되는 전체영역의 업무를 수행합니다.

4 물류관리사의 진로 및 전망

물류관리사는 물류관련 정부투자기관이나 공사, 운송 · 유통 · 보관 전문회사, 대기업 또는 중소기업의 물류 관련 부서(물류, 구매, 자재, 수송 등), 물류연구기관에 취업이 가능하다. 물류는 대부분의 주요 기업 활동을 포함하고 있으므로 대기업, 중소기업 및 공기업 모두 물류관리사를 요구하고 있다.

또한, 각계 전문기관에서 물류부문을 전자상거래와 함께 유망직종 중의 하나로 분류하고 있으며, 정부 차원에서는 국가물류기본계획을 수립하여 우리나라가 지향하는 물류미래상을 제시하고 세계 속에서 경쟁할 수 있는 물류전문인력을 양성 · 보급한다는 장기 비전을 제시하고 있다. 이러한 현 상황과 기업에서의 물류비용의 증가가 국제경쟁력 약화의 중요 원인임을 인식하고 물류 전담부서를 마련하고 있는 추세에서 물류전문가는 부족한 실정이어서 고용 전망이 매우 밝다.

시험정보

1 시험과목 및 배정

<table>
<tr><th>교시</th><th>시험과목</th><th>세부사항</th><th>문항수</th><th>시험시간</th><th>시험방법</th></tr>
<tr><td rowspan="3">1</td><td>물류관리론</td><td>물류관리론 내의 「화물운송론」, 「보관하역론」 및 「국제물류론」은 제외</td><td rowspan="3">과목당
40문항
(총 120문항)</td><td rowspan="3">120분
(09:30~11:30)</td><td rowspan="5">객관식
5지선택형</td></tr>
<tr><td>화물운송론</td><td>–</td></tr>
<tr><td>국제물류론</td><td>–</td></tr>
<tr><td rowspan="2">2</td><td>보관하역론</td><td>–</td><td rowspan="2">과목당
40문항
(총 80문항)</td><td rowspan="2">80분
(12:00~13:20)</td></tr>
<tr><td>물류관련법규</td><td>「물류정책기본법」, 「물류시설의 개발 및 운영에 관한 법률」, 「화물자동차운수사업법」, 「항만운송사업법」, 「농수산물유통 및 가격안정에 관한 법률」 중 물류 관련 규정</td></tr>
</table>

※ 물류관련법규는 시험 시행일 현재 시행 중인 법령을 기준으로 출제함
(단, 공포만 되고 시행되지 않은 법령은 제외)

2 합격기준

매 과목 100점을 만점으로 하여 매 과목 40점 이상, 전 과목 평균 60점 이상 득점한 자

3 응시정보

- 응시자격 : 제한없음
- 주무부서 : 국토교통부
- 시행처 : 한국산업인력공단
- 응시수수료 : 20,000원
- 과목면제 : 물류관리론(화물운송론 · 보관하역론 및 국제물류론은 제외) · 화물운송론 · 보관하역론 및 국제물류론에 관한 과목이 개설되어 있는 대학원에서 해당 과목을 모두 이수(학점을 취득한 경우로 한정한다)하고 석사학위 이상의 학위를 받은 자는 시험과목 중 물류관련법규를 제외한 과목의 시험을 면제

※ 정확한 내용은 국가자격시험 물류관리사 (www.q-net.or.kr) 에서 확인

시험안내

물류관리사 시험 통계

1 최근 5개년 응시율 및 합격률

구분	접수자	응시자	응시율	합격자	합격률
제24회(2020년)	8,028명	5,879명	73.23%	2,582명	43.92%
제25회(2021년)	9,122명	6,401명	70.17%	3,284명	51.30%
제26회(2022년)	9,803명	6,053명	61.74%	2,474명	40.87%
제27회(2023년)	11,164명	6,816명	61.05%	3,304명	48.47%
제28회(2024년)	12,435명	7,186명	57.78%	3,448명	47.98%
총계	50,552명	32,335명	63.9%	15,092명	46.6%

2 과목별 채점결과(2024년 제28회)

(단위 : 명, 점, %)

구분	응시자수	평균점수	과락자수	과락률
물류관리론	7,142명	63.12점	438명	6.13%
화물운송론	7,142명	67.01점	491명	6.87%
국제물류론	7,142명	53.74점	1,049명	14.69%
보관하역론	7,094명	71.35점	219명	3.09%
물류관련법규	7,138명	43.60점	2,816명	39.45%

※ '과락자'는 40점미만 득점자를 뜻함

3 2025년 물류관리사 시험일정

회차	자격명	원서접수	추가접수	시험 시행일	합격자 발표일
29회	물류관리사	6.16 ~ 6.20	7.17 ~ 7.18	7.26(토)	8.27(수)

합격 수기

노베이스라도 단기 합격 가능!

합격생 우O영

비전공자로서, 물류와 무역에 대한 기초 지식이 전혀 없는 상태에서 시작했지만, 신지원에듀의 단기완성으로 단기간에 합격할 수 있었습니다.
평균 82점, 비전공자임에도 불구하고 짧은 시간 안에 합격할 수 있었던 건 신지원에듀의 체계적인 교재와 강의 덕분이라고 생각합니다.
강사님들이 중요한 부분을 깔끔하게 정리해 주셔서
단기간에 핵심 이론을 파악할 수 있었어요.

비전공자 직장인, 합격은 누구에게나 열려있습니다.

합격생 정O운

부서 내 물류관리사 시험에 준비하는 분을 통해 EBS물류관리사를 추천받았고 구매 전 오랜시간 고민하고 검색해본 결과 신지원에듀를 믿고 가도 되겠다는 확신이 생겼습니다. (확신의 근거 : 개정법령 강의, 합격생 요점노트 공유, 5개년 기출문제 해설, 체계적으로 구성된 단기완성 교재, 세세한 설명과 문제풀이) 신지원에듀를 선택한 저의 확신은 스스로에게 동기부여가 되었고,
그 결과를 합격으로 증명했습니다.

합격! 신지원에듀와 함께라면 가능합니다.

합격생 임O준

타사의 책과 OT강의를 비교하다가 신지원에듀로 결정하게 되었습니다. 세세한 설명의 교재와 꼼꼼한 강의 덕분에 다른 곳에 눈돌리지 않고 시험 직전까지 공부를 잘 마무리할 수 있었습니다.
중요도와 빈출표기가 명확하여 공부방향을 잘 잡을 수 있었고 시험 직전 제공하는 신지원에듀의 양질의 핵심노트와 개정법령 제공은 합격에 확신을 주었습니다.
평균 78점으로 여유있게 합격했습니다.

더 많은
합격수기 보기

미리보기

쉬운 이해와 간편한 정리_이론 구성

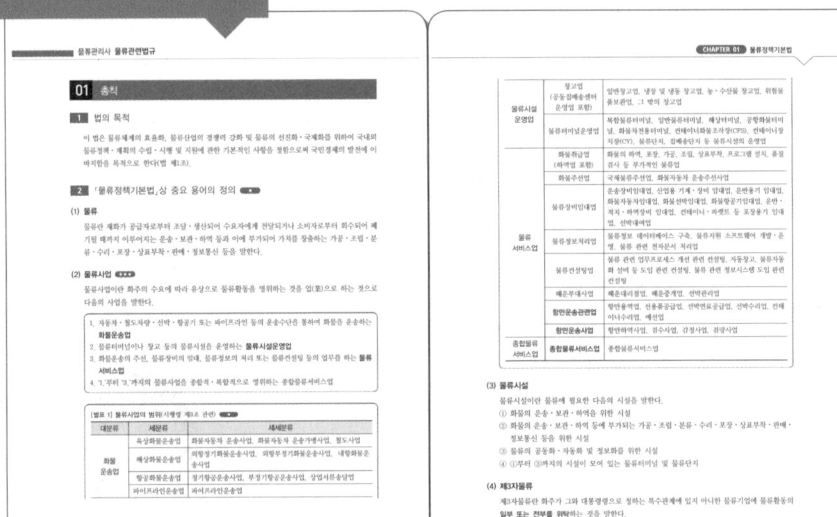

물류관리사 **물류관련법규**

01 총칙

1 법의 목적

이 법은 물류체계의 효율화, 물류산업의 경쟁력 강화 및 물류의 선진화·국제화를 위하여 국내외 물류정책·계획의 수립·시행 및 지원에 관한 기본적인 사항을 정함으로써 국민경제의 발전에 이바지함을 목적으로 한다(법 제1조).

2 「물류정책기본법」상 중요 용어의 정의

(1) 물류

물류란 재화가 공급자로부터 조달·생산되어 수요자에게 전달되거나 소비자로부터 회수되어 폐기될 때까지 이루어지는 운송·보관·하역 등과 이에 부가되어 가치를 창출하는 가공·조립·분류·수리·포장·상표부착·판매·정보통신 등을 말한다.

(2) 물류사업

물류사업이란 화주의 수요에 따라 유상으로 물류활동을 영위하는 것을 업(業)으로 하는 것으로 다음의 사업을 말한다.

1. 자동차·철도차량·선박·항공기 또는 파이프라인 등의 운송수단을 통하여 화물을 운송하는 **화물운송업**
2. 물류터미널이나 창고 등의 물류시설을 운영하는 **물류시설운영업**
3. 화물운송의 주선, 물류장비의 임대, 물류정보의 처리 또는 물류컨설팅 등의 업무를 하는 **물류서비스업**
4. '1.'부터 '3.'까지의 물류사업을 종합적·복합적으로 영위하는 종합물류서비스업

[별표 1] 물류사업의 범위(시행령 제3조 관련)

대분류	세분류	세세분류
화물운송업	육상화물운송업	화물자동차 운송사업, 화물자동차 운송가맹사업, 철도사업
	해상화물운송업	외항정기화물운송사업, 외항부정기화물운송사업, 내항화물운송사업
	항공화물운송업	정기항공운송사업, 부정기항공운송사업, 상업서류송달업
	파이프라인운송업	파이프라인운송업
물류시설운영업	창고업(공동집배송센터 운영업 포함)	일반창고업, 냉장 및 냉동 창고업, 농·수산물 창고업, 위험물품보관업, 그 밖의 창고업
	물류터미널운영업	복합물류터미널, 일반물류터미널, 해상터미널, 공항화물터미널, 화물차전용터미널, 컨테이너화물조작장(CFS), 컨테이너장치장(CY), 물류단지, 집배송단지 등 물류시설의 운영업
물류서비스업	화물취급업(하역업 포함)	화물의 하역, 포장, 가공, 조립, 상표부착, 프로그램 설치, 품질검사 등 부가적인 물류업
	화물주선업	국제물류주선업, 화물자동차 운송주선사업
	물류장비임대업	운송장비임대업, 산업용 기계·장비 임대업, 운반용기 임대업, 화물자동차임대업, 화물선박임대업, 화물항공기임대업, 운반·적치·하역장비 임대업, 컨테이너·파렛트 등 포장용기 임대업, 선박대여업
	물류정보처리업	물류정보 데이터베이스 구축, 물류지원 소프트웨어 개발·운영, 물류 관련 전자문서 처리업
	물류컨설팅업	물류 관련 업무프로세스 개선 관련 컨설팅, 자동창고, 물류자동화 설비 등 도입 관련 컨설팅, 물류 관련 정보시스템 도입 관련 컨설팅
	해운부대사업	해운대리점업, 해운중개업, 선박관리업
	항만운송관련업	항만용역업, 선용품공급업, 선박연료공급업, 선박수리업, 컨테이너수리업, 예선업
	항만운송사업	항만하역사업, 검수사업, 감정사업, 검량사업
종합물류서비스업	**종합물류서비스업**	종합물류서비스업

4

CHAPTER 01 물류정책기본법

(3) 물류시설

물류시설이란 물류에 필요한 다음의 시설을 말한다.

① 화물의 운송·보관·하역을 위한 시설
② 화물의 운송·보관·하역 등에 부가되는 가공·조립·분류·수리·포장·상표부착·판매·정보통신 등을 위한 시설
③ 물류의 공동화·자동화 및 정보화를 위한 시설
④ ①부터 ③까지의 시설이 모여 있는 물류터미널 및 물류단지

(4) 제3자물류

제3자물류란 화주가 그와 대통령령으로 정하는 특수관계에 있지 아니한 물류기업에 물류활동의 **일부 또는 전부를 위탁**하는 것을 말한다.

5

주요 내용은 다시 한번_핵심포인트 및 TIP

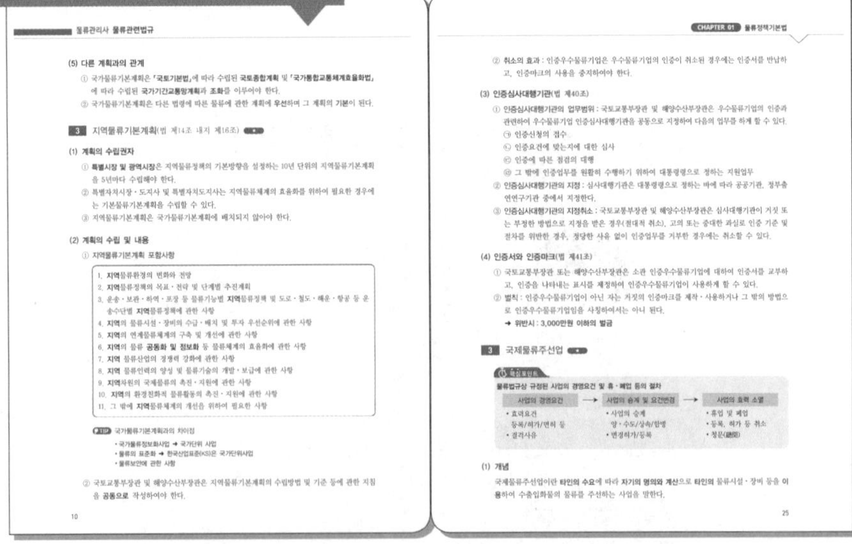

물류관리사 **물류관련법규**

(5) 다른 계획과의 관계

① 국가물류기본계획은 **「국토기본법」**에 따라 수립된 **국토종합계획** 및 **「국가통합교통체계효율화법」**에 따라 수립된 **국가기간교통망계획**과 **조화**를 이루어야 한다.
② 국가물류기본계획은 다른 법령에 따른 물류에 관한 계획에 **우선**하며 그 계획의 **기본**이 된다.

3 지역물류기본계획(법 제14조 내지 제16조)

(1) 계획의 수립권자

① **특별시장 및 광역시장**은 지역물류정책의 기본방향을 설정하는 10년 단위의 지역물류기본계획을 5년마다 수립해야 한다.
② 특별자치시장·도지사 및 특별자치도지사는 지역물류체계의 효율화를 위하여 필요한 경우에는 기본물류기본계획을 수립할 수 있다.
③ 지역물류기본계획은 국가물류기본계획에 배치되지 않아야 한다.

(2) 계획의 수립 및 내용

① 지역물류기본계획 포함사항

1. **지역**물류환경의 변화와 전망
2. **지역**물류정책의 목표·전략 및 단계별 추진계획
3. 운송·보관·하역·포장 등 물류기능별 **지역**물류정책 및 도로·철도·해운·항공 등 운송수단별 **지역**물류정책에 관한 사항
4. **지역**의 물류시설·장비의 수급·배치 및 투자 우선순위에 관한 사항
5. **지역**의 연계물류체계의 구축 및 개선에 관한 사항
6. **지역**의 물류 **공동화 및 정보화** 등 물류체계의 효율화에 관한 사항
7. **지역** 물류산업의 경쟁력 강화에 관한 사항
8. **지역** 물류인력의 양성 및 물류기술의 개발·보급에 관한 사항
9. **지역**차원의 국제물류의 촉진·지원에 관한 사항
10. **지역**의 환경친화적 물류활동의 촉진·지원에 관한 사항
11. 그 밖에 **지역**물류체계의 개선을 위하여 필요한 사항

TIP 국가물류기본계획과의 차이점

- 국가물류정보화사업 → 국가단위 사업
- 물류의 표준화 → 한국산업표준(KS)은 국가단위사업
- 물류보안에 관한 사항

② 국토교통부장관 및 해양수산부장관은 지역물류기본계획의 수립방법 및 기준 등에 관한 지침을 **공동으로** 작성하여야 한다.

10

CHAPTER 01 물류정책기본법

② **취소의 효과** : 인증우수물류기업은 우수물류기업의 인증이 취소된 경우에는 인증서를 반납하고, 인증마크의 사용을 중지하여야 한다.

(3) 인증심사대행기관(법 제40조)

① **인증심사대행기관의 업무범위** : 국토교통부장관 및 해양수산부장관은 우수물류기업의 인증과 관련하여 우수물류기업 인증심사대행기관을 공동으로 지정하여 다음의 업무를 하게 할 수 있다.
㉠ 인증신청의 접수
㉡ 인증요건에 맞는지에 대한 심사
㉢ 인증에 따른 점검의 대행
㉣ 그 밖에 인증업무를 원활히 수행하기 위하여 대통령령으로 정하는 지원업무
② **인증심사대행기관의 지정** : 심사대행기관은 대통령령으로 정하는 바에 따라 공공기관, 정부출연연구기관 중에서 지정한다.
③ **인증심사대행기관의 지정취소** : 국토교통부장관 및 해양수산부장관은 심사대행기관이 거짓 또는 부정한 방법으로 지정을 받은 경우(절대적 취소), 고의 또는 중대한 과실로 인증 기준 및 절차를 위반한 경우, 정당한 사유 없이 인증업무를 거부한 경우에는 취소할 수 있다.

(4) 인증서와 인증마크(법 제41조)

① 국토교통부장관 또는 해양수산부장관은 소관 인증우수물류기업에 대하여 인증서를 교부하고, 인증을 나타내는 표시를 제정하여 인증우수물류기업이 사용하게 할 수 있다.
② 벌칙 : 인증우수물류기업이 아닌 자는 거짓의 인증마크를 제작·사용하거나 그 밖의 방법으로 인증우수물류기업임을 사칭하여서는 아니 된다.
→ 위반시 : 3,000만원 이하의 벌금

3 국제물류주선업

핵심포인트

물류법규상 규정된 사업의 경영요건 및 휴·폐업 등의 절차

사업의 경영요건 → 사업의 승계 및 요건변경 → 사업의 효력 소멸

- 효력요건 등록/허가/면허 등
- 결격사유

- 사업의 승계 양·수도/상속/합병
- 변경허가/등록

- 휴업 및 폐업
- 등록, 허가 등 취소
- 청문(聽聞)

(1) 개념

국제물류주선업이란 **타인의 수요**에 따라 **자기의 명의와 계산**으로 **타인의** 물류시설·장비 등을 **이용**하여 수출입화물의 물류를 주선하는 사업을 말한다.

25

「법의 흐름도」로 기초, [기출&실력 다잡기]로 마무리

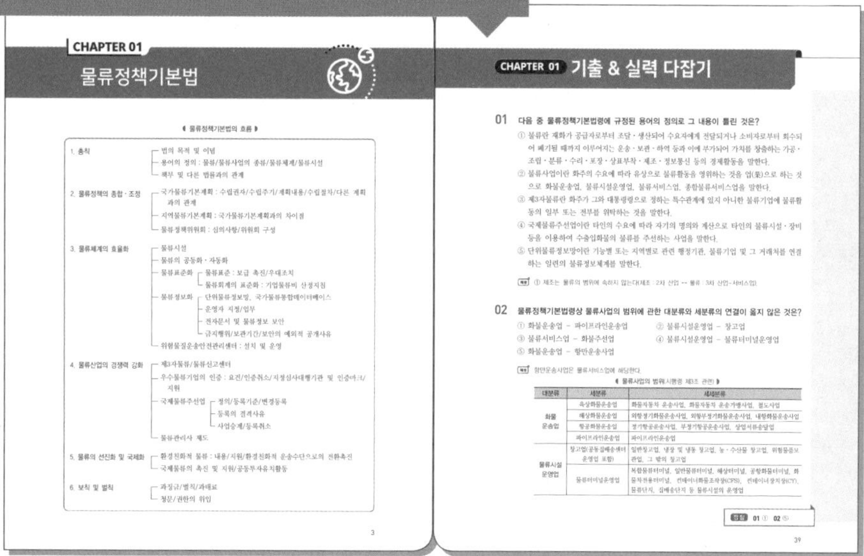
CHAPTER 01

물류정책기본법

《 물류정책기본법의 흐름 》

CHAPTER 01 기출 & 실력 다잡기

01 다음 중 물류정책기본법령에 규정된 용어의 정의로 그 내용이 틀린 것은?

02 물류정책기본법령상 물류사업의 범위에 관한 대분류와 세분류의 연결이 옳지 않은 것은?

최신 기출문제_부록

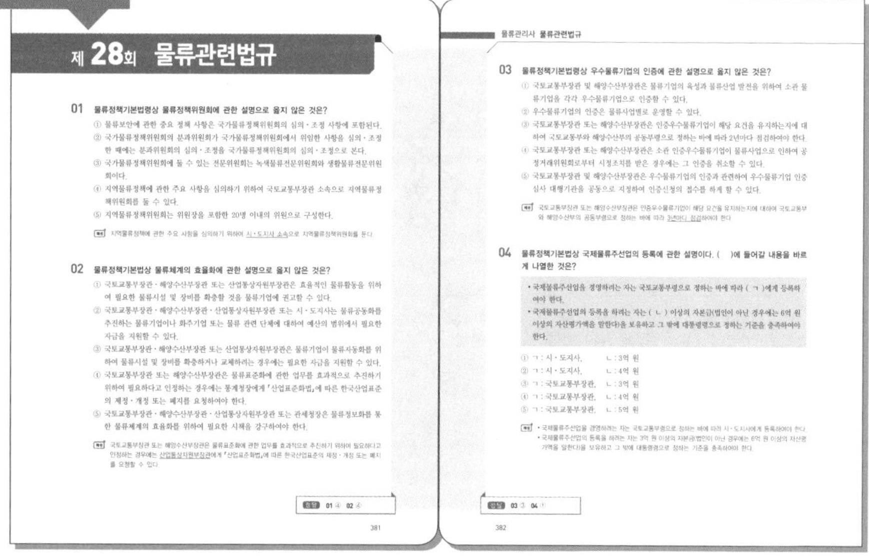
제 28회 물류관련법규

01 물류정책기본법령상 물류정책위원회에 관한 설명으로 옳지 않은 것은?

02 물류정책기본법령상 물류체계의 효율화에 관한 설명으로 옳지 않은 것은?

물류관리사 물류관련법규

03 물류정책기본법령상 우수물류기업의 인증에 관한 설명으로 옳지 않은 것은?

04 물류정책기본법령상 국제물류주선업의 등록에 관한 설명이다. ( )에 들어갈 내용을 바르게 나열한 것은?

출제경향 및 수험대책

기출 분석

물류관련법규 주요 영역별 출제문항 수

(단위 : 문항수)

주요 영역 \ 연도	2020	2021	2022	2023	2024	합계	비율(%)
물류정책기본법	8	8	8	8	8	40	20
물류시설의 개발 및 운영에 관한 법률	8	8	8	8	8	40	20
유통산업발전법	5	5	5	5	5	25	12.5
화물자동차 운수사업법	10	10	10	10	10	50	25
철도사업법	4	4	4	4	4	20	10
항만운송사업법	3	3	3	3	3	15	7.5
농수산물 유통 및 가격안정에 관한 법률	2	2	2	2	2	10	5
총계(문항수)	40	40	40	40	40	200(문항)	100(%)

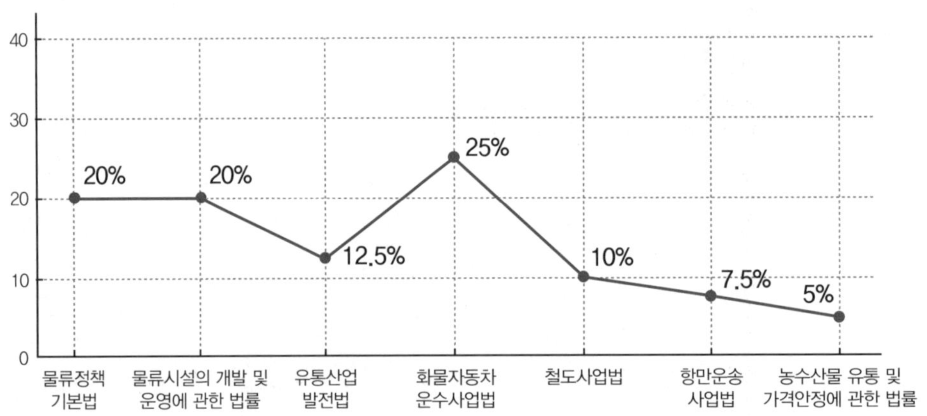

학습방법

물류관련법규는 물류관리사 5과목 중에서도 가장 난이도가 높은 과목으로 꼽힙니다. 다른 과목들은 일정 부분 중복되는 내용이 있는 반면, 물류관련법규는 법조문을 이해하고 암기해야 하는 특성상 짧은 수험 기간 안에 많은 부담을 줄 수밖에 없습니다.
이러한 이유로 매년 법규 과목에서 과락이 많이 발생하고, 평균 60점 이상을 받았음에도 불구하고 법규 과목에서의 과락으로 인해 합격하지 못하는 경우가 빈번합니다.

저자는 오랜 강의 경험과 노하우를 바탕으로, 수험자들이 과락을 피하고 안정적인 점수를 확보할 수 있도록 돕고자 노력했습니다.
첫째, 빈출되고 중요한 내용을 강조하여 학습자들이 그 내용을 중심으로 공부할 수 있도록 설명했습니다.
둘째, 주요 기출문제를 다수 수록하고 그에 대한 자세한 설명을 첨부하여 실전에서 실력을 발휘할 수 있도록 준비했습니다.

매년 개정되는 법규 사항도 조금만 신경 써서 공부하신다면, 법규 과목 또한 충분히 극복할 수 있는 작은 장애물에 불과할 것입니다.
여러분들의 합격을 진심으로 기대하며, 항상 긍정적인 마인드로 임해 주시길 바랍니다.

저자 전표훈

차례

CHAPTER 06 항만운송사업법

CHAPTER 07 농수산물 유통 및 가격안정에 관한 법률

부 록

물류관리사

CHAPTER

01

물류정책기본법

※ 「물류관련법규」는 과목 특성상 법이 자주 개정되므로
국가법령정보센터 또는 신지원 홈페이지의 업데이트 내용을 참고하십시오.

물류관리사

CHAPTER 01

물류정책기본법

⟪ 물류정책기본법의 흐름 ⟫

1. 총칙
   - 법의 목적 및 이념
   - 용어의 정의 : 물류/물류사업의 종류/물류체계/물류시설
   - 책무 및 다른 법률과의 관계

2. 물류정책의 종합・조정
   - 국가물류기본계획 : 수립권자/수립주기/계획내용/수립절차/다른 계획과의 관계
   - 지역물류기본계획 : 국가물류기본계획과의 차이점
   - 물류정책위원회 : 심의사항/위원회 구성

3. 물류체계의 효율화
   - 물류시설
   - 물류의 공동화・자동화
   - 물류표준화
     - 물류표준 : 보급 촉진/우대조치
     - 물류회계의 표준화 : 기업물류비 산정지침
   - 물류정보화
     - 단위물류정보망, 국가물류통합데이터베이스
     - 운영자 지정/업무
     - 전자문서 및 물류정보 보안
     - 금지행위/보관기간/보안의 예외적 공개사유
   - 위험물질운송안전관리센터 : 설치 및 운영

4. 물류산업의 경쟁력 강화
   - 제3자물류/물류신고센터
   - 우수물류기업의 인증 : 요건/인증취소/지정심사대행기관 및 인증마크/지원
   - 국제물류주선업
     - 정의/등록기준/변경등록
     - 등록의 결격사유
     - 사업승계/등록취소
   - 물류관리사 제도

5. 물류의 선진화 및 국제화
   - 환경친화적 물류 : 내용/지원/환경친화적 운송수단으로의 전환촉진
   - 국제물류의 촉진 및 지원/공동투자유치활동

6. 보칙 및 벌칙
   - 과징금/벌칙/과태료
   - 청문/권한의 위임

01 총칙

1 법의 목적

이 법은 물류체계의 효율화, 물류산업의 경쟁력 강화 및 물류의 선진화·국제화를 위하여 국내외 물류정책·계획의 수립·시행 및 지원에 관한 기본적인 사항을 정함으로써 국민경제의 발전에 이바지함을 목적으로 한다(법 제1조).

2 「물류정책기본법」상 중요 용어의 정의 ★

(1) 물류

물류란 재화가 공급자로부터 조달·생산되어 수요자에게 전달되거나 소비자로부터 회수되어 폐기될 때까지 이루어지는 운송·보관·하역 등과 이에 부가되어 가치를 창출하는 가공·조립·분류·수리·포장·상표부착·판매·정보통신 등을 말한다.

(2) 물류사업 ★★★

물류사업이란 화주의 수요에 따라 유상으로 물류활동을 영위하는 것을 업(業)으로 하는 것으로 다음의 사업을 말한다.

1. 자동차·철도차량·선박·항공기 또는 파이프라인 등의 운송수단을 통하여 화물을 운송하는 **화물운송업**
2. 물류터미널이나 창고 등의 물류시설을 운영하는 **물류시설운영업**
3. 화물운송의 주선, 물류장비의 임대, 물류정보의 처리 또는 물류컨설팅 등의 업무를 하는 **물류서비스업**
4. '1.'부터 '3.'까지의 물류사업을 종합적·복합적으로 영위하는 종합물류서비스업

[별표 1] 물류사업의 범위(시행령 제3조 관련) ★

대분류	세분류	세세분류
화물운송업	육상화물운송업	화물자동차 운송사업, 화물자동차 운송가맹사업, 철도사업
	해상화물운송업	외항정기화물운송사업, 외항부정기화물운송사업, 내항화물운송사업
	항공화물운송업	정기항공운송사업, 부정기항공운송사업, 상업서류송달업
	파이프라인운송업	파이프라인운송업

물류시설 운영업	창고업 (공동집배송센터 운영업 포함)	일반창고업, 냉장 및 냉동 창고업, 농·수산물 창고업, 위험물품보관업, 그 밖의 창고업
	물류터미널운영업	복합물류터미널, 일반물류터미널, 해상터미널, 공항화물터미널, 화물차전용터미널, 컨테이너화물조작장(CFS), 컨테이너장치장(CY), 물류단지, 집배송단지 등 물류시설의 운영업
물류 서비스업	화물취급업 (하역업 포함)	화물의 하역, 포장, 가공, 조립, 상표부착, 프로그램 설치, 품질검사 등 부가적인 물류업
	화물주선업	국제물류주선업, 화물자동차 운송주선사업
	물류장비임대업	운송장비임대업, 산업용 기계·장비 임대업, 운반용기 임대업, 화물자동차임대업, 화물선박임대업, 화물항공기임대업, 운반·적치·하역장비 임대업, 컨테이너·파렛트 등 포장용기 임대업, 선박대여업
	물류정보처리업	물류정보 데이터베이스 구축, 물류지원 소프트웨어 개발·운영, 물류 관련 전자문서 처리업
	물류컨설팅업	물류 관련 업무프로세스 개선 관련 컨설팅, 자동창고, 물류자동화 설비 등 도입 관련 컨설팅, 물류 관련 정보시스템 도입 관련 컨설팅
	해운부대사업	해운대리점업, 해운중개업, 선박관리업
	항만운송관련업	항만용역업, 선용품공급업, 선박연료공급업, 선박수리업, 컨테이너수리업, 예선업
	항만운송사업	항만하역사업, 검수사업, 감정사업, 검량사업
종합물류 서비스업	**종합물류서비스업**	종합물류서비스업

(3) 물류시설

물류시설이란 물류에 필요한 다음의 시설을 말한다.

① 화물의 운송·보관·하역을 위한 시설

② 화물의 운송·보관·하역 등에 부가되는 가공·조립·분류·수리·포장·상표부착·판매·정보통신 등을 위한 시설

③ 물류의 공동화·자동화 및 정보화를 위한 시설

④ ①부터 ③까지의 시설이 모여 있는 물류터미널 및 물류단지

(4) 제3자물류

제3자물류란 화주가 그와 대통령령으로 정하는 특수관계에 있지 아니한 물류기업에 물류활동의 **일부 또는 전부를 위탁**하는 것을 말한다.

(5) 국제물류주선업 ★

국제물류주선업이란 **타인의 수요**에 따라 **자기의 명의와 계산**으로 **타인의 물류시설·장비 등을 이용**하여 수출입화물의 물류를 주선하는 사업을 말한다.

(6) 물류관리사

물류관리에 관한 전문지식을 가진 자로서 법 제51조에 따른 **자격을 취득한 자**를 말한다.

3 물류주체별 책무(법 제4조 내지 제5조)

① **국가**는 물류활동을 원활히 하고 물류체계의 효율성을 높이기 위하여 국가 전체의 물류와 관련된 정책 및 계획을 수립하고 시행하여야 한다.
② 국가는 물류산업이 건전하고 고르게 발전할 수 있도록 육성하여야 한다.
③ **지방자치단체**는 국가의 물류정책 및 계획과 조화를 이루면서 지역적 특성을 고려하여 지역물류에 관한 정책 및 계획을 수립하고 시행하여야 한다.
④ **물류기업 및 화주**는 물류사업을 원활히 하고 물류체계의 효율성을 증진시키기 위하여 노력하고, 국가 또는 지방자치단체의 물류정책 및 계획의 수립·시행에 적극 협력하여야 한다.

02 물류정책의 종합·조정

1 물류현황조사

계획수립·변경 전(前) 조사 ➜ 기본계획 ➜ 시행계획

(1) 국가물류현황조사(법 제7조) ★

① 조사권자 : 국토교통부장관 또는 해양수산부장관

국토교통부장관 또는 해양수산부장관은 물류에 관한 정책 또는 계획의 수립·변경을 위하여 필요하다고 판단될 때에는 **관계 행정기관의 장과 미리 협의**한 후 물동량의 발생현황과 이동경로, 물류시설·장비의 현황과 이용실태, 물류인력과 물류체계의 현황, 물류비, 물류산업과 국제물류의 현황 등에 관하여 조사할 수 있다. 이 경우 「국가통합교통체계효율화법」 제12조에 따른 국가교통조사와 중복되지 아니하도록 하여야 한다.

구분	조사권자
국가물류현황조사(법 제7조)	국토교통부장관 또는 해양수산부장관
지역물류현황조사(법 제9조)	시·도지사

② **자료의 제출 요청** : 국토교통부장관 또는 해양수산부장관은 다음의 자에게 물류현황조사에 필요한 자료의 제출을 요청하거나 그 일부에 대하여 직접 조사하도록 요청할 수 있다. 이 경우 협조를 요청받은 자는 특별한 사정이 없으면 요청에 따라야 한다.

㉠ 관계 중앙행정기관의 장

㉡ 특별시장·광역시장·특별자치시장·도지사 및 특별자치도지사(이하 "시·도지사"라 한다)

㉢ 물류기업 및 이 법에 따라 지원을 받는 기업·단체 등

③ 국토교통부장관 또는 해양수산부장관은 물류현황조사를 효율적으로 수행하기 위하여 필요한 경우에는 물류현황조사의 전부 또는 일부를 **전문기관**으로 하여금 수행하게 할 수 있다.

④ 국토교통부장관 또는 해양수산부장관은 물류현황조사의 결과에 따라 물류비 등 물류지표를 설정하여 물류정책의 수립 및 평가에 활용할 수 있다.

(2) 물류현황조사지침(법 제8조)

① 조사지침의 작성

㉠ **국토교통부장관**은 물류현황조사를 요청하는 경우에는 효율적인 물류현황조사를 위하여 조사의 시기, 종류 및 방법 등에 관하여 대통령령으로 정하는 바에 따라 조사지침을 작성하여 통보할 수 있다.

㉡ 국토교통부장관은 물류현황조사지침을 작성하려는 경우에는 미리 관계 중앙행정기관의 장과 협의하여야 한다.

② 물류현황조사지침의 내용

㉠ 조사의 종류 및 항목

㉡ 조사의 대상·방법 및 절차

㉢ 조사의 체계

㉣ 조사의 시기 및 지역

㉤ 조사결과의 집계·분석 및 관리

(3) 지역물류현황조사(법 제9조)

① **지역물류산업의 현황조사** : **시·도지사**는 지역물류에 관한 정책 또는 계획의 수립·변경을 위하여 필요한 경우에는 해당 행정구역의 물동량 현황과 이동경로, 물류시설·장비의 현황과 이용실태, 물류산업의 현황 등에 관하여 조사할 수 있다. 이 경우 「국가통합교통체계효율화법」에 따른 국가교통조사와 중복되지 아니하도록 하여야 한다.

② **자료 제출 및 조사 요청** : 시·도지사는 관할 시·군 및 구의 시장·군수 및 구청장, 물류기업 및 이 법에 따라 지원을 받는 기업·단체 등에게 지역물류현황조사에 필요한 자료를 제출하도록 요청하거나 그 일부에 대하여 직접 조사하도록 요청할 수 있다. 이 경우 협조를 요청받은 자는 특별한 사정이 없는 한 이에 따라야 한다.

③ **전문기관의 활용** : 시·도지사는 지역물류현황조사의 효율적인 수행을 위하여 필요한 경우에

는 지역물류현황조사의 전부 또는 일부를 전문기관으로 하여금 수행하게 할 수 있다.

④ **조사지침의 작성** : 시·도지사는 지역물류현황조사를 요청하는 경우에는 효율적인 지역물류현황조사를 위하여 조사의 시기, 종류 및 방법 등에 관하여 해당 시·도의 조례로 정하는 바에 따라 조사지침을 작성하여 통보할 수 있다.

(4) 물류개선조치의 요청(법 제10조)

① 국토교통부장관 또는 해양수산부장관은 물류현황조사 등을 통하여 물류수요가 특정 물류시설이나 특정 운송수단에 치우쳐 효율적인 물류체계 운용을 해치거나 관계 중앙행정기관의 장 또는 시·도지사의 물류 관련 정책 또는 계획이 국가물류기본계획에 위배된다고 판단될 때는 해당 중앙행정기관의 장이나 시·도지사에게 이를 개선하기 위한 조치를 하도록 요청할 수 있다. 이 경우 국토교통부장관 또는 해양수산부장관은 미리 해당 중앙행정기관의 장 또는 시·도지사와 개선조치에 대하여 협의하여야 한다.

② 개선조치를 요청받은 관계 중앙행정기관의 장이나 해당 시·도지사는 특별한 사유가 없는 한 이를 개선하기 위한 조치를 강구하여야 한다.

③ 관계 중앙행정기관의 장이나 시·도지사는 개선조치의 요청에 이의가 있는 경우에는 **국가물류정책위원회**에 조정을 요청할 수 있다.

2 국가물류기본계획(법 제11조) ★

(1) 계획의 수립

국토교통부장관 및 해양수산부장관은 국가물류정책의 기본방향을 설정하는 **10년** 단위의 국가물류기본계획을 **5년**마다 **공동**으로 수립하여야 한다.

(2) 계획의 내용

국가물류기본계획에는 다음의 사항이 포함되어야 한다.

1. 국내외 물류환경의 변화와 전망
2. 국가물류정책의 목표와 전략 및 단계별 추진계획
3. **국가물류정보화사업에 관한 사항**
4. 운송·보관·하역·포장 등 물류기능별 물류정책 및 도로·철도·해운·항공 등 운송수단별 물류정책의 종합·조정에 관한 사항
5. 물류시설·장비의 수급·배치 및 투자 우선순위에 관한 사항
6. 연계물류체계의 구축과 개선에 관한 사항
7. **물류 표준화**·공동화 등 물류체계의 효율화에 관한 사항
8. **물류보안에 관한 사항**
9. 물류산업의 경쟁력 강화에 관한 사항

10. 물류인력의 양성 및 물류기술의 개발에 관한 사항
11. 국제물류의 촉진・지원에 관한 사항
12. 환경친화적 물류활동의 촉진・지원에 관한 사항
13. 그 밖에 물류체계의 개선을 위하여 필요한 사항

(3) 국가물류기본계획의 수립절차(법 제11조 제3항 내지 제5항)

① 자료의 제출 요청 : 국토교통부장관 및 해양수산부장관은 **다음의 자에 대하여** 국가물류기본계획의 수립・변경을 위한 관련 기초 자료의 제출을 요청할 수 있다. 이 경우 협조를 요청받은 자는 특별한 사정이 없는 한 이에 따라야 한다.

1. 관계 중앙행정기관의 장
2. 시・도지사
3. 물류기업 및 이 법에 따라 지원을 받는 기업・단체 등

② 협의 및 심의 : 국토교통부장관 및 해양수산부장관은 국가물류기본계획을 수립하거나 **대통령령으로 정하는 중요한 사항을 변경***하려는 경우에는 관계 중앙행정기관의 장 및 시・도지사와 협의한 후 국가물류정책위원회의 심의를 거쳐야 한다.

* **대통령령으로 정하는 중요 사항 변경**
1. 국가물류정책의 목표와 주요 추진전략에 관한 사항
2. 물류시설・장비의 투자 우선순위에 관한 사항
3. 국제물류의 촉진・지원에 관한 기본적인 사항
4. 그 밖에 국가물류정책위원회의 심의가 필요하다고 인정하는 사항

③ 고시 및 통보 : 국토교통부장관은 국가물류기본계획을 수립하거나 변경한 때에는 이를 관보에 고시하고, 관계 중앙행정기관의 장 및 시・도지사에게 통보하여야 한다.

(4) 연도별 시행계획의 수립(법 제13조)

① **국토교통부장관 및 해양수산부장관**은 국가물류기본계획을 시행하기 위하여 연도별 시행계획을 **매년 공동으로 수립**하여야 한다.

② 국토교통부장관 및 해양수산부장관은 국가물류기본계획의 연도별 시행계획을 수립하려는 경우에는 미리 관계 중앙행정기관의 장, 시・도지사와 협의한 후 **물류정책분과위원회의 심의**를 거쳐야 한다.

③ **관계 행정기관의 장**은 전년도의 연도별 시행계획의 추진실적과 해당 연도의 시행계획을 **매년 2월 말**까지 국토교통부장관 및 해양수산부장관에게 제출하여야 한다.

(5) 다른 계획과의 관계

① 국가물류기본계획은 「**국토기본법**」에 따라 수립된 **국토종합계획** 및 「**국가통합교통체계효율화법**」에 따라 수립된 **국가기간교통망계획**과 **조화**를 이루어야 한다.

② 국가물류기본계획은 다른 법령에 따른 물류에 관한 계획에 **우선**하며 그 계획의 **기본**이 된다.

3 지역물류기본계획(법 제14조 내지 제16조) ★

(1) 계획의 수립권자

① **특별시장 및 광역시장**은 지역물류정책의 기본방향을 설정하는 10년 단위의 지역물류기본계획을 5년마다 수립해야 한다.

② 특별자치시장·도지사 및 특별자치도지사는 지역물류체계의 효율화를 위하여 필요한 경우에는 기본물류기본계획을 수립할 수 있다.

③ 지역물류기본계획은 국가물류기본계획에 배치되지 않아야 한다.

(2) 계획의 수립 및 내용

① 지역물류기본계획 포함사항

1. **지역**물류환경의 변화와 전망
2. **지역**물류정책의 목표·전략 및 단계별 추진계획
3. 운송·보관·하역·포장 등 물류기능별 **지역**물류정책 및 도로·철도·해운·항공 등 운송수단별 **지역**물류정책에 관한 사항
4. **지역**의 물류시설·장비의 수급·배치 및 투자 우선순위에 관한 사항
5. **지역**의 연계물류체계의 구축 및 개선에 관한 사항
6. **지역**의 물류 **공동화 및 정보화** 등 물류체계의 효율화에 관한 사항
7. **지역** 물류산업의 경쟁력 강화에 관한 사항
8. **지역** 물류인력의 양성 및 물류기술의 개발·보급에 관한 사항
9. **지역**차원의 국제물류의 촉진·지원에 관한 사항
10. **지역**의 환경친화적 물류활동의 촉진·지원에 관한 사항
11. 그 밖에 **지역**물류체계의 개선을 위하여 필요한 사항

TIP 국가물류기본계획과의 차이점

- 국가물류정보화사업 ➜ 국가단위 사업
- 물류의 표준화 ➜ 한국산업표준(KS)은 국가단위사업
- 물류보안에 관한 사항

② 국토교통부장관 및 해양수산부장관은 지역물류기본계획의 수립방법 및 기준 등에 관한 지침을 **공동으로** 작성하여야 한다.

③ 국토교통부장관은 지침을 작성한 경우 특별시장 및 광역시장(지역물류기본계획을 수립하는 특별자치시장·도지사 및 특별자치도지사를 포함)에게 통보하여야 한다.

(3) 수립 및 중요 사항 변경절차

① **자료의 제출 요청 : 특별시장 및 광역시장**은 다음의 자에 대하여 지역물류기본계획의 수립·변경을 위한 관련 기초 자료의 제출을 요청할 수 있다. 이 경우 협조를 요청받은 자는 특별한 사정이 없는 한 이에 따라야 한다.

㉠ 인접한 시·도의 시·도지사

㉡ 관할 시·군·구의 시장·군수·구청장

㉢ 이 법에 따라 해당 시·도의 지원을 받는 기업·단체 등

② 특별시장 및 광역시장이 지역물류기본계획을 수립하거나 **대통령령이 정하는 중요한 사항을 변경***하려는 경우에는 미리 해당 시·도에 인접한 시·도의 시·도지사와 협의한 후 지역물류정책위원회의 심의를 거쳐야 한다. 이 경우 특별시장 및 광역시장은 수립하거나 변경한 지역물류기본계획을 국토교통부장관 및 해양수산부장관에게 통보하여야 한다.

＊ 대통령령이 정하는 중요 사항 변경

1. 지역물류정책의 목표와 주요 추진전략에 관한 사항
2. 지역의 물류시설·장비의 투자 우선순위에 관한 사항
3. 지역차원의 국제물류의 촉진·지원에 관한 기본적인 사항
4. 그 밖에 지역물류정책위원회의 심의가 필요하다고 인정하는 사항

③ 특별시장 및 광역시장은 지역물류기본계획을 수립하거나 변경한 때에는 이를 공고하고, 인접한 시·도의 시·도지사, 관할 시·군·구의 시장·군수·구청장 및 이 법에 따라 해당 시·도의 지원을 받는 기업 및 단체 등에 이를 통보하여야 한다.

④ 국토교통부장관 또는 해양수산부장관은 통보받은 지역물류기본계획에 대하여 필요한 경우 관계 중앙행정기관의 장과 협의한 후 물류정책분과위원회의 심의를 거쳐 변경을 요구할 수 있다.

(4) 연도별 시행계획의 수립

① 지역물류기본계획을 수립한 특별시장 및 광역시장이 **매년** 수립한다.

② 특별시장 또는 광역시장(지역물류기본계획을 수립하는 도지사 및 특별자치도지사를 포함)은 지역물류기본계획의 연도별 시행계획(이하 "지역물류시행계획"이라 한다)을 수립하려는 경우에는 미리 국토교통부장관, 관계 중앙행정기관의 장, 시·도에 인접한 시·도의 시·도지사와 협의한 후 지역물류정책위원회의 심의를 거쳐야 한다.

③ 특별시장 또는 광역시장은 지역물류시행계획을 수립한 경우에는 국토교통부장관, 관계 중앙행정기관의 장, 해당 시·도에 인접한 시·도의 시·도지사, 관할 시·군 및 구의 시장·군수 및 구청장에게 이를 통보하여야 한다.

4 물류정책위원회(법 제17조 내지 제20조) ★

(1) 국가물류정책위원회의 설치

① 설치 : 국가물류정책에 관한 주요 사항을 심의하기 위하여 국토교통부장관 소속으로 국가물류정책위원회를 둔다.

cf 지역물류정책위원회 : 시・도지사 소속

② 심의・조정사항

㉠ 국가물류체계의 효율화에 관한 중요 정책 사항

㉡ 물류시설의 종합적인 개발계획의 수립에 관한 사항

㉢ 물류산업의 육성・발전에 관한 중요 정책 사항

㉣ 물류보안에 관한 중요 정책 사항

㉤ 국제물류의 촉진・지원에 관한 중요 정책 사항

㉥ 이 법 또는 다른 법률에서 국가물류정책위원회의 심의를 거치도록 한 사항

㉦ 그 밖에 국가물류체계 및 물류산업에 관한 중요한 사항으로서 위원장이 회의에 부치는 사항

(2) 국가물류정책위원회 구성 및 의결

① 국가물류정책위원회는 위원장을 포함한 **23명** 이내의 위원으로 구성한다.

② 국가물류정책위원회의 위원장은 **국토교통부장관**이 된다.

③ 공무원이 아닌 위원의 임기는 2년으로 하되, 연임할 수 있다.

④ 국가물류정책위원회의 업무를 효율적으로 수행하기 위하여 국가물류정책위원회에 녹색물류전문위원회, 생활물류전문위원회를 둘 수 있다. 각 전문위원회의 위원 중 공무원이 아닌 위원의 임기는 2년으로 한다.

⑤ 위원장이 회의를 소집하려는 경우에는 회의 개최일 5일 전까지 회의의 일시・장소 및 심의안건을 각 위원에게 통지하여야 한다. 다만, 긴급을 요하거나 부득이한 사유가 있는 경우에는 그러하지 아니하다.

⑥ 회의는 재적위원 과반수의 출석으로 개의하고, 출석위원 과반수의 찬성으로 의결한다.

(3) 국가물류정책위원회 위원의 해촉사유(시행령 제10조의2)

① 심신쇠약 등으로 직무를 수행할 수 없게 된 경우

② 직무와 관련된 비위사실이 있는 경우

③ 직무태만, 품위손상이나 그 밖의 사유로 인해 위원으로 적합하지 아니하다고 인정되는 경우

④ 위원 스스로 직무를 수행하는 것이 곤란하다고 의사를 밝히는 경우

(4) 분과위원회

① 국가물류정책위원회의 업무를 효율적으로 추진하기 위하여 **물류정책분과위원회, 물류시설분**

과위원회, 국제물류분과위원회를 둘 수 있다.

② **분과위원회의 심의 · 조정**(시행령 제13조 제1항)

㉠ **물류정책분과위원회** : 중장기 물류정책의 수립 · 조정, 물류산업 및 물류기업의 육성 · 지원, 물류인력의 양성에 관한 사항과 물류시설분과위원회 및 국제물류분과위원회의 소관에 속하지 아니하는 사항

㉡ **물류시설분과위원회** : 물류의 공동화 · 표준화 · 정보화 및 자동화, 물류시설 · 장비 및 프로그램의 개발에 관한 사항

㉢ **국제물류분과위원회** : 국제물류협력체계 구축, 국내물류기업의 해외진출, 해외물류기업의 유치 및 환적화물의 유치, 해외물류시설 투자 등 국제물류의 촉진 및 지원에 관한 사항

③ 각 분과위원회의 위원장은 해당 분과위원회의 위원 중에서 국토교통부장관(물류정책분과위원회 및 물류시설분과위원회의 경우로 한정) 또는 해양수산부장관(국제물류분과위원회의 경우로 한정)이 지명하는 사람으로 한다.

④ 분과위원회의 위원 중 공무원이 아닌 위원의 임기는 2년으로 하되, 연임할 수 있다.

(5) 지역물류정책위원회

① 지역물류정책에 관한 주요 사항을 심의하기 위하여 **시 · 도지사** 소속으로 지역물류정책위원회를 둔다. 지역물류정책위원회의 구성 및 운영에 필요한 사항은 대통령령으로 정한다.

② 지역물류정책위원회는 위원장을 포함한 **20명** 이내의 위원으로 구성한다.

③ **위원장 및 임기** : 위원장은 해당 지역의 시 · 도지사가 되고, 공무원이 아닌 위원의 임기는 2년으로 하되, 연임할 수 있다.

03 물류체계의 효율화

1 물류체계(Logistics System)의 개념

물류체계란 효율적인 물류활동을 위하여 시설 · 장비 · 정보 · 조직 및 인력 등이 서로 유기적으로 기능을 발휘할 수 있도록 연계된 집합체를 말한다(법 제2조 제3호).

2 물류시설 · 장비의 확충 등

(1) 물류시설 · 장비의 확충(법 제21조)

① 국토교통부장관 · 해양수산부장관 또는 산업통상자원부장관은 효율적인 물류활동을 위하여 필요한 물류시설 및 장비를 확충할 것을 물류기업에 권고할 수 있으며, 이에 필요한 행정적 ·

재정적 지원을 할 수 있다.

② 국토교통부장관・해양수산부장관 또는 산업통상자원부장관은 물류시설 및 장비를 원활하게 확충하기 위하여 필요하다고 인정되는 경우 관계 행정기관의 장에게 필요한 지원을 요청할 수 있다.

(2) 물류시설 간의 연계와 조화(법 제22조)

국가, 지방자치단체, 대통령령으로 정하는 물류 관련 기관(이하 "물류관련기관"이라 한다) 및 물류기업 등이 새로운 물류시설을 건설하거나 기존 물류시설을 정비할 때에는 다음의 사항을 고려하여야 한다.

① 주요 물류거점시설 및 운송수단과의 연계성

② 주변 물류시설과의 기능중복 여부

③ 대통령령으로 정하는 공항・항만 또는 산업단지의 경우 적정한 규모 및 기능을 가진 배후 물류시설 부지의 확보 여부(시행령 제17조)

3 물류 공동화・자동화 촉진(법 제23조)

(1) 물류공동화의 개념

물류기업이나 화주기업들이 물류활동의 효율성을 높이기 위하여 물류에 필요한 시설・장비・인력・조직・정보망 등을 공동으로 이용하는 것을 말한다(법 제2조 제5호).

(2) 공동화・자동화의 지원사항

① **국토교통부장관・해양수산부장관・산업통상자원부장관 또는 시・도지사**는 물류공동화를 추진하는 물류기업이나 화주기업 또는 물류 관련 단체에 대하여 예산의 범위에서 필요한 자금을 지원할 수 있다.

② 국토교통부장관・해양수산부장관・산업통상자원부장관 또는 시・도지사는 화주기업이 물류공동화를 추진하는 경우에는 물류기업이나 물류 관련 단체와 공동으로 추진하도록 권고할 수 있으며, **권고**를 이행하는 경우에 우선적으로 필요한 자금을 지원할 수 있다.

③ 국토교통부장관・해양수산부장관・산업통상자원부장관 또는 시・도지사는 물류공동화를 확산하기 위하여 필요한 경우에는 시범지역을 지정하거나 시범사업을 선정하여 운영할 수 있다.

④ 국토교통부장관・해양수산부장관・산업통상자원부장관 또는 시・도지사는 물류기업이 다음의 어느 하나에 해당하는 경우 우선적으로 지원을 할 수 있다.

1. 「클라우드컴퓨팅 발전 및 이용자 보호에 관한 법률」에 따른 클라우드컴퓨팅 등 정보통신기술을 활용하여 물류공동화를 추진하는 경우

> 2. 다음의 어느 하나에 해당하는 품목을 그에 적합한 온도를 유지하여 운송(이하 "정온물류"라 한다)하기 위하여 물류공동화를 추진하는 경우
> 가. 「농업·농촌 및 식품산업 기본법」에 따른 농수산물 및 식품
> 나. 「약사법」에 따른 의약품
> 다. 반도체 및 이차전지, 이에 따른 중간생산물

⑤ 국토교통부장관·해양수산부장관 또는 산업통상자원부장관은 물류기업이 물류자동화를 위하여 물류시설 및 장비를 확충하거나 교체하려는 경우에는 필요한 자금을 지원할 수 있다.

⑥ 시·도지사는 ①부터 ③까지의 조치를 하려는 경우에는 중복을 방지하기 위하여 미리 해당 조치와 관련하여 국토교통부장관·해양수산부장관 또는 산업통상자원부장관과 협의하고, 그 내용을 지역물류기본계획과 지역물류시행계획에 반영하여야 한다.

4 물류표준화 ★

(1) 물류표준

① 물류표준의 개념

㉠ **물류표준** : 「산업표준화법」 제12조에 따른 한국산업표준 중 물류활동과 관련된 것을 말한다(법 제2조 제6호).

㉡ **물류표준화** : 원활한 물류를 위하여 다음의 사항을 물류표준으로 통일하고 단순화하는 것을 말한다(법 제2조 제7호).

> 1. 시설 및 장비의 종류·형상·치수 및 구조
> 2. 포장의 종류·형상·치수·구조 및 방법
> 3. 물류용어, 물류회계 및 물류 관련 전자문서 등 물류체계의 효율화에 필요한 사항

② 물류표준의 보급 촉진 등(법 제24조)

㉠ **국토교통부장관 또는 해양수산부장관**은 물류표준화에 관한 업무를 효과적으로 추진하기 위하여 필요하다고 인정하는 경우에는 **산업통상자원부장관**에게 「산업표준화법」에 따른 한국산업표준의 제정·개정 또는 폐지를 요청할 수 있다.

㉡ 국토교통부장관·해양수산부장관 또는 산업통상자원부장관은 물류표준의 보급을 촉진하기 위하여 필요한 경우에는 관계 행정기관, 공공기관, 물류기업, 물류에 관련된 장비의 사용자 및 제조업자에게 물류표준에 맞는 장비를 제조·사용하게 하거나 물류표준에 맞는 규격으로 포장을 하도록 요청하거나 권고할 수 있다.

③ 물류표준장비 사용자 등에 대한 우대조치(법 제25조)

㉠ 국토교통부장관·해양수산부장관 또는 산업통상자원부장관은 관계 행정기관, 공공기관 및 물류기업 등에게 물류표준장비의 사용자 또는 물류표준에 맞는 규격으로 재화를 포장하는 자에 대하여 **운임·하역료·보관료의 할인 및 우선구매 등의 우대조치**를 할 것을 요청

하거나 권고할 수 있다.

ⓛ 국토교통부장관・해양수산부장관 또는 산업통상자원부장관은 물류표준장비의 보급 확대를 위하여 물류기업, 물류표준장비의 사용자 또는 물류표준에 맞는 규격으로 재화를 포장하는 자 등에 대하여 소요자금의 융자 등 필요한 재정지원을 할 수 있다.

(2) 물류회계의 표준화(법 제26조) ★

① **국토교통부장관**은 해양수산부장관 및 산업통상자원부장관과 협의하여 물류기업 및 화주기업의 물류비 산정기준 및 방법 등을 표준화하기 위하여 대통령령으로 정하는 기준에 따라 기업물류비 산정지침*을 작성하여 고시하여야 한다.

> **＊ 기업물류비 산정지침 포함사항**
> 1. 물류비 관련 용어 및 개념에 대한 정의
> 2. **영역별・기능별 및 자가・위탁별** 물류비의 분류
> 3. 물류비의 계산 기준 및 계산 방법
> 4. 물류비 계산서의 표준 서식

② 국토교통부장관은 물류기업 및 화주기업이 기업물류비 산정지침에 따라 물류비를 관리하도록 권고할 수 있다.

③ 국토교통부장관은 해양수산부장관 및 산업통상자원부장관과 협의하여 기업물류비 산정지침에 따라 물류비를 계산・관리하는 물류기업 및 화주기업에 대하여는 필요한 행정적・재정적 지원을 할 수 있다.

5 물류정보화(법 제27조 내지 제35조) ★★★

(1) 물류정보화의 촉진

① 물류정보화 시책 : **국토교통부장관・해양수산부장관・산업통상자원부장관** 또는 **관세청장**은 물류정보화를 통한 물류체계의 효율화를 위하여 필요한 시책을 강구하여야 한다. 물류체계의 효율화 시책을 강구할 때에는 다음의 사항이 포함되도록 하여야 한다.

㉠ 물류정보의 표준에 관한 사항

ⓛ 물류분야 정보통신기술의 도입 및 확산에 관한 사항

㉢ 물류정보의 연계 및 공동활용에 관한 사항

㉣ 물류보안에 관한 사항

㉤ 그 밖에 물류효율의 향상을 위하여 필요한 사항

② 비용의 지원 : 국토교통부장관・해양수산부장관・산업통상자원부장관 또는 관세청장은 물류정보화를 촉진하기 위하여 필요한 경우에는 예산의 범위에서 물류기업 또는 물류 관련 단체에 대하여 물류정보화에 관련된 설비 또는 프로그램의 개발・운용비용의 일부를 지원할 수 있다.

(2) 단위물류정보망의 구축 ★★

① **개념** : 단위물류정보망이란 기능별 또는 지역별로 관련 행정기관, 물류기업 및 그 거래처를 연결하는 일련의 물류정보체계를 말한다(법 제2조 제8호).

② **단위물류정보망의 구축**(법 제28조)

㉠ **단위물류정보망의 구축·운영** : 관계 행정기관 및 물류관련기관은 소관 물류정보의 수집·분석·가공 및 유통 등을 촉진하기 위하여 필요한 때에는 단위물류정보망을 구축·운영할 수 있다. 이 경우 관계 행정기관은 전담기관을 **지정**하여 단위물류정보망을 구축·운영할 수 있다.

㉡ **예산의 지원** : 관계 행정기관이 전담기관을 지정하여 단위물류정보망을 구축·운영하는 경우에는 소요비용의 전부 또는 일부를 예산의 범위에서 지원할 수 있다.

㉢ **단위물류정보망 전담기관의 지정** ★ : 관계 행정기관은 대통령령으로 정하는 다음의 공공기관 또는 물류정보의 수집·분석·가공·유통과 관련한 적절한 시설장비와 인력을 갖춘 자 중에서 단위물류정보망 전담기관을 지정한다.

1. 「인천국제공항공사법」에 따른 인천국제공항공사
2. 「한국공항공사법」에 따른 한국공항공사
3. 「한국도로공사법」에 따른 한국도로공사
4. 「한국철도공사법」에 따른 한국철도공사
5. 「한국토지주택공사법」에 따른 한국토지주택공사
6. 「항만공사법」에 따른 항만공사

㉣ **공공기관이 아닌 자로서 단위물류정보망 전담기관으로 지정받을 수 있는 자** : 공공기관이 아닌 자로서 단위물류정보망 전담기관으로 지정받을 수 있는 자의 시설장비와 인력 등의 기준은 다음과 같다.

1. 다음의 시설장비를 갖출 것
   가. 물류정보 및 이와 관련된 전자문서의 송신·수신·중계 및 보관 시설장비
   나. 단위물류정보망을 안전하게 운영하기 위한 보호 시설장비
   다. 단위물류정보망의 정보시스템 관리 및 복제·저장 시설장비
   라. 단위물류정보망에 보관된 물류정보와 전자문서의 송신·수신의 일자·시각 및 자취 등을 기록·관리하는 시설장비
   마. 다른 단위물류정보망 및 국가물류통합정보센터와의 정보연계에 필요한 시설장비
2. 다음의 인력을 보유할 것
   가. 「국가기술자격법」에 따른 정보통신기사·정보처리기사 또는 전자계산기조직응용기사 이상의 국가기술자격이나 이와 동등한 자격이 있다고 국토교통부장관이 정하여 고시하는 사람 2명 이상

> 나. 「국가기술자격법」에 따른 정보통신분야(기술 · 기능 분야)에서 3년 이상 근무한 경력이 있는 사람 1명 이상
> 3. 자본금이 2억원 이상인 「상법」에 따른 주식회사일 것

③ **지정의 취소사유** : 상기에 따라 전담기관을 지정하여 단위물류정보망을 구축 · 운영하는 관계 행정기관은 단위물류정보망 전담기관이 다음의 어느 하나에 해당하는 경우에는 그 지정을 취소할 수 있다.

㉠ 거짓이나 그 밖의 부정한 방법으로 지정을 받은 경우 ➜ **절대적 취소**

㉡ 지정기준에 미달하게 된 경우

(3) 위험물질운송안전관리센터(법 제29조)

① **위험물질운송안전관리센터의 설치 · 운영** : 국토교통부장관은 위험물질의 안전한 도로운송을 위하여 위험물질 운송차량을 통합적으로 관리하는 위험물질운송안전관리센터를 설치 · 운영한다. 이 경우 국토교통부장관은 대통령령으로 정하는 바에 따라 한국교통안전공단에 위험물질운송안전관리센터의 설치 · 운영을 대행하게 할 수 있다.

② **위험물질의 종류**

> 1. 「위험물안전관리법」에 따른 위험물
> 2. 「폐기물관리법」에 따른 지정폐기물(액상 폐기물 및 같은 법에 따라 환경부장관이 정하여 고시한 폐기물 중 금속성 분진 · 분말로 한정). 다만, **의료폐기물은 제외**한다.
> 3. 「화학물질관리법」에 따른 유해화학물질
> 4. 「고압가스 안전관리법 시행규칙」에 따른 가연성가스와 독성가스

③ **위험물질 운송차량의 최대 적재량 기준**

> 1. 위 제1호의 물질을 운송하는 차량 : 10,000리터 이상
> 2. 위 제2호의 물질을 운송하는 차량 : 10,000킬로그램 이상
> 3. 위 제3호의 물질을 운송하는 차량 : 5,000킬로그램 이상
> 4. 위 제4호의 물질 중 가연성가스를 운송하는 차량 : 6,000킬로그램 이상
> 5. 위 제4호의 물질 중 독성가스를 운송하는 차량 : 2,000킬로그램 이상

④ **지원사항** : 국토교통부장관은 예산의 범위에서 위험물질운송안전관리센터의 설치 및 운영을 대행하는 데 필요한 예산을 지원할 수 있다.

(4) 국가물류통합데이터베이스의 구축(법 제30조) ★★

① **국가물류통합데이터베이스의 구축** : 국토교통부장관은 해양수산부장관 · 산업통상자원부장관 및 관세청장과 협의하여 관계 행정기관, 물류관련기관 또는 물류기업 등이 구축한 단위물류

정보망으로부터 필요한 정보를 제공받거나 물류현황조사에 따라 수집된 정보를 가공·분석하여 물류 관련 자료를 총괄하는 국가물류통합데이터베이스를 구축할 수 있다.

② **자료의 제공 요청** : 국토교통부장관은 국가물류통합데이터베이스의 구축을 위하여 필요한 경우 관계 행정기관, 지방자치단체, 물류관련기관 또는 물류기업 등에 대하여 자료의 제공을 요청할 수 있다.

(5) 국가물류통합정보센터의 설치·운영(법 제30조의2)

① 국토교통부장관은 국가물류통합데이터베이스를 구축하고 물류정보를 가공·축적·제공하기 위한 통합정보체계를 갖추기 위하여 국가물류통합정보센터를 설치·운영할 수 있다.

② 국토교통부장관은 다음의 어느 하나에 해당하는 자를 국가물류통합정보센터의 운영자로 지정할 수 있다.

㉠ 중앙행정기관

㉡ 대통령령으로 정하는 공공기관(단위물류정보망의 전담기관과 동일 : 시행령 제20조 제5항)

㉢ 정부출연연구기관

㉣ **물류관련협회**

㉤ 자본금 2억원 이상, 업무능력 등 대통령령으로 정하는 기준과 자격*을 갖춘 「상법」상의 주식회사

*** 자본금 2억원 이상, 업무능력 등 대통령령으로 정하는 기준과 자격**

1. 자본금이 **2억원** 이상일 것
2. 다음 각 목의 시설장비를 갖출 것
   가. 물류정보 및 이와 관련된 전자문서의 송신·수신·중계 및 보관 시설장비
   나. 국가물류통합정보센터를 안전하게 운영하기 위한 보호 시설장비
   다. 국가물류통합정보센터의 정보시스템 관리 및 복제·저장 시설장비
   라. 국가물류통합정보센터에 보관된 물류정보와 전자문서의 송신·수신의 일자·시각 및 자취 등을 기록·관리하는 시설장비
   마. 단위물류정보망 및 외국의 물류정보망과의 정보연계에 필요한 시설장비
3. 다음 각 목의 인력을 보유할 것
   가. **물류관리사 1명 이상**
   나. 「국가기술자격법」에 따른 정보통신기사·정보처리기사 또는 전자계산기조직응용기사 이상의 국가기술자격이나 이와 동등한 자격이 있다고 국토교통부장관이 정하여 고시하는 사람 1명 이상
   다. 「국가기술자격법」에 따른 정보통신분야(기술·기능 분야)에서 3년 이상 근무한 경력이 있는 사람 1명 이상
   라. 물류정보의 처리·보관 및 전송 등을 위한 표준전자문서의 개발 또는 전자문서의 송신·수신 및 중계방식과 관련된 기술 분야에서 3년 이상 근무한 경력이

있는 사람 1명 이상
마. 국가물류통합정보센터의 시스템을 운영하고, 국가물류통합정보센터가 제공하는 물류정보의 이용자에 대한 상담이 가능한 전문요원 1명 이상

③ 국토교통부장관은 해양수산부장관·산업통상자원부장관 및 관세청장과 협의하여 국가물류통합정보센터의 효율적인 운영을 위하여 국가물류통합정보센터운영자에게 필요한 지원을 할 수 있다.

④ **지정의 취소사유** : 국토교통부장관은 국가물류통합정보센터운영자가 다음의 어느 하나에 해당하는 경우에는 그 지정을 취소할 수 있다.

㉠ 거짓이나 그 밖의 부정한 방법으로 지정을 받은 경우 ➜ **절대적 취소**

㉡ 지정기준에 미달하게 된 경우

㉢ 국가물류통합정보센터운영자가 국가물류통합데이터베이스의 물류정보를 영리 목적으로 사용한 경우

(6) 전자문서 및 물류정보의 보안 ★

① **금지행위**(법 제33조)

㉠ 누구든지 단위물류정보망 또는 국가물류통합정보센터의 전자문서를 위작 또는 변작하거나 위작 또는 변작된 전자문서를 행사하여서는 아니 된다.

➜ **위반시 : 10년 이하의 징역 또는 1억원 이하의 벌금(가장 강력한 행정형벌)**

㉡ 누구든지 국가물류통합정보센터 또는 단위물류정보망에서 처리·보관 또는 전송되는 물류정보를 훼손하거나 그 비밀을 침해·도용 또는 누설해서는 아니 된다.

➜ **위반시 : 5년 이하의 징역 또는 5천만원 이하의 벌금**

㉢ 국가물류통합정보센터운영자 또는 단위물류정보망 전담기관은 전자문서 및 물류정보의 보안에 필요한 보호조치를 강구하여야 한다.

㉣ 누구든지 불법 또는 부당한 방법으로 보호조치를 침해하거나 훼손하여서는 아니 된다.

② **전자문서 및 물류정보의 보관기간 : 2년**

➜ **위반시 : 1년 이하의 징역 또는 1천만원 이하의 벌금**

(7) 전자문서 및 물류정보의 공개 ★

① **원칙** : 국가물류통합정보센터운영자 또는 단위물류정보망 전담기관은 대통령령으로 정하는 경우를 제외하고는 전자문서 또는 물류정보를 공개하여서는 아니 된다.

➜ **위반시 : 3천만원 이하의 벌금**

② **대통령령으로 정하는 예외적 공개사유** : 대통령령으로 정하는 경우란 국가의 안전보장에 위해가 없고 기업의 영업비밀을 침해하지 아니하는 경우로서 다음의 어느 하나에 해당하는 경우를 말한다.

1. 관계 중앙행정기관 또는 지방자치단체가 행정목적상의 필요에 따라 신청하는 경우
2. 수사기관이 수사목적상의 필요에 따라 신청하는 경우
3. 법원의 제출명령에 따른 경우
4. 다른 법률에 따라 공개하도록 되어 있는 경우
5. 그 밖에 국가물류통합정보센터운영자 또는 단위물류정보망 전담기관의 요청에 따라 국토교통부장관이 공개할 필요가 있다고 인정하는 경우

③ **공개절차** : 국가물류통합정보센터운영자 또는 단위물류정보망 전담기관은 전자문서 또는 물류정보를 공개하려는 때에는 **신청 등이 있은 날부터 60일** 이내에 서면(전자문서를 포함한다)으로 **이해관계인의 동의**를 받아야 한다.

6 국가 물류보안 시책의 수립 및 지원 ★

(1) 물류보안 시책의 수립·시행

국토교통부장관은 관계 중앙행정기관의 장과 협의하여 국가 물류보안 수준을 향상시키기 위하여 물류보안 관련 제도 및 물류보안 기술의 표준을 마련하는 등 국가 물류보안 시책을 수립·시행하여야 한다.

(2) 지원사항

국토교통부장관은 관계 중앙행정기관의 장과 협의하여 물류기업 또는 화주기업이 다음의 어느 하나에 해당하는 활동을 하는 경우에는 **행정적·재정적 지원을 할 수 있다.**

1. 물류보안 관련 시설·장비의 개발·도입
2. 물류보안 관련 제도·표준 등 국가 물류보안 시책의 준수
3. 물류보안 관련 교육 및 프로그램의 운영
4. 물류보안 관련 시설·장비의 유지·관리
5. 물류보안 사고발생에 따른 사후복구조치
6. 그 밖에 국토교통부장관이 정하여 고시하는 활동

(3) 물류보안 관련 국제협력 증진(법 제35조의3)

① 국토교통부장관은 관계 중앙행정기관의 장과 협의하여 물류보안 관련 국제협력의 증진을 위한 시책을 수립·시행하여야 한다.

② 국토교통부장관 및 해양수산부장관은 물류보안 관련 국제협력에 필요한 경비를 예산의 범위에서 지원할 수 있다.

04 물류산업의 경쟁력 강화

1 물류산업의 육성 및 경쟁력 강화

(1) 물류산업의 육성(법 제36조)

① 국토교통부장관 및 해양수산부장관은 화주기업에 대하여 운송·보관·하역 등의 물류서비스를 일관되고 통합된 형태로 제공하는 물류기업을 우선적으로 육성하는 등 물류산업의 경쟁력을 강화하는 시책을 강구하여야 한다.

② 국토교통부장관·해양수산부장관 또는 산업통상자원부장관은 물류기업의 육성을 위하여 다음의 조치를 할 수 있다.

㉠ 이 법 또는 대통령령으로 정하는 물류 관련 법률에 따라 국가 또는 지방자치단체의 지원을 받는 물류시설에의 우선 입주를 위한 지원

㉡ 물류시설·장비의 확충, 물류 표준화·정보화 등 물류효율화에 필요한 자금의 원활한 조달을 위하여 필요한 지원

(2) 제3자물류의 촉진(법 제37조)

① 국토교통부장관은 해양수산부장관 및 산업통상자원부장관과 협의하여 화주기업과 물류기업의 제3자물류 촉진을 위한 시책을 수립·시행하고 지원하여야 한다.

② 국토교통부장관은 해양수산부장관 및 산업통상자원부장관과 협의하여 화주기업 또는 물류기업이 다음의 어느 하나에 해당하는 활동을 하는 때에는 행정적·재정적 지원을 할 수 있다.

1. 제3자물류를 활용하기 위한 목적으로 화주기업이 물류시설을 매각·처분하거나 물류기업이 물류시설을 인수·확충하려는 경우
2. 제3자물류를 활용하기 위한 목적으로 물류컨설팅을 받으려는 경우
3. 그 밖에 제3자물류 촉진을 위하여 필요하다고 인정하는 경우

③ 국토교통부장관은 해양수산부장관 및 산업통상자원부장관과 협의하여 제3자물류 활용을 촉진하기 위하여 제3자물류 활용의 우수사례를 발굴하고 홍보할 수 있다.

(3) 물류신고센터의 설치(법 제37조의2)

① 설치 및 운영

㉠ 국토교통부장관 또는 해양수산부장관은 물류시장의 건전한 거래질서를 조성하기 위하여 **물류신고센터를 설치·운영**할 수 있다.

㉡ 물류신고센터의 장은 국토교통부 또는 해양수산부의 물류정책을 총괄하는 부서의 장으로서 국토교통부장관 또는 해양수산부장관이 지명하는 사람이 된다(시행령 제27조의2).

② **신고대상 분쟁** : 누구든지 물류시장의 건전한 거래질서를 해치는 다음의 행위로 분쟁이 발생하는 경우 그 사실을 물류신고센터에 신고할 수 있다.

㉠ 화물의 운송·보관·하역 등에 관하여 체결된 계약을 정당한 사유 없이 이행하지 아니하거나 일방적으로 계약을 변경하는 행위

㉡ 화물의 운송·보관·하역 등의 단가를 인하하기 위하여 고의적으로 재입찰하거나 계약단가 정보를 노출하는 행위

㉢ 화물의 운송·보관·하역 등에 관하여 체결된 계약의 범위를 벗어나 과적·금전 등을 제공하도록 강요하는 행위

㉣ 화물의 운송·보관·하역 등에 관하여 유류비의 급격한 상승 등 비용 증가분을 계약단가에 반영하는 것을 지속적으로 회피하는 행위

③ 물류신고센터의 업무

㉠ 신고의 접수, 신고 내용에 대한 사실관계 확인 및 조사

㉡ 조정의 권고

㉢ 자료의 제출 또는 보고의 요구

㉣ 그 밖에 신고업무 처리에 필요한 사항

(4) 보고 및 조사 등(법 제37조의3)

① **조정권고** : 국토교통부장관 또는 해양수산부장관은 신고의 내용이 타인이나 국가 또는 지역경제에 피해를 발생시키거나 발생시킬 우려가 있다고 인정하는 때에는 국토교통부령 또는 해양수산부령으로 정하는 바에 따라 해당 화주기업 또는 물류기업 등 이해관계인에게 다음의 사항을 명시하여 서면으로 통지하여 조정을 권고할 수 있다.

1. 신고의 주요 내용
2. 조정권고 내용
3. 조정권고에 대한 수락 여부 통보기한
4. 향후 신고 처리에 관한 사항

② 국토교통부장관 또는 해양수산부장관은 신고의 내용이 「독점규제 및 공정거래에 관한 법률」, 「하도급거래 공정화에 관한 법률」, 「대리점거래의 공정화에 관한 법률」 등 다른 법률을 위반하였다고 판단되는 때에는 **관계부처에 신고의 내용을 통보**하여야 한다.

③ 국토교통부장관 또는 해양수산부장관은 조정의 권고를 위하여 필요한 경우 해당 화주기업 또는 물류기업 등 이해관계인에게 국토교통부령 또는 해양수산부령으로 정하는 자료를 제출하게 하거나 보고하게 할 수 있다.

2 우수물류기업의 인증 ★★

(1) 우수물류기업의 인증(법 제38조)

① 국토교통부장관 및 해양수산부장관은 물류기업의 육성과 물류산업 발전을 위하여 소관 물류기업을 각각 우수물류기업으로 인증할 수 있다.

② 우수물류기업의 인증은 물류사업별로 운영할 수 있으며, 각 사업별 인증의 주체와 대상 등에 필요한 사항은 대통령령(별표 1의2)으로 정한다.

[별표 1의2] 사업별 우수물류기업 인증의 주체와 대상(시행령 제27조의4 관련)

물류사업	인증 대상 물류기업	인증 주체
1. 화물운송업	화물자동차운송기업	국토교통부장관
2. 물류시설운영업	물류창고기업	국토교통부장관 또는 해양수산부장관(「항만법」 제2조 제4호에 따른 항만구역에 있는 창고를 운영하는 기업의 경우만 해당한다)
3. 물류서비스업	가. 국제물류주선기업	국토교통부장관
	나. 화물정보망기업	국토교통부장관
4. 종합물류서비스업	종합물류서비스업	국토교통부장관·해양수산부장관 공동

③ 점검(시행령 제28조)

㉠ 국토교통부장관 또는 해양수산부장관은 인증우수물류기업이 인증의 기준·절차·방법·점검 및 인증표시의 방법 등의 요건을 유지하는지에 대하여 국토교통부와 해양수산부의 공동부령으로 정하는 바에 따라 **3년마다** 점검하여야 한다.

㉡ 국토교통부장관 또는 해양수산부장관은 공동부령으로 정하는 바에 따라 우수물류기업 인증심사대행기관으로 하여금 인증우수물류기업에 대한 점검을 하게 할 수 있다.

(2) 인증우수물류기업 인증의 취소(법 제39조)

① **인증의 취소사유** : 국토교통부장관 또는 해양수산부장관은 소관 인증우수물류기업이 다음의 어느 하나에 해당하는 경우에는 그 인증을 취소할 수 있다. 다만, 제1호에 해당하는 때에는 인증을 취소하여야 한다.

1. **거짓이나 그 밖의 부정한 방법으로 인증을 받은 경우 → 절대적 취소**
2. 물류사업으로 인하여 공정거래위원회로부터 시정조치 또는 과징금 부과처분을 받은 경우
3. 제38조 제3항에 따른 점검을 정당한 사유 없이 3회 이상 거부한 경우
4. 제38조 제4항의 인증기준에 맞지 아니하게 된 경우
5. 등록증 대여 등의 금지를 위반하여 다른 사람에게 자기의 성명 또는 상호를 사용하여 영업을 하게 하거나 인증서를 대여한 때

② **취소의 효과** : 인증우수물류기업은 우수물류기업의 인증이 취소된 경우에는 인증서를 반납하고, 인증마크의 사용을 중지하여야 한다.

(3) 인증심사대행기관(법 제40조)

① **인증심사대행기관의 업무범위** : 국토교통부장관 및 해양수산부장관은 우수물류기업의 인증과 관련하여 우수물류기업 인증심사대행기관을 공동으로 지정하여 다음의 업무를 하게 할 수 있다.

㉠ 인증신청의 접수
㉡ 인증요건에 맞는지에 대한 심사
㉢ 인증에 따른 점검의 대행
㉣ 그 밖에 인증업무를 원활히 수행하기 위하여 대통령령으로 정하는 지원업무

② **인증심사대행기관의 지정** : 심사대행기관은 대통령령으로 정하는 바에 따라 공공기관, 정부출연연구기관 중에서 지정한다.

③ **인증심사대행기관의 지정취소** : 국토교통부장관 및 해양수산부장관은 심사대행기관이 거짓 또는 부정한 방법으로 지정을 받은 경우(절대적 취소), 고의 또는 중대한 과실로 인증 기준 및 절차를 위반한 경우, 정당한 사유 없이 인증업무를 거부한 경우에는 취소할 수 있다.

(4) 인증서와 인증마크(법 제41조)

① 국토교통부장관 또는 해양수산부장관은 소관 인증우수물류기업에 대하여 인증서를 교부하고, 인증을 나타내는 표시를 제정하여 인증우수물류기업이 사용하게 할 수 있다.

② **벌칙** : 인증우수물류기업이 아닌 자는 거짓의 인증마크를 제작·사용하거나 그 밖의 방법으로 인증우수물류기업임을 사칭하여서는 아니 된다.

➜ **위반시 : 3,000만원 이하의 벌금**

3 국제물류주선업 ★

핵심포인트

물류법규상 규정된 사업의 경영요건 및 휴·폐업 등의 절차

사업의 경영요건	⟶	사업의 승계 및 요건변경	⟶	사업의 효력 소멸
• 효력요건 등록/허가/면허 등 • 결격사유		• 사업의 승계 양·수도/상속/합병 • 변경허가/등록		• 휴업 및 폐업 • 등록, 허가 등 취소 • 청문(聽聞)

(1) 개념

국제물류주선업이란 **타인의 수요**에 따라 **자기의 명의와 계산**으로 **타인의** 물류시설·장비 등을 **이용**하여 수출입화물의 물류를 주선하는 사업을 말한다.

(2) 국제물류주선업의 등록

① **규정**(법 제43조) : 국제물류주선업을 경영하려는 자는 **국토교통부령**으로 정하는 바에 따라 **시・도지사**에게 **등록**하여야 한다.*

* **등록 위반시** : 무등록 경영(1년 이하의 징역 또는 1천만원 이하의 벌금)

② **등록기준** : 등록을 하려는 자는 **3억원 이상**의 자본금(법인이 아닌 경우 : **6억원** 이상 자산평가액)을 보유하고, 다음의 어느 하나에 해당하는 경우를 제외하고는 **1억원 이상의 보증보험**에 가입하여야 한다.

> 1. 자본금 또는 자산평가액이 10억원 이상인 경우
> 2. 컨테이너장치장을 소유하고 있는 경우
> 3. 「은행법」에 따른 은행으로부터 1억원 이상의 지급보증을 받은 경우
> 4. 1억원 이상의 화물배상책임보험에 가입한 경우

③ **등록기준 신고의무**(변경등록도 동일)

㉠ 국제물류주선업자는 등록기준에 관한 사항을 **3년이 경과**할 때마다 국토교통부령으로 정하는 바에 따라 **신고**하여야 한다.

㉡ 국제물류주선업자는 국제물류주선업을 등록한 날부터 3년이 경과할 때부터 **60일** 이내에 등록기준 신고서에 첨부서류를 갖추어 **시・도지사**에게 제출하여야 한다.

④ **등록의 결격사유** : 다음의 어느 하나에 해당하는 자는 국제물류주선업의 등록을 할 수 없으며, 외국인 또는 외국의 법령에 따라 설립된 법인의 경우에는 해당 국가의 법령에 따라 다음의 어느 하나에 해당하는 경우에도 또한 같다.

> 1. 피성년후견인 또는 피한정후견인
> 2. 「물류정책기본법」, 「화물자동차 운수사업법」, 「항공사업법」, 「항공안전법」, 「공항시설법」 또는 「해운법」을 위반하여 금고 이상의 실형을 선고받고 그 집행이 종료(집행이 종료된 것으로 보는 경우 포함)되거나 집행이 면제된 날부터 **2년**이 지나지 아니한 자(「유통산업발전법」×)
> 3. 「물류정책기본법」, 「화물자동차 운수사업법」, 「항공사업법」, 「항공안전법」, 「공항시설법」 또는 「해운법」을 위반하여 금고 이상의 형의 집행유예를 선고받고 그 유예기간 중에 있는 자
> 4. 「물류정책기본법」, 「화물자동차 운수사업법」, 「항공사업법」, 「항공안전법」, 「공항시설법」 또는 「해운법」을 위반하여 벌금형을 선고받고 **2년**이 지나지 아니한 자
> 5. 국제물류주선업의 등록취소처분을 받은 후 **2년**이 지나지 아니한 자(거짓이나 그 밖의 부정한 방법으로 등록을 한 경우는 제외)
> 6. 법인으로서 대표자가 제1호부터 제5호까지의 어느 하나에 해당하는 경우
> 7. 법인으로서 대표자가 아닌 임원 중에 제2호부터 제5호까지의 어느 하나에 해당하는 사람이 있는 경우

확인하기

▶ **물류정책기본법상 국제물류주선업의 등록을 할 수 있는 자는?**

① 피한정후견인
② 「물류정책기본법」을 위반하여 금고 이상의 실형을 선고받고 그 집행이 종료되거나 집행이 면제된 날부터 2년이 지나지 아니한 자
③ 「유통산업발전법」을 위반하여 금고 이상의 형의 집행유예를 선고받고 그 유예기간 중에 있는 자
④ 「화물자동차 운수사업법」을 위반하여 벌금형을 선고받고 2년이 지나지 아니한 자
⑤ 대표자가 피성년후견인인 법인

정답 ③

⑤ 변경등록

㉠ 국제물류주선업을 등록한 자(이하 "국제물류주선업자"라 한다)가 등록한 사항 중 **국토교통부령으로 정하는 중요한 사항**을 변경하려는 경우에는 국토교통부령으로 정하는 바에 따라 변경등록을 하여야 한다.

㉡ 국토교통부령으로 정하는 중요 사항의 변경

ⓐ 다음의 어느 하나에 해당하는 사항을 변경하려는 경우

1. 상호
2. 성명(법인인 경우에는 임원의 성명) 및 주민등록번호(법인인 경우에는 법인등록번호)
3. 주사무소 소재지
4. 국적 또는 소속 국가명

ⓑ 자본금 또는 자산평가액이 감소되는 경우

(3) 사업의 승계

① 국제물류주선업자가 그 **사업을 양도**하거나 **사망한 때** 또는 **법인이 합병**한 때에는 그 양수인·상속인 또는 합병 후 존속하는 법인이나 합병으로 설립되는 법인은 국제물류주선업의 등록에 따른 권리·의무를 승계한다.

② 국제물류주선업의 등록에 따른 권리·의무를 승계한 자는 국토교통부령으로 정하는 바에 따라 **시·도지사**에게 **신고**하여야 한다.

③ 국제물류주선업의 양도·양수를 신고하려는 자는 양도·양수신고서를, 상속을 신고하려는 자는 상속신고서를, 국제물류주선업자인 법인의 합병을 신고하려는 자는 법인합병신고서를 그 권리·의무를 승계한 날부터 **30일 이내**에 **시·도지사**에게 제출하여야 한다.

(4) 사업의 휴업 · 폐업 관련 정보의 제공 요청

시 · 도지사는 국제물류주선업자의 휴업 · 폐업 사실을 확인하기 위하여 필요한 경우에는 관할 세무관서의 장에게 대통령령으로 정하는 바에 따라 휴업 · 폐업에 관한 과세정보의 제공을 요청할 수 있다. 이 경우 요청을 받은 세무관서의 장은 정당한 사유가 없으면 그 요청에 따라야 한다.

(5) 등록의 취소(법 제47조)

① 시 · 도지사는 국제물류주선업자가 다음의 어느 하나에 해당하는 경우에는 등록을 취소하거나 **6개월 이내**의 기간을 정하여 사업의 전부 또는 일부의 정지를 명할 수 있다. 다만, 제1호 · 제4호 · 제5호에 해당하는 경우에는 등록을 취소하여야 한다.

1. **거짓이나 그 밖의 부정한 방법으로 등록을 한 경우 ➜ 절대적 취소**
2. 국제물류주선업의 자본금 등록기준(법인 3억원, 법인이 아닌 경우 자산평가액 6억원)에 못 미치게 된 경우
3. 등록기준 신고의무(3년)를 위반하여 신고를 하지 아니하거나 거짓으로 신고한 경우
4. **등록결격사유의 어느 하나에 해당하게 된 경우.** 다만, 그 지위를 승계받은 상속인이 등록결격사유의 어느 하나에 해당하는 경우에 상속일부터 **3개월** 이내에 그 사업을 다른 사람에게 양도한 경우와 법인이 그 사유가 발생한 날부터 **3개월** 이내에 해당 임원을 개임한 경우에는 그러하지 아니하다(등록취소 유예기간 : 3개월). **➜ 절대적 취소**
5. **등록증 대여 등의 금지를 위반하여 다른 사람에게 자기의 성명 또는 상호를 사용하여 영업을 하게 하거나 등록증을 대여한 경우 ➜ 절대적 취소**

TIP 취소해야만 하는 공통적 사항

- 거짓이나 그 밖에 부정한 방법으로 ~
- 영업의 정지기간 중 영업한 경우
- 결격사유에 해당하는 경우

② 시 · 도지사는 등록을 취소하는 경우에는 그 내용을 공보 또는 인터넷 홈페이지에 20일 이상 공고하여야 한다.

(6) 자금의 지원(법 제49조)

국가는 국제물류주선업의 육성을 위하여 필요하다고 인정하는 경우에는 국제물류주선업자에게 그 사업에 필요한 소요자금의 융자 등 필요한 지원을 할 수 있다.

4 물류인력의 양성(법 제50조)

(1) 물류인력양성사업

국토교통부장관 · 해양수산부장관 또는 시 · 도지사는 대통령령으로 정하는 물류분야의 기능인력

및 전문인력을 양성하기 위하여 다음의 사업을 할 수 있다.

① 화주기업 및 물류기업에 종사하는 물류인력의 역량강화를 위한 교육·연수
② 물류체계 효율화 및 국제물류 활성화를 위한 선진기법, 교육프로그램 및 교육교재의 개발·보급
③ 외국 물류대학의 국내유치활동 지원 및 국내대학과 외국대학 간의 물류교육 프로그램의 공동 개발활동 지원
④ 물류시설의 운영과 물류장비의 조작을 담당하는 기능인력의 양성·교육
⑤ 그 밖에 신규 물류인력 양성, 물류관리사 재교육 또는 외국인 물류인력 교육을 위하여 필요한 사업

(2) 지원사항

국토교통부장관·해양수산부장관 또는 시·도지사는 정부출연연구기관, 대학이나 대학원, 물류연수기관이 물류인력양성사업을 하는 경우에는 예산의 범위에서 사업수행에 필요한 경비의 전부나 일부를 지원할 수 있다.

5 물류관리사 제도(법 제51조 내지 제54조)

(1) 개념

물류관리사란 물류관리에 관한 전문지식을 가진 자로서 법 제51조에 따른 자격을 취득한 자를 말한다(법 제2조 제12호).

(2) 물류관리사 자격시험

① **시험의 실시** : 매년 1회 실시하되, 국토교통부장관이 수급상 특히 필요하다고 인정하는 경우에는 2년마다 실시할 수 있다.
② **시험방법** : 시험은 필기의 방식으로 실시하며, 선택형을 원칙으로 하되, 기입형을 가미할 수 있다.
③ **시험의 공고** : 국토교통부장관은 시험을 시행하려는 때에는 시험내용, 일시, 장소 및 합격자 결정방법 등의 필요한 사항을 시험시행일 **90일 전**까지 주요 **일간신문 및 국토교통부의 인터넷 홈페이지**에 공고하여야 한다.
④ **물류관리사 자격시험**
  ㉠ 물류관리사가 되려는 자는 국토교통부장관이 실시하는 시험에 합격하여야 한다.
  ㉡ 시험에 응시하여 부정행위를 한 자에 대하여는 그 시험을 무효로 한다.
  ㉢ ㉡에 따른 처분을 받은 자와 자격이 취소된 자는 그 처분을 받은 날 또는 자격이 취소된 날부터 3년간 시험에 응시할 수 없다.
⑤ **물류관리사 자격의 취소** : 국토교통부장관은 물류관리사가 다음의 어느 하나에 해당하는 때에

는 그 자격을 취소하여야 한다.

㉠ 물류관리사 자격을 부정한 방법으로 취득한 때

㉡ 다른 사람에게 자기의 성명을 사용하여 영업을 하게 하거나 자격증을 대여한 때

㉢ 물류관리사의 성명의 사용이나 물류관리사 자격증 대여를 알선한 때

(3) 우선지원 ★

① 국토교통부장관 또는 시・도지사는 물류관리사를 고용한 물류관련 사업자에 대하여 다른 사업자보다 우선하여 행정적・재정적 지원을 할 수 있다.

② 시・도지사는 ①에 따른 지원을 하려는 경우에는 중복을 방지하기 위하여 미리 국토교통부장관과 협의하여야 한다.

6 물류 관련 단체의 육성

(1) 물류관련협회(법 제55조)

① 물류기업, 화주기업, 그 밖에 물류활동과 관련된 자는 **물류체계를 효율화하고 업계의 건전한 발전 및 공동이익을 도모**하기 위하여 필요할 경우 대통령령으로 정하는 바에 따라 협회(이하 "물류관련협회"라 한다)를 설립할 수 있다.

② 물류관련협회를 설립하려는 경우 해당 협회의 회원이 될 자격이 있는 기업 **100개** 이상이 발기인으로 정관을 작성하여 해당 협회의 회원이 될 자격이 있는 기업 **200개** 이상이 참여한 창립총회의 의결을 거친 후 국토교통부장관 또는 해양수산부장관의 **설립인가**를 받아야 한다.

③ 물류관련협회는 설립인가를 받아 **설립등기**를 함으로써 성립한다.

④ 물류관련협회는 법인으로 한다.

⑤ 물류관련협회에 관하여 이 법에 규정한 것 외에는 「민법」 중 사단법인에 관한 규정을 준용한다.

⑥ 국토교통부장관 및 해양수산부장관은 물류관련협회의 발전을 위하여 필요한 경우에는 물류관련협회를 행정적・재정적으로 지원할 수 있다.

(2) 민・관 합동 물류지원센터(법 제56조)

① 국토교통부장관・해양수산부장관・산업통상자원부장관 및 대통령령으로 정하는 물류관련협회 및 물류관련 전문기관・단체는 공동으로 물류체계 효율화를 통한 국가경쟁력을 강화하고 국제물류사업을 효과적으로 추진하기 위하여 물류지원센터를 설치・운영할 수 있다.

② 물류지원센터의 업무

㉠ 국내물류기업의 해외진출 및 해외물류기업의 국내투자유치 지원

㉡ 물류산업의 육성・발전을 위한 조사・연구

㉢ 그 밖에 물류 공동화 및 정보화 지원 등 물류체계 효율화를 위하여 필요한 업무

05 물류의 선진화 및 국제화

1 물류 관련 신기술 · 기법의 연구개발 및 보급 촉진(법 제57조) ★

(1) 국토교통부장관 · 해양수산부장관 또는 시 · 도지사는 첨단화물운송체계 · **클라우드컴퓨팅 · 무선주파수인식 및 정온물류 등** 물류 관련 신기술 · 기법의 연구개발 및 이를 통한 첨단 물류시설 · 장비 · 운송수단(이하 "첨단물류시설등"이라 한다)의 보급 · 촉진을 위한 시책을 마련하여야 한다.

(2) 국토교통부장관 · 해양수산부장관 또는 시 · 도지사는 물류기업이 다음의 활동을 하는 경우에는 이에 필요한 행정적 · 재정적 지원을 할 수 있다.

1. 물류신기술을 연구개발하는 경우
2. 기존 물류시설 · 장비 · 운송수단을 첨단물류시설등으로 전환하거나 첨단물류시설등을 새롭게 도입하는 경우
3. 그 밖에 물류신기술 및 첨단물류시설등의 개발 · 보급을 위하여 대통령령으로 정하는 사항

(3) 국토교통부장관 또는 해양수산부장관은 물류신기술 · 첨단물류시설등 중 성능 또는 품질이 우수하다고 인정되는 경우 우수한 물류신기술 · 첨단물류시설등으로 지정하여 이의 보급 · 활용에 필요한 행정적 · 재정적 지원을 할 수 있다.

(4) 시 · 도지사는 (1) 또는 (2)의 조치를 하려는 경우에는 중복을 방지하기 위하여 미리 국토교통부장관 및 해양수산부장관과 협의하고, 그 내용을 지역물류기본계획과 지역물류시행계획에 반영하여야 한다.

2 환경친화적 물류의 촉진 ★

(1) **환경친화적 물류의 촉진**(법 제59조)

① 국토교통부장관 · 해양수산부장관 또는 시 · 도지사는 물류활동이 환경친화적으로 추진될 수 있도록 관련 시책을 마련하여야 한다.

② 국토교통부장관 · 해양수산부장관 또는 시 · 도지사는 ㉠ 물류기업, ㉡ 화주기업 또는 「화물자동차 운수사업법」에 따른 ㉢ 개인 운송사업자가 환경친화적 물류활동을 위하여 다음의 활동을 하는 경우에는 행정적 · 재정적 지원을 할 수 있다.

> 1. 환경친화적인 운송수단 또는 포장재료의 사용
> 2. 기존 물류시설·장비·운송수단을 환경친화적인 물류시설·장비·운송수단으로 변경
> 3. 환경친화적인 물류시스템의 도입 및 개발
> 4. 물류활동에 따른 폐기물 **감량**
> 5. 그 밖에 물류자원을 절약하고 재활용하는 활동으로서 국토교통부장관 및 해양수산부장관이 정하여 고시하는 사항

(2) 환경친화적 운송수단으로의 전환촉진(법 제60조, Modal Shift)

국토교통부장관·해양수산부장관 또는 시·도지사는 물류기업 및 화주기업에 대하여 환경친화적인 운송수단으로의 전환을 권고하고 지원할 수 있다.

> 1. 화물자동차·철도차량·선박·항공기 등의 배출가스를 저감하거나 배출가스를 저감할 수 있는 운송수단으로 전환하는 경우 및 이를 위한 시설·장비투자를 하는 경우
> 2. 환경친화적인 연료를 사용하는 운송수단으로 전환하는 경우 및 이를 위한 시설·장비투자를 하는 경우

(3) 지원내용

① 환경친화적 운송수단으로의 전환에 필요한 자금의 보조·융자 및 융자 알선

② 환경친화적 운송수단으로의 전환에 필요한 교육, 컨설팅 및 정보의 제공

③ 그 밖에 환경친화적 운송수단으로의 전환을 지원하기 위하여 국토교통부장관이 해양수산부장관 및 관계 행정기관의 장과 협의하여 고시하는 사항

(4) 우수녹색물류실천기업의 지정(법 제60조의3 내지 제60조의6)

① **지정권자** : 국토교통부장관
국토교통부장관은 환경친화적 물류활동을 모범적으로 하는 물류기업과 화주기업을 우수기업으로 지정할 수 있다.

② **지정기준의 정기점검** : 국토교통부장관은 지정받은 자가 지정기준을 적합하게 유지하고 있는지를 **3년**마다 정기적으로 점검하여야 한다.

③ **우수녹색물류실천기업 지정증과 지정표시** : **국토교통부장관**은 우수녹색물류실천기업에 지정증을 발급하고, 지정표시를 정하여 우수녹색물류실천기업이 사용하게 할 수 있다.

④ **우수녹색물류실천기업의 지정취소** : 국토교통부장관은 우수녹색물류실천기업이 다음의 어느 하나에 해당하는 경우에는 그 지정을 취소할 수 있다. 다만, ㉠에 해당할 때에는 지정을 취소하여야 한다.

㉠ 거짓이나 그 밖의 부정한 방법으로 지정을 받은 경우 ➜ **절대적 취소**
㉡ 지정기준 요건을 충족하지 아니하게 된 경우
㉢ 점검을 정당한 사유 없이 3회 이상 거부한 경우

(5) 우수녹색물류실천기업 지정심사대행기관(법 제60조의7)

① **지정심사대행기관의 업무** : 국토교통부장관은 우수녹색물류실천기업 지정과 관련하여 우수녹색물류실천기업 지정심사대행기관을 지정하여 다음의 업무를 하게 할 수 있다.

1. 우수녹색물류실천기업 지정신청의 접수
2. 우수녹색물류실천기업의 지정기준에 충족하는지에 대한 심사
3. 우수녹색물류실천기업에 대한 점검
4. 우수녹색물류실천기업에 대한 홍보

② **지정심사대행기관의 지정** : 지정심사대행기관은 대통령령으로 정하는 바에 따라 공공기관, 정부출연연구기관 중에서 지정한다.

③ **지정심사대행기관의 취소**(법 제60조의8) : 국토교통부장관은 지정심사대행기관이 다음의 어느 하나에 해당하는 경우에는 그 지정을 취소할 수 있다. 다만, ㉠에 해당하는 경우에는 지정을 취소하여야 한다.

㉠ 거짓 또는 부정한 방법으로 지정을 받은 경우 ➜ **절대적 취소**
㉡ 고의 또는 중대한 과실로 지정 기준 및 절차를 위반한 경우
㉢ 정당한 사유 없이 지정업무를 거부한 경우

3 국제물류의 촉진 및 지원

(1) 국제물류사업의 촉진 및 지원

① **시책의 마련** : **국토교통부장관 · 해양수산부장관** 또는 **시 · 도지사**는 국제물류협력체계 구축, 국내 물류기업의 해외진출, 해외 물류기업의 유치 및 환적화물의 유치 등 국제물류 촉진을 위한 시책을 마련하여야 한다.

② **지원사항** : 국토교통부장관 · 해양수산부장관 또는 시 · 도지사는 대통령령으로 정하는 물류기업 또는 관련 전문기관 · 단체가 추진하는 다음의 국제물류사업에 대하여 행정적인 지원을 하거나 예산의 범위에서 필요한 경비의 전부나 일부를 지원할 수 있다.

> 1. 물류 관련 정보 · 기술 · 인력의 국제교류
> 2. 물류 관련 국제 표준화, 공동조사, 연구 및 기술협력
> 3. 물류 관련 국제학술대회, 국제박람회 등의 개최
> 4. 해외 물류시장의 조사 · 분석 및 수집정보의 체계적인 배분
> 5. 국가 간 물류활동을 촉진하기 위한 지원기구의 설립
> 6. 외국 물류기업의 유치
> 7. 국내 물류기업의 해외 물류기업 인수 및 해외 물류 인프라 구축
> 8. 그 밖에 국제물류사업의 촉진 및 지원을 위하여 필요하다고 인정되는 사항

③ 국토교통부장관 및 해양수산부장관은 범정부차원의 지원이 필요한 국가 간 물류협력체의 구성 또는 정부 간 협정의 체결 등에 관하여는 미리 국가물류정책위원회의 심의를 거쳐야 한다.

④ 국토교통부장관 · 해양수산부장관 또는 시 · 도지사는 물류기업 및 국제물류 관련 기관 · 단체의 국제물류활동을 촉진하기 위하여 필요한 행정적 · 재정적 지원을 할 수 있다.

(2) 공동투자유치활동(법 제62조)

① **국토교통부장관 · 해양수산부장관 또는 시 · 도지사**는 물류시설에 외국인투자기업 및 환적화물을 효과적으로 유치하기 위하여 필요한 경우에는 해당 물류시설관리자 또는 국제물류 관련 기관 · 단체와 공동으로 투자유치활동을 수행할 수 있다.

② **협조의무** : 물류시설관리자와 국제물류 관련 기관 · 단체는 공동투자유치활동에 대하여 특별한 사유가 없는 한 적극 협조하여야 한다.

③ **협조 요청** : 국토교통부장관 · 해양수산부장관 또는 시 · 도지사는 효율적인 투자유치를 위하여 필요하다고 인정되는 경우에는 재외공관 등 관계 행정기관 및 「대한무역투자진흥공사법」에 따른 대한무역투자진흥공사 등 관련 기관 · 단체에 협조를 요청할 수 있다.

(3) 투자유치활동의 평가(법 제63조)

① 국토교통부장관 및 해양수산부장관은 물류시설관리자의 외국인투자기업 및 환적화물에 대한 적극적인 유치활동을 촉진하기 위하여 필요한 경우에는 해당 물류시설관리자의 투자유치활동에 대한 평가를 할 수 있다.

② 국토교통부장관 및 해양수산부장관은 다음의 물류시설에 대한 소유권 또는 관리 · 운영권을 인정받은 자에 대하여 투자유치활동에 대한 평가를 할 수 있다.

㉠ 「공항시설법」에 따른 공항 중 국제공항 및 그 배후지에 위치한 물류시설

㉡ 「항만법」에 따른 무역항 및 그 배후지에 위치한 물류시설

③ 국토교통부장관 및 해양수산부장관은 평가를 위하여 필요한 경우에는 평가대상기관에 대하여 관련 자료의 제출을 요청할 수 있다.

④ 국토교통부장관 및 해양수산부장관은 평가대상기관에 대하여 그 평가 결과에 따라 행정적 · 재정적 지원을 달리할 수 있다.

06 보칙 및 벌칙

1 등록증 대여 등의 금지(법 제66조)

(1) 인증우수물류기업・국제물류주선업자 및 **우수녹색물류실천기업**은 다른 사람에게 자기의 성명 또는 상호를 사용하여 사업을 하게 하거나 그 인증서・등록증 또는 지정증을 대여하여서는 아니 된다.

(2) 물류관리사 자격증 대여 금지(법 제66조의2)

① 물류관리사는 다른 사람에게 자기의 성명을 사용하여 사업을 하게 하거나 물류관리사 자격증을 대여하여서는 아니 된다.

② 누구든지 물류관리사로부터 그 성명을 빌려 사업을 하거나 물류관리사 자격증을 대여받아서는 아니 되며, 이를 알선하여서도 아니 된다.

2 과징금(법 제67조) ★★

(1) 과징금의 개념

과징금이란 일정한 행정상 책임과 의무를 위반 또는 불이행시 행정청이 의무자에게 부과하는 금전적인 제재로 물류관련법규에서는 영업정지와 같은 징벌적 처분으로 인하여 발생할 수 있는 국민의 불편 등을 고려하여 이에 갈음하여 금전으로 부과하는 제재조치를 말한다.

(2) 과징금 부과의 내용 및 절차

① **부과권자 및 부과사유 : 시・도지사**는 국제물류주선업자에게 사업의 정지를 명하여야 하는 경우로서 그 사업의 정지가 해당 사업의 이용자 등에게 심한 불편을 주는 경우에는 그 사업정지 처분을 갈음하여 1천만원 이하의 과징금을 부과할 수 있다.

② **과징금액** : 시・도지사는 국제물류주선업자의 사업규모, 사업지역의 특수성, 위반행위의 정도 및 횟수 등을 고려하여 과징금의 금액의 1/2의 범위에서 이를 늘리거나 줄일 수 있다. 이 경우 과징금을 늘리더라도 과징금의 총액은 **1천만원**을 초과할 수 없다.

③ **소상공인에 대한 감경규정** : 시・도지사는 고의 또는 중과실이 없는 위반행위자가 「소상공인기본법」에 따른 소상공인에 해당하고, 과징금을 체납하고 있지 않은 경우에는 다음의 사항을 고려하여 과징금의 **70/100** 범위에서 그 금액을 줄여 부과할 수 있다. 다만, ②의 감경과 중복하여 적용하지 않는다.

㉠ 위반행위자의 현실적인 부담능력

㉡ 경제위기 등으로 위반행위자가 속한 시장・산업 여건이 현저하게 변동되거나 지속적으로 악화된 상태인지 여부

④ **징수** : 과징금을 기한 내에 납부하지 아니한 때에는 시・도지사는 **「지방행정제재・부과금의 징수 등에 관한 법률」**에 따라 징수한다.

(3) 과징금의 납부

① 시·도지사는 위반행위를 한 자에 대하여 과징금을 부과하려는 경우에는 해당 위반행위를 조사·확인한 후 위반사실·이의방법·이의기간 등을 서면으로 명시하여 이를 낼 것을 과징금 부과대상자에게 통지하여야 한다.

② 통지를 받은 자는 통지를 받은 날부터 **20일** 이내에 시·도지사가 정하는 수납기관에 과징금을 내야 한다.

3 청문(법 제68조)

(1) 청문의 개념

청문이란 행정절차에 참여한 참가자가 국가공권력에 의하여 불이익을 받게 되는 경우 자신의 의견을 밝히거나 자신을 방어할 수 있는 기회를 말한다. 우리나라 「행정절차법」 제2조 제5호에서는 행정청이 어떠한 처분을 하기 전에 당사자 등의 의견을 직접 듣고 증거를 조사하는 절차로 정의하고 있다.

(2) 청문의 대상 ★

국토교통부장관, 해양수산부장관, 시·도지사 및 행정기관은 다음의 어느 하나에 해당하는 취소를 하려면 청문을 하여야 한다.

1. 단위물류정보망 전담기관에 대한 지정의 취소
2. 국가물류통합정보센터운영자에 대한 지정의 취소
3. 인증우수물류기업에 대한 인증의 취소
4. 우수물류기업 인증심사대행기관 지정의 취소
5. 국제물류주선업자에 대한 등록의 취소
6. 물류관리사 자격의 취소
7. 우수녹색물류실천기업의 지정취소
8. 우수녹색물류실천기업 지정심사대행기관의 지정취소

4 벌칙(법 제71조) ★

(1) 전자문서의 위작 또는 변작

제33조 제1항을 위반하여 전자문서를 위작 또는 변작하거나 그 사정을 알면서 위작 또는 변작된 전자문서를 행사한 자는 10년 이하의 징역 또는 1억원 이하의 벌금에 처한다. 이 경우 미수범은 본죄에 준하여 처벌한다.

(2) 비밀의 침해 · 도용 또는 누설

제33조 제2항을 위반하여 국가물류통합정보센터 또는 단위물류정보망에 의하여 처리 · 보관 또는 전송되는 물류정보를 훼손하거나 그 비밀을 침해 · 도용 또는 누설한 자는 5년 이하의 징역 또는 5천만원 이하의 벌금에 처한다.

(3) 국가물류통합정보센터 또는 단위물류정보망의 보호조치 침해 또는 훼손

제33조 제5항을 위반하여 국가물류통합정보센터 또는 단위물류정보망의 보호조치를 침해하거나 훼손한 자는 3년 이하의 징역 또는 3천만원 이하의 벌금에 처한다.

(4) 1년 이하의 징역 또는 1천만원 이하의 벌금

① 위험물질운송안전관리센터의 운영에 필요한 정보를 수집 · 관리 · 활용하는 자가 취득한 정보를 목적 외의 용도로 사용한 경우
② 전자문서 또는 물류정보를 대통령령으로 정하는 기간(2년) 동안 보관하지 아니한 자
③ 국제물류주선업의 등록을 하지 아니하고 국제물류주선업을 경영한 자
④ 자신의 성명을 사용하여 사업을 하게 하거나 물류관리사 자격증을 대여한 자
⑤ 물류관리사로부터 그 성명을 빌려 사업을 하거나 물류관리사 자격증을 대여받은 자 또는 이를 알선한 자

(5) 3천만원 이하의 벌금

① 제34조 제1항을 위반하여 전자문서 또는 물류정보를 공개한 자
② 제41조 제3항을 위반하여 거짓의 인증마크를 제작 · 사용하거나 그 밖의 방법으로 인증받은 기업임을 사칭한 자

(6) 1천만원 이하의 벌금

① 제29조의3 제2항에 따른 위험물질 운송차량의 운행중지 명령에 따르지 아니한 자
② 제37조의3 제3항에 따른 자료 제출 및 보고를 하지 아니하거나 거짓으로 한 자
③ 제37조의3 제4항에 따른 조사를 거부 · 방해 또는 기피한 자
④ 제60조의4 제3항(우수녹색물류실천기업의 지정)을 위반하여 지정을 받지 아니하고 지정표시 또는 이와 유사한 표시를 사용한 자
⑤ 제66조(등록증 대여 등의 금지)를 위반하여 성명 또는 상호를 다른 사람에게 사용하게 하거나 인증서 · 등록증 또는 지정증을 대여한 자

5 과태료(행정질서벌) : 200만원 이하

① 물류현황조사, 국가·지역물류기본계획 수립을 위한 자료를 제출하지 아니하거나 거짓의 자료를 제출한 자
② 국제물류주선업의 변경등록을 하지 아니한 자
③ 국제물류주선업의 권리·의무 승계신고를 하지 아니한 자
④ 우수물류기업의 인증이 취소되었으나 인증마크를 계속 사용한 자
⑤ 우수녹색물류실천기업의 지정취소를 위반하여 지정표시를 계속 사용한 자
⑥ 위험물질 운송차량의 위치정보 수집 단말장치를 장착하지 아니한 자
⑦ 단말장치를 점검·관리하지 아니하거나 단말장치의 작동을 유지하지 아니한 자
⑧ 운송계획정보를 입력하지 아니하거나 거짓으로 입력한 자
⑨ 단말장치 위반 관련 조사에 정당한 사유 없이 출입·조사를 거부·방해 또는 기피한 자

CHAPTER 01 기출 & 실력 다잡기

01 다음 중 물류정책기본법령에 규정된 용어의 정의로 그 내용이 틀린 것은?

① 물류란 재화가 공급자로부터 조달・생산되어 수요자에게 전달되거나 소비자로부터 회수되어 폐기될 때까지 이루어지는 운송・보관・하역 등과 이에 부가되어 가치를 창출하는 가공・조립・분류・수리・포장・상표부착・제조・정보통신 등의 경제활동을 말한다.

② 물류사업이란 화주의 수요에 따라 유상으로 물류활동을 영위하는 것을 업(業)으로 하는 것으로 화물운송업, 물류시설운영업, 물류서비스업, 종합물류서비스업을 말한다.

③ 제3자물류란 화주가 그와 대통령령으로 정하는 특수관계에 있지 아니한 물류기업에 물류활동의 일부 또는 전부를 위탁하는 것을 말한다.

④ 국제물류주선업이란 타인의 수요에 따라 자기의 명의와 계산으로 타인의 물류시설・장비 등을 이용하여 수출입화물의 물류를 주선하는 사업을 말한다.

⑤ 단위물류정보망이란 기능별 또는 지역별로 관련 행정기관, 물류기업 및 그 거래처를 연결하는 일련의 물류정보체계를 말한다.

해설 ① 제조는 물류의 범위에 속하지 않는다(제조 : 2차 산업 ↔ 물류 : 3차 산업-서비스업).

02 물류정책기본법령상 물류사업의 범위에 관한 대분류와 세분류의 연결이 옳지 않은 것은?

① 화물운송업 - 파이프라인운송업
② 물류시설운영업 - 창고업
③ 물류서비스업 - 화물주선업
④ 물류시설운영업 - 물류터미널운영업
⑤ 화물운송업 - 항만운송사업

해설 항만운송사업은 물류서비스업에 해당한다.

◀ 물류사업의 범위(시행령 제3조 관련) ▶

대분류	세분류	세세분류
화물 운송업	육상화물운송업	화물자동차 운송사업, 화물자동차 운송가맹사업, 철도사업
	해상화물운송업	외항정기화물운송사업, 외항부정기화물운송사업, 내항화물운송사업
	항공화물운송업	정기항공운송사업, 부정기항공운송사업, 상업서류송달업
	파이프라인운송업	파이프라인운송업
물류시설 운영업	창고업(공동집배송센터 운영업 포함)	일반창고업, 냉장 및 냉동 창고업, 농・수산물 창고업, 위험물품보관업, 그 밖의 창고업
	물류터미널운영업	복합물류터미널, 일반물류터미널, 해상터미널, 공항화물터미널, 화물차전용터미널, 컨테이너화물조작장(CFS), 컨테이너장치장(CY), 물류단지, 집배송단지 등 물류시설의 운영업

정답 01 ① 02 ⑤

물류 서비스업	화물취급업 (하역업 포함)	화물의 하역, 포장, 가공, 조립, 상표부착, 프로그램 설치, 품질검사 등 부가적인 물류업
	화물주선업	국제물류주선업, 화물자동차 운송주선사업
	물류장비임대업	운송장비임대업, 산업용 기계·장비 임대업, 운반용기 임대업, 화물자동차임대업, 화물선박임대업, 화물항공기임대업, 운반·적치·하역장비 임대업, 컨테이너·파렛트 등 포장용기 임대업, 선박대여업
	물류정보처리업	물류정보 데이터베이스 구축, 물류지원 소프트웨어 개발·운영, 물류 관련 전자문서 처리업
	물류컨설팅업	물류 관련 업무프로세스 개선 관련 컨설팅, 자동창고, 물류자동화 설비 등 도입 관련 컨설팅, 물류 관련 정보시스템 도입 관련 컨설팅
	해운부대사업	해운대리점업, 해운중개업, 선박관리업
	항만운송관련업	항만용역업, 선용품공급업, 선박연료공급업, 선박수리업, 컨테이너 수리업, 예선업
	항만운송사업	항만하역사업, 검수사업, 감정사업, 검량사업
종합물류 서비스업	종합물류서비스업	종합물류서비스업

03 물류정책기본법상 물류현황조사에 관한 설명으로 옳지 않은 것은?

① 국토교통부장관은 물류에 관한 정책의 수립을 위하여 필요하다고 판단될 때에는 관계 행정기관의 장과 미리 협의한 후 물동량의 발생현황과 이동경로 등에 관하여 조사할 수 있다.

② 국토교통부장관은 물류현황조사를 위한 조사지침을 작성하려는 경우에는 미리 시·도지사와 협의하여야 한다.

③ 도지사는 지역물류에 관한 정책의 수립을 위하여 필요한 경우에는 해당 행정구역의 물동량 현황과 이동경로, 물류시설·장비의 현황과 이용실태 등에 관하여 조사할 수 있다.

④ 해양수산부장관은 물류현황조사를 효율적으로 수행하기 위하여 필요한 경우에는 물류현황조사의 전부 또는 일부를 전문기관으로 하여금 수행하게 할 수 있다.

⑤ 도지사는 관할 군의 군수에게 지역물류현황조사를 요청하는 경우에는 효율적인 지역물류현황조사를 위하여 조사의 시기, 종류 및 방법 등에 관하여 해당 도의 조례로 정하는 바에 따라 조사지침을 작성하여 통보할 수 있다.

해설 국토교통부장관은 물류현황조사를 위한 지침을 작성하려는 경우에는 미리 관계 중앙행정기관의 장과 협의하여야 한다(법 제8조 제2항).

정답 03 ②

04 **물류정책기본법령상 국토교통부장관이 물류현황조사를 요청하는 경우 물류현황조사지침을 작성하게 되는데, 물류현황조사지침에 포함되는 사항이 아닌 것은?**

① 조사의 종류 및 항목
② 조사의 대상·방법 및 절차
③ 조사의 시기 및 조사지역
④ 조사결과의 집계·분석 및 관리
⑤ 조사기관 및 조사자의 배치

해설 물류현황조사지침(시행령 제4조 제1항)

1. 조사의 종류 및 항목
2. 조사의 대상·방법 및 절차
3. 조사의 체계
4. 조사의 시기 및 지역
5. 조사결과의 집계·분석 및 관리 등

05 **물류정책기본법령상 국토교통부장관 또는 해양수산부장관이 물류현황조사에 필요한 자료의 제출을 요청하거나 그 일부에 대하여 직접 조사하도록 요청할 수 있는 자가 아닌 것은?**

① 시장·군수 및 구청장
② 특별시장·광역시장·특별자치시장·도지사 및 특별자치도지사
③ 관계 중앙행정기관의 장
④ 「물류정책기본법」에 따라 지원을 받는 기업·단체
⑤ 물류기업

해설 ① 시장·군수 및 구청장 – 지역물류현황조사(법 제9조)

06 **물류정책기본법령상 국가물류기본계획에 대한 설명으로 옳은 것은?**

① 국가물류기본계획은 20년 단위로 수립한다.
② 국가물류기본계획은 「국가통합교통체계효율화법」에 따라 수립된 국가기간교통망계획에 우선한다.
③ 국토종합계획 등 다른 계획의 변경으로 인한 사항을 국가물류기본계획에 반영하는 경우 국가물류정책위원회의 심의를 거쳐야 한다.
④ 국가물류기본계획을 시행하기 위하여 5년마다 연도별 시행계획을 수립하여야 한다.
⑤ 국가물류기본계획의 연도별 시행계획은 물류정책분과위원회의 심의를 거쳐야 한다.

정답 04 ⑤ 05 ① 06 ⑤

해설 ⑤ 국토교통부장관 및 해양수산부장관은 국가물류기본계획의 연도별 시행계획을 수립하려는 경우에는 미리 관계 중앙행정기관의 장, 특별시장·광역시장·도지사 및 특별자치도지사와 협의한 후 물류정책분과위원회의 심의를 거쳐야 한다.
① 20년 단위 → 10년 단위 국가계획을 5년마다 수립
② 국가물류기본계획은 「국토기본법」에 따라 수립된 국토종합계획 및 「국가통합교통체계효율화법」에 따라 수립된 국가기간교통망계획과 조화를 이루어야 한다.
③ 국가물류기본계획은 다른 법령에 따라 수립되는 물류에 관한 계획에 우선하며 그 계획의 기본이 된다.
④ 5년마다 → 매년

07 다음 중 국가물류정책위원회의 심의를 거쳐야 하는 국가물류기본계획의 중요한 변경사항에 해당하는 것은?

① 국가물류정책의 목표와 주요 추진전략에 관한 사항
② 국가물류기본계획과 관련된 국가기간교통망계획 변경을 반영한 물류시설의 투자 우선순위
③ 국가물류기본계획과 관련된 물류시설개발종합계획의 변경을 반영한 국제물류의 촉진에 관한 사항
④ 국가물류기본계획과 관련된 국가기간교통망계획의 변경을 반영하기 위해 국가물류정책위원회의 심의가 필요한 사항
⑤ 국가물류기본계획과 관련된 국토종합계획의 변경을 반영한 물류장비의 투자 우선순위에 관한 사항

해설 물류시설·장비의 투자 우선순위에 관한 사항, 국제물류의 촉진·지원에 관한 기본적인 사항, 그 밖에 국가물류정책위원회의 심의가 필요하다고 인정되는 사항이 국토종합계획, 국가기간교통망계획이나 물류시설개발종합계획 등 국가물류기본계획과 관련된 다른 계획의 변경으로 인한 사항을 반영하는 내용일 경우는 국가물류정책위원회의 심의를 거치지 않는다(시행령 제5조).

08 다음 중 물류정책기본법령상 지역물류기본계획에 포함되는 내용이 아닌 것은?

① 지역물류환경의 변화와 전망
② 지역물류정책의 목표·전략 및 단계별 추진계획
③ 운송·보관·하역·포장 등 물류기능별 지역물류정책 및 도로·철도·해운·항공 등 운송수단별 지역물류정책에 관한 사항
④ 국가물류정책의 목표와 전략 및 단계별 추진계획
⑤ 지역의 연계물류체계의 구축 및 개선에 관한 사항

해설 ④ 국가물류정책의 목표와 전략 및 단계별 추진계획 – 국가물류기본계획 사항

정답 07 ① 08 ④

09 **물류정책기본법령상 내용으로 옳은 것은?**

① 국토교통부장관 또는 산업통상자원부장관은 물류현황조사에 필요한 자료의 제출을 요청하거나 그 일부에 대하여 직접 조사하도록 요청할 수 있다.

② 국토교통부장관은 물류현황조사지침을 작성하려는 경우에는 미리 시·도지사와 협의하여야 한다.

③ 국토교통부장관 및 해양수산부장관은 국가물류정책의 기본방향을 설정하는 10년 단위의 국가물류기본계획을 5년마다 공동으로 수립할 수 있다

④ 국토교통부장관은 국가물류기본계획을 수립하거나 대통령령으로 정하는 중요한 사항을 변경하려는 경우에는 관계 중앙행정기관의 장 및 시·도지사와 협의한 후 국가물류정책위원회의 심의를 거쳐야 한다.

⑤ 국가물류정책위원회는 위원장을 포함한 23명 이내의 위원으로 구성되며, 위원장은 국토교통부장관이 된다.

해설 ① 산업통상자원부장관 → 해양수산부장관
② 시·도지사 → 관계 중앙행정기관의 장
③ 수립할 수 있다. → 수립하여야 한다.
④ 국토교통부장관 → 국토교통부장관 및 해양수산부장관

10 **물류정책기본법령상 물류정책위원회에 관한 설명으로 옳지 않은 것은?**

① 물류보안에 관한 중요 정책 사항은 국가물류정책위원회의 심의·조정사항에 포함된다.

② 국가물류정책위원회의 분과위원회가 국가물류정책위원회에서 위임한 사항을 심의·조정한 때에는 분과위원회의 심의·조정을 국가물류정책위원회의 심의·조정으로 본다.

③ 국가물류정책위원회에 둘 수 있는 전문위원회는 녹색물류전문위원회와 생활물류전문위원회이다.

④ 지역물류정책에 관한 주요 사항을 심의하기 위하여 국토교통부장관 소속으로 지역물류정책위원회를 둘 수 있다.

⑤ 지역물류정책위원회는 위원장을 포함한 20명 이내의 위원으로 구성한다.

해설 ④ 지역물류정책에 관한 주요 사항을 심의하기 위하여 시·도지사 소속으로 지역물류정책위원회를 둘 수 있다.

정답 09 ⑤ 10 ④

11 물류정책기본법령상 국가물류정책위원회의 심의사항이 아닌 것은?

① 국가물류체계의 표준화에 관한 중요 정책 사항
② 물류시설의 종합적인 개발계획의 수립에 관한 사항
③ 물류산업의 육성·발전에 관한 중요 정책 사항
④ 국제물류의 촉진·지원에 관한 중요 정책 사항
⑤ 물류보안에 대한 중요 정책 사항

해설 ① 표준화 → 효율화(법 제17조 제2항)

12 물류정책기본법령상 물류 공동화·자동화 촉진을 위한 지원에 관한 설명으로 옳은 것은?

① 시·도지사는 물류공동화를 추진하는 물류 관련 단체에 대하여 예산의 범위에서 필요한 자금을 지원할 수 있다.
② 산업통상자원부장관은 물류기업이 물류공동화를 추진하는 경우 물류 관련 단체와 공동으로 추진하도록 명할 수 있다.
③ 시·도지사는 화주기업이 물류자동화를 위하여 물류시설 및 장비를 확충하려는 경우 필요한 자금을 지원하여야 한다.
④ 국토교통부장관·해양수산부장관·산업통상자원부장관은 물류공동화·물류자동화를 위하여 필요한 경우 협의 없이 지원조치를 마련할 수 있다.
⑤ 시·도지사가 물류공동화를 추진하는 물류기업이나 화주기업에 대하여 필요한 자금을 지원하려는 경우 그 내용을 국가물류기본계획에 반영하여야 한다.

해설 ② 국토교통부장관·해양수산부장관·산업통상자원부장관 또는 시·도지사는 화주기업이 물류공동화를 추진하는 경우에는 물류기업이나 물류 관련 단체와 공동으로 추진하도록 권고할 수 있으며, 권고를 이행하는 경우에 우선적으로 지원을 할 수 있다(법 제23조 제2항).
③ 국토교통부장관·해양수산부장관 또는 산업통상자원부장관은 물류기업이 물류자동화를 위하여 물류시설 및 장비를 확충하거나 교체하려는 경우에는 필요한 자금을 지원할 수 있다(법 제23조 제5항).
④ 국토교통부장관·해양수산부장관 또는 산업통상자원부장관은 조치를 하려는 경우에는 중복을 방지하기 위하여 미리 협의하여야 한다(법 제23조 제6항).
⑤ 시·도지사는 미리 해당 조치와 관련하여 국토교통부장관·해양수산부장관 또는 산업통상자원부장관과 협의하고, 그 내용을 지역물류기본계획과 지역물류시행계획에 반영하여야 한다(법 제23조 제7항).

정답 11 ① 12 ①

13 **물류정책기본법령상 물류체계의 효율화에 관한 설명으로 옳은 것은?**

① 국토교통부장관은 물류표준화를 위해 필요하다고 인정하는 경우 「산업표준화법」에 따른 한국산업표준을 개정할 수 있다.

② 산업통상자원부장관은 물류비 산정기준을 표준화하기 위하여 기업물류비 산정지침을 작성·고시하여야 한다.

③ 산업통상자원부장관은 물류업무에 관한 표준전자문서의 개발·보급계획을 수립하여야 한다.

④ 국가물류통합정보센터운영자 또는 단위물류정보망 전담기관은 전자문서 및 정보처리장치의 파일에 기록되어 있는 물류정보를 2년 동안 보관하여야 한다.

⑤ 국가물류통합정보센터운영자는 물류체계의 효율화를 위해 필요하다고 판단한 경우 관련 물류정보를 공개하여야 한다.

해설 ① 국토교통부장관 또는 해양수산부장관은 산업통상자원부장관에게 「산업표준화법」에 따른 한국산업표준의 제정·개정 또는 폐지를 요청할 수 있다.
②, ③ 산업통상자원부장관 → 국토교통부장관
⑤ 물류정보는 비공개가 원칙이고, 예외적인 경우에 공개할 수 있다.

14 **물류정책기본법상 물류체계의 효율화에 관한 설명으로 옳지 않은 것은?**

① 국토교통부장관·해양수산부장관 또는 산업통상자원부장관은 효율적인 물류활동을 위하여 필요한 물류시설 및 장비를 확충할 것을 물류기업에 권고할 수 있다.

② 국토교통부장관·해양수산부장관·산업통상자원부장관 또는 시·도지사는 물류공동화를 추진하는 물류기업이나 화주기업 또는 물류 관련 단체에 대하여 예산의 범위에서 필요한 자금을 지원할 수 있다.

③ 국토교통부장관·해양수산부장관 또는 산업통상자원부장관은 물류기업이 물류자동화를 위하여 물류시설 및 장비를 확충하거나 교체하려는 경우에는 필요한 자금을 지원할 수 있다.

④ 국토교통부장관 또는 해양수산부장관은 물류표준화에 관한 업무를 효과적으로 추진하기 위하여 필요하다고 인정하는 경우에는 통계청장에게 「산업표준화법」에 따른 한국산업표준의 제정·개정 또는 폐지를 요청하여야 한다.

⑤ 국토교통부장관·해양수산부장관·산업통상자원부장관 또는 관세청장은 물류정보화를 통한 물류체계의 효율화를 위하여 필요한 시책을 강구하여야 한다.

해설 ④ 국토교통부장관 또는 해양수산부장관은 물류표준화에 관한 업무를 효과적으로 추진하기 위하여 필요하다고 인정하는 경우에는 산업통상자원부장관에게 「산업표준화법」에 따른 한국산업표준의 제정·개정 또는 폐지를 요청할 수 있다.

정답 13 ④ 14 ④

15 **물류정책기본법령상 물류체계의 효율화를 위한 물류의 표준화와 관련된 내용으로 틀린 것은?**

① 물류표준이란 「산업표준화법」에 따른 한국산업표준 중 물류활동과 관련된 것을 말한다.
② 물류표준화는 원활한 물류를 위하여 시설 및 장비의 종류·형상·치수 및 구조 등을 물류표준으로 통일하고 단순화하는 것을 말한다.
③ 산업통상자원부장관은 물류표준화에 관한 업무를 효과적으로 추진하기 위하여 필요하다고 인정하는 경우에는 국토교통부장관에게 「산업표준화법」에 따른 한국산업표준의 제정·개정 또는 폐지를 요청할 수 있다.
④ 국토교통부장관·해양수산부장관 또는 산업통상자원부장관은 관계 행정기관, 공공기관 및 물류기업 등에게 물류표준장비의 사용자 또는 물류표준에 맞는 규격으로 재화를 포장하는 자에 대하여 운임·하역료·보관료의 할인 및 우선구매 등의 우대조치를 할 것을 요청하거나 권고할 수 있다.
⑤ 국토교통부장관은 물류기업 및 화주기업이 기업물류비 산정지침에 따라 물류비를 관리하도록 권고할 수 있다.

해설 ③ 한국산업표준의 제정·개정 또는 폐지의 요청은 국토교통부장관 또는 해양수산부장관이 산업통상자원부장관에게 한다.

16 **물류정책기본법령상 물류회계의 표준화를 위한 기업물류비 산정지침에 포함되어야 하는 사항으로 명시되지 않은 것은?**

① 물류비 관련 용어 및 개념에 대한 정의
② 우수물류기업 선정을 위한 프로그램 개발비의 상한
③ 영역별·기능별 및 자가·위탁별 물류비의 분류
④ 물류비의 계산 기준 및 계산 방법
⑤ 물류비 계산서의 표준 서식

해설 **기업물류비 산정지침**(시행령 제18조) : 기업물류비 산정지침에는 다음의 사항이 포함되어야 한다.

1. 물류비 관련 용어 및 개념에 대한 정의
2. 영역별·기능별 및 자가·위탁별 물류비의 분류
3. 물류비의 계산 기준 및 계산 방법
4. 물류비 계산서의 표준 서식

정답 **15** ③ **16** ②

17 **물류정책기본법상 물류기업에 대하여 물류정보화에 관련된 프로그램의 개발비용의 일부를 지원할 수 있는 자가 아닌 것은? (단, 권한위임 · 위탁에 관한 규정은 고려하지 않음)**

① 국토교통부장관
② 해양수산부장관
③ 산업통상자원부장관
④ 시 · 도지사
⑤ 관세청장

해설 국토교통부장관 · 해양수산부장관 · 산업통상자원부장관 또는 관세청장은 물류정보화를 촉진하기 위하여 필요한 경우에는 예산의 범위에서 물류기업 또는 물류 관련 단체에 대하여 물류정보화에 관련된 설비 또는 프로그램의 개발 · 운용비용의 일부를 지원할 수 있다(법 제27조 제2항).

18 **물류정책기본법령상 국토교통부장관이 국가물류통합정보센터의 운영자로 지정할 수 있는 자가 아닌 것은?**

① 대통령령으로 정하는 공공기관
② 「정부출연연구기관 등의 설립 · 운영 및 육성에 관한 법률」 또는 「과학기술분야 정부출연연구기관 등의 설립 · 운영 및 육성에 관한 법률」에 따른 정부출연연구기관
③ 물류관련협회
④ 자본금 1억원 이상, 업무능력 등 대통령령으로 정하는 자격을 갖춘 「상법」상의 주식회사
⑤ 중앙행정기관

해설 ④ 자본금 1억원 이상 → 자본금 2억원 이상

19 **물류정책기본법령상 단위물류정보망 전담기관으로 지정할 수 있도록 규정한 공공기관이 아닌 것은?**

① 「인천국제공항공사법」에 따른 인천국제공항공사
② 「한국도로공사법」에 따른 한국도로공사
③ 「국가철도공단법」에 따른 국가철도공단
④ 「한국토지주택공사법」에 따른 한국토지주택공사
⑤ 「항만공사법」에 따른 항만공사

정답 17 ④ 18 ④ 19 ③

해설 대통령령으로 정하는 공공기관(시행령 제20조 제5항)

1. 「인천국제공항공사법」에 따른 인천국제공항공사
2. 「한국공항공사법」에 따른 한국공항공사
3. 「한국도로공사법」에 따른 한국도로공사
4. 「한국철도공사법」에 따른 한국철도공사
5. 「한국토지주택공사법」에 따른 한국토지주택공사
6. 「항만공사법」에 따른 항만공사
7. 제1호부터 제6호까지에서 규정한 기관 외에 국토교통부장관이 지정하여 고시하는 공공기관

20 다음 중 위험물질운송안전관리센터의 업무 내용이 아닌 것은?

① 위험물질 운송차량의 소유자 및 운전자 정보, 운행정보, 사고발생시 대응 정보 등 위험물질 운송안전관리센터 운영에 필요한 정보의 수집 및 관리
② 단말장치의 장착·운용 및 운송계획정보의 입력 등에 관한 교육
③ 위험물질운송안전관리센터의 업무 수행을 지원하기 위한 전자정보시스템(이하 "위험물질 운송안전관리시스템"이라 한다)의 구축·운영
④ 위험물질 운송차량의 사고 관련 상황 감시 및 사고발생시 사고 정보 전파
⑤ 국토교통부 자체의 위험물질운송안전관리시스템 활용 체계 구축

해설 ⑤ 관계 행정기관과의 위험물질운송안전관리시스템 공동활용 체계 구축(법 제29조 제2항)

21 다음 중 물류보안과 관련된 행정적·재정적 지원사항이 아닌 것은?

① 물류보안 관련 시설·장비의 개발·도입
② 물류보안 관련 제도·표준 등 국가 물류보안 시책의 준수
③ 물류보안 관련 교육 및 프로그램의 개발 및 판매
④ 물류보안 관련 시설·장비의 유지·관리
⑤ 물류보안 사고발생에 따른 사후복구조치

해설 국토교통부장관은 관계 중앙행정기관의 장과 협의하여 물류기업 또는 화주기업이 다음의 어느 하나에 해당하는 활동을 하는 경우에는 행정적·재정적 지원을 할 수 있다(법 제35조의2 제2항).

1. 물류보안 관련 시설·장비의 개발·도입
2. 물류보안 관련 제도·표준 등 국가 물류보안 시책의 준수
3. 물류보안 관련 교육 및 프로그램의 운영
4. 물류보안 관련 시설·장비의 유지·관리
5. 물류보안 사고발생에 따른 사후복구조치

정답 20 ⑤ 21 ③

22 물류정책기본법령상 전자문서 및 물류정보에 관한 설명으로 옳은 것은?

① 단위물류정보망 또는 전자문서를 변작(變作)하려는 자는 국토교통부장관의 허가를 받아야 한다.

② 국가물류통합정보센터운영자 또는 단위물류정보망 전담기관은 전자문서 및 물류정보를 3년간 보관하여야 한다.

③ 국토교통부장관은 해양수산부장관 및 산업통상자원부장관과 협의하여 표준전자문서의 개발·보급계획을 수립하여야 한다.

④ 국가물류통합정보센터운영자는 어떠한 경우에도 전자문서를 공개하여서는 아니 된다.

⑤ 단위물류정보망 전담기관은 물류정보에 대하여 직접적인 이해관계를 가진 자가 동의하는 경우에는 언제든지 물류정보를 공개할 수 있다.

해설 ① 위작 또는 변작행위는 행정처분 대상에 해당한다.
② 3년 → 2년
④ **예외적인 공개사유**(시행령 제26조 제1항)

1. 관계 중앙행정기관 또는 지방자치단체가 행정목적상의 필요에 따라 신청하는 경우
2. 수사기관이 수사목적상의 필요에 따라 신청하는 경우
3. 법원의 제출명령에 따른 경우
4. 다른 법률에 따라 공개하도록 되어 있는 경우
5. 그 밖에 국가물류통합정보센터운영자 또는 단위물류정보망 전담기관의 요청에 따라 국토교통부장관이 공개할 필요가 있다고 인정하는 경우

⑤ 미리 대통령령으로 정하는 이해관계인의 동의를 받아야 한다(법 제34조 제2항).

23 다음 중 국가 물류보안 시책과 관련된 내용으로 틀린 것은?

① 국토교통부장관은 관계 중앙행정기관의 장과 협의하여 국가 물류보안 수준을 향상시키기 위하여 국가 물류보안 시책을 수립·시행할 수 있다.

② 국토교통부장관은 물류기업 또는 화주기업에게 행정적·재정적 지원을 할 수 있다.

③ 행정적·재정적 지원대상에는 물류보안 관련 시설·장비의 개발·도입이 해당한다.

④ 국토교통부장관 및 해양수산부장관은 물류보안 관련 국제협력에 필요경비를 예산의 범위에서 지원할 수 있다.

⑤ 국토교통부장관은 관계 중앙행정기관의 장과 협의하여 물류보안 관련 국제협력 증진을 위한 시책을 수립·시행하여야 한다.

해설 ① 수립·시행할 수 있다. → 수립·시행하여야 한다(법 제35조의2 제1항 : 강제규정).

정답 22 ③ 23 ①

24 **물류정책기본법령상 물류산업의 경쟁력 강화에 관한 설명으로 옳지 않은 것은?**

① 국토교통부장관은 화주기업이 제3자물류를 자가물류로 전환하도록 유도하기 위한 시책을 수립하고 지원하여야 한다.
② 국토교통부장관 및 해양수산부장관은 물류기업의 육성과 물류산업 발전을 위하여 소관 물류기업을 각각 우수물류기업으로 인증할 수 있다.
③ 우수물류기업 인증심사대행기관에 대한 지도·감독권은 국토교통부장관 및 해양수산부장관이 가진다.
④ 국토교통부장관 및 해양수산부장관은 물류사업에 관련된 분야의 전문인력을 양성하기 위하여 외국 물류대학의 국내유치활동 지원사업을 할 수 있다.
⑤ 국토교통부장관은 물류관리사를 고용한 물류관련 사업자에 대하여 다른 사업자에 우선하여 행정적·재정적 지원을 할 수 있다.

해설 ① 국토교통부장관은 해양수산부장관 및 산업통상자원부장관과 협의하여 화주기업과 물류기업의 제3자물류 촉진을 위한 시책을 수립·시행하고 지원하여야 한다(법 제37조 제1항).

25 **다음 중 물류신고센터와 관련된 내용으로 맞지 않는 것은?**

① 국토교통부장관 또는 해양수산부장관은 물류시장의 건전한 거래질서를 조성하기 위하여 물류신고센터를 설치·운영할 수 있다.
② 화물의 운송·보관·하역 등에 관하여 체결된 계약을 정당한 사유 없이 이행하지 아니하거나 일방적으로 계약을 변경하는 행위는 물류신고센터에 신고할 수 있다.
③ 화물의 운송·보관·하역 등의 단가를 인하하기 위하여 고의적으로 재입찰하거나 계약단가 정보를 노출하는 행위는 신고 대상에 해당하지 않는다.
④ 물류신고센터는 신고의 접수, 신고 내용에 대한 사실관계 확인 및 조사를 수행한다.
⑤ 물류신고센터의 장은 국토교통부장관 또는 해양수산부장관이 지명하는 사람이 된다.

해설 **물류신고센터 신고대상 행위**(법 제37조의2 제2항)

1. 화물의 운송·보관·하역 등에 관하여 체결된 계약을 정당한 사유 없이 이행하지 아니하거나 일방적으로 계약을 변경하는 행위
2. 화물의 운송·보관·하역 등의 단가를 인하하기 위하여 고의적으로 재입찰하거나 계약단가 정보를 노출하는 행위
3. 화물의 운송·보관·하역 등에 관하여 체결된 계약의 범위를 벗어나 과적·금전 등을 제공하도록 강요하는 행위
4. 화물의 운송·보관·하역 등에 관하여 유류비의 급격한 상승 등 비용 증가분을 계약단가에 반영하는 것을 지속적으로 회피하는 행위

정답 24 ① 25 ③

26 물류정책기본법령상 물류신고센터에 관한 설명으로 옳은 것은?

① 물류신고센터는 신고 내용이 명백히 거짓인 경우 접수된 신고를 종결할 수 있으며, 이 경우 종결 사유를 신고자에게 통보할 필요가 없다.
② 물류신고센터의 장은 산업통상자원부장관이 지명하는 사람이 된다.
③ 화물운송의 단가를 인하하기 위한 고의적 재입찰 행위로 발생한 분쟁에 대해서는 물류신고센터에 신고할 수 없다.
④ 물류신고센터는 신고 내용이 이미 수사나 감사 중에 있다는 이유로 접수된 신고를 종결할 수 없다.
⑤ 물류신고센터가 조정을 권고하는 경우에는 신고의 주요 내용, 조정권고 내용, 조정권고에 대한 수락 여부 통보기한, 향후 신고 처리에 관한 사항을 명시하여 서면으로 통지해야 한다.

해설 ① 종결 사실과 그 사유를 신고자에게 서면 등의 방법으로 통보해야 한다.
② 산업통상자원부장관 → 국토교통부장관 또는 해양수산부장관
③, ④ 없다. → 있다.

27 물류정책기본법령상 우수물류기업의 인증에 관한 설명으로 옳지 않은 것은?

① 국토교통부장관 및 해양수산부장관은 물류기업의 육성과 물류산업 발전을 위하여 소관 물류기업을 각각 우수물류기업으로 인증할 수 있다.
② 우수물류기업의 인증은 물류사업별로 운영할 수 있으며, 각 사업별 인증의 주체와 대상 등에 필요한 사항은 대통령령으로 정한다.
③ 국토교통부장관 또는 해양수산부장관은 인증을 받은 자가 인증요건을 유지하는지의 여부를 국토교통부와 해양수산부의 공동부령으로 정하는 바에 따라 점검할 수 있다.
④ 인증심사대행기관은 대통령령으로 정하는 바에 따라 공공기관, 정부출연연구기관, 물류관련기관 중에서 선정한다.
⑤ 우수물류기업 선정을 위한 인증의 기준・절차・방법・점검 및 인증표시의 방법 등에 필요한 사항은 국토교통부와 해양수산부의 공동부령으로 정한다.

해설 ④ 인증심사대행기관은 대통령령으로 정하는 바에 따라 다음의 어느 하나에 해당하는 기관 중에서 지정한다 (법 제40조 제2항).

> 1. 공공기관
> 2. 정부출연연구기관

정답 26 ⑤ 27 ④

28 물류정책기본법령상 우수물류기업의 인증취소사유로 옳지 않은 것은?

① 거짓이나 그 밖의 부정한 방법으로 인증을 받은 경우
② 국토교통부와 해양수산부의 공동부령으로 정하는 인증기준에 맞지 않은 경우
③ 인증에 따른 점검을 정당한 사유 없이 3회 이상 거부한 경우
④ 다른 사람에게 자기의 성명 또는 상호를 사용하여 영업을 하게 하거나 인증서를 대여한 때
⑤ 인증우수물류기업은 우수물류기업의 인증이 취소된 경우 인증서를 반납하고, 과징금을 납부하여야 한다.

해설 ⑤ 인증우수물류기업은 우수물류기업의 인증이 취소된 경우에는 인증서를 반납하고, 인증마크의 사용을 중지하여야 한다(법 제39조 제2항).

29 물류정책기본법상 국제물류주선업의 등록을 할 수 있는 자는?

① 피한정후견인
② 「물류정책기본법」을 위반하여 금고 이상의 실형을 선고받고 그 집행이 종료되거나 집행이 면제된 날부터 2년이 지나지 아니한 자
③ 「유통산업발전법」을 위반하여 금고 이상의 형의 집행유예를 선고받고 그 유예기간 중에 있는 자
④ 「화물자동차 운수사업법」을 위반하여 벌금형을 선고받고 2년이 지나지 아니한 자
⑤ 대표자가 피성년후견인인 법인

해설 국제물류주선업 등록의 결격사유(법 제44조)

1. 피성년후견인 또는 피한정후견인
2. 이 법, 「화물자동차 운수사업법」, 「항공사업법」, 「항공안전법」, 「공항시설법」 또는 「해운법」을 위반하여 금고 이상의 실형을 선고받고 그 집행이 종료(집행이 종료된 것으로 보는 경우를 포함한다)되거나 집행이 면제된 날부터 2년이 지나지 아니한 자
3. 이 법, 「화물자동차 운수사업법」, 「항공사업법」, 「항공안전법」, 「공항시설법」 또는 「해운법」을 위반하여 금고 이상의 형의 집행유예를 선고받고 그 유예기간 중에 있는 자
4. 이 법, 「화물자동차 운수사업법」, 「항공사업법」, 「항공안전법」, 「공항시설법」 또는 「해운법」을 위반하여 벌금형을 선고받고 2년이 지나지 아니한 자
5. 등록이 취소(제1호에 해당하여 등록이 취소된 경우는 제외)된 후 2년이 지나지 아니한 자
6. 법인으로서 대표자가 제1호부터 제5호까지의 어느 하나에 해당하는 경우
7. 법인으로서 대표자가 아닌 임원 중에 제2호부터 제5호까지의 어느 하나에 해당하는 사람이 있는 경우

정답 28 ⑤ 29 ③

30 **물류정책기본법령상 국제물류주선업자가 등록한 사항 중 변경등록을 해야 할 중요한 사항의 변경에 해당하지 않는 것은?**

① 상호
② 자본금 또는 자산평가액
③ 법인의 법인등록번호
④ 보증보험
⑤ 주사무소 소재지

해설 다음과 같은 중요한 등록사항을 변경하려는 경우에는 변경등록을 해야 한다(시행규칙 제7조 제1항).

1. 다음의 어느 하나에 해당하는 사항을 변경하려는 경우
   가. 상호
   나. 성명(법인인 경우에는 임원의 성명을 말한다) 및 주민등록번호(법인인 경우에는 법인등록번호를 말한다)
   다. 주사무소 소재지
   라. 국적 또는 소속 국가명
2. 자본금 또는 자산평가액이 감소되는 경우

31 **물류정책기본법령상 국제물류주선업에 관한 설명으로 옳은 것은?**

① 컨테이너장치장을 소유하고 있는 자가 국제물류주선업을 등록하려는 경우 1억원 이상의 보증보험에 가입하여야 한다.
② 국제물류주선업을 경영하려는 자는 해양수산부장관에게 등록하여야 한다.
③ 국제물류주선업자는 등록기준에 관한 사항을 5년이 경과할 때마다 신고하여야 한다.
④ 국제물류주선업자가 그 사업을 양도한 때에는 그 양수인은 국제물류주선업의 등록에 따른 권리·의무를 승계한다.
⑤ 해양수산부장관은 국제물류주선업자의 폐업 사실을 확인하기 위하여 필요한 경우에는 국세청장에게 폐업에 관한 과세정보의 제공을 요청할 수 있다.

해설 ① 컨테이너장치장을 소유하고 있는 자는 국제물류주선업을 등록하려는 경우 1억원 이상의 보증보험 가입의무 대상자에 해당하지 않는다.
② 해양수산부장관 → 시·도지사
③ 5년 → 3년
⑤ 해양수산부장관 → 시·도지사, 국세청장 → 관할 세무관서의 장

정답 30 ④ 31 ④

32 **물류정책기본법령상 국제물류주선업의 사업승계 및 휴업·폐업에 관한 설명으로 옳은 것은?**

① 사업의 전부 또는 일부를 휴업·폐업하려는 경우에는 미리 국토교통부장관에게 신고하여야 한다.

② 사업의 등록에 따른 권리·의무를 승계한 자는 국토교통부령으로 정하는 바에 따라 국토교통부장관에게 신고하여야 한다.

③ 국제물류주선업자가 사망한 때에는 그 피상속인이 국제물류주선업의 등록에 따른 권리·의무를 승계한다.

④ 사업승계를 받은 자의 결격사유에 관하여는 「민법」 규정을 준용한다.

⑤ 시·도지사는 국제물류주선업자의 휴업·폐업 사실을 확인하기 위하여 필요한 경우에는 관할 세무관서의 장에게 대통령령으로 정하는 바에 따라 휴업·폐업에 관한 과세정보의 제공을 요청할 수 있다.

해설 ① 국제물류주선업의 경우 사업의 휴·폐업 관련 신고 규정은 없음.
② 국토교통부장관 → 시·도지사
③ 피상속인 → 상속인
④ 「민법」 규정을 적용하지 아니하고 법 제44조(등록의 결격사유)를 준용한다.

33 **다음 중 물류정책기본법상 국제물류주선업자의 등록취소에 대한 설명으로 틀린 것은?**

① 시·도지사는 국제물류주선업자가 등록취소사유에 해당하는 경우에는 등록을 취소하거나 6개월 이내의 기간을 정하여 사업의 전부 또는 일부의 정지를 명할 수 있다.

② 거짓이나 그 밖의 부정한 방법으로 등록을 한 경우 등록을 취소해야만 한다.

③ 다른 사람에게 자기의 성명 또는 상호를 사용하여 영업을 하게 하거나 등록증을 대여한 경우 사업정지를 명할 수 있다.

④ 국제물류주선업자에 대한 등록취소 전에는 청문을 하여야 한다.

⑤ 시·도지사는 등록을 취소하는 경우에는 그 내용을 공보 또는 인터넷 홈페이지에 20일 이상 공고하여야 한다.

해설 사업정지를 명할 수 있다. → 등록을 취소하여야 한다.

정답 32 ⑤ 33 ③

34 **국토교통부장관 · 해양수산부장관 또는 시 · 도지사가 대통령령으로 정하는 물류분야의 기능인력 및 전문인력을 양성하기 위하여 할 수 있는 사업이 아닌 것은?**

① 화주기업 및 물류기업에 종사하는 물류인력의 역량강화를 위한 교육 · 연수
② 물류체계 효율화 및 국제물류 활성화를 위한 선진기법, 교육프로그램 및 교육교재의 개발 · 보급
③ 외국 물류대학의 국내유치활동 지원 및 국내대학과 외국대학 간의 물류교육 프로그램의 공동 개발활동 지원
④ 물류 관련 신기술 · 기법을 담당하는 기능인력의 양성 · 교육
⑤ 그 밖에 신규 물류인력 양성, 물류관리사 재교육 또는 외국인 물류인력 교육을 위하여 필요한 사업

해설 국토교통부장관 · 해양수산부장관 또는 시 · 도지사는 대통령령으로 정하는 물류분야의 기능인력 및 전문인력을 양성하기 위하여 다음의 사업을 할 수 있다(법 제50조 제1항).

1. 화주기업 및 물류기업에 종사하는 물류인력의 역량강화를 위한 교육 · 연수
2. 물류체계 효율화 및 국제물류 활성화를 위한 선진기법, 교육프로그램 및 교육교재의 개발 · 보급
3. 외국 물류대학의 국내유치활동 지원 및 국내대학과 외국대학 간의 물류교육 프로그램의 공동 개발활동 지원
4. 물류시설의 운영과 물류장비의 조작을 담당하는 기능인력의 양성 · 교육
5. 그 밖에 신규 물류인력 양성, 물류관리사 재교육 또는 외국인 물류인력 교육을 위하여 필요한 사업

35 **물류정책기본법령상 물류관련협회에 관한 설명으로 옳은 것은?**

① 물류관련협회를 설립하려는 경우 해당 협회의 회원 1/5 이상이 발기인으로 정관을 작성하여 해당 협회의 회원 1/3 이상이 참여한 창립총회의 의결을 거쳐야 한다.
② 물류관련협회는 국토교통부장관 또는 해양수산부장관의 설립인가를 받음으로써 성립한다.
③ 물류관련협회의 설립인가신청서에는 자본금 또는 자산평가액을 증명하는 서류를 첨부하여야 한다.
④ 시 · 도지사는 물류관련협회의 발전을 위해 필요한 경우 행정적 · 재정적으로 지원할 수 있다.
⑤ 해당 사업의 진흥 · 발전에 필요한 통계의 작성 · 관리와 외국자료의 수집 · 조사 · 연구사업은 물류관련협회의 업무에 속한다.

해설 ① 물류관련협회를 설립하려는 경우 해당 협회의 회원이 될 자격이 있는 기업 100개 이상이 발기인으로 정관을 작성하여 해당 협회의 회원이 될 자격이 있는 기업 200개 이상이 참여한 창립총회의 의결을 거친 후 국토교통부장관 또는 해양수산부장관의 설립인가를 받아야 한다.
② 물류관련협회는 설립인가를 받아 설립등기를 함으로써 성립한다.
③ 정관, 발기인의 명부 및 이력서, 회원의 명부, 사업계획서 및 예산의 수입지출계획서, 창립총회 회의록을 첨부하여야 한다.
④ 국토교통부장관 및 해양수산부장관은 물류관련협회의 발전을 위해 필요한 경우 행정적 · 재정적으로 지원할 수 있다(법 제55조 제6항).

정답 34 ④ 35 ⑤

36 **다음 중 물류정책기본법령상 규정으로 그 내용이 틀린 것은?**

① 국토교통부장관 및 해양수산부장관은 연도별 시행계획을 수립하려는 경우에는 미리 관계 시·도지사와 협의한 후 물류시설분과위원회의 심의를 거쳐야 한다.

② 관계 행정기관은 단위물류정보망 전담기관을 지정하려는 경우에는 신청방법 등을 정하여 30일 이상 관보, 공보 또는 인터넷 홈페이지에 이를 공고하여야 한다.

③ 국토교통부장관 또는 해양수산부장관은 인증우수물류기업이 요건을 유지하는지에 대하여 국토교통부와 해양수산부의 공동부령으로 정하는 바에 따라 3년마다 점검하여야 한다.

④ 국제물류주선업의 등록을 하려는 자는 3억원 이상의 자본금(법인이 아닌 경우 6억원 이상의 자산평가액)을 보유하고 1억원 이상의 보증보험에 가입하여야 한다.

⑤ 국토교통부장관·해양수산부장관 또는 시·도지사는 국제물류협력체계 구축, 국내 물류기업의 해외진출, 해외 물류기업의 유치 및 환적화물의 유치 등 국제물류 촉진을 위한 시책을 마련하여야 한다.

해설 ① 물류시설분과위원회 → 물류정책분과위원회(시행령 제6조 제1항)
② 시행령 제20조 제1항

37 **물류정책기본법령상 인증우수물류기업 또는 우수녹색물류실천기업에 대한 지원사항의 내용 중 인증우수물류기업에 대한 소요자금의 일부 융자 또는 부지의 확보를 위한 지원내용이 아닌 것은?**

① 물류시설의 확충

② 물류 정보화·표준화 또는 공동화

③ 환경친화적 물류활동

④ 국제물류주선업자의 양성

⑤ 첨단물류기술의 개발 및 적용

해설 **인증우수물류기업에 대한 소요자금의 일부 융자 또는 부지의 확보를 위한 지원사항**(시행령 제30조 제3항)

1. 물류시설의 확충
2. 물류 정보화·표준화 또는 공동화
3. 첨단물류기술의 개발 및 적용
4. 환경친화적 물류활동

정답 36 ① 37 ④

38 **물류정책기본법령상 국토교통부장관이 행정적·재정적 지원을 할 수 있는 환경친화적 물류활동을 위하여 하는 활동에 해당하는 것을 모두 고른 것은?**

ㄱ. 환경친화적인 운송수단 또는 포장재료의 사용
ㄴ. 기존 물류장비를 환경친화적인 물류장비로 변경
ㄷ. 환경친화적인 물류시스템의 도입 및 개발
ㄹ. 물류활동에 따른 폐기물 감량

① ㄱ, ㄷ
② ㄱ, ㄹ
③ ㄴ, ㄷ
④ ㄴ, ㄷ, ㄹ
⑤ ㄱ, ㄴ, ㄷ, ㄹ

해설 국토교통부장관·해양수산부장관 또는 시·도지사는 물류기업, 화주기업 또는 「화물자동차 운수사업법」 제2조 제11호 가목에 따른 개인 운송사업자가 환경친화적 물류활동을 위하여 다음의 활동을 하는 경우에는 행정적·재정적 지원을 할 수 있다(법 제59조 제2항 및 시행령 제47조).

1. 환경친화적인 운송수단 또는 포장재료의 사용
2. 기존 물류시설·장비·운송수단을 환경친화적인 물류시설·장비·운송수단으로 변경
3. 그 밖에 대통령령으로 정하는 환경친화적 물류활동
   - 환경친화적인 물류시스템의 도입 및 개발
   - 물류활동에 따른 폐기물 감량
   - 그 밖에 물류자원을 절약하고 재활용하는 활동으로서 국토교통부장관 및 해양수산부장관이 정하여 고시하는 사항

39 **다음 중 물류정책기본법령상 국토교통부장관 및 해양수산부장관이 물류기업 또는 화주기업의 환경친화적 물류활동을 위하여 행정적·재정적 지원을 할 수 있는 경우가 아닌 것은?**

① 환경친화적인 운송수단 또는 포장재료의 사용
② 기존 물류시설·장비의 환경친화적인 물류시설·장비로의 변경
③ 환경친화적인 물류시스템의 도입 및 개발
④ 물류활동에 따른 폐기물 감량
⑤ 서비스의 전문성, 국제업무 역량 등을 평가

해설 ⑤ 서비스의 전문성, 국제업무 역량 등의 평가는 우수국제물류주선업체의 인증에 관련되는 사항이지 환경친화적 물류활동을 위한 행정적·재정적 지원사항에 속하지 않는다.

정답 38 ⑤ 39 ⑤

40 **우수녹색물류실천기업의 지정심사대행기관에 대한 설명으로 틀린 것은?**

① 국토교통부장관은 우수녹색물류실천기업 지정과 관련하여 우수녹색물류실천기업 지정심사대행기관을 지정할 수 있다.
② 지정심사대행기관은 우수녹색물류실천기업 지정신청의 접수 및 점검을 할 수 있다.
③ 지정심사대행기관은 공공기관, 정부출연연구기관, 물류관련협회 중에서 지정한다.
④ 지정심사대행기관의 조직 및 운영 등에 필요한 사항은 국토교통부령으로 정한다.
⑤ 지정심사대행기관은 국토교통부장관의 지정에 따라 우수녹색물류실천기업의 지정기준에 충족하는지에 대한 심사를 할 수 있다.

해설 법 제60조의7(우수녹색물류실천기업 지정심사대행기관) 규정에 따라 물류관련협회는 지정심사대행기관*에 해당하지 않는다.
* **지정심사대행기관** : 공공기관, 정부출연연구기관

41 **다음 중 물류정책기본법령상 규정된 행정적·재정적 지원 관련 내용으로 틀린 것은?**

① 국토교통부장관·해양수산부장관 또는 산업통상자원부장관은 효율적인 물류활동을 위하여 필요한 물류시설 및 장비를 확충할 것을 물류기업에 권고할 수 있으며, 이에 필요한 행정적·재정적 지원을 할 수 있다.
② 국토교통부장관은 해양수산부장관 및 산업통상자원부장관과 협의하여 기업물류비 산정지침에 따라 물류비를 계산·관리하는 물류기업 및 화주기업에 대하여는 필요한 행정적·재정적 지원을 할 수 있다.
③ 국토교통부장관 또는 시·도지사는 물류정보화를 촉진하기 위하여 필요한 경우 예산의 범위에서 물류기업 또는 물류 관련 단체에 대하여 물류정보화에 관련된 설비 또는 프로그램의 개발·운용비용의 일부를 지원할 수 있다.
④ 국토교통부장관은 해양수산부장관·산업통상자원부장관 및 관세청장과 협의하여 국가물류통합정보센터운영자에게 필요한 지원을 할 수 있다.
⑤ 국토교통부장관은 관계 중앙행정기관의 장과 협의하여 물류기업 또는 화주기업이 물류보안 관련 시설·장비의 개발·도입 또는 물류보안 관련 교육 및 프로그램의 운영을 하는 경우에는 행정적·재정적 지원을 할 수 있다.

해설 ③ 국토교통부장관 또는 시·도지사 → 국토교통부장관·해양수산부장관·산업통상자원부장관 또는 관세청장(법 제27조 제2항)

정답 40 ③ 41 ③

42 **물류정책기본법령상 물류의 선진화 및 국제화에 관한 설명으로 옳지 않은 것은?**

① 국토교통부장관 · 해양수산부장관 또는 시 · 도지사는 첨단화물운송체계 · 클라우드컴퓨팅 · 무선주파수인식 등 물류신기술의 연구개발 및 이를 통한 첨단물류시설 등의 보급 · 촉진을 위한 시책을 마련하여야 한다.

② 국토교통부장관 · 해양수산부장관 또는 시 · 도지사는 물류 관련 기술의 진흥을 위하여 관련 연구기관 및 단체를 지도 · 육성하여야 한다.

③ 국토교통부장관 및 해양수산부장관은 범정부차원의 지원이 필요한 국가 간 물류협력체의 구성에 관하여는 미리 기획재정부장관 및 외교부장관과 협의하여야 한다.

④ 국토교통부장관 및 해양수산부장관은 물류기업 및 화주기업에 대하여 환경친화적인 운송수단으로의 전환을 권고하고 지원할 수 있다.

⑤ 국토교통부장관 및 해양수산부장관은 물류시설에 외국인투자기업 및 환적화물을 효과적으로 유치하기 위하여 필요한 경우 해당 물류시설관리자와 공동으로 투자유치활동을 수행할 수 있다.

해설 ③ 기획재정부장관 및 외교부장관과 협의 → 국가물류정책위원회의 심의를 거쳐야 한다(법 제61조 제3항).

43 **물류정책기본법령상 물류의 선진화 및 국제물류의 촉진에 관한 설명으로 옳지 않은 것은?**

① 국토교통부장관 및 해양수산부장관 또는 시 · 도지사는 물류기업 및 국제물류 관련 기관 · 단체의 국제물류활동을 촉진하기 위하여 필요한 지원을 할 수 있다.

② 국토교통부장관 및 해양수산부장관 또는 시 · 도지사는 물류사업을 영위하는 기업이 외국물류기업을 유치하는 경우 예산의 범위에서 필요한 경비를 지원할 수 있다.

③ 국토교통부장관 및 해양수산부장관은 물류 관련 기술의 진흥을 위하여 관련 연구기관 및 단체를 지도 · 육성하여야 한다.

④ 국토교통부장관 및 해양수산부장관은 범정부차원의 지원이 필요한 국가 간 물류협력체의 구성에 관하여는 국가물류정책위원회의 심의를 거쳐야 한다.

⑤ 국토교통부장관은 물류시설에 외국인투자기업 및 환적화물을 효과적으로 유치하기 위하여 필요한 경우 해당 물류시설관리자와 공동으로 투자유치활동을 수행할 수 있다.

해설 ⑤ 국토교통부장관 → 국토교통부장관 · 해양수산부장관 또는 시 · 도지사(법 제62조 제1항)

정답 42 ③ 43 ⑤

44 **경기도지사가 국제물류주선업자 甲에게 물류정책기본법령에 따른 과징금을 부과하는 경우에 관한 설명으로 옳지 않은 것은?**

① 경기도지사는 甲에게 사업의 취소를 명하여야 하는 경우로서 그 사업의 취소가 해당 사업의 이용자 등에게 심한 불편을 주는 경우에는 그 사업취소처분을 갈음하여 과징금을 부과할 수 있다.

② 경기도지사는 과징금의 금액을 정함에 있어서 甲의 사업규모를 고려할 수 있다.

③ 경기도지사는 과징금의 금액을 정함에 있어서 甲의 위반행위의 정도 및 횟수를 고려할 수 있다.

④ 甲은 행정기본법상 사유에 해당하는 경우 분할 납부할 수 있다.

⑤ 甲에게 부과된 과징금을 기한 내에 납부하지 아니한 때에는 경기도지사는 이를 「지방행정제재·부과금의 징수 등에 관한 법률」에 따라 징수한다.

해설 ① 시·도지사는 국제물류주선업자에게 사업의 정지를 명하여야 하는 경우로서 그 사업의 정지가 해당 사업의 이용자 등에게 심한 불편을 주는 경우에는 그 사업정지처분을 갈음하여 1천만원 이하의 과징금을 부과할 수 있다(법 제67조 제1항).

45 **다음 중 물류정책기본법상 과징금 규정에 대한 설명으로 맞는 것은?**

① 시·도지사는 국제물류주선업자에게 2천만원 이하의 과징금을 부과할 수 있다.

② 과징금을 기한 내에 납부하지 아니한 때에는 시·도지사는 국세 체납처분의 예에 따라 징수한다.

③ 시·도지사는 국제물류주선업자의 사업규모, 사업지역의 특수성, 위반행위의 정도 및 횟수 등을 고려하여 과징금액의 1/3의 범위에서 이를 늘리거나 줄일 수 있다. 이 경우 과징금을 늘리더라도 과징금의 총액은 1천만원을 초과할 수 없다.

④ 과징금 통지를 받은 날부터 10일 이내에 시·도지사가 정하는 수납기관에 과징금을 내야 한다.

⑤ 과징금의 납부를 받은 수납기관은 그 납부자에게 영수증을 교부하여야 한다.

해설 ① 2천만원 → 1천만원
② 국세 체납처분의 예 → 「지방행정제재·부과금의 징수 등에 관한 법률」
③ 1/3 → 1/2
④ 10일 → 20일

정답 44 ① 45 ⑤

46 **물류정책기본법상 다른 사람에게 자기의 성명 또는 상호를 사용하여 사업을 하게 하거나 그 인증서·등록증·지정증 또는 자격증을 대여하지 못하도록 금지되어 있는 자를 모두 고른 것은?**

ㄱ. 인증우수물류기업　　ㄴ. 국제물류주선업자
ㄷ. 물류관리사　　ㄹ. 우수녹색물류실천기업

① ㄴ, ㄷ　② ㄱ, ㄴ, ㄹ　③ ㄱ, ㄷ, ㄹ
④ ㄴ, ㄷ, ㄹ　⑤ ㄱ, ㄴ, ㄷ, ㄹ

해설
- 인증우수물류기업·국제물류주선업자 및 우수녹색물류실천기업은 다른 사람에게 자기의 성명 또는 상호를 사용하여 사업을 하게 하거나 그 인증서·등록증 또는 지정증을 대여하여서는 아니 된다(법 제66조).
- 물류관리사는 다른 사람에게 자기의 성명을 사용하여 사업을 하게 하거나 물류관리사 자격증을 대여하여서는 아니 된다(법 제66조의2).

47 **다음 중 물류정책기본법령에 규정된 청문절차와 관련이 없는 것은?**

① 국제물류주선업자에 대한 등록의 취소
② 단위물류정보망 전담기관에 대한 지정의 취소
③ 인증우수물류기업에 대한 등록의 취소
④ 물류관리사 자격의 취소
⑤ 우수녹색물류실천기업의 지정취소

해설 ③ 법 제39조 제1항에 따른 인증우수물류기업에 대한 인증의 취소는 청문사항이다. 따라서, 인증우수물류기업은 등록이 아니라 인증의 취소가 청문대상에 해당한다.

48 **물류정책기본법에 따른 행정업무 및 조치에 관한 설명으로 옳지 않은 것은?**

① 국토교통부장관·해양수산부장관 및 산업통상자원부장관의 업무소관이 중복되는 경우에는 서로 협의하여 업무소관을 조정한다.
② 국제물류주선업자에게 사업의 정지를 명하여야 하는 경우로서 그 사업의 정지가 해당 사업의 이용자 등에게 심한 불편을 주는 경우에는 그 사업정지처분을 갈음하여 1천만원 이하의 과징금을 부과할 수 있다.
③ 과징금을 기한 내에 납부하지 아니한 때에는 시·도지사는 「지방재정법」에 따라 징수한다.
④ 국제물류주선업자에 대한 등록을 취소하려면 청문을 하여야 한다.
⑤ 이 법에 따라 업무를 수행하는 위험물질운송단속원은 「형법」 제129조부터 제132조까지의 규정에 따른 벌칙의 적용에서는 공무원으로 본다.

해설 ③ 「지방재정법」 → 「지방행정제재·부과금의 징수 등에 관한 법률」(법 제67조 제3항)

정답 46 ⑤ 47 ③ 48 ③

물류
관리사

CHAPTER

02

물류시설의 개발 및 운영에 관한 법률

물류관리사

물류시설의 개발 및 운영에 관한 법률

《 물류시설의 개발 및 운영에 관한 법률의 흐름 》

1. 총칙
   - 법의 목적 및 이념
   - 용어의 정의 : 물류시설/물류터미널/물류단지시설
2. 물류시설개발종합계획의 수립
   - 물류시설개발종합계획 : 수립권자/수립주기
   - 계획에 포함될 사항
   - 계획의 수립절차
3. 물류터미널사업
   - 물류터미널 공사 : 공사인가/토지의 사용·수용
   - (복합)물류터미널사업 : 등록기준/등록결격사유/등록취소
   - 사업의 승계(양·수도, 합병) 및 사업의 휴·폐업
4. 물류단지의 개발 및 운영
   - 일반물류단지시설/지원시설의 구분
   - 물류단지 실수요 검증
   - 물류단지의 지정/해제
   - 물류단지개발사업
     - 개발지침/실시계획의 승인·고시
     - 토지의 수용·사용·환지, 토지 등 귀속
   - 물류단지의 개발비용
     - 물류단지개발사업의 지원
     - 물류단지개발특별회계
     - 선수금
     - 개발한 토지 등의 처분
       - 분양가격
       - 조성원가
       - 이행강제금
       - 물류단지의 재정비
   - 물류단지의 관리
     - 관리기관
     - 물류단지관리계획
   - 지정·승인·인가의 취소
5. 물류 교통·환경 정비지구
   - 물류 교통·환경 정비지구의 지정 및 해제
   - 물류 교통·환경 정비사업의 지원
6. 물류창고업
   - 창고업의 개념 및 창고업의 등록/스마트물류센터의 인증
   - 창고업에 대한 재정적 지원
7. 보칙 및 벌칙
   - 청문
   - 과징금/행정형벌/과태료

01 총칙

1 법의 목적

이 법은 물류시설을 합리적으로 배치·운영하고 물류시설 용지를 원활히 공급하여 물류산업의 발전을 촉진함으로써 국가경쟁력을 강화하고 국토의 균형 있는 발전과 국민경제의 발전에 이바지함을 목적으로 한다(법 제1조).

2 「물류시설의 개발 및 운영에 관한 법률」상 중요 용어의 정의 ★

(1) 물류시설

물류시설이란 다음의 시설을 말한다.

1. 화물의 운송·보관·하역을 위한 시설
2. 화물의 운송·보관·하역과 관련된 가공·조립·분류·수리·포장·상표부착·판매·정보통신 등의 활동을 위한 시설
3. 물류의 공동화·자동화 및 정보화를 위한 시설
4. 상기의 시설이 모여 있는 물류터미널 및 물류단지

(2) 물류터미널 및 물류터미널사업 ★

① **물류터미널** : 화물의 집화·하역 및 이와 관련된 분류·포장·보관·가공·조립 또는 통관 등에 필요한 기능을 갖춘 시설물을 말한다. 다만, 가공·조립 시설은 대통령령으로 정하는 규모 이하의 것(가공·조립 시설의 전체 바닥면적 합계가 **물류터미널의 전체 바닥면적 합계의 4분의 1 이하**)이어야 한다.

② **물류터미널사업** : 물류터미널을 경영하는 사업으로서 복합물류터미널사업과 일반물류터미널사업을 말한다. 다만, 다음의 시설물을 경영하는 사업은 **제외**한다.

㉠ 「항만법」 제2조 제5호의 항만시설 중 항만구역 안에 있는 화물하역시설 및 화물보관·처리 시설

㉡ 「공항시설법」 제2조 제7호의 공항시설 중 공항구역 안에 있는 화물운송을 위한 시설과 그 부대시설 및 지원시설

㉢ 「철도사업법」 제2조 제8호에 따른 철도사업자가 그 사업에 사용하는 화물운송·하역 및 보관 시설

㉣ 「유통산업발전법」 제2조 제15호 및 제16호의 집배송시설 및 공동집배송센터

(3) 물류단지

① **물류단지** : 물류단지시설과 지원시설을 집단적으로 설치·육성하기 위하여 법 제22조 또는 제22조의2에 따라 지정·개발하는 일단(一團)의 토지 및 시설로서 도시첨단물류단지와 일반물류단지를 말한다.

② **도시첨단물류단지** : 도시 내 물류를 지원하고 물류·유통산업 및 물류·유통과 관련된 산업의 육성과 개발을 촉진하려는 목적으로 도시첨단물류단지시설과 지원시설을 집단적으로 설치하기 위하여 「국토의 계획 및 이용에 관한 법률」에 따른 도시지역에 법 제22조의2에 따라 지정·개발하는 일단의 토지 및 시설을 말한다.

③ **일반물류단지** : 물류단지 중 도시첨단물류단지를 제외한 것을 말한다.

④ **물류단지시설** : 일반물류단지시설과 도시첨단물류단지시설을 말한다.

(4) 스마트물류센터

첨단물류시설 및 설비, 운영시스템 등을 도입하여 저비용·고효율·안전성·친환경성 등에서 우수한 성능을 발휘할 수 있는 물류창고로서 국토교통부장관의 **인증**을 받은 물류창고를 말한다.

02 물류시설개발종합계획의 수립

1 계획의 수립(법 제4조) ★★

(1) **국토교통부장관**은 물류시설의 합리적 개발·배치 및 물류체계의 효율화 등을 위하여 물류시설개발종합계획을 **5년 단위**로 수립하여야 한다.

TIP
- 국가물류기본계획 : 10년 단위 계획을 5년마다
- 유통산업발전기본계획 : 5년
- 화물자동차 휴게소 종합계획 : 5년

(2) 물류시설개발종합계획은 물류시설을 다음의 기능별 분류에 따라 체계적으로 수립한다. 이 경우 다음의 물류시설의 기능이 서로 관련되어 있는 때에는 이를 고려하여 수립하여야 한다.

① **단위물류시설** : 창고 및 집배송센터 등 물류활동을 **개별적으로** 수행하는 최소 단위의 물류시설

② **집적[클러스터(cluster)]물류시설** : 물류터미널 및 물류단지 등 **둘 이상의** 단위물류시설 등이 함께 설치된 물류시설

③ **연계물류시설** : 물류시설 **상호 간의** 화물운송이 원활히 이루어지도록 제공되는 도로 및 철도 등 교통시설

2 계획에 포함될 사항

① 물류시설의 장래수요에 관한 사항
② 물류시설의 공급정책 등에 관한 사항
③ 물류시설의 지정・개발에 관한 사항
④ 물류시설의 지역별・규모별・연도별 배치 및 우선순위에 관한 사항
⑤ 물류시설의 기능개선 및 효율화에 관한 사항
⑥ 물류시설의 공동화・집단화에 관한 사항
⑦ 물류시설의 국내 및 국제 연계수송망 구축에 관한 사항
⑧ 물류시설의 **환경보전**・관리에 관한 사항
⑨ 도심지에 위치한 물류시설의 정비와 교외이전에 관한 사항
⑩ 용수・에너지・통신시설 등 기반시설에 관한 사항

3 계획의 수립절차(법 제5조) ★

① **계획의 수립 : 국토교통부장관**은 물류시설개발종합계획을 수립하는 때에는 ㉠ 관계 행정기관의 장으로부터 소관별 계획을 제출받아 이를 기초로 ㉡ 물류시설개발종합계획안을 작성하여 ㉢ 특별시장・광역시장・특별자치시장・도지사 또는 특별자치도지사(이하 "시・도지사")의 의견을 듣고 ㉣ 관계 중앙행정기관의 장과 협의한 후 ㉤ 물류시설분과위원회의 심의를 거쳐야 한다. 물류시설개발종합계획 중 **대통령령으로 정하는 사항을 변경하려는 때***에도 또한 같다.

* **대통령령으로 정하는 사항을 변경하려는 때** : 물류시설별 물류시설용지면적의 100분의 10 이상으로 물류시설의 수요・공급계획을 변경하려는 때를 말한다.

② **고시** : 국토교통부장관은 ①에 따라 물류시설개발종합계획을 수립하거나 변경한 때에는 이를 관보에 고시하여야 한다.

③ **계획변경의 요청**

㉠ **관계 중앙행정기관의 장**은 필요한 경우 국토교통부장관에게 물류시설개발종합계획을 변경하도록 요청할 수 있다.

㉡ 관계 중앙행정기관의 장은 물류시설개발종합계획의 변경을 요청할 때에는 국토교통부장관에게 다음 사항에 관한 서류를 제출하여야 한다.

- 물류시설의 현황
- 자금조달계획 및 투자계획
- 물류시설개발종합계획의 주요 변경내용에 관한 대비표

④ **자료 제출 및 협조 요청** : 국토교통부장관은 대통령령으로 정하는 바에 따라 관계 기관에 물류시설개발종합계획을 수립하거나 변경하는 데에 필요한 자료의 제출을 요구하거나 협조를 요청할 수 있으며, 그 요구나 요청을 받은 관계 기관은 정당한 사유가 없으면 이에 따라야 한다.

⑤ **물류시설의 조사** : 국토교통부장관은 물류시설개발종합계획을 효율적으로 수립하기 위하여 필요하다고 인정하는 때에는 물류시설에 대하여 조사할 수 있다.

⑥ **물류시설개발종합계획과 다른 계획과의 관계** : 물류시설개발종합계획은 「물류정책기본법」의 국가물류기본계획과 조화를 이루어야 한다(법 제6조).

03 물류터미널사업

1 복합물류터미널사업 ★★★

(1) 사업의 등록(법 제7조) ★

① 용어의 정의

㉠ "복합물류터미널사업"이란 두 종류 이상의 운송수단 간의 연계운송을 할 수 있는 규모 및 시설을 갖춘 물류터미널사업을 말한다.

㉡ "일반물류터미널사업"이란 물류터미널사업 중 복합물류터미널사업을 제외한 것을 말한다.

② 등록

㉠ 복합물류터미널사업을 경영하려는 자는 국토교통부령으로 정하는 바에 따라 **국토교통부장관**에게 **등록**하여야 한다.

㉡ 복합물류터미널사업의 등록을 하려는 자는 등록신청서에 등록기준에 적합함을 증명하는 서류, 복합물류터미널의 부지 및 설비의 배치를 표시한 축척 1/500 이상의 평면도 등을 첨부하여 국토교통부장관에게 제출하여야 한다(시행규칙 제4조).

③ 복합물류터미널사업의 등록을 할 수 있는 자

㉠ 국가 또는 지방자치단체

㉡ 「공공기관의 운영에 관한 법률」에 따른 공공기관 중 대통령령으로 정하는 공공기관(한국철도공사, 한국토지주택공사, 한국도로공사, 한국수자원공사, 한국농어촌공사, 항만공사)

㉢ 「지방공기업법」에 따른 지방공사

㉣ 특별법에 따라 설립된 법인

㉤ 「민법」 또는 「상법」에 따라 설립된 법인

④ 변경등록

㉠ 복합물류터미널사업자가 그 등록한 사항 중 대통령령으로 정하는 사항*을 변경하려는 경우에는 대통령령으로 정하는 바에 따라 변경등록을 하여야 한다.

> * **대통령령으로 정하는 사항** : 다음 각 호 외의 사항을 말한다(시행령 제4조).
> 1. 복합물류터미널의 부지면적의 변경(변경 횟수에 불구하고 통산하여 부지면적의 1/10 미만의 변경만 해당)
> 2. 복합물류터미널의 구조 또는 설비의 변경
> 3. 영업소의 명칭 또는 위치의 변경

㉡ 복합물류터미널사업자가 변경등록신청을 하려는 때에는 변경등록신청서에 변경사실을 증명하는 서류를 첨부하여 국토교통부장관에게 제출하여야 한다.

⑤ 복합물류터미널사업의 등록기준

1. 복합물류터미널이 해당 지역 운송망의 중심지에 위치하여 **다른 교통수단과 쉽게 연계될 것**
2. 부지면적이 **3만3천제곱미터** 이상일 것
3. 다음의 시설을 갖출 것
   가. **주차장**
   나. **화물취급장**
   다. **창고 또는 배송센터**
4. 물류시설개발종합계획 및 「물류정책기본법」 제11조의 국가물류기본계획상의 물류터미널의 개발 및 정비계획 등에 배치되지 아니할 것

⑥ 복합물류터미널사업 등록의 결격사유(법 제8조)

1. 이 법을 위반하여 **벌금형** 이상을 선고받은 후 **2년**이 지나지 아니한 자
2. 복합물류터미널사업 등록이 취소된 후 **2년**이 지나지 아니한 자(다만, 법인으로서 임원 중에 피성년후견인 또는 파산선고를 받고 복권되지 아니한 자에 해당하여 등록이 취소된 경우는 제외)
3. 법인으로서 그 임원 중에 제1호 또는 다음의 어느 하나에 해당하는 자가 있는 경우
   가. **피성년후견인** 또는 **파산선고**를 받고 복권되지 아니한 자
   나. 이 법을 위반하여 금고 이상의 실형을 선고받고 그 집행이 종료(집행이 종료된 것으로 보는 경우를 포함한다)되거나 집행이 면제된 날부터 **2년**이 지나지 아니한 자
   다. 이 법을 위반하여 금고 이상의 형의 집행유예를 선고받고 그 유예기간 중에 있는 자

(2) 사업의 승계(법 제14조)

① **승계의 신고** : 복합물류터미널사업자가 그 사업을 양도하거나 법인이 합병한 때에는 그 양수인 또는 합병 후 존속하는 법인이나 합병에 의하여 설립되는 법인은 복합물류터미널사업의 등록에 따른 권리·의무를 승계한다.

② **신고절차** : 복합물류터미널사업의 양도·양수를 신고하려는 자는 양도·양수신고서를, 복합물류터미널사업자인 법인의 합병신고를 하려는 자는 법인합병신고서를 그 권리·의무의 승계일부터 **30일 이내**에 **국토교통부장관**에게 제출하여야 한다.

③ **당사자 통지** : 국토교통부장관은 신고를 받은 날부터 **10일 이내**에 신고수리 여부를 신고인에게 통지하여야 한다.

④ **신고수리의 의제** : 국토교통부장관이 10일 내에 신고수리 여부 또는 민원 처리 관련 법령에 따른 처리기간의 연장을 신고인에게 통지하지 아니하면 그 기간이 끝난 날의 다음 날에 신고를 수리한 것으로 본다.

(3) 사업의 휴업 · 폐업(법 제15조)

① 복합물류터미널사업자는 복합물류터미널사업의 전부 또는 일부를 휴업하거나 폐업하려는 때에는 미리 **국토교통부장관**에게 **신고**하여야 한다.

② 복합물류터미널사업자인 법인이 합병 외의 사유로 해산한 경우에는 그 청산인은 지체 없이 그 사실을 국토교통부장관에게 **신고**하여야 한다.

③ 휴업기간은 **6개월**을 초과할 수 없다.

④ 복합물류터미널사업자가 사업의 전부 또는 일부를 휴업하거나 폐업하려는 때에는 미리 그 취지를 영업소나 그 밖에 일반 공중(公衆)이 보기 쉬운 곳에 게시하여야 한다.

(4) 등록증 대여 등의 금지(법 제16조)

복합물류터미널사업자는 다른 사람에게 자기의 성명 또는 상호를 사용하여 사업을 하게 하거나 그 등록증을 대여하여서는 아니 된다.

(5) 등록의 취소(법 제17조) ★

국토교통부장관은 복합물류터미널사업자가 다음의 어느 하나에 해당하는 때에는 등록을 취소하거나 6개월 이내의 기간을 정하여 사업의 정지를 명할 수 있다. 다만, **제1호 · 제4호 · 제7호 또는 제8호**에 해당하는 때에는 등록을 **취소하여야 한다**(절대적 등록취소).

1. 거짓이나 그 밖의 부정한 방법으로 등록을 한 때
2. 변경등록을 하지 아니하고 등록사항을 변경한 때
3. 등록기준에 맞지 아니하게 된 때. 다만, 3개월 이내에 그 기준을 충족시킨 때에는 그러하지 아니하다.
4. 제8조 등록의 결격사유의 어느 하나에 해당하게 된 때. 다만, 같은 조 제3호에 해당하는 경우로서 그 사유가 발생한 날부터 3개월 이내에 해당 임원을 개임한 경우에는 그러하지 아니하다.
5. 인가 또는 변경인가를 받지 아니하고 공사를 시행하거나 변경한 때
6. 사업의 전부 또는 일부를 휴업한 후 정당한 사유 없이 제15조 제1항에 따라 신고한 휴업기간이 지난 후에도 사업을 재개하지 아니한 때
7. 다른 사람에게 자기의 성명 또는 상호를 사용하여 사업을 하게 하거나 등록증을 대여한 때
8. 사업정지명령을 위반하여 그 사업정지기간 중에 영업을 한 때

(6) 과징금(법 제18조) ★

① 국토교통부장관은 복합물류터미널사업자가 등록의 취소사유(제1호 · 제4호 · 제7호 및 제8호는 제외)의 어느 하나에 해당하여 사업의 정지를 명하여야 하는 경우로서 그 사업의 정지가 그 사업의 이용자 등에게 심한 불편을 주는 경우에는 그 사업정지처분을 갈음하여 **5천만원** 이하의 과징금을 부과할 수 있다.

② 국토교통부장관은 과징금을 내야 할 자가 납부기한까지 과징금을 내지 아니하면 대통령령으로 정하는 바에 따라 **국세강제징수의 예**에 따라 징수한다.

③ 국토교통부장관은 과징금을 부과하려는 경우에는 해당 위반행위를 조사·확인한 후 위반사실과 이의제기의 방법 및 기간 등을 서면으로 명시하여, 이를 납부할 것을 과징금 부과대상자에게 알려야 한다.

④ 과징금 납부통지를 받은 자는 그 통지를 받은 날부터 **20일** 이내에 국토교통부장관이 정하는 수납기관에 과징금을 내야 한다.

⑤ 국토교통부장관은 과징금의 납부통지를 받은 자가 납부기한까지 과징금을 내지 아니한 경우에는 납부기한이 지난 날부터 **7일** 이내에 독촉장을 보내야 한다. 이 경우 납부기한은 독촉장을 보낸 날부터 **10일** 이내로 한다.

(7) 물류터미널사업협회(법 제19조)

① 복합물류터미널사업자 및 일반물류터미널을 경영하는 자는 물류터미널사업의 건전한 발전과 사업자의 공동이익을 도모하기 위하여 물류터미널사업협회를 설립할 수 있다.

② 물류터미널사업협회를 설립하려는 경우에는 해당 협회의 회원의 자격이 있는 자 중 **5분의 1** 이상의 발기인이 정관을 작성하여 해당 협회의 회원 자격이 있는 자의 **3분의 1** 이상이 출석한 창립총회의 의결을 거친 후 국토교통부장관의 설립인가를 받아야 한다.

③ 물류터미널사업협회는 설립인가를 받아 **설립등기**를 함으로써 성립한다.

④ 물류터미널사업협회는 법인으로 한다.

⑤ 이 법에서 규정한 것 외에는 「민법」 중 **사단법인**에 관한 규정을 준용한다.

⑥ 물류터미널사업협회의 업무 및 정관 등에 필요한 사항은 대통령령으로 정한다.

⑦ 협회의 업무

㉠ 물류터미널사업의 건전한 발전과 사업자의 공동이익을 도모하는 사업

㉡ 물류터미널사업의 진흥·발전에 필요한 통계의 작성·관리와 외국자료의 수집·조사·연구사업

㉢ 경영자와 종업원의 교육훈련

㉣ 물류터미널사업의 경영개선에 관한 지도

㉤ 국토교통부장관으로부터 위탁받은 업무

㉥ ㉠부터 ㉤까지의 사업에 딸린 사업

2 물류터미널 공사

(1) 물류터미널사업

물류터미널을 경영하는 사업으로서 복합물류터미널사업과 일반물류터미널사업을 말한다.

(2) 공사의 인가(법 제9조) ★

① 공사시행인가 신청

㉠ **복합물류터미널사업자**는 건설하려는 물류터미널의 구조 및 설비 등에 관한 공사계획을 수립하여 **국토교통부장관**의 공사시행인가를 받아야 한다.

㉡ **일반물류터미널사업**을 경영하려는 자는 물류터미널 건설에 관하여 필요한 경우 **시·도지사**의 공사시행인가를 받을 수 있다.

② 변경인가

㉠ 인가받은 공사계획 중 대통령령으로 정하는 사항을 변경하는 경우와 복합물류터미널사업자가 「산업집적활성화 및 공장설립에 관한 법률」에 따른 제조시설 및 그 부대시설과 「유통산업발전법」에 따른 대규모점포 및 준대규모점포의 매장과 그 매장에 포함되는 용역의 제공장소를 설치하는 경우에는 해당 인가권자의 변경인가를 받아야 한다.

㉡ 변경인가를 받아야 하는 경우

1. 공사의 기간을 변경하는 경우
2. 물류터미널의 부지면적을 1/10 이상 변경하는 경우
3. 물류터미널 안의 건축물의 연면적(하나의 건축물의 각 층의 바닥면적의 합계)을 1/10 이상 변경하는 경우
4. 물류터미널 안의 공공시설 중 도로·철도·광장·녹지나 그 밖에 국토교통부령으로 정하는 시설(주차장, 운하, 부두, 오·폐수시설, 상·하수도, 유수지, 공동구)을 변경하는 경우

㉢ 국토교통부장관 또는 시·도지사는 공사시행인가 또는 변경인가를 하려는 때에는 관할 특별자치시장·특별자치도지사·시장·군수 또는 구청장의 의견을 들어야 한다.

③ 물류터미널 개발의 지원(법 제20조) ★

㉠ 국가 또는 지방자치단체는 물류터미널사업자가 다음의 어느 하나에 해당하는 사업을 수행하는 경우에는 소요자금의 일부를 융자하거나 부지의 확보를 위한 지원을 할 수 있다.

ⓐ 물류터미널의 건설

ⓑ 물류터미널 위치의 변경

ⓒ 물류터미널의 규모·구조 및 설비의 확충 또는 개선

㉡ 국가 또는 지방자치단체는 물류터미널사업자가 설치한 물류터미널의 원활한 운영에 필요한 도로·철도·용수시설 등 다음에 해당하는 기반시설의 설치 또는 개량에 필요한 예산을 지원할 수 있다.

ⓐ 「도로법」에 따른 도로

ⓑ 「철도산업발전기본법」에 따른 철도

ⓒ 「수도법」에 따른 수도시설

ⓓ 「물환경보전법」에 따른 수질오염방지시설

㉢ 국토교통부장관은 ㉠의 사업 또는 ㉡의 운영을 위하여 필요하다고 인정하는 경우에는 시·도지사에게 부지의 확보 및 도시·군계획시설의 설치 등에 관한 협조를 요청할 수 있다.

(3) 토지 등의 사용·수용(법 제10조) ★

① 공사시행인가를 받은 자(물류터미널사업자)가 물류터미널(「국토의 계획 및 이용에 관한 법률」에 따른 도시·군계획시설에 해당하는 물류터미널에 한정)을 건설하는 경우에는 이에 필요한 토지 등을 수용하거나 사용할 수 있다. 다만, 다음에 해당하지 아니하는 자가 토지 등을 수용하거나 사용하려면 사업대상 토지(국유지·공유지는 제외)면적의 2/3 이상에 해당하는 토지를 소유하고, 토지소유자 총수의 1/2 이상에 해당하는 자의 동의를 받아야 한다.

1. 국가 또는 지방자치단체
2. 대통령령으로 정하는 공공기관
3. 그 밖에 공익 목적을 위하여 개발사업을 시행하는 자로서 대통령령으로 정하는 자

② 토지 등을 수용하거나 사용할 때 공사시행인가의 고시가 있는 때에는 「공익사업을 위한 토지 등의 취득 및 보상에 관한 법률」에 따른 사업인정 및 사업인정의 고시를 한 것으로 보며, 재결의 신청은 **공사시행인가에서 정한 사업의 시행기간 내**에 할 수 있다.

③ **토지매수업무 등의 위탁**(법 제11조) : 물류터미널사업자는 물류터미널의 건설을 위한 토지매수업무·손실보상업무 및 이주대책에 관한 업무를 「공익사업을 위한 토지 등의 취득 및 보상에 관한 법률」 제81조 제1항 각 호의 기관(지방자치단체, 보상실적이 있거나 보상업무에 관한 전문성이 있는 「공공기관의 운영에 관한 법률」에 따른 공공기관 또는 「지방공기업법」에 따른 지방공사)에 위탁하여 시행할 수 있다.

(4) 토지 출입(법 제12조)

물류터미널사업자는 물류터미널의 건설을 위하여 필요한 때에는 **다른 사람의 토지에 출입**하거나 이를 **일시 사용**할 수 있으며, 나무, 토석, 그 밖의 장애물을 변경하거나 제거할 수 있다.

(5) 국·공유지의 처분제한(법 제13조)

① 물류터미널을 건설하기 위한 부지 안에 있는 국가 또는 지방자치단체 소유의 토지로서 물류터미널 건설사업에 필요한 토지는 해당 물류터미널 건설사업 목적이 아닌 **다른 목적으로 매각하거나 양도할 수 없다.**

② 물류터미널을 건설하기 위한 부지 안에 있는 국가 또는 지방자치단체 소유의 재산은 법령에도 불구하고 물류터미널사업자에게 **수의계약으로 매각**할 수 있다. 이 경우 그 재산의 용도폐지(**행정재산**인 경우에 한정) 및 매각에 관하여는 국토교통부장관 또는 시·도지사가 미리 관계 행정기관의 장과 협의하여야 한다.

③ 협의요청이 있은 때에는 관계 행정기관의 장은 그 요청을 받은 날부터 **30일** 이내에 용도폐지

및 매각, 그 밖에 필요한 조치를 하여야 한다.

④ 물류터미널사업자에게 매각하려는 재산 중 **관리청이 불분명한 재산**은 다른 법령에도 불구하고 **기획재정부장관**이 이를 관리하거나 처분한다.

04 물류단지의 개발 및 운영

《 물류단지의 개발 및 운영에 관한 절차 》

물류단지의 실수요 검증 ➜ 물류단지개발계획 수립 ➜ 물류단지의 지정 및 해제 ➜ 물류단지개발사업의 시행 및 개발 ➜ 물류단지개발사업의 준공인가 및 사용허가 ➜ 물류단지의 처분(분양 및 임대) ➜ 물류단지의 사후관리

1 물류단지의 개념 ★★★

(1) 물류단지시설 ★

물류단지시설이란 일반물류단지시설과 도시첨단물류단지시설을 말한다(법 제2조 제6의4호).

① **일반물류단지시설** : 화물의 운송 · 집화 · 하역 · 분류 · 포장 · 가공 · 조립 · 통관 · 보관 · 판매 · 정보처리 등을 위하여 일반물류단지 안에 설치되는 다음의 시설을 말한다.

1. 물류터미널 및 창고
2. 「유통산업발전법」의 대규모점포 · 전문상가단지 · 공동집배송센터 및 중소유통공동도매물류센터
3. 「농수산물 유통 및 가격안정에 관한 법률」의 농수산물도매시장 · 농수산물공판장 및 **농수산물종합유통센터**
4. 「궤도운송법」에 따른 궤도사업을 경영하는 자가 그 사업에 사용하는 화물의 운송 · 하역 및 보관 시설
5. 「축산물위생관리법」의 작업장
6. 「농업협동조합법」 · 「수산업협동조합법」 · 「산림조합법」 · 「중소기업협동조합법」 또는 「협동조합 기본법」에 따른 조합 또는 그 중앙회가 설치하는 구매사업 또는 판매사업 관련 시설
7. 「화물자동차 운수사업법」의 화물자동차 운수사업에 이용되는 차고, 화물취급소, 그 밖에 화물의 처리를 위한 시설
8. 「약사법」의 의약품 도매상의 창고 및 영업소시설

9. 그 밖에 물류기능을 가진 시설로서 대통령령으로 정하는 시설

가. 「관세법」에 따른 **보세창고**
나. 「수산식품산업의 육성 및 지원에 관한 법률」에 따른 수산물가공업시설(**냉동·냉장업 시설만 해당**)
다. 「항만법」의 항만시설 중 항만구역에 있는 화물하역시설 및 화물보관·처리 시설
라. 「공항시설법」의 공항시설 중 공항구역에 있는 화물운송을 위한 시설과 그 부대시설 및 지원시설
마. 「철도사업법」에 따른 철도사업자가 그 사업에 사용하는 화물운송·하역 및 보관 시설
바. 「자동차관리법」에 따른 자동차매매업을 영위하려는 자 또는 자동차매매업자가 공동으로 사용하려는 사업장
사. 「자동차관리법」에 따른 **자동차경매장**

10. '1.'부터 '9.'까지의 시설에 딸린 시설

② **도시첨단물류단지시설** : 도시 내 물류를 지원하고 물류·유통산업 및 물류·유통과 관련된 산업의 육성과 개발을 목적으로 도시첨단물류단지 안에 설치되는 다음의 시설을 말한다.

1. 일반물류단지시설 중에서 도시 내 물류·유통기능 증진을 위한 시설
2. 「산업입지 및 개발에 관한 법률」에 따른 공장, 지식산업 관련 시설, 정보통신산업 관련 시설, 교육·연구시설 중 첨단산업과 관련된 시설로서 국토교통부령으로 정하는 물류·유통 관련 시설
3. 그 밖에 도시 내 물류·유통기능 증진을 위한 시설로서 대통령령으로 정하는 시설
4. '1.'부터 '3.'까지의 시설에 딸린 시설

(2) 지원시설

물류단지시설의 운영을 효율적으로 지원하기 위하여 물류단지 안에 설치되는 다음의 시설을 말한다. 다만, 대통령령으로 정하는 가공·제조 시설 또는 정보처리시설로서 일반물류단지시설과 동일한 건축물에 설치되는 시설은 제외한다.

① **대통령령으로 정하는 가공·제조 시설**

1. 「농수산물 유통 및 가격안정에 관한 법률」에 따른 **농수산물산지유통센터**
2. 「산업집적활성화 및 공장설립에 관한 법률」에 따른 **공장**
3. 「수산식품산업의 육성 및 지원에 관한 법률」에 따른 수산가공품 생산공장 및 수산물가공업 시설(**냉동·냉장업** 시설 및 선상가공업시설은 **제외**)
4. 「양곡관리법」에 따라 농업협동조합 등이 설치하는 미곡의 건조·보관·가공 시설

② 정보처리시설

③ 금융·보험·의료·교육·연구·업무 시설

④ 물류단지의 종사자 및 이용자의 생활과 편의를 위한 시설
⑤ 그 밖에 물류단지의 기능 증진을 위한 시설로서 대통령령으로 정하는 시설

1. 「건축법 시행령」에 따른 문화 및 집회시설
2. 입주기업체 및 지원기관에서 발생하는 **폐기물의 처리를 위한 시설**(재활용시설을 포함)
3. 물류단지의 종사자 및 이용자의 주거를 위한 단독주택, 공동주택 등의 시설
4. 그 밖에 물류단지의 기능 증진을 위한 시설로서 국토교통부령으로 정하는 시설(단독주택, 공동주택, 숙박시설, 운동시설, 위락시설 및 근린생활시설)

확인하기

▸ **물류시설의 개발 및 운영에 관한 법령상 "지원시설"에 해당하지 않는 것은?**

① 금융·보험 시설
② 의료시설
③ 물류단지 종사자의 주거를 위한 공동주택
④ 「농업협동조합법」에 따른 조합이 설치하는 판매사업 관련 시설
⑤ 입주기업체에서 발생하는 폐기물의 처리를 위한 시설

정답 ④

2 물류단지의 실수요 검증

(1) 물류단지 실수요 검증(법 제22조의7) ★

① **실수요 검증의 목적** : 물류단지를 지정하는 국토교통부장관 또는 시·도지사(이하 "물류단지지정권자"라 한다)는 무분별한 물류단지개발을 방지하고 국토의 효율적 이용을 위하여 물류단지 **지정 전(前)**에 물류단지 실수요 검증을 실시하여야 한다. 이 경우 물류단지지정권자는 실수요 검증 대상사업에 대하여 관계 행정기관과 협의하여야 한다.

② **실수요 검증위원회** : 물류단지지정권자는 실수요 검증을 실시하기 위하여 필요한 경우 구성·운영할 수 있다. **도시첨단물류단지개발사업의 경우에는** 실수요 검증을 실수요검증위원회의 자문으로 갈음할 수 있다.

③ **실수요 검증 절차** : 국토교통부장관 또는 시·도지사는 실수요 검증을 실시하는 경우에는 실수요검증위원회의 심의·의결을 거쳐야 한다.

④ **실수요 검증 결과 통보** : 국토교통부장관 또는 시·도지사는 심의·의결을 마친 날부터 **14일** 이내에 그 심의결과를 물류단지 지정요청자 등에게 서면으로 알려야 한다. 다만, 심의결과 물류단지 실수요가 없다고 인정되는 경우에는 그 사유와 평가항목별 평균점수를 알려야 한다.

⑤ 물류단지지정권자는 실수요검증위원회의 구성 목적을 달성하였다고 인정하는 경우에는 실수요검증위원회를 해산할 수 있다.

(2) 실수요검증위원회의 기능 및 구성

① 실수요검증위원회는 다음의 사항을 심의·의결한다.

> 1. 입주기업체 등의 입주 수요 등 물류단지 수요의 타당성에 관한 사항
> 2. 지정요청자 등의 사업수행능력에 관한 사항
> 3. 주변 물류단지에 미치는 영향에 관한 사항
> 4. 그 밖에 국토교통부장관이 필요하다고 인정하는 사항

② 국토교통부장관 또는 시·도지사는 심의·의결을 마친 날부터 **14일** 이내에 그 심의결과를 물류단지 지정요청자 등에게 서면으로 알려야 한다.

③ 실수요검증위원회는 위원장 1명과 부위원장 1명을 포함하여 **20명 이상 40명 이하의 위원**으로 구성하되, 성별을 고려하여 구성한다.

④ 실수요검증위원회의 위원장 및 부위원장은 공무원이 아닌 위원 중에서 각각 호선한다.

⑤ 실수요검증위원회의 위원은 다음의 어느 하나에 해당하는 사람 중에서 국토교통부장관이 위촉한다.

㉠ 물류, 교통 또는 도시계획 분야에서 5년 이상 연구경력이나 실무경력이 있는 사람

㉡ 금융 또는 회계 분야에서 5년 이상 연구경력이나 실무경력이 있는 사람

⑥ 위원의 임기는 2년으로 하며, 한 차례만 연임할 수 있다. 다만, 위원의 사임 등으로 인하여 새로 위촉된 위원의 임기는 전임위원 임기의 남은 기간으로 한다.

⑦ 실수요검증위원회에 위원회의 사무를 처리할 간사 및 서기를 둔다. 이 경우 간사 및 서기는 국토교통부 소속 공무원 중에서 국토교통부장관이 지명한다.

3 물류단지의 지정 및 해제

(1) 일반물류단지의 지정(법 제22조 제1항) ★

일반물류단지는 다음의 구분에 따른 자가 지정한다.

> 1. **국가정책사업**으로 물류단지를 개발하거나 물류단지개발사업의 **대상지역이 2개 이상**의 특별시·광역시·특별자치시·도 또는 특별자치도(이하 "시·도"라 한다)에 걸쳐 있는 경우 : 국토교통부장관
> 2. 제1호 외의 경우 : 시·도지사

(2) 일반물류단지의 지정절차 ★

① 지정권자가 지정하는 경우(법 제22조 제2항 내지 제3항)

㉠ 국토교통부장관의 지정 : 국토교통부장관은 일반물류단지를 지정하려는 때에는 일반물류단지개발계획을 수립하여 ⓐ 관할 시·도지사 및 시장·군수·구청장의 의견을 듣고

ⓑ 관계 중앙행정기관의 장과 협의한 후 ⓒ 「물류정책기본법」의 물류시설분과위원회의 심의를 거쳐야 한다. 일반물류단지개발계획 중 **대통령령으로 정하는 중요 사항을 변경***하려는 때에도 또한 같다.

> *** 대통령령으로 정하는 중요 사항 변경**
> 1. 일반물류단지지정 면적의 변경(1/10 이상의 면적을 변경하는 경우)
> 2. 일반물류단지시설용지 면적의 변경(1/10 이상의 면적을 변경하는 경우) 또는 일반물류단지시설용지의 용도변경
> 3. 기반시설(구거를 포함)의 부지면적의 변경(1/10 이상의 면적을 변경하는 경우) 또는 그 시설의 위치 변경
> 4. 일반물류단지개발사업 시행자의 변경

㉡ **시·도지사의 지정** : 시·도지사는 일반물류단지를 지정하려는 때에는 일반물류단지개발계획을 수립하여 관계 행정기관의 장과 협의한 후 「물류정책기본법」의 **지역물류정책위원회의 심의**를 거쳐야 한다.

㉢ **지정요건** : 국토교통부장관 또는 시·도지사는 일반물류단지를 지정할 때에는 일반물류단지개발계획과 물류단지개발지침에 적합한 경우에만 일반물류단지를 지정하여야 한다.

② **지정요청에 의한 지정의 경우**(법 제22조 제4항)

㉠ **일반물류단지의 지정요청** : 관계 행정기관의 장과 **물류단지의 지정을 요청할 수 있는 자***는 일반물류단지의 지정이 필요하다고 인정하는 때에는 대상지역을 정하여 국토교통부장관 또는 시·도지사에게 일반물류단지의 지정을 요청할 수 있다. 이 경우 중앙행정기관의 장 이외의 자는 일반물류단지개발계획안을 작성하여 제출하여야 한다.

> *** 일반물류단지의 지정을 요청할 수 있는 자**
> 1. 대통령령으로 정하는 공공기관(한국토지주택공사, 한국도로공사, 한국수자원공사, 한국농어촌공사, 항만공사)
> 2. 「지방공기업법」에 따른 지방공사
> 3. 특별법에 따라 설립된 법인
> 4. 「민법」 또는 「상법」에 따라 설립된 법인
> 5. 물류단지 예정지역의 토지소유자 또는 그 토지소유자가 물류단지개발을 위하여 설립한 조합

㉡ **지정의 적합성에 대한 고지** : 국토교통부장관 또는 시·도지사는 일반물류단지지정 요청이 있는 지역이 일반물류단지로 지정하기에 적합하지 아니하다고 인정되는 경우에는 그 이유를 요청한 자에게 알려야 한다.

③ **일반물류단지개발계획**(법 제22조 제5항) : 지정권자가 물류단지를 지정하는 경우(위 ①의 ㉠, ㉡)에 따른 일반물류단지개발계획에는 다음의 사항이 포함되어야 한다. 일반물류단지개발계

획을 수립할 때까지 시행자가 확정되지 아니하였거나 세부목록의 작성이 곤란한 경우에는 일반물류단지의 **지정 후**에 이를 일반물류단지개발계획에 포함시킬 수 있다.

1. 일반물류단지의 명칭·위치 및 면적
2. 일반물류단지의 지정목적
3. 일반물류단지개발**사업의 시행자**
4. 일반물류단지개발사업의 시행기간 및 시행방법
5. 토지이용계획 및 주요 기반시설계획
6. 주요 유치시설 및 그 설치기준에 관한 사항
7. 재원조달계획
8. 수용하거나 사용할 토지, 건축물, 그 밖의 물건이나 권리가 있는 경우에는 그 **세부목록**
9. 일반물류단지의 개발을 위한 주요시설의 지원계획
10. 환지의 필요성이 있는 경우 그 **환지계획**

④ **주민 의견청취 절차**(법 제24조)

㉠ 물류단지지정권자(국토교통부장관 또는 시·도지사)는 물류단지를 지정하려는 때에는 주민 및 관계 전문가의 의견을 들어야 하고 타당하다고 인정하는 때에는 그 의견을 반영하여야 한다. 다만, **국방상 기밀사항이거나 대통령령으로 정하는 다음의 경미한 사항**인 경우에는 **의견청취를 생략할 수 있다.**

1. 물류단지지정 면적의 변경(1/10 미만)
2. 물류단지시설용지 면적의 변경(1/10 미만) 또는 물류단지시설용지의 용도변경
3. 기반시설(구거 포함)의 부지면적의 변경(1/10 미만) 또는 그 시설의 위치 변경

㉡ **의견청취 절차의 생략** : 물류단지지정권자는 주민 및 관계 전문가의 의견청취를 생략하려는 경우에는 미리 관계 행정기관의 장과 협의하여야 한다.

(3) 도시첨단물류단지의 지정(법 제22조의2 내지 제22조의3)

① **지정지역** : 도시첨단물류단지는 국토교통부장관 또는 시·도지사가 다음의 어느 하나에 해당하는 지역에 지정하며, 시·도지사(특별자치도지사는 제외)가 지정하는 경우에는 **시장·군수·구청장의 신청**을 받아 지정할 수 있다.

1. 노후화된 일반물류터미널 부지 및 인근 지역
2. 노후화된 유통업무설비 부지 및 인근 지역
3. 그 밖에 국토교통부장관이 필요하다고 인정하는 지역

② 시장·군수·구청장은 시·도지사에게 도시첨단물류단지의 지정을 신청하려는 경우에는 도시첨단물류단지개발계획안을 작성하여 제출하여야 한다.

③ 도시첨단물류단지의 지정 절차 및 개발계획에 관하여는 일반물류단지의 지정(법 제22조 제2항, 제3항, 제5항)을 준용한다. 다만, 도시첨단물류단지개발계획에는 층별·시설별 용도, 바닥면적 등 건축계획 및 복합용지이용계획이 포함되어야 한다.

④ 도시첨단물류단지개발사업의 시행자는 대통령령으로 정하는 바에 따라 대상 부지 토지가액의 **100분의 40**의 범위에서 물류산업 창업보육센터 등 해당 도시첨단물류단지를 활용한 일자리 창출을 위한 시설 등에 해당하는 시설 또는 그 운영비용의 일부를 국가나 지방자치단체에 제공하여야 한다. 다만, 「개발이익 환수에 관한 법률」에 따라 개발부담금이 부과·징수되는 경우에는 대상 부지의 토지가액에서 개발부담금에 상당하는 금액은 제외한다.

⑤ **토지소유자 등의 동의** : 국토교통부장관 또는 시·도지사는 도시첨단물류단지를 지정하려면 도시첨단물류단지 예정지역 토지면적의 **2분의 1** 이상에 해당하는 토지소유자의 동의와 토지소유자 총수 및 건축물 소유자 총수 각 **2분의 1** 이상의 동의를 받아야 한다.

(4) 물류단지지정의 고시(법 제23조 및 시행령 제16조)

① **지정고시** : 물류단지지정권자가 물류단지를 지정하거나 지정내용을 변경한 때에는 **대통령령으로 정하는 사항**을 관보 또는 시·도의 공보에 고시하고, 관계 서류의 사본을 관할 시장·군수·구청장에게 보내야 한다.

② 물류단지로 지정되는 지역에 수용하거나 사용할 토지, 건축물, 그 밖의 물건이나 권리가 있는 경우에는 고시내용에 그 토지 등의 세부목록을 포함시켜야 한다.

③ 관계 서류를 받은 시장·군수·구청장은 이를 14일 이상 일반인이 열람할 수 있도록 해야 한다.

(5) 행위제한 및 행위허가의 대상 등(법 제25조 및 시행령 제18조) ★

① **허가(許可)의 개념** : 허가는 법으로 정해진 상대적 금지사항에 대하여 특정 요건을 갖춘 경우 이를 해제시켜 적법하게 금지행위를 할 수 있도록 하는 명령적 행정행위이다.

② **허가대상 행위** : 물류단지 안에서 건축물의 건축(가설건축물·대수선·용도변경 포함), 공작물의 설치, 토지의 형질변경, 토석의 채취, 토지분할, 물건을 쌓아놓는 행위(1개월 이상), 죽목의 벌채 및 식재 등 행위를 하려는 자는 **시장·군수·구청장의 허가**를 받아야 한다. 허가받은 사항을 변경하려는 때에도 또한 같다.

＊ 허가 없이 가능한 행위

1. 재해복구 또는 재난수습에 필요한 응급조치를 위하여 하는 행위
2. 농림수산물의 생산에 직접 이용되는 것으로서 국토교통부령으로 정하는 간이공작물의 설치(비닐하우스, 양잠장, 버섯재배사, 고추 등의 건조장, 종묘배양장 등)
3. 경작을 위한 토지의 형질변경
4. 물류단지의 개발에 지장을 주지 아니하고 자연경관을 손상하지 아니하는 범위에서의 토석의 채취
5. 물류단지에 존치하기로 결정된 대지 안에서 물건을 쌓아놓는 행위
6. 관상용 죽목의 임시 식재(경작지에서의 임시 식재는 제외)

③ **예외 사항** : 허가를 받아야 하는 행위로서 물류단지의 지정 및 고시 당시 이미 관계 법령에 따라 행위허가를 받았거나 허가를 받을 필요가 없는 행위에 관하여 그 공사 또는 사업에 착수한 자는 대통령령으로 정하는 바에 따라 시장·군수·구청장에게 신고한 후 이를 계속 시행할 수 있다.

④ **위반시 조치** : 시장·군수·구청장은 허가사항을 위반한 자에게 원상회복을 명할 수 있다. 이 경우 명령을 받은 자가 그 의무를 이행하지 아니하면 시장·군수·구청장은 「행정대집행법」에 따라 대집행할 수 있다.

(6) 물류단지지정의 해제(법 제26조)

① **해제사유** ★

㉠ 물류단지로 지정·고시된 날부터 **5년 이내**에 그 물류단지의 전부 또는 일부에 대하여 물류단지개발실시계획의 승인을 신청하지 아니하면 **그 기간이 지난 다음 날** 해당 지역에 대한 물류단지의 지정이 해제된 것으로 **본다.**

㉡ 물류단지지정권자는 다음의 어느 하나에 해당하는 경우에는 해당 지역에 대한 물류단지 지정의 전부 또는 일부를 해제할 수 있다.

ⓐ 물류단지의 전부 또는 일부에 대한 개발전망이 없게 된 경우

ⓑ 개발이 완료된 물류단지가 준공(부분 준공을 포함한다)된 지 **20년 이상** 된 것으로서 주변상황과 물류산업 여건이 변화되어 물류단지재정비사업을 하더라도 물류단지 기능 수행이 어려울 것으로 판단되는 경우

② **해제절차 및 고시** : 물류단지의 지정이 해제된 것으로 보거나 해제된 경우 물류단지지정권자는 그 사실을 관계 중앙행정기관의 장 및 시·도지사에게 통보하고 고시하여야 한다. 통보를 받은 시·도지사는 지체 없이 시장·군수·구청장으로 하여금 이를 14일 이상 일반인이 열람할 수 있도록 하여야 한다.

③ **지정해제의 효과**

㉠ 해당 물류단지에 대한 용도지역은 변경·결정되기 전의 용도지역으로 환원된 것으로 **본다.** 다만, 물류단지의 개발이 완료되어 물류단지의 지정이 해제된 경우에는 변경·결정되기 전의 용도지역으로 환원되지 아니한다.

㉡ **시장·군수·구청장**은 용도지역이 환원된 경우에는 **즉시** 그 사실을 고시하여야 한다.

4 물류단지개발사업

(1) 물류단지개발사업의 개념(법 제2조 제9호 내지 제11호) ★★

① **물류단지개발사업** : 물류단지를 조성하기 위하여 시행하는 다음의 사업으로서 도시첨단물류단지개발사업과 일반물류단지개발사업을 말한다.

> 1. 물류단지시설 및 지원시설의 용지조성사업과 건축사업
> 2. 도로・철도・궤도・항만 또는 공항 시설 등의 건설사업
> 3. 전기・가스・용수 등의 공급시설과 전기통신설비의 건설사업
> 4. 하수도, 폐기물처리시설, 그 밖의 환경오염방지시설 등의 건설사업
> 5. 그 밖에 '1.'부터 '4.'까지의 사업에 딸린 사업

② 일반물류단지개발사업 : 물류단지개발사업 중 도시첨단물류단지사업을 제외한 것을 말한다.

(2) 물류단지개발지침(법 제22조의6) ★

① 지침의 작성 : **국토교통부장관**은 물류단지개발지침을 작성하여 관보에 고시하여야 한다.

② 작성절차 : 국토교통부장관은 물류단지개발지침을 작성할 때에는 ㉠ 미리 시・도지사의 의견을 듣고 ㉡ 관계 중앙행정기관의 장과 협의한 후 ㉢ 물류시설분과위원회의 심의를 거쳐야 한다. 물류단지개발지침을 변경할 때('토지가격의 안정을 위하여 필요한 사항'을 변경할 때는 제외)에도 또한 같다.

③ 작성기준 : 물류단지개발지침은 지역 간의 균형 있는 발전을 위하여 물류단지시설용지의 배분이 적정하게 이루어지도록 작성되어야 한다.

④ 물류단지개발지침 포함사항(시행령 제15조) : 물류단지개발지침에는 다음의 사항이 포함되어야 한다.

> 1. 물류단지의 계획적・체계적 개발에 관한 사항
> 2. 물류단지의 지정・개발・지원에 관한 사항
> 3. 「환경영향평가법」에 따른 전략환경영향평가, 소규모 환경영향평가 및 환경영향평가 등 환경보전에 관한 사항
> 4. 지역 간의 균형발전을 위하여 고려할 사항
> 5. 국가유산의 보존을 위하여 고려할 사항
> 6. 토지가격의 안정을 위하여 필요한 사항(물류시설분과위원회 심의 제외)
> 7. 분양가격의 결정에 관한 사항
> 8. 토지・시설 등의 공급에 관한 사항

(3) 물류단지개발사업의 시행자(법 제27조)

① 시행자의 지정신청

㉠ 물류단지개발사업을 시행하려는 자는 대통령령으로 정하는 바에 따라 물류단지지정권자(국토교통부장관 또는 시・도지사)로부터 시행자 지정을 받아야 한다.

㉡ 시행자 지정시 고려사항 : 물류단지지정권자는 시행자를 지정할 때에는 사업계획의 타당성 및 재원조달능력과 다른 법률에 따라 수립된 개발계획과의 관계 등을 고려하여야 한다.

② 시행자로 지정받을 수 있는 자 ★
㉠ 국가 또는 **지방자치단체**
㉡ **대통령령으로 정하는 공공기관(한국토지주택공사, 한국도로공사, 한국수자원공사, 한국농어촌공사, 항만공사)**
㉢ 「지방공기업법」에 따른 지방공사
㉣ 특별법에 따라 설립된 법인
㉤ 「민법」 또는 「상법」에 따라 설립된 법인
㉥ 물류단지 예정지역의 토지소유자 또는 그 토지소유자가 물류단지개발을 위하여 설립한 조합

(4) 물류단지개발실시계획의 승인 및 고시(법 제28조 내지 제29조)

① 실시계획의 승인절차 : 시행자는 물류단지개발실시계획을 수립하여 **물류단지지정권자**(국토교통부장관 또는 시·도지사)의 **승인**을 받아야 한다. 승인을 받은 사항 중 **대통령령으로 정하는 중요 사항을 변경**하려는 경우에도 같다. 또한 실시계획에는 개발한 토지·시설 등의 처분에 관한 사항이 포함되어야 한다.

② 실시계획 승인의 고시사항
㉠ 사업의 명칭
㉡ 시행자의 성명(법인인 경우에는 그 명칭 및 대표자의 성명)
㉢ 사업의 목적 및 개요
㉣ 사업시행지역의 위치 및 면적
㉤ 사업시행기간(착공 및 준공예정일을 포함한다)
㉥ 도시·군계획시설에 대한 「국토의 계획 및 이용에 관한 법률 시행령」 규정

5 물류단지개발사업의 위탁시행

(1) 위탁시행(법 제31조)

시행자는 물류단지개발사업 중 항만, 용수시설, 그 밖에 대통령령으로 정하는 공공시설(도로·상수도·철도·공동구·공공폐수처리시설·폐기물처리시설·집단에너지공급시설·제방·호안·방조제·하굿둑 및 녹지시설)의 건설과 공유수면의 매립에 관한 사항을 대통령령으로 정하는 바에 따라 **국가·지방자치단체 또는 대통령령으로 정하는 공공기관(한국토지주택공사, 한국도로공사, 한국수자원공사, 한국농어촌공사, 항만공사)**에 위탁하여 시행할 수 있다.

(2) 위탁시행자와의 협의

시행자는 물류단지개발사업의 일부를 국가·지방자치단체 또는 공공기관에 위탁하여 시행하려는 경우에는 이를 위탁받아 시행할 자와 협의하여야 한다.

6 물류단지개발에 필요한 토지 등의 수용 · 사용 및 환지 ★

(1) 토지 등의 수용 · 사용(법 제32조)

① **시행자**(물류단지 예정지역의 토지소유자 또는 그 토지소유자가 물류단지개발을 위하여 설립한 조합은 제외)는 물류단지개발사업에 필요한 토지 등을 수용하거나 사용할 수 있다. 다만, **「민법」 또는 「상법」에 따라 설립된 법인인 경우**에는 사업대상 **토지면적의 3분의 2 이상을 매입**하여야 토지 등을 수용하거나 사용할 수 있다.

② 토지 등을 수용하거나 사용하는 경우에 물류단지 지정 고시를 한 때에는 「공익사업을 위한 토지 등의 취득 및 보상에 관한 법률」에 따른 **사업인정 및 그 고시**를 한 것으로 본다.

③ 국토교통부장관이 지정하는 물류단지 안의 토지 등에 대한 재결은 중앙토지수용위원회가 관장하고, 시 · 도지사가 지정하는 물류단지 안의 토지 등에 대한 재결은 관할 지방토지수용위원회가 관장한다. 이 경우 재결의 신청은 **물류단지개발계획에서 정하는 사업시행기간 내**에 할 수 있다.

(2) 토지소유자에 대한 환지(법 제34조)

◀ 환지개념도 ▶

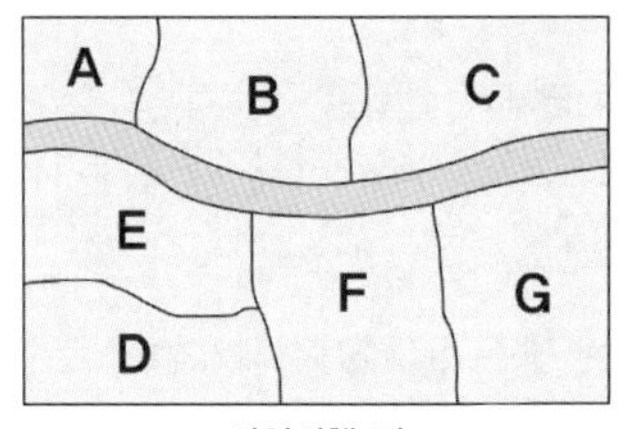

사업시행 전

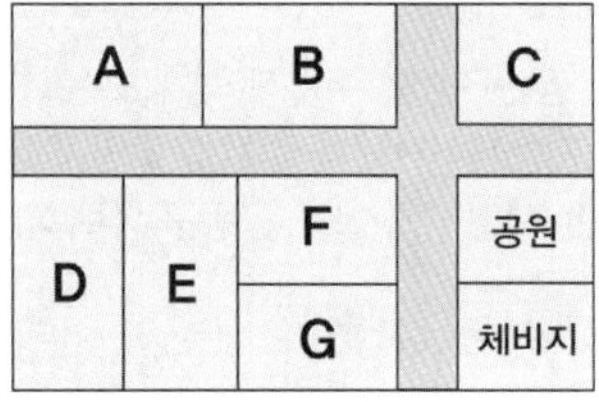

사업시행 후

① **시행자**는 물류단지 안의 토지를 소유하고 있는 자가 물류단지개발계획에서 정한 물류단지시설 또는 대통령령으로 정하는 지원시설을 운영하려는 경우에는 그 토지를 포함하여 물류단지개발사업을 시행할 수 있으며, 해당 사업이 완료된 후 대통령령으로 정하는 바에 따라 해당 토지소유자에게 **환지하여 줄 수 있다**.

② 환지대상자 : **환지를 받을 수 있는 토지소유자**는 물류단지의 지정 · 고시일 현재 물류단지 안에 물류단지개발계획에서 정한 **최소공급면적** 이상의 토지를 소유한 자로서 해당 토지에 물류단지개발계획에서 정한 유치업종에 적합한 물류단지시설 또는 법령에 정한 시설을 설치하려는 자로 한다.

③ 환지를 받으려는 자는 환지신청서에 시설설치계획서를 첨부하여 **시행자**에게 제출하여야 한다. 환지신청은 시행자가 해당 물류단지에 관한 **보상공고에서 정한 협의기간**에 하여야 한다.

④ 시행자는 다음의 기준에 따라 환지의 방법 및 절차 등을 물류단지개발계획에서 정하여야 한다.

1. 환지의 대상이 되는 종전 토지의 가액 : 보상공고시 시행자가 제시한 **협의를 위한 보상금액**
   환지의 가액 : 해당 물류단지의 용지별 **분양가격**을 기준
2. 환지면적 : 종전의 토지면적을 기준으로 하되, 지역 여건 및 물류단지의 수급상황 등을 고려하여 그 면적을 늘리거나 줄일 수 있다.
3. 종전의 토지가액과 환지가액과의 차액 : **현금정산**

(3) 타인토지 등의 출입(법 제35조)

시행자는 물류단지의 개발을 위하여 필요한 때에는 다른 사람의 토지에 출입하거나 이를 일시 사용할 수 있으며, 나무, 토석, 그 밖의 장애물을 변경하거나 제거할 수 있다.

(4) 공공시설 및 토지 등의 귀속(법 제36조) ★

① 국가 등 공공사업자가 시행하는 경우 : **국가 등 공공시행자**가 물류단지개발사업의 시행으로 새로 공공시설을 설치하거나 기존의 공공시설에 대체되는 공공시설을 설치한 경우에는 「국유재산법」 및 「공유재산 및 물품 관리법」에도 불구하고 **종래의 공공시설은 시행자에게 무상으로 귀속되고 새로 설치된 공공시설은 그 시설을 관리할 국가 또는 지방자치단체에 무상으로 귀속된다.**

TIP 공공시설의 범위(시행령 제26조)

도로, 공원, 광장, 주차장(국가 또는 지방자치단체가 설치한 것만 해당), 철도, 하천, 녹지, 운동장(국가 또는 지방자치단체가 설치한 것만 해당), 공공공지, 수도(한국수자원공사가 설치하는 수도의 경우에는 관로만 해당), 하수도, 공동구, 유수지시설, 구거

② 「민법」 또는 「상법」에 따라 설립된 법인 또는 제27조 제2항 제6호의 조합이 시행하는 경우 : **민간시행자**의 시행으로 **새로 설치한 공공시설은 그 시설을 관리할 국가 또는 지방자치단체에 무상으로 귀속**되고, **물류단지개발사업의 시행으로 인하여 용도가 폐지되는 국가 또는 지방자치단체 소유의 재산은** 「국유재산법」 및 「공유재산 및 물품 관리법」에도 불구하고 **새로 설치한 공공시설의 설치비용에 상당하는 범위에서 그 시행자에게 무상으로 양도할 수 있다.**

③ 귀속 공공시설의 통지 : **시행자**는 국가 또는 지방자치단체에 귀속될 공공시설과 시행자에게 귀속되거나 양도될 재산의 종류와 토지의 세부목록을 그 물류단지개발사업의 **준공 전에** 관리청에 통지하여야 하며, 해당 공공시설과 재산은 그 사업이 준공되어 시행자에게 준공인가통지를 한 때에 국가 또는 지방자치단체에 귀속되거나 시행자에게 귀속 또는 양도된 것으로 본다.

(5) 국·공유지 처분제한(법 제37조)

① 처분제한 : 물류단지 안에 있는 국가 또는 지방자치단체 소유의 토지로서 물류단지개발사업에 필요한 토지는 해당 물류단지개발사업 목적이 아닌 다른 목적으로 매각하거나 양도할 수 없다.

② 처분제한의 예외 : 물류단지 안에 있는 국가 또는 지방자치단체 소유의 재산은 다른 법령에도

불구하고 시행자·입주기업체 또는 지원기관에게 수의계약으로 매각할 수 있다. 이 경우 그 재산의 용도폐지(행정재산인 경우에 한함) 및 매각에 관하여는 물류단지지정권자가 미리 관계 행정기관의 장과 협의하여야 한다.

③ **필요조치** : 협의요청이 있은 때에는 관계 행정기관의 장은 그 요청을 받은 날부터 30일 이내에 용도폐지 및 매각, 그 밖에 필요한 조치를 하여야 한다. 시행자·입주기업체 또는 지원기관에게 매각하려는 재산 중 **관리청이 불분명한 재산**은 다른 법령에도 불구하고 **기획재정부장관**이 이를 관리하거나 처분한다.

7 물류단지의 개발비용

(1) **비용부담의 원칙**(법 제38조) ★

① 물류단지개발사업에 필요한 비용은 **시행자가 부담한다.**

② 물류단지에 필요한 **전기시설·전기통신설비·가스공급시설 또는 지역난방시설**은 대통령령으로 정하는 범위에서 해당 지역에 전기·전기통신·가스 또는 난방을 **공급하는 자가 비용을 부담**하여 설치하여야 한다. 다만, **전기간선시설을 땅속에 설치**하는 경우에는 전기를 공급하는 자와 땅속에 설치할 것을 요청하는 자가 **각각 100분의 50의 비율**로 그 설치비용을 부담한다.

(2) **물류단지개발사업의 지원**(법 제39조 및 시행령 제28조, 제29조)

① **비용의 보조 또는 융자** ★ : 국가 또는 지방자치단체는 물류단지개발사업에 필요한 다음 비용의 일부를 보조하거나 융자할 수 있다.

1. 물류단지의 **간선도로의 건설비**
2. 물류단지의 녹지의 건설비
3. **이주대책사업비**
4. 물류단지시설용지와 지원시설용지의 조성비 및 매입비
5. 용수공급시설·하수도 및 공공폐수처리시설의 건설비
6. **국가유산 조사비**

② **기반시설의 설치지원** : 국가 또는 지방자치단체는 물류단지의 원활한 개발을 위하여 필요한 도로·철도·항만·용수시설 등 기반시설의 설치를 우선적으로 지원하여야 한다.

㉠ 도로·철도 및 항만시설
㉡ 용수공급시설 및 통신시설
㉢ **하수도시설 및 폐기물처리시설**
㉣ 물류단지 안의 **공동구**
㉤ 집단에너지공급시설
㉥ **유수지 및 광장**

확인하기

▶ **물류시설의 개발 및 운영에 관한 법령상 국가 또는 지방자치단체가 우선적으로 지원하여야 하는 기반시설로 명시된 것을 모두 고른 것은?**

ㄱ. 하수도처리시설 및 폐기물처리시설
ㄴ. 보건위생시설
ㄷ. 집단에너지공급시설
ㄹ. 물류단지 안의 공동구

① ㄱ
② ㄴ, ㄹ
③ ㄱ, ㄴ, ㄷ
④ ㄱ, ㄷ, ㄹ
⑤ ㄴ, ㄷ, ㄹ

정답 ④

(3) 물류단지개발특별회계(법 제40조 내지 제41조) ★

① 설치자 : **시·도지사 또는 시장·군수**는 물류단지개발사업을 촉진하기 위하여 지방자치단체에 물류단지개발특별회계를 설치할 수 있다.

＊ 특별회계의 재원

1. 해당 지방자치단체의 일반회계로부터의 전입금
2. 정부의 보조금
3. 부과·징수된 과태료
4. 「개발이익환수에 관한 법률」에 따라 지방자치단체에 귀속되는 개발부담금 중 해당 지방자치단체의 조례로 정하는 비율의 금액
5. 「국토의 계획 및 이용에 관한 법률」에 따른 수익금
6. 「지방세법」에 따라 부과·징수되는 재산세의 징수액 중 대통령령으로 정하는 비율의 금액(**➜ 10%**). 다만, 해당 지방자치단체의 조례로 달리 정하는 경우에는 그 비율
7. 차입금
8. 해당 특별회계자금의 융자회수금·이자수입금 및 그 밖의 수익금

② 특별회계의 운용

1. 물류단지개발사업의 시행자에 대한 공사비의 보조 또는 융자
2. 물류단지개발사업에 따른 도시·군계획시설사업에 관한 보조 또는 융자
3. 지방자치단체가 시행하는 물류단지개발사업에 따른 도시·군계획시설의 설치사업비
4. 물류단지지정, 물류시설의 개발계획수립 및 제도발전을 위한 조사·연구비
5. 차입금의 원리금 상환

6. 특별회계의 조성·운용 및 관리를 위한 경비
7. 지방자치단체가 시행하는 물류단지개발사업의 사업비
8. 해당 지방자치단체의 조례로 정하는 사항

③ **특별회계의 운용 및 관리**(시행령 제32조)

㉠ **물류단지개발특별회계에서 보조할 수 있는 범위**

ⓐ 해당 지방자치단체의 장이 시행하는 물류단지개발사업의 공사비, 물류단지개발사업과 관련된 「국토의 계획 및 이용에 관한 법률」에 따른 도시·군계획시설사업의 공사비 및 사유대지의 보상비

ⓑ 해당 지방자치단체의 장 외의 자가 시행하는 다음의 사업비의 1/2 이하

㉮ 물류단지개발사업 중 도시·군계획시설의 설치에 필요한 공사비

㉯ 물류단지개발사업과 관련된 「국토의 계획 및 이용에 관한 법률」에 따른 도시·군계획시설사업의 공사비

ⓒ 물류단지지정, 물류시설의 개발계획수립 및 제도발전을 위한 조사·연구비

ⓓ 특별회계의 조성·운용 및 관리를 위한 경비

㉡ **물류단지개발특별회계에서 융자할 수 있는 범위**

ⓐ 물류단지개발사업과 관련된 해당 지방자치단체의 장이 시행하는 「국토의 계획 및 이용에 관한 법률」에 따른 도시·군계획시설사업의 공사비의 1/2 이하

ⓑ 해당 지방자치단체의 장 외의 자가 시행하는 다음의 사업비의 1/3 이하

㉮ 물류단지개발사업 중 도시·군계획시설의 설치에 필요한 공사비

㉯ 물류단지개발사업과 관련된 「국토의 계획 및 이용에 관한 법률」에 따른 도시·군계획시설사업의 공사비

(4) 선수금(법 제43조) ★

시행자는 그가 **조성하는 용지**를 **분양·임대받거나 시설을 이용하려는 자**로부터 대통령령으로 정하는 바에 따라 대금의 전부 또는 일부를 미리 받을 수 있다.

*** 선수금의 요건 ➜ 공통요건 : 실시계획 승인을 받을 것**

1. **공공시행자**(국가 또는 지방자치단체, 공공기관, 지방공사) : 실시계획 승인을 받을 것
2. **법 제27조 제2항 제4호 및 제5호에 해당하는 시행자** : 다음의 요건을 모두 갖출 것
   가. 실시계획 승인을 받을 것
   나. 분양하려는 토지에 대한 소유권을 확보하고 해당 토지에 설정된 저당권을 말소하였을 것
   다. 분양하려는 토지에 대한 개발사업의 공사진척률이 100분의 10 이상에 달하였을 것
   라. 분양계약을 이행하지 아니하는 경우 선수금의 환불을 담보하기 위하여 보증서 등을 물류단지지정권자에게 제출할 것

(5) 이주대책 등(법 제45조)

① **시행자**는 「공익사업을 위한 토지 등의 취득 및 보상에 관한 법률」로 정하는 바에 따라 물류단지개발사업으로 인하여 생활의 근거를 상실하게 되는 자(이하 "이주자"라 한다)에 대한 이주대책 등을 수립·시행하여야 한다.

② 입주기업체 및 지원기관은 특별한 사유가 없으면 이주자 또는 인근지역의 주민을 우선적으로 고용하여야 한다.

8 물류단지개발사업의 준공인가와 사용허가

① 시행자는 물류단지개발사업의 전부 또는 일부를 완료하면 물류단지지정권자의 **준공인가**를 받아야 한다.

② 시행자가 준공인가를 신청한 경우에 물류단지지정권자는 관계 중앙행정기관, 지방자치단체 등의 장에게 준공인가에 필요한 검사를 의뢰할 수 있다.

③ 물류단지지정권자는 준공검사를 한 결과 실시계획대로 완료된 경우에는 준공인가를 하고 이를 공고한 후 시행자 및 관리청에 통지하여야 하며, 실시계획대로 완료되지 아니한 경우에는 지체 없이 보완시공 등 필요한 조치를 명하여야 한다.

④ 시행자가 준공인가를 받은 때에는 실시계획 승인으로 의제되는 인·허가 등에 따른 해당 사업의 준공에 관한 검사·인가·신고·확인 등을 받은 것으로 본다.

⑤ 준공인가 전에는 물류단지개발사업으로 개발된 토지나 설치된 시설을 사용할 수 없다. 다만, 대통령령으로 정하는 바에 따라 물류단지지정권자의 **사용허가**를 받은 경우에는 그러하지 아니하다.

⑥ 물류단지지정권자는 사용허가의 신청을 받은 날부터 **15일** 이내에 허가 여부를 신청인에게 통지하여야 한다.

9 개발한 토지·시설 등의 처분 등 ★★

① 시행자는 물류단지개발사업에 따라 개발한 토지·시설 등(도시첨단물류단지개발사업의 경우에는 시설의 설치가 완료되지 아니한 토지는 제외한다)을 분양 또는 임대할 수 있다(법 제50조 제1항).

② 입주기업체 또는 지원기관은 시행자와 분양계약을 체결한 날부터 **4년** 안에 그 물류단지시설 또는 지원시설의 건설공사에 착수하거나 토지·시설 등을 처분하여야 한다. 다만, 국토교통부령으로 정하는 다음의 **정당한 사유가 있는 경우**에는 그러하지 아니하다(법 제50조의2 제1항).

> 1. 물류단지시설 또는 지원시설 용지의 사용이 불가능한 경우
> 2. 입주기업체 또는 지원기관의 책임이 없는 사유로 인하여 건설공사 착수가 지연된 경우

(1) 분양가격의 결정(시행령 제39조)

① **분양가격 = 조성원가 + 적정이윤**

시행자가 개발한 토지 · 시설 등을 물류단지시설용지 또는 도시첨단물류단지시설로서 국토교통부장관이 정하는 시설로 분양하는 경우 그 분양가격은 조성원가에 적정이윤을 합한 금액으로 한다. 다만, 시행자가 필요하다고 인정하는 경우에는 분양가격을 그 이하의 금액(공유재산인 경우에는 「공유재산 및 물품 관리법」에 따른 금액)으로 할 수 있다.

㉠ 시행자는 상기 규정에 불구하고 **대규모점포, 전문상가단지** 등 판매를 목적으로 사용될 토지 · 시설 등의 분양가격은 「감정평가 및 감정평가사에 관한 법률」에 따른 **감정평가액**을 예정가격으로 하여 실시한 **경쟁입찰**에 따라 정할 수 있다.
㉡ 조성원가는 용지비, 용지부담금, 조성비, 기반시설 설치비, 직접인건비, 이주대책비, 판매비, 일반관리비, 자본비용 및 그 밖의 비용을 합산한 금액으로 한다.
㉢ 시행자는 **준공인가 전**에 물류단지시설용지 또는 도시첨단물류단지시설로서 국토교통부장관이 정하는 시설을 **분양한 경우**에는 해당 물류단지개발사업을 위하여 투입된 총사업비 및 적정이윤을 기준으로 준공인가 후에 분양가격을 정산할 수 있다.
㉣ 선수금을 낸 자에 대하여 정산을 하는 경우에는 선수금 납부일부터 정산일까지의 시중은행의 **1년** 만기 정기예금 이자율에 해당하는 금액을 정산금에서 빼야 한다.

② 조성원가(시행령 별표 2)

조성원가항목	내역
용지비	용지매입비, 지장물 등 보상비, 조사비, 등기비 및 그 부대비용
용지부담금	토지 등의 취득과 관련하여 부담하는 각종 부담금
조성비	해당 물류단지 조성에 들어간 직접비로서 조성공사비 · 설계비 및 그 부대비용
기반시설 설치비	해당 물류단지 조성에 필요한 기반시설 설치비용
직접인건비	해당 사업을 직접 수행하거나 지원하는 직원의 인건비 및 복리후생비
이주대책비	이주대책의 시행에 따른 비용 및 손실액
판매비	광고선전비 그 밖에 판매에 들어간 비용
일반관리비	인건비, 임차료, 연구개발비, 훈련비, 그 밖에 일반관리에 들어간 비용
자본비용	물류단지개발사업의 시행을 위하여 필요한 사업비의 조달에 들어간 비용으로서 최초 실시계획에서 정하여진 사업기간까지의 비용

③ **적정이윤** : 적정이윤은 산정한 조성원가에서 자본비용, 개발사업대행비용, 선수금을 각각 제외한 금액의 **100분의 5**를 초과하지 아니하는 범위에서 해당 물류단지의 입주 수요와 지역 간 균형발전의 촉진 등 지역 여건을 고려하여 시행자가 정한다.

(2) 임대료 산정기준(시행령 제40조)

시행자가 물류단지개발사업으로 개발한 토지·시설 등을 임대하는 경우 그 임대료의 산정기준은 다음과 같다. 다만, 시행자가 필요하다고 인정하는 경우에는 그 **이하**의 금액으로 할 수 있다.

1. 임대하려는 토지·시설 등의 최초의 임대료 : **산정한 분양가격** × 국토교통부령으로 정하는 임대요율
2. 임대기간의 만료 등으로 인하여 재계약을 하는 경우의 임대료
   가. 토지만을 임대하는 경우 : **개별공시지가** × 국토교통부령으로 정하는 임대요율
   나. 토지와 시설 등을 함께 임대하거나 시설 등만을 임대하는 경우 : **감정평가액** × 국토교통부령으로 정하는 임대요율

(3) 토지·시설 등의 공급방법 등(시행령 제41조)

토지·시설 등의 공급은 시행자가 미리 정한 가격으로 추첨의 방법에 따른다. 다만, 대규모점포, 전문상가단지 등 판매를 목적으로 사용될 토지·시설 등(주민의 당초 토지 등의 소유상황과 생업 등을 고려하여 생활대책에 필요한 토지·시설 등을 대체하여 공급하는 경우는 제외한다)은 **경쟁입찰**의 방법에 따른다.

(4) 수의계약에 의한 토지 등의 공급 ★

시행자는 다음의 어느 하나에 해당하는 경우에는 수의계약의 방법으로 토지·시설 등을 공급할 수 있다(시행령 제41조 제4항).

1. 학교용지·공공청사용지 등 일반에게 분양할 수 없는 공공시설용지를 국가·지방자치단체나 그 밖에 관계 법령에 따라 해당 공공시설을 설치할 수 있는 자에게 공급하는 경우
2. 고시한 실시계획에 따라 존치하는 시설물의 유지·관리에 필요한 최소한의 토지를 공급하는 경우
3. 협의에 응하여 자신이 소유하는 물류단지의 토지 등의 전부를 시행자에게 양도한 자에게 국토교통부령으로 정하는 기준에 따라 토지를 공급하는 경우
4. 토지상환채권에 따라 토지를 상환하는 경우
5. 토지의 규모 및 형상, 입지조건 등에 비추어 토지의 이용가치가 현저히 낮은 토지로서 인접 토지소유자 등에게 공급하는 것이 불가피하다고 인정되는 경우
6. 시행자가 물류산업의 발전을 위하여 물류단지에서 복합적이고 입체적인 개발이 필요하여 국토교통부령으로 정하는 절차와 방법에 따라 선정된 자에게 토지를 공급하는 경우
7. 유치업종배치계획에 포함된 기업에 대하여 물류단지지정권자와 협의하여 그 기업이 직접 사용할 물류시설(판매시설은 제외한다) 용지를 공급하는 경우

(5) 이행강제금(법 제50조의3)

① 물류단지지정권자는 물류단지시설 등의 건설공사 착수 등과 관련된 의무불이행자에 대하여 의무이행기간이 끝난 날부터 **6개월**까지 그 의무를 이행할 것을 명하여야 하며, 미이행시 해당 토지·시설 등 **감정평가액의 20/100**에 해당하는 금액을 부과할 수 있다.

② 물류단지지정권자는 이행강제금을 부과하기 전에 **미리 문서로** 알려야 한다.

③ 물류단지지정권자는 이행강제금을 부과하려는 경우에는 이행강제금의 금액, 부과사유, 납부기한, 수납기관, 이의제기방법 및 이의제기기관 등을 명시한 문서로써 하여야 한다.

④ 물류단지지정권자는 정한 기간이 만료한 다음 날을 기준으로 하여 **매년 1회** 그 **의무가 이행될 때까지 반복**하여 이행강제금을 부과하고 징수할 수 있다.

⑤ 물류단지지정권자는 의무가 있는 자가 그 의무를 이행한 경우에는 새로운 이행강제금의 부과를 중지하되, **이미 부과된 이행강제금은 징수**하여야 한다.

(6) 물류단지의 재정비(법 제52조의2) ★

① 물류단지지정권자는 준공(부분 준공을 포함)된 날부터 **20년**이 지나서 물류산업구조의 변화 및 물류시설의 노후화 등으로 물류단지를 재정비할 필요가 있는 경우에는 직접 또는 관계 중앙행정기관의 장이나 시장·군수·구청장의 요청에 따라 물류단지재정비사업을 할 수 있다. 다만, 준공된 날부터 20년이 지나지 아니한 물류단지에 대하여도 **업종의 재배치 등이 필요한 경우**에는 물류단지재정비사업을 할 수 있다.

② 재정비사업의 구분

㉠ 물류단지의 전부 재정비사업은 토지이용계획 및 주요 기반시설계획의 변경을 수반하는 경우로서 지정된 물류단지 면적의 **50/100** 이상을 재정비(단계적 재정비를 포함한다)하는 사업을 말한다.

㉡ 물류단지의 부분 재정비사업은 ㉠ 이외의 물류단지재정비사업을 말한다.

③ 재정비계획의 포함사항 : 재정비계획에는 다음의 사항이 포함되어야 한다.

1. 물류단지의 명칭·위치 및 면적
2. 물류단지재정비사업의 목적
3. 물류단지재정비사업의 시행자
4. 물류단지재정비사업의 시행방법
5. 주요 유치시설 및 그 설치기준에 관한 사항
6. 당초 토지이용계획 및 주요 기반시설의 변경계획
7. 재원조달방안
8. 물류단지재정비사업의 시행기간
9. 지원시설의 확충계획
10. 입주 수요에 대한 조사자료
11. 물류단지재정비계획에 포함된 토지의 세목과 소유자 및 관계인의 성명 및 주소

④ **승인절차** : 물류단지지정권자는 재정비시행계획을 승인하려면 미리 입주업체 및 관계 지방자치단체의 장의 의견을 듣고 관계 행정기관의 장과 협의하여야 한다.

⑤ **사업의 실시 요청** : 관계 중앙행정기관의 장 또는 시장 · 군수 · 구청장이 물류단지지정권자에게 물류단지재정비사업의 실시를 요청할 때에는 국토교통부장관이 정하는 바에 따라 물류단지재정비사업의 기본방향 및 재원조달방안 등을 제출하여야 한다.

확인하기

▸ **물류시설의 개발 및 운영에 관한 법령상 물류단지재정비사업에 관한 설명으로 옳지 않은 것은?**

① 물류단지의 부분 재정비사업은 지정된 물류단지 면적의 3분의 2 미만을 재정비하는 사업을 말한다.

② 물류단지지정권자는 준공된 날부터 20년이 지나서 물류산업구조의 변화 및 물류시설의 노후화 등으로 물류단지를 재정비할 필요가 있는 경우에는 물류단지재정비사업을 할 수 있다.

③ 물류단지의 부분 재정비사업에서는 물류단지재정비계획 고시를 생략할 수 있다.

④ 물류단지지정권자는 물류단지재정비시행계획을 승인하려면 미리 입주업체 및 관계 지방자치단체의 장의 의견을 듣고 관계 행정기관의 장과 협의하여야 한다.

⑤ 승인받은 재정비시행계획에서 사업비의 100분의 10을 넘는 사업비 증감을 하고자 하면 그에 대하여 물류단지지정권자의 승인을 받아야 한다.

정답 ①

10 지정 · 승인 · 인가의 취소(법 제52조의3)

국토교통부장관 또는 시 · 도지사는 시행자가 다음의 어느 하나에 해당하는 경우에는 이 법에 따른 지정 · 승인 또는 인가를 취소하거나 공사의 중지, 공작물의 개축, 이전, 그 밖에 필요한 조치를 할 수 있다. **다만, 제1호부터 제5호까지의 경우에는 그 지정 · 승인 또는 인가를 취소하여야 한다.**

1. 거짓이나 그 밖의 부정한 방법으로 물류단지의 지정을 받은 경우
2. 거짓이나 그 밖의 부정한 방법으로 시행자의 지정을 받은 경우
3. 거짓이나 그 밖의 부정한 방법으로 실시계획의 승인을 받은 경우
4. 거짓이나 그 밖의 부정한 방법으로 준공인가를 받은 경우
5. 거짓이나 그 밖의 부정한 방법으로 재정비시행계획의 승인을 받은 경우
6. 사정이 변경되어 물류단지개발사업을 계속 시행하는 것이 불가능하게 된 경우

11 물류단지의 관리 ★

(1) 관리기관(법 제53조)

① 물류단지관리기관 : 물류단지지정권자는 효율적인 관리를 위하여 **대통령령으로 정하는 관리기구*** 또는 입주기업체협의회에 물류단지를 관리하도록 하여야 한다.

> ＊ **대통령령으로 정하는 관리기구** : 한국토지주택공사, 한국수자원공사, 한국농어촌공사, 한국항만공사, 지방공기업법에 따른 지방공사

② 입주기업체협의회의 구성 및 운영
㉠ 입주기업체협의회는 그 구성 당시에 해당 물류단지 입주기업체의 **75%** 이상이 회원으로 가입되어 있어야 한다.
㉡ 입주기업체협의회의 일반회원은 입주기업체의 대표자로 하고, 특별회원은 일반회원 외의 자 중에서 정하되 회원자격은 입주기업체협의회의 **정관**으로 정하는 바에 따른다.
㉢ 입주기업체협의회는 매 사업연도 개시일부터 **2개월** 이내에 정기총회를 개최하여야 하며, 필요한 경우에는 임시총회를 개최할 수 있다.
㉣ 회의의결 : 입주기업체협의회의 회의는 정관에 다른 규정이 있는 경우를 제외하고는 **회원 과반수의 출석**과 출석회원 **과반수의 찬성**으로 의결한다.

(2) 물류단지의 관리지침(법 제54조)

① 작성 : **국토교통부장관**은 물류단지관리지침을 작성하여 관보에 고시하여야 한다.
② 작성절차 : 국토교통부장관은 물류단지관리지침을 작성하려는 때에는 시·도지사의 의견을 듣고 관계 중앙행정기관의 장과 협의한 후 **물류시설분과위원회의 심의**를 거쳐야 한다.
③ 물류단지관리지침의 내용(시행령 제44조)
㉠ 물류단지관리계획의 수립에 관한 사항
㉡ 물류단지의 유치업종 및 기준에 관한 사항
㉢ 물류단지의 용지 및 시설을 유지·보수·개량하는 등의 물류단지관리업무에 필요한 사항

(3) 물류단지관리계획(법 제55조)

① 수립 : **물류단지관리기관**(관리기구 또는 입주기업체협의회)은 물류단지관리계획을 수립하여 물류단지지정권자에게 제출하여야 한다.
② 물류단지관리계획의 포함 내용
㉠ 관리할 **물류단지의 면적 및 범위**에 관한 사항
㉡ **물류단지시설**과 **지원시설의 설치·운영**에 관한 사항
㉢ 그 밖에 물류단지의 관리에 필요한 사항

(4) 공동부담금(법 제56조)

관리기관은 물류단지 안의 폐기물처리장, 가로등, 그 밖에 **대통령령으로 정하는 공동시설**＊의 설치·유지 및 보수를 위하여 필요하면 입주기업체 및 지원기관으로부터 **공동부담금**을 받을 수 있다.

> ＊ **대통령령으로 정하는 공동시설**
> 1. 단지의 도로 2. 수질오염방지시설 3. 그 밖에 국토교통부령으로 정하는 시설

05 물류 교통 · 환경 정비지구

1 물류 교통 · 환경 정비지구의 지정 신청(법 제59조의4)

① 물류 교통 · 환경 정비사업과 관련된 사항에 대하여는 다른 법률에 우선하여 이 법을 적용한다(법 제3조 제3항).

② **시장 · 군수 · 구청장**은 물류시설의 밀집으로 도로 등 기반시설의 정비와 소음 · 진동 · 미세먼지 저감 등 생활환경의 개선이 필요한 경우로서 대통령령으로 정하는 요건에 해당하는 경우 **시 · 도지사**에게 물류 교통 · 환경 정비지구의 **지정을 신청**할 수 있다. 정비지구를 변경하려는 경우에도 또한 같다.

③ 정비지구의 지정 또는 변경을 신청하려는 시장 · 군수 · 구청장은 다음의 사항을 포함한 물류 교통 · 환경 정비계획을 수립하여 시 · 도지사에게 제출하여야 한다. 이 경우 정비지구가 둘 이상의 시 · 군 · 구의 관할지역에 걸쳐 있는 경우에는 관할 시장 · 군수 · 구청장이 공동으로 이를 수립 · 제출한다.

1. 위치 · 면적 · 정비기간 등 정비계획의 개요
2. 정비지구의 현황(인구수, 물류시설의 수와 면적 · 교통량 · 물동량 등)
3. 도로의 신설 · 확장 · 개량 및 보수 등 교통정비계획
4. 소음 · 진동 방지, 대기오염 저감 등 환경정비계획
5. 물류 교통 · 환경 정비사업의 비용분담계획
6. 그 밖에 대통령령으로 정하는 사항

④ **신청절차 : 시장 · 군수 · 구청장**은 정비지구의 지정 또는 변경을 신청하려는 경우에는 주민설명회를 열고, 그 내용을 **14일** 이상 주민에게 공람하여 의견을 들어야 하며, 지방의회의 의견을 들은 후(이 경우 지방의회는 시장 · 군수 · 구청장이 정비지구의 지정 또는 변경 신청서를 통지한 날부터 **60일** 이내에 의견을 제시하여야 하며, 의견제시 없이 60일이 지난 때에는 이의가 없는 것으로 본다) 그 의견을 첨부하여 신청하여야 한다. 다만, 대통령령으로 정하는 경미한 사항의 변경을 신청하려는 경우에는 주민설명회, 주민 공람, 주민의 의견청취 및 지방의회의 의견청취 절차를 거치지 아니할 수 있다.

2 물류 교통 · 환경 정비지구의 지정(법 제59조의5)

① **시 · 도지사**는 정비지구의 지정을 신청받은 경우에는 관계 행정기관의 장과 협의하고 대통령령으로 정하는 바에 따라 물류단지계획심의위원회와 「국토의 계획 및 이용에 관한 법률」에 따른 지방도시계획위원회가 공동으로 하는 심의를 거쳐 정비지구를 지정한다. 정비지구의 지정을 변경하려는 경우에도 또한 같다.

② 협의를 요청받은 관계 행정기관의 장은 특별한 사유가 없으면 그 요청을 받은 날부터 **30일** 이내에 의견을 제시하여야 한다.

③ 시·도지사는 정비지구를 지정하거나 변경할 때에는 대통령령으로 정하는 바에 따라 그 내용을 지체 없이 해당 지방자치단체의 공보에 고시하여야 한다.

④ 시·도지사가 정비지구를 지정하거나 변경하였을 때에는 국토교통부령으로 정하는 바에 따라 국토교통부장관에게 보고하여야 한다.

3 물류 교통·환경 정비지구 지정의 해제(법 제59조의6)

① 시·도지사는 물류 교통·환경 정비사업의 추진 상황으로 보아 정비지구의 지정목적을 달성하였거나 달성할 수 없다고 인정하는 경우에는 대통령령으로 정하는 바에 따라 물류단지계획심의위원회와 「국토의 계획 및 이용에 관한 법률」에 따른 지방도시계획위원회가 공동으로 하는 심의를 거쳐 정비지구의 지정을 해제할 수 있다.

② 정비지구의 지정을 해제하려는 시·도지사는 물류단지계획심의위원회와 「국토의 계획 및 이용에 관한 법률」에 따른 지방도시계획위원회가 공동으로 하는 심의 전에 주민설명회를 열고, 그 내용을 14일 이상 주민에게 공람하여 의견을 들어야 하며, 지방의회의 의견을 들어야 한다. 이 경우 지방의회는 의견을 요청받은 날부터 60일 이내에 의견을 제시하여야 하며, 의견 제시 없이 60일이 지난 때에는 이의가 없는 것으로 본다.

③ 시·도지사는 정비지구의 지정을 해제할 때에는 대통령령으로 정하는 바에 따라 그 내용을 지체 없이 해당 지방자치단체의 공보에 고시하여야 한다.

④ 시·도지사가 정비지구의 지정을 해제하였을 때에는 국토교통부령으로 정하는 바에 따라 국토교통부장관에게 보고하여야 한다.

4 물류 교통·환경 정비사업의 지원(법 제59조의7)

국가 또는 시·도지사는 지정된 정비지구에서 시장·군수·구청장에게 다음의 사업에 대한 행정적·재정적 지원을 할 수 있다.

1. 도로 등 기반시설의 신설·확장·개량 및 보수
2. 「화물자동차 운수사업법」에 따른 공영차고지 및 화물자동차 휴게소의 설치
3. 「소음·진동관리법」에 따른 방음·방진시설의 설치
4. 「환경친화적 자동차 개발 및 보급 촉진에 관한 법률」에 따른 전기자동차의 충전시설 및 수소연료공급시설의 설치·정비 또는 개량

06 물류창고업 ★

1 물류창고의 개념

(1) 물류창고

"물류창고"란 화물의 저장·관리, 집화·배송 및 수급조정 등을 위한 보관시설(주문 수요를 예측하여 소형·경량 위주의 화물을 미리 보관하고 소비자의 주문에 대응하여 즉시 배송하기 위한 주문배송시설을 포함한다)·보관장소 또는 이와 관련된 하역·분류·포장·상표부착 등에 필요한 기능을 갖춘 시설을 말한다.

(2) 물류창고업

물류창고업은 화주의 수요에 따라 유상으로 물류창고에 화물을 보관하거나 이와 관련된 하역·분류·포장·상표부착 등을 하는 사업을 말한다. 다만, 다음의 어느 하나에 해당하는 것은 **제외한다.**

1. 「주차장법」에 따른 주차장에서 자동차의 보관, 「자전거 이용 활성화에 관한 법률」에 따른 자전거주차장에서 자전거의 보관
2. 「철도사업법」에 따른 철도사업자가 여객의 수하물 또는 소화물을 보관하는 것
3. 그 밖에 「위험물안전관리법」에 따른 위험물저장소에 보관하는 것 등 국토교통부와 해양수산부의 공동부령으로 정하는 것
   가. 「위험물안전관리법」에 따른 위험물저장소
   나. 「고압가스 안전관리법」에 따른 고압가스 저장소
   다. 「도시가스 사업법」에 따른 도시가스 저장시설
   라. 「석유 및 석유대체연료 사업법」에 따른 석유저장시설
   마. 「액화석유가스의 안전관리 및 사업법」에 따른 액화석유가스 저장소
   바. 「총포·도검·화약류 등 단속법의 안전관리에 관한 법률」에 따른 화약류저장소

2 물류창고업의 등록 ★

(1) 다음의 어느 하나에 해당하는 물류창고를 소유 또는 임차하여 물류창고업을 경영하려는 자는 **국토교통부와 해양수산부의 공동부령**으로 정하는 바에 따라 국토교통부장관(「항만법」에 따른 항만구역은 제외), 해양수산부장관(「항만법」에 따른 항만구역 중 국가관리무역항 및 국가관리연안항 구역만 해당) 또는 시·도지사(「항만법」에 따른 항만구역 중 지방관리무역항 및 지방관리연안항 구역만 해당)에게 등록하여야 한다.

> 1. 전체 바닥면적의 합계가 **1천제곱미터** 이상인 보관시설(하나의 필지를 기준으로 해당 물류창고업을 등록하고자 하는 자가 직접 사용하는 바닥면적만을 산정하되, 필지가 서로 연접한 경우에는 연접한 필지를 합산하여 산정한다). 다만, 주문배송시설로서 「건축법」에 따른 제2종 근린생활시설을 설치하는 경우에는 본문의 바닥면적 기준을 적용하지 아니한다.
> 2. 전체 면적의 합계가 **4천500제곱미터** 이상인 보관장소(보관시설이 차지하는 토지면적을 포함하고 하나의 필지를 기준으로 물류창고업을 등록하고자 하는 자가 직접 사용하는 면적만을 산정하되, 필지가 서로 연접한 경우에는 연접한 필지를 합산하여 산정한다)

(2) 변경등록

물류창고업의 등록을 한 자가 그 등록한 사항 중 **대통령령으로 정하는 사항을 변경***하려는 경우에는 국토교통부와 해양수산부의 공동부령으로 정하는 바에 따라 변경등록의 사유가 발생한 날부터 30일 이내에 변경등록을 하여야 한다.

> *** 대통령령으로 정하는 변경등록 사항**
> 1. 물류창고업자 성명(법인인 경우에는 그 대표자의 성명) 및 상호
> 2. 물류창고의 소재지
> 3. 물류창고 면적의 10/100 이상의 증감

(3) 물류창고의 구조, 설비, 입지기준 등 물류창고업의 등록 기준에 필요한 사항은 국토교통부와 해양수산부의 **공동부령**으로 정한다.

3 스마트물류센터

(1) 스마트물류센터의 인증(법 제21조의4)

① **국토교통부장관**은 스마트물류센터의 보급을 촉진하기 위하여 스마트물류센터를 인증할 수 있다. 이 경우 인증의 유효기간은 인증을 받은 날부터 **3년**으로 한다.

② 국토교통부장관은 스마트물류센터의 인증 및 점검업무를 수행하기 위하여 인증기관을 지정할 수 있다.

③ 스마트물류센터의 인증을 받으려는 자는 인증기관에 신청하여야 한다.

④ 국토교통부장관은 스마트물류센터의 인증을 신청한 자가 그 인증을 받은 경우 국토교통부령으로 정하는 바에 따라 인증서를 교부하고, 인증마크를 사용하게 할 수 있다.

⑤ 인증을 받지 않은 자는 거짓의 인증마크를 제작·사용하거나 스마트물류센터임을 사칭해서는 아니 된다.

⑥ 국토교통부장관은 인증을 받은 자가 기준을 유지하는지 여부를 국토교통부령으로 정하는 바에 따라 점검할 수 있다.

⑦ 국토교통부장관은 인증기관을 지도·감독하고, 인증 및 점검업무에 소요되는 비용의 일부를 지원할 수 있다.

(2) 인증의 취소(법 제21조의5)

① 국토교통부장관은 인증을 받은 자가 다음의 어느 하나에 해당하는 경우에는 대통령령으로 정하는 바에 따라 그 인증을 취소할 수 있다. 다만, 제1호에 해당하는 경우 그 인증을 취소하여야 한다.

1. 거짓이나 그 밖의 부정한 방법으로 인증을 받은 경우
2. 인증의 전제나 근거가 되는 중대한 사실이 변경된 경우
3. 점검을 정당한 사유 없이 3회 이상 거부한 경우
4. 인증기준에 맞지 아니하게 된 경우
5. 인증받은 자가 인증서를 반납하는 경우

② 스마트물류센터의 소유자 또는 대표자는 인증이 취소된 경우 인증서를 반납하고, 인증마크의 사용을 중지하여야 한다.

(3) 인증기관의 지정취소(법 제21조의6)

국토교통부장관은 지정된 인증기관이 다음의 어느 하나에 해당하면 인증기관의 지정을 취소하거나 1년 이내의 기간을 정하여 업무의 전부 또는 일부를 정지하도록 명할 수 있다. 다만, 제1호에 해당하는 경우에는 그 지정을 취소하여야 한다.

1. 거짓이나 부정한 방법으로 지정을 받은 경우
2. 지정기준에 적합하지 아니하게 된 경우
3. 고의 또는 중대한 과실로 인증 기준 및 절차를 위반한 경우
4. 정당한 사유 없이 인증 및 점검업무를 거부한 경우
5. 정당한 사유 없이 지정받은 날부터 2년 이상 계속하여 인증 및 점검업무를 수행하지 아니한 경우
6. 그 밖에 인증기관으로서 업무를 수행할 수 없게 된 경우

4 재정적 지원 ★

(1) 재정지원(법 제21조의7)

① 국가 또는 지방자치단체는 물류창고업자 또는 그 사업자단체가 다음의 어느 하나에 해당하는 사업을 수행하는 경우로서 재정적 지원이 필요하다고 인정하면 자금의 일부를 보조 또는 융자할 수 있다.

> 1. 물류창고의 건설
> 2. 물류창고의 보수·개조 또는 개량
> 3. 물류장비의 투자
> 4. 물류창고 관련 기술의 개발
> 5. 그 밖에 물류창고업의 경영합리화를 위한 사항으로서 국토교통부령으로 정하는 사항
>   가. 물류창고업의 경영구조 개선에 관한 사항
>   나. 물류창고 시설·장비의 효율적 개선에 관한 사항
>   다. 물류창고업자 및 관련 종사자에 대한 교육·훈련
>   라. 물류창고업의 국제동향에 대한 조사·연구

② **스마트물류센터에 대한 우선지원** : 국가·지방자치단체 또는 공공기관은 스마트물류센터에 대하여 공공기관 등이 운영하는 기금·자금의 우대조치 등 대통령령으로 정하는 바에 따라 행정적·재정적으로 우선 지원할 수 있다.

(2) 재정지원에 따른 보조금 등의 사용

① 보조금 또는 융자금 등은 보조 또는 융자받은 목적 외의 용도로 사용하여서는 아니 된다.

② 국토교통부장관·해양수산부장관 또는 지방자치단체의 장은 보조 또는 융자 등을 받은 자가 그 자금을 적정하게 사용하도록 지도·감독하여야 한다.

③ 국토교통부장관·해양수산부장관 또는 지방자치단체의 장은 다음의 어느 하나에 해당하는 경우 물류창고업자 또는 그 사업자단체에 보조금이나 융자금의 반환을 명하여야 하며 이에 따르지 아니하면 국세강제징수의 예 또는 「**지방행정제재·부과금의 징수 등에 관한 법률**」에 따라 회수할 수 있다.

> 1. 거짓이나 부정한 방법으로 보조금 또는 융자금을 교부받은 경우
> 2. 보조금 또는 융자금을 목적 외의 용도로 사용한 경우

(3) 과징금

① 국토교통부장관, 해양수산부장관 또는 시·도지사는 물류창고업자가 준용하는 등록의 취소[법 제17조 제1항(제1호·제4호·제7호 및 제8호는 제외)]의 어느 하나에 해당하여 사업의 정지를 명하여야 하는 경우로서 그 사업의 정지가 그 사업의 이용자 등에게 심한 불편을 주는 경우에는 그 사업정지처분을 갈음하여 1천만원 이하의 과징금을 부과할 수 있다.

② **과징금**을 부과하는 위반행위의 종류와 위반 정도에 따른 과징금의 금액 등에 필요한 사항은 대통령령으로 정한다.

③ 국토교통부장관, 해양수산부장관 또는 시·도지사는 과징금을 내야 할 자가 납부기한까지 과징금을 내지 아니하면 대통령령으로 정하는 바에 따라 **국세강제징수의 예** 또는 「지방행정제재·부과금의 징수 등에 관한 법률」에 따라 징수한다.

07 보칙 및 벌칙

1 청문(법 제62조)

국토교통부장관·해양수산부장관 또는 시·도지사는 다음의 어느 하나에 해당하는 경우에는 청문을 실시하여야 한다.

1. 제17조 제1항(제21조의10에서 준용하는 경우를 포함한다)에 따른 복합물류터미널사업 등록의 취소
2. 물류창고업 등록의 취소
3. 스마트물류센터 인증의 취소 또는 인증기관 지정의 취소
4. 다음의 물류단지개발 관련 사업 및 물류단지재정비사업의 지정·승인 또는 인가의 취소
   가. 물류단지의 지정취소
   나. 물류단지개발사업시행자의 지정취소
   다. 물류단지개발실시계획의 승인취소
   라. 물류단지개발사업, 물류단지재정비사업의 준공인가취소
   마. 물류단지재정비시행계획의 승인취소
   바. 사정이 변경되어 물류단지개발사업을 계속 시행하는 것이 불가능하게 된 경우

2 벌칙규정(법 제65조)

(1) 다음의 어느 하나에 해당하는 자는 1년 이하의 징역 또는 1천만원 이하의 벌금에 처한다. 다만, 제7호에 해당하는 자로서 그 처분행위로 얻은 이익이 3천만원 이상인 경우에는 1년 이하의 징역 또는 그 이익에 상당하는 금액 이하의 벌금에 처한다.

1. 등록을 하지 아니하고 복합물류터미널사업을 경영한 자
2. 복합물류터미널사업자가 공사시행인가 또는 변경인가를 받지 아니하고 공사를 시행한 자
3. 복합물류터미널사업자와 물류창고업자가 성명 또는 상호를 다른 사람에게 사용하게 하거나 등록증을 대여한 자
4. 등록을 하지 아니하고 물류창고업을 경영한 자. 다만, 제21조의2 제4항(등록의제)의 어느 하나에 해당하는 물류창고업을 경영한 자는 제외한다.
5. 행위제한을 위반하여 건축물의 건축 등을 한 자
6. 거짓이나 그 밖의 부정한 방법으로 물류단지개발사업 또는 물류단지개발실시계획에 따른 지정 또는 승인을 받은 자
7. 개발한 토지·시설 등의 처분제한을 위반하여 토지 또는 시설을 처분한 자

(2) 스마트물류센터의 인증을 위반하여 거짓의 인증마크를 제작·사용하거나 스마트물류센터임을 사칭한 자는 3천만원 이하의 벌금에 처한다.

CHAPTER 02 기출 & 실력 다잡기

01 **물류시설의 개발 및 운영에 관한 법령상 용어의 설명으로 옳지 않은 것은?**

① 「철도사업법」에 따른 철도사업자가 그 사업에 사용하는 화물운송·하역 및 보관 시설은 일반물류단지 안에 설치하더라도 일반물류단지시설에 해당하지 않는다.

② 「유통산업발전법」에 따른 공동집배송센터를 경영하는 사업은 물류터미널 사업에서 제외된다.

③ 「주차장법」에 따른 주차장에서 자동차를 보관하는 사업은 물류창고업에서 제외된다.

④ 화물의 집화·하역과 관련된 가공·조립 시설의 전체 바닥면적 합계가 물류터미널의 전체 바닥면적 합계의 4분의 1을 넘는 경우에는 물류터미널에 해당하지 않는다.

⑤ 물류단지시설의 운영을 효율적으로 지원하기 위하여 물류단지 안에 설치되는 금융·보험·의료 시설은 지원시설에 해당된다.

해설 ① 「철도사업법」 제2조 제8호에 따른 철도사업자가 그 사업에 사용하는 화물운송·하역 및 보관 시설은 일반물류단지시설에 해당한다.

02 **물류시설의 개발 및 운영에 관한 법령상 물류터미널에 관한 설명으로 옳지 않은 것은?**

① 가공·조립 시설이 있는 물류시설이 물류터미널에 해당하기 위해서는 그 가공·조립 시설의 전체 바닥면적 합계가 물류터미널의 전체 바닥면적 합계의 4분의 1 이하이어야 한다.

② 「민법」에 따라 설립된 법인도 복합물류터미널사업을 경영하기 위하여 등록을 할 수 있다.

③ 「유통산업발전법」에 따른 집배송시설 및 공동집배송센터를 경영하는 사업은 물류터미널사업에 해당한다.

④ 복합물류터미널사업을 경영하려는 법인은 그 임원 중에 파산선고를 받고 복권되지 아니한 자가 있는 경우 등록을 할 수 없다.

⑤ 「물류시설의 개발 및 운영에 관한 법률」을 위반하여 벌금형 이상을 선고받은 후 2년이 지나지 아니한 자는 복합물류터미널사업의 등록을 할 수 없다.

해설 '물류터미널사업'이란 물류터미널을 경영하는 사업으로서 복합물류터미널사업과 일반물류터미널사업을 말한다. 다만, 다음의 시설물을 경영하는 사업은 제외한다.

- 「항만법」의 항만시설 중 항만구역 안에 있는 화물하역시설 및 화물보관·처리 시설
- 「공항시설법」의 공항시설 중 공항구역 안에 있는 화물운송을 위한 시설과 그 부대시설 및 지원시설
- 「철도사업법」에 따른 철도사업자가 그 사업에 사용하는 화물운송·하역 및 보관 시설
- 「유통산업발전법」의 집배송시설 및 공동집배송센터

정답 01 ① 02 ③

03 **물류시설의 개발 및 운영에 관한 법령상 물류시설개발종합계획에 관한 설명으로 옳지 않은 것은?**

① 국토교통부장관은 물류시설개발종합계획을 5년 단위로 수립하여야 한다.
② 용수·에너지·통신시설 등 기반시설에 관한 사항도 물류시설개발종합계획에 포함되어야 한다.
③ 물류시설개발종합계획에서 물류시설별 물류시설용지면적의 100분의 10 이상으로 물류시설의 수요·공급계획을 변경하려는 때에는 물류시설분과위원회의 심의를 거쳐야 한다.
④ 국토교통부장관은 물류시설개발종합계획을 수립한 때에는 이를 관보에 고시하여야 한다.
⑤ 시·도지사는 해양수산부장관에게 물류시설개발종합계획의 변경을 청구할 수 있다.

해설 관계 중앙행정기관의 장은 필요한 경우 국토교통부장관에게 물류시설개발종합계획을 변경하도록 요청할 수 있다(법 제5조 제3항).

04 **물류시설의 개발 및 운영에 관한 법률상 물류시설개발종합계획에 포함되어야 하는 사항으로 옳은 것을 모두 고른 것은?**

ㄱ. 물류시설의 지역별·규모별·연도별 배치 및 우선순위에 관한 사항
ㄴ. 물류시설의 환경보전·관리에 관한 사항
ㄷ. 도심지에 위치한 물류시설의 정비와 교외이전에 관한 사항
ㄹ. 물류보안에 관한 사항

① ㄱ, ㄴ
② ㄷ, ㄹ
③ ㄱ, ㄴ, ㄷ
④ ㄴ, ㄷ, ㄹ
⑤ ㄱ, ㄴ, ㄷ, ㄹ

해설 ㄹ. 물류보안에 관한 사항은 국가물류기본계획에 포함되어야 할 사항에 해당한다.
물류시설개발종합계획의 포함사항(법 제4조 제3항).

1. 물류시설의 장래수요에 관한 사항
2. 물류시설의 공급정책 등에 관한 사항
3. 물류시설의 지정·개발에 관한 사항
4. 물류시설의 지역별·규모별·연도별 배치 및 우선순위에 관한 사항
5. 물류시설의 기능개선 및 효율화에 관한 사항
6. 물류시설의 공동화·집단화에 관한 사항
7. 물류시설의 국내 및 국제 연계수송망 구축에 관한 사항
8. 물류시설의 환경보전·관리에 관한 사항
9. 도심지에 위치한 물류시설의 정비와 교외이전(郊外移轉)에 관한 사항
10. 그 밖에 대통령령으로 정하는 사항

정답 03 ⑤ 04 ③

05 **물류시설의 개발 및 운영에 관한 법령상 물류시설개발종합계획에 관한 설명이다. ( )에 들어갈 내용이 옳은 것은?**

- (㉠)은/는 물류시설개발종합계획을 수립하는 때에는 관계 행정기관의 장으로부터 소관별 계획을 제출받아 이를 기초로 물류시설개발종합계획안을 작성하여 특별시장·광역시장·특별자치시장·도지사 또는 특별자치도지사(이하 "시·도지사"라 한다)의 의견을 듣고 (㉡)와/과 협의한 후 「물류정책기본법」상 물류시설분과위원회의 (㉢)을/를 거쳐야 한다.
- 물류시설개발종합계획은 「물류정책기본법」 제11조의 (㉣)와/과 조화를 이루어야 한다.
- (㉤)은/는 필요한 경우 국토교통부장관에게 물류시설개발종합계획을 변경하도록 요청할 수 있다.

① ㉠ : 국토교통부장관과 해양수산부장관
② ㉡ : 해당 시장·군수·구청장
③ ㉢ : 승인
④ ㉣ : 국가물류기본계획
⑤ ㉤ : 시·도지사

해설 ㉠ 국토교통부장관, ㉡ 관계 중앙행정기관의 장, ㉢ 심의, ㉤ 관계 중앙행정기관의 장

06 **물류시설의 개발 및 운영에 관한 법령상 물류터미널사업자가 물류터미널 공사시행인가를 받은 공사계획의 변경인가를 받아야 하는 경우에 해당하지 않는 것은?**

① 공사의 기간을 변경하는 경우
② 공사비의 10분의 1 이상을 변경하는 경우
③ 물류터미널 부지면적의 10분의 1 이상을 변경하는 경우
④ 물류터미널 안의 건축물의 연면적 10분의 1 이상을 변경하는 경우
⑤ 물류터미널 안의 공공시설 중 주차장, 상수도, 하수도, 유수지를 변경하는 경우

해설 변경인가의 기준(시행령 제5조 제2항)

1. 공사의 기간을 변경하는 경우
2. 물류터미널의 부지면적을 변경하는 경우(부지면적의 10분의 1 이상을 변경하는 경우만 해당)
3. 물류터미널 안의 건축물의 연면적(하나의 건축물의 각 층의 바닥면적의 합계를 말한다. 이하 같다)을 변경하는 경우(연면적의 10분의 1 이상을 변경하는 경우만 해당한다)
4. 물류터미널 안의 공공시설 중 도로·철도·광장·녹지나 그 밖에 국토교통부령으로 정하는 시설(주차장, 상수도, 하수도, 유수지, 운하, 부두, 오·폐수시설 및 공동구)을 변경하는 경우

정답 05 ④ 06 ②

07 **물류시설의 개발 및 운영에 관한 법령상 다음 ( )에 들어갈 내용으로 올바르게 나열된 것은?**

> 복합물류터미널사업을 경영하려는 자는 국토교통부령으로 정하는 바에 따라 ( )에게 ( )하여야(받아야) 한다.

① 국토교통부장관, 등록
② 국토교통부장관, 인가
③ 국토교통부장관, 허가
④ 산업통상자원부장관, 허가
⑤ 산업통상자원부장관, 인가

해설 법 제7조 제1항

08 **물류시설의 개발 및 운영에 관한 법령상 물류터미널사업의 등록에 관한 설명으로 옳지 않은 것은?**

① 복합물류터미널사업을 경영하려는 자는 국토교통부령으로 정하는 바에 따라 국토교통부장관에게 등록하여야 한다.
② 복합물류터미널사업의 등록을 하려는 자는 주차장, 화물취급장, 창고 또는 배송센터를 갖추어야 한다.
③ 복합물류터미널사업의 등록기준 중 부지면적은 100만 제곱미터 이상이어야 한다.
④ 복합물류터미널사업을 경영하려는 자는 물류시설개발종합계획 및 「물류정책기본법」의 국가물류기본계획상의 물류터미널의 개발 및 정비계획 등에 배치되지 않도록 등록기준을 갖추어야 한다.
⑤ 복합물류터미널사업 등록의 취소처분을 받은 후 2년이 지나지 아니한 자는 복합물류터미널사업의 등록을 할 수 없다.

해설 법 제7조 참조
③ 100만 제곱미터 → 3만3천제곱미터

정답 07 ① 08 ③

09 **물류시설의 개발 및 운영에 관한 법령상 복합물류터미널사업의 등록에 관한 설명으로 옳은 것을 모두 고른 것은?**

ㄱ. 「한국토지주택공사법」에 따른 한국토지주택공사는 복합물류터미널사업의 등록을 할 수 있다.
ㄴ. 지방자치단체는 복합물류터미널사업의 등록을 할 수 없다.
ㄷ. 복합물류터미널사업을 등록하기 위해서는 부지면적이 3만3천제곱미터 이상이어야 한다.
ㄹ. 복합물류터미널사업을 등록하기 위해서는 '주차장'과 '화물취급장', '창고 또는 배송센터'를 갖추어야 한다.
ㅁ. 법인의 임원 중에 「물류시설의 개발 및 운영에 관한 법률」을 위반하여 금고 이상의 실형을 선고받고 그 집행이 종료된 날부터 3년이 된 자가 있는 법인은 복합물류터미널사업의 등록을 할 수 없다.

① ㄱ, ㄴ
② ㄱ, ㄷ, ㄹ
③ ㄱ, ㄷ, ㅁ
④ ㄴ, ㄹ, ㅁ
⑤ ㄷ, ㄹ, ㅁ

해설 ㄴ. 등록을 할 수 있는 자 : 국가 또는 지방자치단체, 공공기관 중 대통령령으로 정하는 공공기관, 「지방공기업법」에 따른 지방공사, 특별법에 따라 설립된 법인, 「민법」 또는 「상법」에 따라 설립된 법인
ㅁ. 등록의 결격사유 : 이 법을 위반하여 금고 이상의 실형을 선고받고 그 집행이 종료(집행이 종료된 것으로 보는 경우를 포함)되거나 집행이 면제된 날부터 2년이 지나지 아니한 자

10 **물류시설의 개발 및 운영에 관한 법률상 복합물류터미널사업의 등록을 할 수 없는 결격사유에 해당하는 것은?**

① 「물류시설의 개발 및 운영에 관한 법률」을 위반하여 벌금형을 선고받은 후 3년이 된 자
② 「물류시설의 개발 및 운영에 관한 법률」을 위반하여 금고형을 선고받은 후 1년이 된 자
③ 「물류시설의 개발 및 운영에 관한 법률」을 위반하여 징역형을 선고받은 후 2년 6개월이 된 자
④ 법인으로서 그 임원이 아닌 직원 중에 파산선고를 받고 복권되지 아니한 자가 있는 경우
⑤ 법인으로서 그 임원 중에 「물류시설의 개발 및 운영에 관한 법률」을 위반하여 금고형의 집행유예를 선고받고 그 유예기간 종료 후 1년이 된 자가 있는 경우

해설 복합물류터미널사업 등록의 결격사유(법 제8조) : 다음의 어느 하나에 해당하는 자는 복합물류터미널사업의 등록을 할 수 없다.

정답 09 ② 10 ②

> 1. 이 법을 위반하여 벌금형 이상을 선고받은 후 2년이 지나지 아니한 자
> 2. 복합물류터미널사업 등록이 취소(제3호 가목에 해당하여 제17조 제1항 제4호에 따라 등록이 취소된 경우는 제외한다)된 후 2년이 지나지 아니한 자
> 3. 법인으로서 그 임원 중에 제1호 또는 다음의 어느 하나에 해당하는 자가 있는 경우
>   가. 피성년후견인 또는 파산선고를 받고 복권되지 아니한 자
>   나. 이 법을 위반하여 금고 이상의 실형을 선고받고 그 집행이 종료(집행이 종료된 것으로 보는 경우를 포함한다)되거나 집행이 면제된 날부터 2년이 지나지 아니한 자
>   다. 이 법을 위반하여 금고 이상의 형의 집행유예를 선고받고 그 유예기간 중에 있는 자

11 물류시설의 개발 및 운영에 관한 법률상 국가 또는 지방자치단체는 물류터미널사업자가 설치한 물류터미널의 원활한 운영에 필요한 기반시설의 설치 또는 개량에 필요한 예산을 지원할 수 있다. 이러한 기반시설에 해당하지 않는 것은?

① 「도로법」 제2조 제1호에 따른 도로
② 「철도산업발전기본법」 제3조 제1호에 따른 철도
③ 「수도법」 제3조 제17호에 따른 수도시설
④ 「국토의 계획 및 이용에 관한 법률 시행령」 제2조 제1항 제6호에 따른 보건위생시설 중 종합의료시설
⑤ 「물환경보전법」 제2조 제12호에 따른 수질오염방지시설

해설 국가 또는 지방자치단체는 물류터미널사업자가 설치한 물류터미널의 원활한 운영에 필요한 도로·철도·용수시설 등 "대통령령으로 정하는 기반시설"의 설치 또는 개량에 필요한 예산을 지원할 수 있다(법 제20조 제2항 및 시행령 제12조의2).

> **도로·철도·용수시설 등 대통령령으로 정하는 기반시설**
> 1. 「도로법」 제2조 제1호에 따른 도로
> 2. 「철도산업발전기본법」 제3조 제1호에 따른 철도
> 3. 「수도법」 제3조 제17호에 따른 수도시설
> 4. 「물환경보전법」 제2조 제12호에 따른 수질오염방지시설

12 물류시설의 개발 및 운영에 관한 법령상 복합물류터미널사업자의 등록을 취소하여야 하는 경우가 아닌 것은?

① 거짓이나 그 밖의 부정한 방법으로 등록을 한 때
② 복합물류터미널사업 등록의 취소처분을 받은 후 2년이 지나지 아니한 자에 해당하게 된 때
③ 다른 사람에게 자기의 성명 또는 상호를 사용하여 사업을 하게 하거나 등록증을 대여한 때
④ 사업정지명령을 위반하여 그 사업정지기간 중에 영업을 한 때
⑤ 사업의 전부 또는 일부를 휴업한 후 정당한 사유 없이 신고한 휴업기간이 지난 후에도 사업을 재개하지 아니한 때

정답 11 ④ 12 ⑤

해설 **등록의 취소**(법 제17조) : 국토교통부장관은 복합물류터미널사업자가 다음의 어느 하나에 해당하는 때에는 등록을 취소하거나 6개월 이내의 기간을 정하여 사업의 정지를 명할 수 있다. 다만, 제1호・제4호・제7호 또는 제8호에 해당하는 때에는 등록을 취소하여야 한다(절대적 등록취소).

1. 거짓이나 그 밖의 부정한 방법으로 등록을 한 때
2. 변경등록을 하지 아니하고 등록사항을 변경한 때
3. 등록기준에 맞지 아니하게 된 때. 다만, 3개월 이내에 그 기준을 충족시킨 때에는 그러하지 아니하다.
4. 제8조 등록의 결격사유의 어느 하나에 해당하게 된 때. 다만, 같은 조 제3호에 해당하는 경우로서 그 사유가 발생한 날부터 3개월 이내에 해당 임원을 개임한 경우에는 그러하지 아니하다.
5. 제9조 제1항에 따른 인가 또는 변경인가를 받지 아니하고 공사를 시행하거나 변경한 때
6. 사업의 전부 또는 일부를 휴업한 후 정당한 사유 없이 제15조 제1항에 따라 신고한 휴업기간이 지난 후에도 사업을 재개하지 아니한 때
7. 다른 사람에게 자기의 성명 또는 상호를 사용하여 사업을 하게 하거나 등록증을 대여한 때
8. 사업정지명령을 위반하여 그 사업정지기간 중에 영업을 한 때

13 물류시설의 개발 및 운영에 관한 법률상 물류터미널사업협회에 관한 설명이다. (　　)에 들어갈 내용을 바르게 나열한 것은?

물류터미널사업협회를 설립하려는 경우에는 해당 협회의 회원의 자격이 있는 자 중 (ㄱ) 이상의 발기인이 정관을 작성하여 해당 협회의 회원자격이 있는 자의 (ㄴ) 이상이 출석한 창립총회의 의결을 거친 후 국토교통부장관의 설립인가를 받아야 한다.

① ㄱ : 2분의 1, ㄴ : 3분의 1　② ㄱ : 3분의 1, ㄴ : 3분의 1
③ ㄱ : 3분의 1, ㄴ : 2분의 1　④ ㄱ : 5분의 1, ㄴ : 3분의 1
⑤ ㄱ : 5분의 1, ㄴ : 4분의 1

해설 물류터미널사업협회를 설립하려는 경우에는 해당 협회의 회원의 자격이 있는 자 중 1/5 이상의 발기인이 정관을 작성하여 해당 협회의 회원자격이 있는 자의 1/3 이상이 출석한 창립총회의 의결을 거친 후 국토교통부장관의 설립인가를 받아야 한다(법 제19조 제2항).

14 물류시설의 개발 및 운영에 관한 법령상 일반물류단지시설에 해당할 수 없는 것은?

① 물류터미널 및 창고
② 「수산식품산업의 육성 및 지원에 관한 법률」에 따른 수산물가공업시설(냉동・냉장업 시설은 제외한다)
③ 「유통산업발전법」에 따른 전문상가단지
④ 「농수산물 유통 및 가격안정에 관한 법률」에 따른 농수산물도매시장
⑤ 「자동차관리법」에 따른 자동차경매장

정답 13 ④ 14 ②

해설 「수산식품산업의 육성 및 지원에 관한 법률」에 따른 수산물가공업시설(냉동・냉장업 시설은 제외한다)은 '지원시설'에 해당한다.

15 **물류시설의 개발 및 운영에 관한 법령상 물류단지 안에 설치되는 지원시설에 해당될 수 있는 것은?**

① 「농수산물 유통 및 가격안정에 관한 법률」에 따른 농수산물산지유통센터
② 「축산물위생관리법」의 작업장
③ 「산림조합법」에 따른 조합이 설치하는 구매사업 또는 판매사업 관련 시설
④ 「화물자동차 운수사업법」의 화물자동차 운수사업에 이용되는 차고, 화물취급소, 그 밖에 화물의 처리를 위한 시설
⑤ 「약사법」의 의약품 도매상의 창고 및 영업소시설

해설 지원시설(법 제2조 제8호)

- 대통령령으로 정하는 가공・제조 시설(농수산물산지유통센터, 공장, 수산물가공업시설)
- 정보처리시설
- 금융・보험・의료・교육・연구・업무 시설
- 물류단지의 종사자 및 이용자의 생활과 편의를 위한 시설
- 그 밖에 물류단지의 기능 증진을 위한 시설로서 대통령령으로 정하는 시설

➜ 나머지는 일반물류단지시설에 해당한다.

16 **물류시설의 개발 및 운영에 관한 법령상 물류단지 실수요 검증에 관한 설명으로 옳지 않은 것은?**

① 물류단지 실수요 검증을 실시하기 위하여 국토교통부 또는 시・도에 각각 실수요검증위원회를 구성・운영할 수 있다.
② 도시첨단물류단지개발사업의 경우에는 실수요 검증을 실수요검증위원회의 자문으로 갈음할 수 있다.
③ 실수요검증위원회의 위원장 및 부위원장은 공무원이 아닌 위원 중에서 각각 호선(互選)한다.
④ 실수요검증위원회의 심의결과는 심의・의결을 마친 날부터 14일 이내에 물류단지 지정요청자 등에게 서면으로 알려야 한다.
⑤ 실수요검증위원회의 회의는 분기별로 2회 이상 개최하여야 한다.

해설 실수요검증위원회의 회의는 분기별로 1회 이상 개최하되, 국토교통부장관 또는 위원장이 필요하다고 인정되는 경우에는 국토교통부장관 또는 위원장이 수시로 소집할 수 있다(시행규칙 제16조의8 제1항).

정답 **15** ① **16** ⑤

17 **국토교통부장관이 실수요검증위원을 해촉(解囑)할 수 있는 사유에 해당하지 않는 것은?**

① 심신장애 또는 6개월 이상의 해외출장 등으로 인하여 직무를 수행할 수 없게 된 경우
② 직무와 관련된 비위사실이 있는 경우
③ 직무태만, 품위손상이나 그 밖의 사유로 인하여 위원으로 적합하지 아니하다고 인정되는 경우
④ 위원 스스로 직무를 수행하는 것이 곤란하다고 의사를 밝히는 경우
⑤ 실수요 검증 지정요청자가 요청한 경우

해설 ⑤는 해촉사유에 해당하지 않는다.
실수요검증위원회 위원의 해촉(시행규칙 제16조의6)

> 국토교통부장관은 위원이 다음의 어느 하나에 해당하는 경우에는 해당 위원을 해촉할 수 있다.
> 1. 심신장애 또는 6개월 이상의 해외출장 등으로 인하여 직무를 수행할 수 없게 된 경우
> 2. 직무와 관련된 비위사실이 있는 경우
> 3. 직무태만, 품위손상이나 그 밖의 사유로 인하여 위원으로 적합하지 아니하다고 인정되는 경우
> 4. 위원 스스로 직무를 수행하는 것이 곤란하다고 의사를 밝히는 경우
> 5. 제척・기피・회피 사항에 해당하는 데에도 불구하고 회피하지 아니한 경우

18 **물류시설의 개발 및 운영에 관한 법령상 일반물류단지의 지정에 관한 설명으로 옳지 않은 것은?**

① 일반물류단지는 국토교통부장관이 지정하지만, 100만 제곱미터 이하의 일반물류단지는 관할 시・도지사가 지정한다.
② 시・도지사는 일반물류단지를 지정하려는 때에는 일반물류단지개발계획을 수립하여 관계 행정기관의 장과 협의한 후 지역물류정책위원회의 심의를 거쳐야 한다.
③ 시・도지사는 일반물류단지를 지정할 때에는 일반물류단지개발계획과 물류단지개발지침에 적합한 경우에만 일반물류단지를 지정하여야 한다.
④ 일반물류단지개발계획에는 일반물류단지의 개발을 위한 주요시설의 지원계획이 포함되어야 한다.
⑤ 일반물류단지개발계획에는 토지이용계획 및 주요 기반시설계획이 포함되어야 한다.

해설 **일반물류단지의 지정권자**(법 제22조 제1항)

> 1. 국가정책사업으로 물류단지를 개발하거나 물류단지개발사업의 대상지역이 2개 이상의 시・도에 걸쳐 있는 경우 : 국토교통부장관
> 2. 제1호 외의 경우 : 시・도지사

정답 17 ⑤ 18 ①

19 **물류시설의 개발 및 운영에 관한 법령상 물류단지의 지정에 관한 설명으로 틀린 것은?**

① 시·도지사가 지정할 수 있는 일반물류단지 규모의 기준은 3만3천제곱미터 이하이다.
② 국토교통부장관은 일반물류단지를 지정하려는 때에는 일반물류단지개발계획을 수립하여 관할 시·도지사의 의견을 듣고 관계 중앙행정기관의 장과 협의한 후 물류시설분과위원회의 심의를 거쳐야 한다.
③ 시·도지사는 일반물류단지를 지정하려는 때에는 일반물류단지개발계획을 수립하여 관계 행정기관의 장과 협의한 후 지역물류정책위원회의 심의를 거쳐야 한다.
④ 일반물류단지개발계획을 수립할 때까지 물류단지개발사업의 시행자가 확정되지 아니한 경우에는 물류단지의 지정 후에 이를 일반물류단지개발계획에 포함시킬 수 있다.
⑤ 일반물류단지개발계획에는 재원조달계획이 포함되어야 한다.

해설 일반물류단지의 지정권자(법 제22조 제1항)

1. 국가정책사업으로 물류단지를 개발하거나 물류단지개발사업의 대상지역이 2개 이상의 시·도에 걸쳐 있는 경우 : 국토교통부장관
2. 제1호 외의 경우 : 시·도지사

20 **물류시설의 개발 및 운영에 관한 법령상 일반물류단지의 지정에 관한 사항으로 옳지 않은 것은?**

① 물류단지개발사업의 대상지역이 2개 이상의 시·도에 걸쳐 있는 경우 국토교통부장관이 지정한다.
② 국토교통부장관은 일반물류단지를 지정하려는 때에는 일반물류단지개발계획을 수립하여 관할 시·도지사의 의견을 듣고 관계 중앙행정기관의 장과 협의한 후 물류시설분과위원회의 심의를 거쳐야 한다.
③ 국토교통부장관은 일반물류단지개발계획 중 일반물류단지개발사업 시행자의 변경을 하려는 때에는 물류시설분과위원회의 심의를 거쳐야 한다.
④ 시·도지사는 일반물류단지를 지정하려는 때에는 일반물류단지개발계획을 수립하여 관계 행정기관의 장과 협의한 후 물류시설분과위원회의 심의를 거쳐야 한다.
⑤ 물류단지개발의 시행자는 일반물류단지의 지정이 필요하다고 인정하는 때에는 대상지역을 정하여 국토교통부장관 또는 시·도지사에게 일반물류단지의 지정을 요청할 수 있다.

해설 ④ 시·도지사는 일반물류단지를 지정하려는 때에는 일반물류단지개발계획을 수립하여 관계 행정기관의 장과 협의한 후 지역물류정책위원회의 심의를 거쳐야 한다(법 제22조 제3항).

정답 19 ① 20 ④

21 **물류시설의 개발 및 운영에 관한 법령상 물류단지 안에서 시장·군수·구청장의 허가를 받아야 하는 행위가 아닌 것은?**

① 건축물(가설건축물 포함)의 건축, 대수선 또는 용도변경
② 토지분할
③ 절토, 성토, 정지, 포장 등의 방법으로 토지의 형상을 변경하는 행위, 토지의 굴착 또는 공유수면의 매립
④ 경작을 위한 토지의 형질변경
⑤ 이동이 쉽지 아니한 물건을 1개월 이상 쌓아놓는 행위

해설 **시장·군수·구청장의 허가를 받아야 하는 행위**(시행령 제18조 제1항)

1. **건축물의 건축 등** : 「건축법」에 따른 건축물(가설건축물을 포함한다)의 건축, 대수선 또는 용도변경
2. **공작물의 설치** : 인공을 가하여 제작한 시설물(「건축법」에 따른 건축물은 제외)의 설치
3. **토지의 형질변경** : 절토(땅깎기)·성토(흙쌓기)·정지(흙고르기)·포장 등의 방법으로 토지의 형상을 변경하는 행위, 토지의 굴착 또는 공유수면의 매립
4. **토석의 채취** : 흙·모래·자갈·바위 등의 토석을 채취하는 행위. 다만, 토지의 형질변경을 목적으로 하는 것은 제3호에 따른다.
5. 토지분할
6. **물건을 쌓아놓는 행위** : 이동이 쉽지 아니한 물건을 1개월 이상 쌓아놓는 행위
7. 죽목의 벌채 및 식재(植栽)

22 **다음 중 도시첨단물류단지에 관한 설명으로 틀린 것은?**

① 도시첨단물류단지의 지정권자는 국토교통부장관 또는 시·도지사가 된다.
② 도시첨단물류단지는 국토교통부장관 또는 시·도지사가 노후화된 일반물류터미널 부지 및 인근 지역, 노후화된 유통업무설비 부지 및 인근 지역 등에 지정할 수 있다.
③ 시·도지사가 도시첨단물류단지를 지정하는 경우에는 산업통상자원부장관의 신청을 받아 지정할 수 있다.
④ 시장·군수·구청장은 시·도지사에게 도시첨단물류단지의 지정을 신청하려는 경우에는 도시첨단물류단지개발계획안을 작성하여 제출하여야 한다.
⑤ 도시첨단물류단지개발사업의 시행자는 대통령령으로 정하는 바에 따라 대상 부지 토지가액의 100분의 40의 범위에서 시설 또는 그 운영비용의 일부를 국가나 지방자치단체에 제공하여야 한다.

해설 ③ 산업통상자원부장관 → 시장·군수·구청장

정답 **21** ④ **22** ③

23 **물류시설의 개발 및 운영에 관한 법령상 물류단지지정의 해제에 관한 설명으로 옳지 않은 것은?**

① 물류단지로 지정·고시된 날부터 5년 이내에 그 물류단지의 전부 또는 일부에 대하여 물류단지개발실시계획의 승인을 신청하지 아니하면 그 기간이 지난 다음 날 해당 지역에 대한 물류단지의 지정이 해제된 것으로 본다.

② 물류단지지정권자는 물류단지의 전부 또는 일부에 대한 개발전망이 없게 된 경우에는 대통령령으로 정하는 바에 따라 해당 지역에 대한 물류단지 지정의 전부 또는 일부를 해제할 수 있다.

③ 물류단지지정권자는 개발이 완료된 물류단지가 준공된 지 20년 이상 된 것으로서 주변상황과 물류산업 여건이 변화되어 물류단지재정비사업을 하더라도 물류단지 기능수행이 어려울 것으로 판단되는 경우에는 대통령령으로 정하는 바에 따라 해당 지역에 대한 물류단지 지정의 전부 또는 일부를 해제할 수 있다.

④ 물류단지의 지정으로 「국토의 계획 및 이용에 관한 법률」에 따른 용도지역이 변경·결정된 후 물류단지의 개발이 완료되어 물류단지의 지정이 해제된 경우에는 해당 물류단지에 대한 용도지역은 변경·결정되기 전의 용도지역으로 환원된다.

⑤ 물류단지지정권자는 물류단지의 지정을 해제하려는 경우에는 해제 사유 및 내역, 「국토의 계획 및 이용에 관한 법률」에 따른 용도지역의 환원에 관한 사항을 명시하여 관계 행정기관의 장과 협의하여야 한다.

해설 ④ 환원된다. → 환원되지 아니한다(법 제26조 제4항).

24 **다음 중 물류시설의 개발 및 운영에 관한 법령상 물류단지개발에 관한 설명으로 옳은 것은?**

① 물류단지지정권자가 시행자를 지정할 때에는 사업계획의 타당성 및 재원조달능력과 다른 법률에 따라 수립된 개발계획과의 관계 등을 고려하여야 한다.

② 국가 또는 지방자치단체는 물류단지개발사업의 시행자로 지정받을 수 없다.

③ 시행자는 물류단지개발사업 중 용수시설의 건설을 지방자치단체에 위탁하여 시행할 수 없다.

④ 국토교통부장관은 물류단지개발지침을 작성할 때에는 미리 해양수산부장관의 의견을 듣고 관계 중앙행정기관의 장과 협의한 후 물류시설분과위원회의 심의를 거쳐야 한다.

⑤ 시·도지사는 물류단지의 개발에 관한 기본지침(물류단지개발지침)을 작성하여 관보에 고시하여야 한다.

해설 ②, ③ 없다. → 있다.
④ 해양수산부장관 → 시·도지사
⑤ 시·도지사 → 국토교통부장관

정답 **23** ④ **24** ①

25 **물류시설의 개발 및 운영에 관한 법령상 물류단지개발 및 시행자에 관한 설명으로 옳은 것은?**

① 물류단지지정권자가 시행자를 지정할 때에는 사업계획의 타당성 및 재원조달능력과 다른 법률에 따라 수립된 개발계획과의 관계 등을 고려하여야 한다.
② 지방자치단체는 물류단지개발사업의 시행자로 지정받을 수 없다.
③ 시행자는 물류단지개발사업 중 용수시설의 건설을 지방자치단체에 위탁하여 시행할 수 없다.
④ 지방자치단체가 물류단지의 원활한 개발을 위하여 우선적으로 설치를 지원하는 기반시설에는 도로, 녹지, 유수지 및 광장이 포함된다.
⑤ 시행자는 물류단지개발실시계획을 수립하여 물류단지지정권자의 허가를 받아야 한다.

해설 ②, ③ 없다. → 있다.
④ 녹지는 포함되지 않는다.
⑤ 허가 → 승인

26 **물류시설의 개발 및 운영에 관한 법령상 물류단지개발사업에 관한 설명으로 옳은 것은?**

① 물류단지개발사업 시행자의 요청에 따라 전기간선시설을 땅속에 설치하는 경우 그 설치비용은 시행자가 전부를 부담한다.
② 물류단지 안에 있는 국가 또는 지방자치단체 소유의 재산을 시행자에게 수의계약으로 매각하는 것은 허용되지 않는다.
③ 국가 또는 지방자치단체는 물류단지개발사업에 필요한 비용 중 이주대책사업비는 보조하거나 융자할 수 없다.
④ 시행자는 물류단지의 개발을 위하여 필요한 때에는 다른 사람의 토지를 일시 사용할 수 있으나 나무, 토석, 그 밖의 장애물을 변경하거나 제거할 수 없다.
⑤ 물류단지개발실시계획에는 개발한 토지・시설 등의 처분에 관한 사항이 포함되어야 한다.

해설 ① 전기간선시설을 땅속에 설치하는 경우에는 전기를 공급하는 자와 땅속에 설치할 것을 요청하는 자가 각각 100분의 50의 비율로 그 설치비용을 부담한다.
② 수의계약으로 매각 가능
③ 이주대책사업비도 보조 및 융자의 대상
④ 제거할 수 없다. → 제거할 수 있다.

정답 25 ① 26 ⑤

27 **물류시설의 개발 및 운영에 관한 법령상 공공시설의 귀속에 관한 설명으로 옳지 않은 것은?**

① 공공시설의 범위에는 도로, 공원, 광장, 주차장, 공동구 등이 포함된다.
② 물류단지개발사업의 시행으로 새로 설치된 공공시설은 그 시설을 관리할 국가 또는 지방자치단체에 무상으로 귀속된다.
③ 물류단지지정권자는 공공시설의 귀속 및 양도에 관한 사항이 포함된 실시계획을 승인하려는 때에는 미리 그 공공시설을 관리하는 기관의 의견을 들어야 한다.
④ 기존의 공공시설에 대체되는 공공시설을 설치한 경우에는 종래의 공공시설은 국가 또는 지방자치단체에 무상으로 귀속된다.
⑤ 시행자는 국가 또는 지방자치단체에 귀속될 공공시설과 시행자에게 귀속되거나 양도될 재산의 종류와 토지의 세부목록을 그 물류단지개발사업의 준공 전에 관리청에 통지하여야 한다.

해설 시행자가 물류단지개발사업의 시행으로 새로 공공시설을 설치하거나 기존의 공공시설에 대체되는 공공시설을 설치한 경우에는 「국유재산법」 및 「공유재산 및 물품 관리법」에도 불구하고 종래의 공공시설은 시행자에게 무상으로 귀속되고 새로 설치된 공공시설은 그 시설을 관리할 국가 또는 지방자치단체에 무상으로 귀속된다(법 제36조 제1항).

28 **물류시설의 개발 및 운영에 관한 법령상 물류단지개발지침에 포함되어야 할 사항이 아닌 것은?**

① 물류단지의 지정·개발·지원에 관한 사항
② 「환경영향평가법」에 따른 전략환경영향평가, 소규모 환경영향평가 및 환경영향평가 등 환경보전에 관한 사항
③ 국가유산의 보존을 위하여 고려할 사항
④ 물류단지의 지역별·규모별·연도별 배치 및 우선순위에 관한 사항
⑤ 분양가격의 결정에 관한 사항

해설 물류단지개발지침에는 다음의 사항이 포함되어야 한다(시행령 제15조 제1항).

1. 물류단지의 계획적·체계적 개발에 관한 사항
2. 물류단지의 지정·개발·지원에 관한 사항
3. 「환경영향평가법」에 따른 전략환경영향평가, 소규모 환경영향평가 및 환경영향평가 등 환경보전에 관한 사항
4. 지역 간의 균형발전을 위하여 고려할 사항
5. 국가유산의 보존을 위하여 고려할 사항
6. 토지가격의 안정을 위하여 필요한 사항(물류시설분과위원회 심의 제외)
7. 분양가격의 결정에 관한 사항
8. 토지·시설 등의 공급에 관한 사항

정답 27 ④ 28 ④

29 **물류시설의 개발 및 운영에 관한 법령상 국가 또는 지방자치단체가 우선적으로 지원하여야 하는 기반시설로 명시된 것을 모두 고른 것은?**

ㄱ. 하수도시설 및 폐기물처리시설
ㄴ. 보건위생시설
ㄷ. 집단에너지공급시설
ㄹ. 물류단지 안의 공동구

① ㄱ ② ㄴ, ㄹ ③ ㄱ, ㄴ, ㄷ
④ ㄱ, ㄷ, ㄹ ⑤ ㄴ, ㄷ, ㄹ

해설 국가 또는 지방자치단체는 물류단지의 원활한 개발을 위하여 필요한 도로·철도·항만·용수시설 등 기반시설*의 설치를 우선적으로 지원하여야 한다.

* **기반시설**(시행령 제29조) : 도로·철도 및 항만시설, 용수공급시설 및 통신시설, 하수도시설 및 폐기물처리시설, 물류단지 안의 공동구, 집단에너지공급시설, 유수지 및 광장

30 **물류시설의 개발 및 운영에 관한 법령상 물류단지개발특별회계 조성의 재원을 모두 고른 것은? (단, 조례는 고려하지 않음)**

ㄱ. 차입금
ㄴ. 정부의 보조금
ㄷ. 해당 지방자치단체의 일반회계로부터의 전입금
ㄹ. 「지방세법」에 따라 부과·징수되는 재산세의 징수액 중 15퍼센트의 금액

① ㄱ, ㄴ ② ㄴ, ㄹ ③ ㄷ, ㄹ
④ ㄱ, ㄴ, ㄷ ⑤ ㄱ, ㄴ, ㄷ, ㄹ

해설 특별회계는 다음의 재원으로 조성된다(법 제40조 제2항).

1. 해당 지방자치단체의 일반회계로부터의 전입금
2. 정부의 보조금
3. 제67조에 따라 부과·징수된 과태료
4. 「개발이익 환수에 관한 법률」에 따라 지방자치단체에 귀속되는 개발부담금 중 해당 지방자치단체의 조례로 정하는 비율의 금액
5. 「국토의 계획 및 이용에 관한 법률」에 따른 수익금
6. 「지방세법」에 따라 부과·징수되는 재산세의 징수액 중 10퍼센트의 금액. 다만, 해당 지방자치단체의 조례로 달리 정하는 경우에는 그 비율
7. 차입금
8. 해당 특별회계자금의 융자회수금·이자수입금 및 그 밖의 수익금

정답 **29** ④ **30** ④

31 **다음 중 물류단지개발 특별회계의 재원조성부분이 아닌 것은?**

① 해당 지방자치단체의 일반회계로부터의 전입금
② 정부의 보조금
③ 부과·징수된 과태료
④ 「국토의 계획 및 이용에 관한 법률」에 따른 수익금
⑤ 「물류정책기본법」상 징수된 이행강제금

해설 「물류정책기본법」상 징수된 이행강제금은 특별회계의 재원조성부분이 아니다(법 제40조 제2항).

32 **물류시설의 개발 및 운영에 관한 법령상 물류단지의 개발에 대한 설명으로 옳지 않은 것은?**

① 국가 또는 지방자치단체는 물류단지시설용지와 지원시설용지의 조성비 및 매입비의 전부를 보조하거나 융자할 수 있다.
② 국가 또는 지방자치단체는 물류단지의 원활한 개발을 위하여 물류단지 안의 공동구 등 기반시설의 설치를 우선적으로 지원하여야 한다.
③ 시·도지사 또는 시장·군수는 물류단지개발사업을 촉진하기 위하여 지방자치단체에 물류단지개발특별회계를 설치할 수 있다.
④ 물류단지개발사업의 시행자인 지방자치단체가 실시계획 승인을 받은 경우 그가 조성하는 용지를 분양·임대받거나 시설을 이용하려는 자로부터 대금의 전부 또는 일부를 미리 받을 수 있다.
⑤ 물류단지지정권자는 물류단지개발사업의 시행자에게 용수공급시설·하수도시설·전기통신시설 및 폐기물처리시설을 설치하게 할 수 있다.

해설 국가나 지방자치단체가 보조 또는 융자할 수 있는 비용의 종목(시행령 제28조)

1. 물류단지의 간선도로의 건설비
2. 물류단지의 녹지의 건설비
3. 이주대책사업비
4. 물류단지시설용지와 지원시설용지의 조성비 및 매입비
5. 용수공급시설·하수도 및 공공폐수처리시설의 건설비
6. 국가유산 조사비

물류단지시설용지와 지원시설용지의 조성비를 포함한 시행령 제28조의 비용항목들은 비용의 전부가 아니라 일부를 보조하거나 융자할 수 있다.

정답 31 ⑤ 32 ①

33 물류시설의 개발 및 운영에 관한 법령상 물류단지개발사업의 시행자가 「지방공기업법」에 따른 지방공사인 경우, 조성하는 용지를 이용하려는 자로부터 선수금을 받기 위하여 갖추어야 하는 요건은?

① 물류단지사업의 시행자는 실시계획 승인을 받을 것
② 분양하려는 토지에 대한 소유권을 확보하고 해당 토지에 설정된 저당권을 말소하였을 것
③ 분양하려는 토지에 대한 개발사업의 공사진척률이 100분의 10 이상에 달하였을 것
④ 분양계약을 이행하지 아니하는 경우 선수금의 환불을 담보하기 위하여 보증금액이 선수금에 그 금액에 대한 보증 또는 보험기간에 해당하는 약정이자 상당액을 더한 금액 이상으로 한다는 내용이 포함된 보증서 등을 물류단지지정권자에게 제출할 것
⑤ 분양계약을 이행하지 아니하는 경우 선수금의 환불을 담보하기 위하여 보증기간의 개시일은 선수금을 받은 날 이전이어야 하며, 종료일은 준공일부터 30일 이상 지난 날이라는 내용이 포함된 보증서 등을 물류단지지정권자에게 제출할 것

해설 ① 시행자가 국가 또는 지방자치단체, 대통령령으로 정하는 공공기관, 「지방공기업법」에 따른 지방공사인 경우 : 시행자는 실시계획 승인을 받을 것(시행령 제33조 제1항 제1호)
②~⑤ 시행자가 특별법에 따라 설립된 법인 또는 「민법」 또는 「상법」에 따라 설립된 법인인 경우의 선수금 요건에 해당한다.

34 물류시설의 개발 및 운영에 관한 법령상 물류단지개발사업의 시행자가 개발한 토지·시설 등을 분양 또는 임대하는 경우 분양가격의 결정과 임대료 산정기준에 관한 설명으로 옳지 않은 것은?

① 대규모점포, 전문상가단지 등 판매를 목적으로 사용될 토지·시설 등의 분양가격은 생활대책에 필요하여 대체 공급하는 경우를 제외하고 「감정평가 및 감정평가사에 관한 법률」에 따른 감정평가액을 예정가격으로 하여 실시한 경쟁입찰에 따라 정할 수 있다.
② 임대하려는 토지·시설 등의 최초의 임대료는 「부동산 가격공시에 관한 법률」에 따라 산정한 개별공시지가에 임대계약 체결일 현재 계약기간 1년의 정기예금이자율(지방은행을 제외한 시중은행의 어음대출금리수준을 말함)을 곱한 금액으로 한다.
③ 시행자는 준공인가 전에 물류단지시설용지를 분양한 경우에 해당 물류단지개발사업을 위하여 투입된 총사업비 및 적정이윤을 기준으로 준공인가 후에 분양가격을 정산할 수 있다.
④ 적정이윤은 이 법령에 의하여 산정한 조성원가에서 자본비용, 개발사업대행비용, 선수금을 각각 제외한 금액의 100분의 5를 초과하지 아니하는 범위에서 해당 물류단지의 입주 수요와 지역 간 균형발전의 촉진 등 지역 여건을 고려하여 시행자가 정한다.
⑤ 시행자는 지역 여건 및 해당 물류단지시설용지 등의 분양실적 등을 고려하여 임대요율에 100분의 1을 더하거나 뺀 범위에서 임대요율을 산정할 수 있다.

정답 33 ① 34 ②

해설 ② 임대하려는 토지·시설 등의 최초의 임대료 : 분양가격에 국토교통부령으로 정하는 임대요율(3/100)을 곱한 금액(시행령 제40조)

35 **물류시설의 개발 및 운영에 관한 법령상 시행자가 수의계약으로 할 수 없는 행위는?**

① 학교용지·공공청사용지 등을 국가·지방자치단체나 그 밖에 관계 법령에 따라 해당 공공시설을 설치할 수 있는 자에게 공급

② 토지상환채권에 따른 토지의 상환

③ 물류터미널을 건설하기 위한 부지 안의 국가 또는 지방자치단체의 소유재산을 물류터미널 사업자에게 매각

④ 고시한 물류단지개발실시계획에 따라 존치하는 시설물의 유지·관리에 필요한 최소한의 토지의 공급

⑤ 1필지당 330제곱미터 초과 660제곱미터 이하의 범위에서 국토교통부장관이 정하여 고시하는 면적에 따른 토지의 공급

해설 시행령 제41조 제4항 및 시행규칙 제26조(별표 4)
⑤ 330제곱미터 초과 660제곱미터 이하 → 165제곱미터 이상 330제곱미터 이하

36 **물류시설의 개발 및 운영에 관한 법령상 물류단지개발사업에 따라 개발한 토지·시설 등을 물류단지시설용지로 분양 또는 임대하는 경우 분양가격 및 임대료에 관한 설명으로 옳은 것은?**

① 조성원가에 이주대책비, 판매비, 일반관리비는 포함되지 아니한다.

② 적정이윤은 조성원가에서 자본비용, 개발사업대행비용, 선수금을 포함한 금액의 100분의 5를 초과하지 아니하는 범위에서 시행자가 정한다.

③ 시행자가 준공인가 전에 물류단지시설용지를 분양한 경우에는 해당 물류단지개발사업을 위하여 투입된 총사업비 및 적정이윤을 기준으로 준공인가 후에 분양가격을 정산할 수 있다.

④ 대규모점포의 분양가격은 「감정평가 및 감정평가사에 관한 법률」에 따른 표준지공시지가를 예정가격으로 하여 실시한 경쟁입찰에 따라 정할 수 있다.

⑤ 최초의 임대료는 법령 규정에 따라 산정한 분양가격에 공급공고일 현재 계약기간 2년의 정기예금이자율을 곱한 금액으로 한다.

해설 ① 조성원가에 이주대책비, 판매비, 일반관리비는 포함된다.
② 포함한 금액 → 각각 제외한 금액
④ 표준지공시지가 → 감정평가액
⑤ 임대하려는 토지·시설 등의 최초의 임대료 : 법 제39조에 따라 산정한 분양가격에 국토교통부령으로 정하는 임대요율(3/100)을 곱한 금액

정답 35 ⑤ 36 ③

37 **다음 중 물류시설의 개발 및 운영에 관한 법률상 이행강제금제도에 대한 설명으로 틀린 것은?**

① 물류단지지정권자는 물류단지시설 등의 건설공사 착수 등에 대한 의무불이행자에 대하여 의무이행기간이 끝난 날부터 6개월이 경과한 날까지 그 의무를 이행할 것을 명하여야 하며, 미이행시 해당 토지·시설 등 감정평가액의 100분의 50에 해당하는 금액을 부과한다.
② 물류단지지정권자는 이행강제금을 부과하기 전에 미리 문서로 알려야 한다.
③ 물류단지지정권자는 이행강제금을 부과하려는 경우에는 이행강제금의 금액, 부과사유, 납부기한, 수납기관, 이의제기방법 및 이의제기기관 등을 명시한 문서로써 하여야 한다.
④ 물류단지지정권자는 정한 기간이 만료한 다음 날을 기준으로 하여 매년 1회 그 의무가 이행될 때까지 반복하여 이행강제금을 부과하고 징수할 수 있다.
⑤ 물류단지지정권자는 의무가 있는 자가 그 의무를 이행한 경우에는 새로운 이행강제금의 부과를 중지하되, 이미 부과된 이행강제금은 징수하여야 한다.

해설 ① 100분의 50 → 100분의 20(법 제50조의3 제1항)

38 **물류시설의 개발 및 운영에 관한 법령상 물류단지재정비사업에 관한 설명으로 옳지 않은 것은?**

① 물류단지의 부분 재정비사업은 지정된 물류단지 면적의 3분의 2 미만을 재정비하는 사업을 말한다.
② 물류단지지정권자는 준공된 날부터 20년이 지나서 물류산업구조의 변화 및 물류시설의 노후화 등으로 물류단지를 재정비할 필요가 있는 경우에는 물류단지재정비사업을 할 수 있다.
③ 물류단지의 부분 재정비사업에서는 물류단지재정비계획 고시를 생략할 수 있다.
④ 물류단지지정권자는 물류단지재정비시행계획을 승인하려면 미리 입주업체 및 관계 지방자치단체의 장의 의견을 듣고 관계 행정기관의 장과 협의하여야 한다.
⑤ 승인받은 재정비시행계획에서 사업비의 100분의 10을 넘는 사업비 증감을 하고자 하면 그에 대하여 물류단지지정권자의 승인을 받아야 한다.

해설 물류단지재정비사업의 구분(시행령 제42조의2)

① 물류단지의 전부 재정비사업은 토지이용계획 및 주요 기반시설계획의 변경을 수반하는 경우로서 지정된 물류단지 면적의 100분의 50 이상을 재정비(단계적 재정비를 포함한다)하는 사업을 말한다.
② 물류단지의 부분 재정비사업은 제1항 이외의 물류단지재정비사업을 말한다.

정답 37 ① 38 ①

39 **물류시설의 개발 및 운영에 관한 법령상 물류단지개발사업에 관한 설명으로 옳지 않은 것은?**

① 물류단지지정권자는 준공검사를 한 결과 실시계획대로 완료되지 아니한 경우에는 지체 없이 보완시공 등 필요한 조치를 명하여야 한다.

② 물류단지개발사업의 시행자는 특별한 사유가 없으면 이주자 또는 인근 지역의 주민을 우선적으로 고용하여야 한다.

③ 물류단지지정권자는 물류단지개발사업의 시행자에게 물류단지의 진입도로 및 간선도로를 설치하게 할 수 있다.

④ 시·도지사 또는 시장·군수는 물류단지개발사업을 촉진하기 위하여 지방자치단체에 물류단지개발특별회계를 설치할 수 있다.

⑤ 물류단지개발사업의 시행자는 물류단지 안에 있는 기존의 시설을 철거하지 아니하여도 물류단지개발사업에 지장이 없다고 인정하는 때에는 이를 남겨두게 할 수 있다.

해설 ② 입주기업체 및 지원기관은 특별한 사유가 없으면 이주자 또는 인근 지역의 주민을 우선적으로 고용하여야 한다(법 제45조 제2항).

40 **물류단지개발사업의 준공절차와 관련된 설명 중 가장 틀린 것은?**

① 사업시행자가 준공인가를 받은 때에는 실시계획 승인으로 의제되는 인·허가 등에 따른 해당 사업의 준공에 관한 검사·인가·신고·확인 등을 받은 것으로 본다.

② 사업시행자는 물류단지개발사업의 전부를 완료한 경우에만 물류단지지정권자의 준공인가를 받아야 한다.

③ 준공인가신청을 받은 물류단지지정권자는 준공검사를 하여 당해 물류단지개발사업이 승인된 실시계획대로 완료되었다고 인정하는 경우에 준공인가필증을 교부하여야 한다.

④ 준공인가 전 사용허가를 받은 시행자는 허가받은 토지 등을 사용하려는 자의 신청이 있는 경우에는 특별한 사유가 없으면 지체 없이 해당 토지 등을 사용할 수 있게 해야 한다.

⑤ 준공인가 전에는 물류단지개발사업으로 개발된 토지나 설치된 시설을 사용할 수 없으나, 준공인가 전이라도 물류단지지정권자의 사용허가를 받은 경우에는 그러하지 아니하다.

해설 ② 전부를 완료한 경우에만 → 전부 또는 일부를 완료하면(법 제46조 제1항)

정답 39 ② 40 ②

41 **물류시설의 개발 및 운영에 관한 법령상 물류단지의 관리기관에 관한 설명으로 옳은 것은?**

① 물류단지는 입주기업체협의회가 관리한다.
② 입주기업체협의회가 구성되기 전에는 시행자가 물류단지를 관리할 수 있다.
③ 입주기업체협의회는 해당 물류단지 입주기업체의 3분의 2 이상이 회원으로 가입되어 있어야 한다.
④ 물류단지지정권자는 효율적인 관리를 위하여 대통령령으로 정하는 관리기구 또는 입주기업체가 자율적으로 구성한 협의회에 물류단지를 관리하도록 하여야 한다.
⑤ 입주기업체협의회의 회의는 정관에 다른 규정이 있는 경우를 제외하고는 회원 3분의 1의 출석과 출석회원 과반수의 찬성으로 의결한다.

해설 법 제53조 및 시행령 제43조의2
①, ② 물류단지지정권자는 효율적인 관리를 위하여 대통령령으로 정하는 관리기구 또는 입주기업체가 자율적으로 구성한 협의회에 물류단지를 관리하도록 하여야 한다.
③ 3분의 2 → 75%　⑤ 3분의 1 → 과반수

42 **물류시설의 개발 및 운영에 관한 법령상 물류 교통·환경 정비지구에서 국가 또는 시·도지사가 시장·군수·구청장에게 행정적·재정적 지원을 할 수 있는 사업이 아닌 것은?**

① 「화학물질관리법」에 따른 유해화학물질 보관·저장시설의 보수·개조 또는 개량
② 도로 등 기반시설의 신설·확장·개량 및 보수
③ 「소음·진동관리법」에 따른 방음·방진시설의 설치
④ 「화물자동차 운수사업법」에 따른 공영차고지 및 화물자동차 휴게소의 설치
⑤ 「환경친화적 자동차의 개발 및 보급 촉진에 관한 법률」에 따른 전기자동차의 충전시설의 설치·정비 또는 개량

해설 국가 또는 시·도지사는 지정된 정비지구에서 시장·군수·구청장에게 다음의 사업에 대한 행정적·재정적 지원을 할 수 있다(법 제59조의7).

1. 도로 등 기반시설의 신설·확장·개량 및 보수
2. 「화물자동차 운수사업법」에 따른 공영차고지 및 화물자동차 휴게소의 설치
3. 「소음·진동관리법」에 따른 방음·방진시설의 설치
4. 「환경친화적 자동차의 개발 및 보급 촉진에 관한 법률」에 따른 전기자동차의 충전시설 및 수소연료공급시설을 설치·정비 또는 개량하는 사업

정답 41 ④　42 ①

43 다음 중 물류 교통 · 환경 정비지구에 대한 설명으로 틀린 것은?

① 시 · 도지사는 물류시설의 밀집으로 도로 등 기반시설의 정비와 소음 · 진동 · 미세먼지 저감 등 생활환경의 개선이 필요한 경우로서 대통령령으로 정하는 요건에 해당하는 경우 국토교통부장관에게 정비지구의 지정을 신청할 수 있다.

② 정비지구의 지정 또는 변경을 신청하려는 시장 · 군수 · 구청장은 정비계획을 수립하여 시 · 도지사에게 제출하여야 한다.

③ 소음 · 진동 방지, 대기오염 저감 등 환경정비계획은 정비계획에 포함되어야 한다.

④ 시장 · 군수 · 구청장은 정비지구의 지정을 신청하려는 경우에는 주민설명회를 열고, 그 내용을 14일 이상 주민에게 공람하여 의견을 들어야 한다.

⑤ 시 · 도지사는 정비지구의 지정을 신청받은 경우에는 관계 행정기관의 장과 협의하고 대통령령으로 정하는 바에 따라 물류단지계획심의위원회와 「국토의 계획 및 이용에 관한 법률」에 따른 지방도시계획위원회가 공동으로 하는 심의를 거쳐 정비지구를 지정한다.

해설 ① 시장 · 군수 · 구청장은 물류시설의 밀집으로 도로 등 기반시설의 정비와 소음 · 진동 · 미세먼지 저감 등 생활환경의 개선이 필요한 경우로서 대통령령으로 정하는 요건에 해당하는 경우 시 · 도지사에게 물류 교통 · 환경 정비지구의 지정을 신청할 수 있다.

44 물류시설의 개발 및 운영에 관한 법률상 물류창고업의 등록에 관한 설명이다. (　　)에 들어갈 숫자를 바르게 나열한 것은?

> 보관시설의 전체 바닥면적의 합계가 (ㄱ)제곱미터 이상이거나 보관장소의 전체 면적의 합계가 (ㄴ)제곱미터 이상인 물류창고를 소유 또는 임차하여 물류창고업을 경영하려는 자는 관할 행정청에게 등록하여야 한다.

① ㄱ : 500, ㄴ : 2,500
② ㄱ : 1,000, ㄴ : 2,500
③ ㄱ : 1,000, ㄴ : 4,500
④ ㄱ : 2,000, ㄴ : 2,500
⑤ ㄱ : 2,000, ㄴ : 4,500

해설 다음의 어느 하나에 해당하는 물류창고를 소유 또는 임차하여 물류창고업을 경영하려는 자는 국토교통부와 해양수산부의 공동부령으로 정하는 바에 따라 국토교통부장관(「항만법」 제2조 제4호에 따른 항만구역은 제외) 또는 해양수산부장관(「항만법」 제2조 제4호에 따른 항만구역만 해당)에게 등록하여야 한다(법 제21조의2).

1. 전체 바닥면적의 합계가 1천제곱미터 이상인 보관시설(하나의 필지를 기준으로 해당 물류창고업을 등록하고자 하는 자가 직접 사용하는 바닥면적만을 산정하되, 필지가 서로 연접한 경우에는 연접한 필지를 합산하여 산정한다.) 다만 제2조 제5호의2에 따른 주문배송시설로서 「건축법」에 따른 제2종 근린생활시설을 설치하는 경우에는 본문의 바닥면적 기준을 적용하지 아니한다.
2. 전체 면적의 합계가 4천500제곱미터 이상인 보관장소(보관시설이 차지하는 토지면적을 포함하고 하나의 필지를 기준으로 물류창고업을 등록하고자 하는 자가 직접 사용하는 면적만을 산정하되, 필지가 서로 연접한 경우에는 연접한 필지를 합산하여 산정한다)

정답 43 ① 44 ③

45 물류시설의 개발 및 운영에 관한 법령상 국가 또는 지방자치단체는 창고업과 관련하여 필요하다고 인정하면 사업을 위한 자금의 일부를 융자할 수 있다. 이에 포함되지 않는 것은?

① 물류창고 관련 기술의 개발
② 물류창고의 보수·개조 또는 개량
③ 물류창고의 건설
④ 물류창고시설의 임대
⑤ 물류창고 시설·장비의 효율적 개선에 관한 사항

해설 국가 또는 지방자치단체는 물류창고업자 또는 그 사업자단체가 다음의 어느 하나에 해당하는 사업을 수행하는 경우로서 재정적 지원이 필요하다고 인정하면 자금의 일부를 보조 또는 융자할 수 있다(법 제21조의7).

1. 물류창고의 건설
2. 물류창고의 보수·개조 또는 개량
3. 물류장비의 투자
4. 물류창고 관련 기술의 개발
5. 물류창고업의 경영구조 개선에 관한 사항
6. 물류창고 시설·장비의 효율적 개선에 관한 사항
7. 물류창고업자 및 관련 종사자에 대한 교육·훈련
8. 물류창고업의 국제동향에 대한 조사·연구

46 물류시설의 개발 및 운영에 관한 법령상 물류창고업에 관한 설명으로 옳지 않은 것은?

① 국토교통부장관은 스마트물류센터로 인증된 물류창고업자가 인증기준을 적합하게 유지하는지에 대한 점검을 정당한 사유 없이 2회 거부한 경우 그 인증을 취소하여야 한다.
② 물류창고업자가 물류창고의 소재지를 변경하거나 물류창고 면적을 10/100 이상 증감하려는 경우에는 변경등록을 하여야 한다.
③ 「물류시설의 개발 및 운영에 관한 법률」을 위반하여 벌금형 이상을 선고받은 후 2년이 지나지 아니한 자는 물류창고업을 등록할 수 없다.
④ 물류창고업자가 그 사업의 전부 또는 일부를 휴업하거나 폐업하려는 때에는 미리 국토교통부장관에게 신고하여야 한다.
⑤ 물류창고업자는 다른 사람에게 자기의 성명 또는 상호를 사용하여 사업을 하게 하거나 그 등록증을 대여하여서는 아니 된다.

해설 ① 3회 이상 거부한 경우 인증을 취소할 수 있다.

정답 45 ④ 46 ①

인증의 취소(법 제21조의5 제1항)

> 국토교통부장관은 제21조의4 제1항(스마트물류센터 인증)에 따라 인증을 받은 자가 다음의 어느 하나에 해당하는 경우에는 대통령령으로 정하는 바에 따라 그 인증을 취소할 수 있다.
> 1. 거짓이나 그 밖의 부정한 방법으로 인증을 받은 경우(절대적 취소)
> 2. 인증의 전제나 근거가 되는 중대한 사실이 변경된 경우
> 3. 제21조의4 제6항에 따른 점검을 정당한 사유 없이 3회 이상 거부한 경우
> 4. 제21조의4 제8항에 따른 인증 기준에 맞지 아니하게 된 경우
> 5. 인증받은 자가 인증서를 반납하는 경우

47 물류시설의 개발 및 운영에 관한 법령상 물류창고업에 관한 설명으로 옳지 않은 것은?

① 국가는 물류창고업자가 물류창고업의 업종전환을 위한 국내동향 조사・연구를 하는 경우 자금의 일부를 보조 또는 융자할 수 있다.

② 등록한 사항 중 대통령령으로 정하는 사항을 변경하려는 경우에는 국토교통부와 해양수산부의 공동부령으로 정하는 바에 따라 변경등록의 사유가 발생한 날부터 30일 이내에 변경등록을 하여야 한다.

③ 보조금 또는 융자금은 보조 또는 융자받은 목적 외의 용도로 사용하여서는 아니 된다.

④ 지방자치단체는 물류창고업자 및 관련 종사자에 대한 교육・훈련사업을 위하여 필요하다고 인정하면 자금의 일부를 보조 또는 융자할 수 있다.

⑤ 물류창고업자는 등록사항 중 물류창고 면적의 100분의 10 이상을 감소시키려는 경우 물류창고업의 변경등록을 하여야 한다.

해설 ① 국가 또는 지방자치단체는 물류창고업자 또는 그 사업자단체가 물류창고업의 경영합리화를 위한 국제동향에 대한 조사・연구에 해당하는 사업을 수행하는 경우로서 재정적 지원이 필요하다고 인정하면 자금의 일부를 보조 또는 융자할 수 있다(법 제21조의7 제1항 제5호, 시행규칙 제13조의10 제4호).

48 물류시설의 개발 및 운영에 관한 법령상 스마트물류센터에 관한 설명으로 옳은 것은?

① 국가 또는 지방자치단체는 스마트물류센터의 구축 및 운영에 필요한 자금의 대출 등으로 인한 금전채무의 보증한도, 보증료 등 보증조건을 우대할 수 있다.

② 스마트물류센터 인증의 유효기간은 인증을 받은 날부터 5년으로 한다.

③ 스마트물류센터 인증의 등급은 3등급으로 구분한다.

④ 스마트물류센터 예비인증은 본(本)인증에 앞서 건축물 설계에 반영된 내용을 대상으로 한다.

⑤ 스마트물류센터임을 사칭한 자에게는 과태료를 부과한다.

정답 47 ① 48 ④

해설 ① 국가 또는 지방자치단체 → 「신용보증기금법」에 따라 설립된 신용보증기금 및 「기술보증기금법」에 따라 설립된 기술보증기금
② 5년 → 3년
③ 3등급 → 5등급
⑤ 과태료 → 3,000만원 이하의 벌금

49 물류시설의 개발 및 운영에 관한 법률상 형사벌의 대상이 되는 경우를 모두 고른 것은?

ㄱ. 공사시행인가를 받지 아니하고 공사를 시행한 복합물류터미널사업자
ㄴ. 인증을 받지 않고 스마트물류센터임을 사칭한 자
ㄷ. 등록을 하지 아니하고 복합물류터미널사업을 경영한 자
ㄹ. 다른 사람에게 등록증을 대여한 복합물류터미널사업자

① ㄱ, ㄴ
② ㄴ, ㄷ
③ ㄷ, ㄹ
④ ㄱ, ㄴ, ㄹ
⑤ ㄱ, ㄴ, ㄷ, ㄹ

해설 ㄱ. 공사시행인가를 받지 아니하고 공사를 시행한 복합물류터미널사업자(1년 이하의 징역 또는 1천만원 이하의 벌금형)
ㄴ. 인증을 받지 않고 스마트물류센터임을 사칭한 자(3천만원 이하의 벌금형)
ㄷ. 등록을 하지 아니하고 복합물류터미널사업을 경영한 자(1년 이하의 징역 또는 1천만원 이하의 벌금형)
ㄹ. 다른 사람에게 등록증을 대여한 복합물류터미널사업자(1년 이하의 징역 또는 1천만원 이하의 벌금형)

50 물류시설의 개발 및 운영에 관한 법률상 과징금 규정에 대한 설명으로 틀린 것은?

① 국토교통부장관은 복합물류터미널사업자가 거짓이나 그 밖의 부정한 방법으로 등록을 한 때에는 사업정지처분을 갈음하여 5천만원 이하의 과징금을 부과할 수 있다.
② 과징금 통지를 받은 자는 그 통지를 받은 날부터 20일 이내에 국토교통부장관이 정하는 수납기관에 과징금을 내야 한다.
③ 국토교통부장관은 과징금을 내야 할 자가 납부기한까지 과징금을 내지 아니하면 대통령령으로 정하는 바에 따라 국세강제징수의 예에 따라 징수한다.
④ 과징금의 수납기관은 과징금영수증을 내주었을 때에는 국토교통부장관에게 영수필통지서를 보내야 한다.
⑤ 과징금을 부과하는 위반행위의 종류와 그 정도에 따른 과징금의 금액, 그 밖에 필요한 사항은 대통령령으로 정한다.

정답 49 ⑤ 50 ①

해설 국토교통부장관은 복합물류터미널사업자가 법 제17조 제1항 각 호(제1호·제4호·제7호 및 제8호는 제외한다)의 어느 하나에 해당하여 사업의 정지를 명하여야 하는 경우로서 그 사업의 정지가 그 사업의 이용자 등에게 심한 불편을 주는 경우에는 그 사업정지처분을 갈음하여 5천만원 이하의 과징금을 부과할 수 있다.

> 법 제17조 제1호·제4호·제7호·제8호 규정
> 1. 거짓이나 그 밖의 부정한 방법으로 등록을 한 때
> 4. 등록의 결격사유 중 하나에 해당하게 된 때. 다만, 법인의 임원 중 하나가 결격사유에 해당하는 경우로서 그 사유가 발생한 날부터 3개월 이내에 해당 임원을 개임한 경우에는 그러하지 아니하다.
> 7. 다른 사람에게 자기의 성명 또는 상호를 사용하여 사업을 하게 하거나 등록증을 대여한 때
> 8. 사업정지명령을 위반하여 그 사업정지기간 중에 영업을 한 때

51 물류시설의 개발 및 운영에 관한 법령에 따라 징역형에 처할 수 있는 위반행위는?

① 복합물류터미널사업자가 「물류시설의 개발 및 운영에 관한 법률」에 따른 사업정지명령을 위반하여 그 사업정지 기간 중에 영업을 한 경우
② 국토교통부장관이 복합물류터미널사업자에게 복합물류터미널의 건설에 관하여 필요한 자료의 제출을 명하였으나 이에 응하지 않은 경우
③ 시·도지사가 물류단지개발 시행자에게 물류단지의 개발에 관하여 필요한 보고를 하게 하였으나 거짓으로 보고한 경우
④ 복합물류터미널사업자가 타인에게 자기의 상호를 사용하여 사업을 하게 한 경우
⑤ 복합물류터미널사업의 등록에 따른 권리·의무를 승계한 자가 국토교통부장관에게 승계의 신고를 하지 않은 경우

해설 다음의 어느 하나에 해당하는 자는 1년 이하의 징역 또는 1천만원 이하의 벌금에 처한다. 다만, 제7호에 해당하는 자로서 그 처분행위로 얻은 이익이 3천만원 이상인 경우에는 1년 이하의 징역 또는 그 이익에 상당하는 금액 이하의 벌금에 처한다(법 제65조 제1항).

> 1. 등록을 하지 아니하고 복합물류터미널사업을 경영한 자
> 2. 제9조 제1항을 위반하여 복합물류터미널사업의 공사시행인가 또는 변경인가를 받지 아니하고 공사를 시행한 자
> 3. 제16조(제21조의10에서 준용하는 경우를 포함)를 위반하여 성명 또는 상호를 다른 사람에게 사용하게 하거나 등록증을 대여한 자(복합물류터미널사업자)
> 4. 제21조의2 제1항을 위반하여 등록을 하지 아니하고 물류창고업을 경영한 자. 다만 제21조의2 제4항 각 호에 해당하는 물류창고업을 경영한 자는 제외
> 5. 제25조 제1항(제49조 및 제52조의2 제9항에서 준용하는 경우 포함)을 위반하여 건축물의 건축 등을 한 자
> 6. 거짓이나 그 밖의 부정한 방법으로 물류단지개발사업 또는 물류단지개발실시계획에 따른 지정 또는 승인을 받은 자
> 7. 제51조 제1항(제52조의2 제9항에서 준용하는 경우 포함)을 위반하여 토지 또는 시설을 처분한 자

정답 51 ④

CHAPTER

03

유통산업발전법

물류관리사

CHAPTER 03

유통산업발전법

◀ 유통산업발전법의 흐름 ▶

1. 총칙
   - 법의 목적 및 이념
   - 용어의 정의 : 유통산업/대규모점포/공동집배송센터 등
   - 유통산업시책의 기본방향
   - 적용 배제
2. 유통산업발전계획
   - 유통산업발전기본계획 : 수립권자/수립주기/계획의 내용
   - 유통산업발전시행계획
   - 기본계획 vs 시행계획 비교
   - 유통업상생발전협의회
3. 대규모점포등
   - 대규모점포 : 대규모점포의 종류
   - 대규모점포등의 개설등록 : 결격사유/등록취소/휴 · 폐업신고
   - 대규모점포등에 대한 영업시간 제한
4. 유통산업의 경쟁력 강화
   - 분야별 발전시책
   - 체인사업 : 정의 및 유형/경영개선사항
   - 중소유통공동도매물류센터
   - 상점가진흥조합 : 조합결성 조건
   - 전문상가단지
5. 유통산업발전기반의 조성
   - 유통정보화시책
   - 유통표준전자문서 및 보안 : 「물류정책기본법」과의 비교
   - 유통전문인력 양성
   - 유통산업의 국제화 촉진
6. 유통기능의 효율화
   - 유통기능 효율화 시책
   - 공동집배송센터
     - 지정요건/시설 및 운영 기준/시정명령
     - 개발촉진지구/요건
7. 상거래질서의 확립
   - 유통분쟁조정위원회
   - 분쟁의 조정 : 분쟁범위/분쟁조정절차/조정비용의 분담
8. 보칙 및 벌칙

01 총칙

1 법의 목적

이 법은 유통산업의 효율적인 진흥과 균형 있는 발전을 꾀하고, 건전한 상거래질서를 세움으로써 소비자를 보호하고 국민경제의 발전에 이바지함을 목적으로 한다(법 제1조).

2 「유통산업발전법」상 중요 용어의 정의 ★

(1) 유통산업

농산물·임산물·축산물·수산물(가공물 및 조리물을 포함한다) 및 공산품의 도매·소매 및 이를 경영하기 위한 보관·배송·포장과 이와 관련된 정보·용역의 제공 등을 목적으로 하는 산업을 말한다.

(2) 매장

매장이란 상품의 판매와 이를 지원하는 용역의 제공에 직접 사용되는 장소를 말한다. 이 경우 매장에 포함되는 용역의 제공장소의 범위는 대통령령으로 정한다.

① 「건축법 시행령」 별표 1의 규정에 따른 제1종 및 제2종 근린생활시설
② 같은 표 제5호에 따른 문화 및 집회시설
③ 같은 표 제13호에 따른 운동시설
④ 같은 표 제14호 나목에 따른 일반업무시설(오피스텔은 제외)

(3) 대규모점포

다음의 요건을 모두 갖춘 매장을 보유한 점포의 집단으로서 별표에 규정된 것을 말한다.

① 하나 또는 대통령령으로 정하는 둘 이상의 연접되어 있는 건물 안에 하나 또는 여러 개로 나누어 설치되는 매장일 것
② 상시 운영되는 매장일 것
③ 매장면적의 합계가 3천제곱미터 이상일 것

(4) 체인사업 ★

체인사업이란 같은 업종의 여러 소매점포를 직영(자기가 소유하거나 임차한 매장에서 자기의 책임과 계산하에 직접 매장을 운영하는 것을 말함)하거나 같은 업종의 여러 소매점포에 대하여 계속적으로 경영을 지도하고 상품·원재료 또는 용역을 공급하는 다음의 어느 하나에 해당하는 사업을 말한다.

① **직영점형 체인사업** : 체인본부가 주로 소매점포를 직영하되, 가맹계약을 체결한 가맹점에 대하여 상품의 공급 및 경영지도를 계속하는 형태의 체인사업
② **프랜차이즈형 체인사업** : 독자적인 상품 또는 판매・경영 기법을 개발한 체인본부가 상호・판매방법・매장운영 및 광고방법 등을 결정하고, 가맹점으로 하여금 그 결정과 지도에 따라 운영하도록 하는 형태의 체인사업
③ **임의가맹점형 체인사업** : 체인본부의 계속적인 경영지도 및 체인본부와 가맹점 간의 **협업**에 의하여 가맹점의 취급품목・영업방식 등의 **표준화사업**과 공동구매・공동판매・공동시설활용 등 공동사업을 수행하는 형태의 체인사업
④ **조합형 체인사업** : 같은 업종의 소매점들이 「중소기업협동조합법」에 따른 중소기업협동조합, 「협동조합 기본법」에 따른 협동조합, 같은 법 제71조에 따른 협동조합연합회, 같은 법 제85조에 따른 사회적협동조합 또는 같은 법 제114조에 따른 사회적협동조합연합회를 설립하여 공동구매・공동판매・공동시설활용 등 사업을 수행하는 형태의 체인사업

(5) 공동집배송센터

여러 유통사업자 또는 제조업자가 공동으로 사용할 수 있도록 집배송시설 및 부대업무시설이 설치되어 있는 지역 및 시설물을 말한다.

(6) 전문상가단지

같은 업종을 경영하는 여러 도매업자 또는 소매업자가 일정 지역에 점포 및 부대시설 등을 집단으로 설치하여 만든 상가단지를 말한다.

(7) 임시시장

다수의 수요자와 공급자가 일정한 기간 동안 상품을 매매하거나 용역을 제공하는 일정한 장소를 말한다. 임시시장의 개설방법・시설기준과 그 밖에 임시시장의 운영・관리에 관한 사항은 특별자치시・시・군・구의 조례로 정하며, 지방자치단체의 장은 임시시장의 활성화를 위하여 임시시장을 체계적으로 육성・지원하여야 한다.

(8) 무점포판매

상시 운영되는 매장을 가진 점포를 두지 아니하고 상품을 판매하는 것으로서 다음의 산업통상자원부령(시행규칙)으로 정하는 것을 말한다.

1. 방문판매 및 가정 내 진열판매
2. 다단계판매
3. 전화권유판매
4. 카탈로그판매
5. 텔레비전홈쇼핑

6. 인터넷 멀티미디어 방송(IPTV)을 통한 상거래
7. 인터넷쇼핑몰 또는 사이버몰 등 전자상거래
8. 온라인 오픈마켓 등 전자상거래중개
9. 이동통신기기를 이용한 판매
10. 자동판매기를 통한 판매

(9) 유통표준코드

상품·상품포장·포장용기 또는 운반용기의 표면에 표준화된 체계에 따라 표기된 숫자와 바코드 등으로서 산업통상자원부령으로 정하는 것을 말한다.

(10) 유통표준전자문서

「전자문서 및 전자거래 기본법」 제2조 제1호에 따른 전자문서 중 유통부문에 관하여 표준화되어 있는 것으로서 산업통상자원부령으로 정하는 것을 말한다.

(11) 판매시점 정보관리시스템

상품을 판매할 때 활용하는 시스템으로서 광학적 자동판독방식에 따라 상품의 판매·매입 또는 배송 등에 관한 정보가 수록된 것을 말한다.

(12) 물류설비

화물의 수송·포장·하역·운반과 이를 관리하는 물류정보처리활동에 사용되는 물품·기계·장치 등의 설비를 말한다.

3 유통산업시책의 기본방향(법 제3조)

정부는 이 법의 목적을 달성하기 위하여 다음의 시책을 마련하여야 한다.

1. 유통구조의 선진화 및 유통기능의 효율화 촉진
2. 유통산업에서의 소비자 편익의 증진
3. 유통산업의 지역별 균형발전의 도모
4. 유통산업의 종류별 균형발전의 도모
5. 중소유통기업(유통산업을 경영하는 자로서 「중소기업기본법」에 따른 중소기업자에 해당하는 자를 말한다)의 구조개선 및 경쟁력의 강화
6. 유통산업의 국제경쟁력 제고
7. 유통산업에서의 건전한 상거래질서의 확립 및 공정한 경쟁여건의 조성
8. 그 밖에 유통산업의 발전을 촉진하기 위하여 필요한 사항

4 적용 배제(법 제4조) ★

다음의 시장·사업장 및 매장에 대하여는 이 법을 적용하지 아니한다.

1. 「농수산물 유통 및 가격안정에 관한 법률」에 따른 농수산물도매시장, 농수산물공판장, 민영농수산물도매시장, 농수산물종합유통센터
2. 「축산법」 제34조에 따른 가축시장

02 유통산업발전계획 ★★

1 유통산업발전기본계획 ★

(1) 기본계획의 수립·시행(법 제5조)

산업통상자원부장관은 유통산업의 발전을 위하여 **5년**마다 유통산업발전기본계획을 관계 중앙행정기관의 장과 협의를 거쳐 세우고 시행하여야 한다.

(2) 기본계획의 포함 내용

기본계획에는 다음의 사항이 포함되어야 한다.

1. 유통산업 발전의 기본방향
2. 유통산업의 국내외 여건 변화 전망
3. 유통산업의 현황 및 평가
4. 유통산업의 지역별·종류별 발전 방안
5. 산업별·지역별 유통기능의 효율화·고도화 방안
6. 유통전문인력·부지 및 시설 등의 수급 변화에 대한 전망
7. 중소유통기업의 구조개선 및 경쟁력 강화 방안
8. 대규모점포와 중소유통기업 및 중소제조업체 사이의 건전한 상거래질서의 유지 방안
9. 그 밖에 유통산업의 규제완화 및 제도개선 등 유통산업의 발전을 촉진하기 위하여 필요한 사항

(3) 자료의 제출 요청 및 계획의 고지

① **자료의 제출 요청** : 산업통상자원부장관은 기본계획을 세우기 위하여 필요하다고 인정하는 경우에는 관계 중앙행정기관의 장에게 필요한 자료를 요청할 수 있다. 이 경우 자료를 요청받은 관계 중앙행정기관의 장은 특별한 사정이 없으면 요청에 따라야 한다.

② **제출 요청일** : 산업통상자원부장관은 관계 중앙행정기관의 장에게 기본계획의 수립을 위하여

필요한 자료를 해당 기본계획 개시연도의 전년도 10월 말일까지 제출하여 줄 것을 요청할 수 있다.

③ **고지의무** : 산업통상자원부장관은 기본계획을 특별시장 · 광역시장 · 특별자치시장 · 도지사 · 특별자치도지사(이하 “시 · 도지사”라 한다)에게 알려야 한다.

2 유통산업발전시행계획 ★

(1) 계획의 수립 · 시행(법 제6조)

① **산업통상자원부장관**은 기본계획에 따라 **매년** 유통산업발전시행계획을 관계 중앙행정기관의 장과 협의를 거쳐 세워야 한다.

② 산업통상자원부장관은 시행계획을 세우기 위하여 필요하다고 인정하는 경우에는 관계 중앙행정기관의 장에게 필요한 자료를 요청할 수 있다. 이 경우 자료를 요청받은 관계 중앙행정기관의 장은 특별한 사정이 없으면 요청에 따라야 한다.

③ 산업통상자원부장관 및 관계 중앙행정기관의 장은 시행계획 중 소관 사항을 시행하고 이에 필요한 재원을 확보하기 위하여 노력하여야 한다.

④ 산업통상자원부장관은 시행계획을 시 · 도지사에게 알려야 한다.

(2) 자료의 제출 요청

① **자료의 제출 요청** : 산업통상자원부장관은 관계 중앙행정기관의 장에게 시행계획의 수립을 위하여 필요한 다음의 사항이 포함된 자료를 매년 3월 말일까지 제출하여 줄 것을 요청할 수 있다.

1. 유통산업발전시책의 기본방향
2. 사업주체 및 내용
3. 필요한 자금과 그 조달방안
4. 사업의 시행방법
5. 그 밖에 시행계획의 수립에 필요한 사항

② **시행계획의 집행실적 제출** : 관계 중앙행정기관의 장은 시행계획의 집행실적을 다음 연도 2월 말일까지 산업통상자원부장관에게 제출하여야 한다.

(3) 지역별 시행계획(법 제7조) ★

① **시 · 도지사**는 기본계획 및 시행계획에 따라 다음의 사항을 포함하는 지역별 시행계획을 세우고 시행하여야 한다. 이 경우 시 · 도지사(특별자치시장은 제외)는 미리 시장(「제주특별자치도 설치 및 국제자유도시 조성을 위한 특별법」에 따른 행정시장을 포함) · 군수 · 구청장(자치구의 구청장)의 의견을 들어야 한다.

1. 지역유통산업발전의 기본방향
2. 지역유통산업의 여건변화 전망
3. 지역유통산업의 현황 및 평가
4. 지역유통산업의 종류별 발전 방안
5. 지역유통기능의 효율화·고도화 방안
6. 유통전문인력·부지 및 시설 등의 수급 방안
7. 지역중소유통기업의 구조개선 및 경쟁력 강화 방안
8. 그 밖에 지역유통산업의 규제완화 및 제도개선 등 지역유통산업의 발전을 촉진시키기 위해 필요한 사항

② 관계 중앙행정기관의 장은 유통산업의 발전을 위하여 필요하다고 인정하는 경우에는 시·도지사 또는 시장·군수·구청장에게 시행계획의 시행에 필요한 조치를 할 것을 요청할 수 있다.

(4) 유통산업의 실태조사(법 제7조의4)

① **조사권자 : 산업통상자원부장관**은 기본계획 및 시행계획 등의 효율적인 수립·추진을 위하여 유통산업에 대한 실태조사를 할 수 있다.

② **정기조사** : 유통산업에 관한 계획 및 정책수립과 집행에 활용하기 위하여 **3년마다** 실시하는 조사

수시조사 : 산업통상자원부장관이 기본계획 및 시행계획 등의 효율적인 수립을 위하여 필요하다고 인정하는 경우 특정 업태 및 부문 등을 대상으로 실시하는 조사

③ **실태조사의 범위**(시행령 제6조의4)

㉠ 대규모점포, 무점포판매 및 도·소매점포의 현황, **영업환경**, **물품구매**, 영업실태 및 사업체 특성 등에 관한 사항

㉡ 지역별·업태별 유통기능 효율화를 위한 물류표준화·정보화 및 **물류공동화**에 관한 사항

㉢ 그 밖에 산업통상자원부장관이 유통산업발전 정책수립을 위하여 실태조사가 필요하다고 인정하는 사항

3 유통업상생발전협의회(법 제7조의5) ★

(1) 소속

① 대규모점포 및 준대규모점포(이하 "대규모점포등"이라 한다)와 지역중소유통기업의 균형발전을 협의하기 위하여 **특별자치시장·시장·군수·구청장** 소속으로 유통업상생발전협의회를 둔다.

② 협의회 구성 및 운영에 필요한 사항은 '산업통상자원부령'으로 정한다.

(2) 협의회 구성

유통업상생발전협의회는 성별 및 분야별 대표성 등을 고려하여 **회장 1명을 포함한 11명 이내의**

위원으로 구성하며, 위원의 임기는 2년으로 한다(시행규칙 제4조의2).

(3) 위원의 임명

회장은 부시장·부군수·부구청장이 되고, 위원은 특별자치시장·시장(「제주특별자치도 설치 및 국제자유도시 조성을 위한 특별법」에 따른 행정시장 포함)·군수·구청장(자치구의 구청장)이 임명하거나 위촉하는 다음의 자가 된다.

1. 해당 지역에 대규모점포등을 개설하였거나 또는 개설하려는 대형유통기업의 대표 3명
2. 해당 지역의 전통시장, 슈퍼마켓, 상가 등 중소유통기업의 대표 3명
3. 다음의 어느 하나에 해당하는 자
   가. 해당 지역의 소비자단체의 대표 또는 주민단체의 대표
   나. 해당 지역의 유통산업분야에 관한 학식과 경험이 풍부한 자
   다. 그 밖에 대·중소유통 협력업체·납품업체·농어업인 등 이해관계자
4. 해당 특별자치시·시·군·구의 유통업무를 담당하는 과장급 공무원

(4) 협의회의 운영

① 협의회의 회의는 재적위원 2/3 이상의 출석으로 개의하고, 출석위원 2/3 이상의 찬성으로 의결한다.
② 회장은 회의를 소집하려는 경우에는 회의 개최일 5일 전까지 회의의 날짜·시간·장소 및 심의 안건을 각 위원에게 통지하여야 한다. 다만, 긴급한 경우나 부득이한 사유가 있는 경우에는 그러하지 아니하다.
③ 협의회의 사무를 처리하기 위하여 간사 1명을 두되, 간사는 유통업무를 담당하는 공무원으로 한다.
④ 협의회는 분기별로 1회 이상 개최하는 것을 원칙으로 한다.

(5) 협의회의 의견제시

협의회는 대형유통기업과 지역중소유통기업의 균형발전을 촉진하기 위하여 다음의 사항에 대해 특별자치시장·시장·군수·구청장에게 의견을 제시할 수 있다.

1. 대형유통기업과 지역중소유통기업 간의 상생협력촉진을 위한 지역별 시책의 수립에 관한 사항
1의2. 상권영향평가서 및 지역협력계획서 검토에 관한 사항
2. 대규모점포등에 대한 영업시간의 제한 등에 관한 사항
3. 전통상업보존구역의 지정에 관한 사항
4. 그 밖에 대·중소유통기업 간의 상생협력촉진, 공동조사연구, 지역유통산업발전, 전통시장 또는 전통상점가 보존을 위한 협력 및 지원에 관한 사항

03 대규모점포등 ★★★

1 대규모점포 ★

(1) 대규모점포의 개념

> "**대규모점포**"라 함은 다음의 요건을 모두 갖춘 매장을 보유한 점포의 집단으로서 별표에 규정된 것(대형마트 · 전문점 · 백화점 · 쇼핑센터 · 복합쇼핑몰 등)을 말한다.
> 1. 하나 또는 건물 간의 가장 가까운 거리가 50미터 이내이고 소비자가 통행할 수 있는 지하도 또는 지상통로가 설치되어 있어 하나의 대규모점포로 기능할 수 있는 둘 이상의 연접되어 있는 건물 안에 하나 또는 여러 개로 나누어 설치되는 매장일 것
> 2. 상시 운영되는 매장일 것
> 3. 매장면적의 합계가 **3천제곱미터** 이상일 것

① 대규모점포의 종류(법 제2조 제3호 관련 별표)

㉠ **대형마트** : 대통령령으로 정하는 용역의 제공장소(이하 "용역의 제공장소"라 한다)를 제외한 매장면적의 합계가 3천제곱미터 이상인 점포의 집단으로서 식품 · 가전 및 생활용품을 중심으로 점원의 도움 없이 소비자에게 소매하는 점포의 집단

㉡ **전문점** : 용역의 제공장소를 제외한 매장면적의 합계가 3천제곱미터 이상인 점포의 집단으로서 의류 · 가전 또는 가정용품 등 특정 품목에 특화한 점포의 집단

㉢ **백화점** : 용역의 제공장소를 제외한 매장면적의 합계가 3천제곱미터 이상인 점포의 집단으로서 다양한 상품을 구매할 수 있도록 현대적 판매시설과 소비자 편익시설이 설치된 점포로서 직영의 비율이 30퍼센트 이상인 점포의 집단

㉣ **쇼핑센터** : 용역의 제공장소를 제외한 매장면적의 합계가 3천제곱미터 이상인 점포의 집단으로서 다수의 대규모점포 또는 소매점포와 각종 편의시설이 일체적으로 설치된 점포로서 직영 또는 임대의 형태로 운영되는 점포의 집단

㉤ **복합쇼핑몰** : 용역의 제공장소를 제외한 매장면적의 합계가 3천제곱미터 이상인 점포의 집단으로서 쇼핑, 오락 및 업무 기능 등이 한 곳에 집적되고, 문화 · 관광 시설로서의 역할을 하며, 1개의 업체가 개발 · 관리 및 운영하는 점포의 집단

② 준대규모점포

㉠ 대규모점포를 경영하는 회사 또는 그 계열회사(「독점규제 및 공정거래에 관한 법률」에 따른 계열회사)가 직영하는 점포

㉡ 「독점규제 및 공정거래에 관한 법률」에 따른 상호출자제한기업집단의 계열회사가 직영하는 점포

㉢ ㉠ 및 ㉡의 회사 또는 계열회사가 직영점형 체인사업 및 프랜차이즈형 체인사업의 형태로 운영하는 점포

(2) 대규모점포등의 개설등록(법 제8조)

① **대규모점포등의 사업요건** : 개설등록
대규모점포를 개설하거나 전통상업보존구역에 준대규모점포를 개설하려는 자는 영업을 시작하기 전에 산업통상자원부령으로 정하는 바에 따라 상권영향평가서 및 지역협력계획서를 첨부하여 **특별자치시장 · 시장 · 군수 · 구청장에게 등록**하여야 한다. 등록한 내용을 변경하려는 경우에도 또한 같다.

② **개설등록 신청시 제출서류**

㉠ **개설등록시 제출서류** : 대규모점포등의 개설등록을 하려는 자는 대규모점포등개설등록신청서에 다음의 서류 등을 첨부하여 특별자치시장 · 시장 · 군수 또는 구청장에게 제출하여야 한다.

> 1. 사업계획서
> 2. 상권영향평가서
> 3. 지역협력계획서
> 4. 대지 또는 건축물의 소유권 또는 그 사용에 관한 권리를 증명하는 서류

㉡ **지역협력계획서의 검토** : 특별자치시장 · 시장 · 군수 · 구청장은 제출받은 상권영향평가서 및 지역협력계획서를 검토하는 경우 협의회의 의견을 청취하여야 하며, 필요한 때에는 대통령령으로 정하는 전문기관에 이에 대한 조사를 하게 할 수 있다.

③ **제출서류의 보완** : 특별자치시장 · 시장 · 군수 · 구청장은 제출받은 상권영향평가서 및 지역협력계획서가 미진하다고 판단하는 경우에는 제출받은 날부터 **30일 내**에 그 사유를 명시하여 보완을 요청할 수 있다.

④ **등록 제한 및 조건의 부착** : 특별자치시장 · 시장 · 군수 · 구청장은 개설등록 또는 변경등록[점포의 소재지를 변경하거나 매장면적이 개설등록(매장면적을 변경등록한 경우에는 변경등록) 당시의 매장면적보다 **1/10** 이상 증가하는 경우로 한정]을 하려는 대규모점포등의 위치가 전통상업보존구역에 있을 때에는 등록을 제한하거나 조건을 붙일 수 있다.

⑤ **개설등록 신청의 통보**

㉠ 특별자치시장 · 시장 · 군수 · 구청장은 개설등록 또는 변경등록하려는 점포의 소재지로부터 **산업통상자원부령으로 정하는 거리** 이내의 범위 일부가 인접 특별자치시 · 시 · 군 · 구에 속하여 있는 경우 인접지역의 특별자치시장 · 시장 · 군수 · 구청장에게 개설등록 또는 변경등록을 신청받은 사실을 통보하여야 한다.

㉡ 신청 사실을 통보받은 인접지역의 특별자치시장 · 시장 · 군수 · 구청장은 신청 사실을 통보받은 날로부터 20일 이내에 개설등록 또는 변경등록에 대한 의견을 제시할 수 있다.

⑥ **변경등록**(시행규칙 제5조 제4항) : 변경등록을 하여야 하는 사항은 다음의 어느 하나의 사항을 말한다.

㉠ 법인의 명칭, 개인 또는 법인 대표자의 성명, 개인 또는 법인의 주소
㉡ 개설등록(매장면적을 변경등록한 경우에는 변경등록) 당시 매장면적의 1/10 이상의 변경
㉢ 업태 변경(대규모점포만 해당한다)
㉣ 점포의 소재지 · 상호

(3) 대규모점포등의 개설계획 예고(법 제8조의3)

① **개설계획 예고일** : 대규모점포를 개설하려는 자는 영업을 개시하기 **60일** 전까지, 준대규모점포를 개설하려는 자는 영업을 시작하기 **30일** 전까지 산업통상자원부령으로 정하는 바에 따라 개설 지역 및 시기 등을 포함한 개설계획을 예고하여야 한다.

② **개설계획의 예고**

㉠ 대규모점포등을 개설하려는 자는 개설계획을 예고하기 위하여 해당 지역을 관할하는 특별자치시장 · 시장 · 군수 또는 구청장에게 개설자(법인 : 그 명칭과 대표자 성명), 개설지역(주소), 영업개시예정일, 대규모점포등의 종류, 매장면적(m^2)이 포함된 개설계획을 해당 지방자치단체의 인터넷 홈페이지에 게재하여 줄 것을 신청하여야 한다.

㉡ 신청을 받은 특별자치시장 · 시장 · 군수 또는 구청장은 신청일로부터 **5일** 이내에 해당 지방자치단체의 인터넷 홈페이지에 대규모점포등의 개설계획 또는 변경된 개설계획을 게재하여야 한다.

(4) 등록의 결격사유(법 제10조) ★

다음의 어느 하나에 해당하는 자는 대규모점포등의 등록을 할 수 없다.

1. 피성년후견인 또는 **미성년자**
2. 파산선고를 받고 복권되지 아니한 자
3. 이 법을 위반하여 징역의 실형을 선고받고 그 집행이 끝나거나(집행이 끝난 것으로 보는 경우를 포함한다) 집행이 면제된 날부터 **1년**이 지나지 아니한 사람
4. 이 법을 위반하여 징역형의 집행유예선고를 받고 그 유예기간 중에 있는 사람
5. 등록이 취소(제1호 또는 제2호에 해당하여 등록이 취소된 경우는 제외)된 후 **1년**이 지나지 아니한 자
6. 대표자가 위의 결격사유의 어느 하나에 해당하는 법인

(5) 등록의 취소(법 제11조) ★

① **절대적 등록취소** : 특별자치시장 · 시장 · 군수 · 구청장은 대규모점포등의 개설등록을 한 자(이하 "대규모점포등개설자"라 한다)가 **다음의 어느 하나에 해당하는 경우에는 그 등록을 취소하여야 한다.**

1. 대규모점포등개설자가 정당한 사유 없이 **1년** 이내에 영업을 시작하지 아니한 경우(대규모점포등의 건축에 정상적으로 소요되는 기간은 이를 산입하지 아니한다)
2. 대규모점포등의 영업을 정당한 사유 없이 **1년 이상** 계속하여 휴업한 경우
3. 등록결격사유에 해당하게 된 경우
4. 제8조 제3항에 따른 **조건**을 이행하지 아니한 경우(대규모점포등의 위치가 전통상업보존구역에 있을 때에는 등록을 제한하거나 **조건**을 붙일 수 있다)

② **등록취소의 예외** : 다음의 어느 하나에 해당하는 경우에는 법인대표자가 등록결격사유에 해당하게 된 날 또는 상속을 개시한 날부터 **6개월(등록취소 유예기간)**이 지난 날까지는 ①의 규정을 적용하지 아니한다.

㉠ 법인대표자가 결격사유에 해당하게 된 경우

㉡ 대규모점포등개설자의 지위를 승계한 상속인이 결격사유에 해당하는 경우

(6) 대규모점포등개설자의 업무(법 제12조)

① 대규모점포등개설자는 다음의 업무를 수행한다.

㉠ 상거래질서의 확립

㉡ 소비자의 안전유지와 소비자 및 인근 지역주민의 피해·불만의 신속한 처리

㉢ 그 밖에 대규모점포등을 유지·관리하기 위하여 필요한 업무

② **대규모점포등 개설자의 업무를 수행하는 자** : 매장이 분양된 대규모점포 및 등록 준대규모점포에서는 대규모점포등관리자가 ①의 업무를 수행한다.

매장의 구분	업무수행자
매장면적의 1/2 이상을 직영하는 자가 有	그 직영하는 자
매장면적의 1/2 이상을 직영하는 자가 無	㉠ 해당 대규모점포등 입점상인 2/3 이상이 동의(동의를 얻은 입점상인이 운영하는 매장면적의 합은 전체 매장면적의 1/2 이상)하여 설립한 「민법」 또는 「상법」에 따른 법인 ㉡ 입점상인 2/3 이상이 동의하여 설립한 협동조합 또는 사업협동조합 ㉢ 입점상인 2/3 이상이 동의하여 조직한 자치관리단체 ㉣ ㉠~㉢의 어느 하나에 해당하는 자가 없는 경우 입점상인 **1/2 이상**이 동의하여 지정하는 자

③ 대규모점포등관리자는 산업통상자원부령으로 정하는 바에 따라 특별자치시장·시장·군수·구청장에게 신고를 하여야 한다. 신고한 사항을 변경하려는 경우에도 또한 같다.

④ 매장이 분양된 대규모점포 및 등록 준대규모점포에서는 ①의 업무 중 구분소유와 관련된 사항에 대하여는 「집합건물의 소유 및 관리에 관한 법률」에 따른다.

(7) 대규모점포등개설자의 지위승계 및 휴 · 폐업신고(법 제13조 내지 제13조의2)

① **대규모점포등개설자의 지위승계** : 다음의 어느 하나에 해당하는 자는 종전의 대규모점포등개설자의 지위를 승계한다. 지위를 승계한 자에 대하여는 제10조(등록의 결격사유)를 준용한다.

㉠ 대규모점포등개설자가 사망한 경우 그 상속인

㉡ 대규모점포등개설자가 대규모점포등을 양도한 경우 그 양수인

㉢ 법인인 대규모점포등개설자가 다른 법인과 합병한 경우 합병 후 존속하는 법인이나 합병으로 설립되는 법인

② **대규모점포등의 휴업 · 폐업신고** : 대규모점포등개설자가 대규모점포등을 휴업하거나 폐업하려는 경우에는 산업통상자원부령으로 정하는 바에 따라 특별자치시장 · 시장 · 군수 · 구청장에게 신고를 하여야 한다.

③ **벌칙규정**(법 제49조 제2항) : 다음의 어느 하나에 해당하는 자는 1년 이하의 징역 또는 3천만원 이하의 벌금에 처한다.

㉠ 등록을 하지 아니하고 대규모점포등을 개설하거나 거짓 그 밖의 부정한 방법으로 대규모점포등의 개설등록을 한 자

㉡ 신고를 하지 아니하고 대규모점포등개설자의 업무를 수행하거나 거짓이나 그 밖의 부정한 방법으로 대규모점포등개설자의 업무수행신고를 한 자

(8) 대규모점포등에 대한 영업시간의 제한(법 제12조의2) ★

① 영업시간의 제한 내용

㉠ 특별자치시장 · 시장 · 군수 · 구청장은 건전한 유통질서 확립, 근로자의 건강권 및 대규모점포등과 중소유통업의 상생발전을 위하여 필요하다고 인정하는 경우 대형마트(대규모점포에 개설된 점포로서 대형마트의 요건을 갖춘 점포를 포함)와 준대규모점포에 대하여 다음의 영업시간 제한을 명하거나 의무휴업일을 지정하여 의무휴업을 명할 수 있다. 다만, 연간 총매출액 중 「농수산물 유통 및 가격안정에 관한 법률」에 따른 농수산물의 매출액 비중이 **55퍼센트 이상**인 대규모점포등으로서 해당 지방자치단체의 조례로 정하는 대규모점포등에 대하여는 그러하지 아니하다.

> 1. 영업시간 제한
> 2. 의무휴업일 지정

㉡ 특별자치시장 · 시장 · 군수 · 구청장은 ㉠ 제1호에 따라 **오전 0시부터 오전 10시**까지의 범위에서 영업시간을 제한할 수 있다.

㉢ 특별자치시장 · 시장 · 군수 · 구청장은 ㉠ 제2호에 따라 **매월 이틀**을 의무휴업일로 지정해야 한다. 이 경우 의무휴업일은 공휴일 중에서 지정하되, 이해당사자와 합의를 거쳐 공휴일이 아닌 날을 의무휴업일로 지정할 수 있다.

㉣ 영업시간 제한 및 의무휴업일 지정에 필요한 사항은 해당 **지방자치단체의 조례**로 정한다.

② **영업정지** : 특별자치시장 · 시장 · 군수 · 구청장은 다음의 어느 하나에 해당하는 경우에는 **1개월 이내**의 기간을 정하여 영업의 정지를 명할 수 있다.

㉠ **대규모점포등에 대한 영업시간의 제한 및 의무휴업일 지정**에 따른 명령을 1년 이내에 **3회** 이상 위반하여 영업제한시간에 영업을 한 자 또는 명령을 1년 이내에 3회 이상 위반하여 의무휴업일에 영업을 한 자. 이 경우 각각의 명령 위반의 횟수는 합산한다.

㉡ 영업정지명령을 위반하여 영업정지기간 중에 영업을 한 자

(9) 회계서류의 작성 · 보관(법 제12조의4)

① 대규모점포등관리자는 금전을 입점상인에게 청구 · 수령하거나 그 금원을 관리하는 행위 등 모든 거래행위에 관하여 장부를 월별로 작성하여 그 증빙서류와 함께 해당 회계연도 종료일부터 **5년간** 보관하여야 한다.

② 대규모점포등관리자가 **1/2** 이상 직영하는 자에 해당하는 대규모점포등관리자의 고유재산과 분리하여 회계처리를 하여야 한다.

③ 대규모점포등관리자는 입점상인이 장부나 증빙서류, 그 밖에 대통령령으로 정하는 정보의 열람을 요구하거나 자기의 비용으로 복사를 요구하는 때에는 다음의 정보는 제외하고 이에 응하여야 한다. 이 경우 관리규정에서 열람과 복사를 위한 방법 등 필요한 사항을 정할 수 있다.

㉠ 「개인정보 보호법」에 따른 고유식별정보 등 개인의 사생활의 비밀 또는 자유를 침해할 우려가 있는 정보

㉡ 의사결정과정 또는 내부검토과정에 있는 사항 등으로서 공개될 경우 업무의 공정한 수행에 현저한 지장을 초래할 우려가 있는 정보

(10) 대규모점포등관리자의 회계감사(법 제12조의5)

① 대규모점포등관리자는 대통령령으로 정하는 바에 따라 「주식회사의 외부감사에 관한 법률」에 따른 감사인의 회계감사를 매년 **1회** 이상 받아야 한다. 다만, 입점상인의 **2/3 이상**이 서면으로 회계감사를 받지 아니하는 데 동의한 연도에는 회계감사를 받지 아니할 수 있다.

② 대규모점포등관리자는 회계감사결과를 제출받은 날부터 1개월 이내에 대규모점포등의 인터넷 홈페이지에 그 결과를 공개하여야 한다.

③ 대규모점포등관리자는 특별자치시장 · 시장 · 군수 · 구청장 또는 「공인회계사법」에 따른 한국공인회계사회에 감사인의 추천을 의뢰할 수 있다.

④ 회계감사를 받는 대규모점포등관리자는 다음의 어느 하나에 해당하는 행위를 하여서는 아니 된다.

㉠ 정당한 사유 없이 감사인의 자료 열람 · 등사 · 제출 요구 또는 조사를 거부 · 방해 · 기피하는 행위

㉡ 감사인에게 거짓 자료를 제출하는 등 부정한 방법으로 회계감사를 방해하는 행위

(11) **관리규정**(법 제12조의6 및 시행령 제7조의7)

① 대규모점포등관리자는 대규모점포등의 관리 또는 사용에 관하여 입점상인의 **2/3 이상**의 동의를 얻어 관리규정을 제정하여야 하며 관리규정에 따라 대규모점포등을 관리하여야 한다.

② 관리규정을 제정하려는 대규모점포등관리자는 신고를 한 날부터 3개월 이내에 표준관리규정을 참조하여 관리규정을 제정하여야 한다.

③ 대규모점포등관리자는 입점상인이 관리규정의 열람이나 복사를 요구하는 때에는 이에 응하여야 한다.

④ 시・도지사는 이 법을 적용받는 대규모점포등의 효율적이고 공정한 관리를 위하여 대통령령으로 정하는 바에 따라 표준관리규정을 마련하여 보급하여야 한다.

(12) **전통상업보존구역의 지정**(법 제13조의3)

① 특별자치시장・시장・군수・구청장은 지역 유통산업의 전통과 역사를 보존하기 위하여 「전통시장 및 상점가 육성을 위한 특별법」에 따른 전통시장이나 중소벤처기업부장관이 정하는 전통상점가(이하 "전통시장등"이라 한다)의 경계로부터 **1킬로미터** 이내의 범위에서 해당 지방자치단체의 조례로 정하는 지역을 전통상업보존구역으로 지정할 수 있다.

② 전통상업보존구역을 지정하려는 특별자치시장・시장・군수・구청장은 관할구역 전통시장등의 경계로부터 1킬로미터 이내의 범위 일부가 인접 특별자치시・시・군・구에 속해 있는 경우에는 인접지역의 특별자치시장・시장・군수・구청장에게 해당 지역을 전통상업보존구역으로 지정할 것을 요청할 수 있다.

③ 요청을 받은 인접지역의 특별자치시장・시장・군수・구청장은 요청한 특별자치시장・시장・군수・구청장과 협의하여 해당 지역을 전통상업보존구역으로 지정하여야 한다.

④ 전통상업보존구역의 범위, 지정절차 및 지정취소 등에 관하여 필요한 사항은 해당 지방자치단체의 조례로 정한다.

(13) **임시시장의 개설**(법 제14조)

① 임시시장의 개설방법・시설기준과 그 밖에 임시시장의 운영・관리에 관한 사항은 특별자치시・시・군・구의 조례로 정한다.

② 지방자치단체의 장은 임시시장의 활성화를 위하여 임시시장을 체계적으로 육성・지원하여야 한다.

04 유통산업의 경쟁력 강화

1 분야별 발전시책(법 제15조)

(1) 시책의 수립

① **시책에 포함될 사항** : 산업통상자원부장관은 유통산업의 경쟁력을 강화하기 위하여 체인사업의 발전시책, 무점포판매업의 발전시책, 그 밖에 유통산업의 분야별 경쟁력 강화를 위하여 필요한 시책을 수립·시행할 수 있다. 시책에는 다음의 사항이 포함되어야 한다.

> 1. 국내외 사업현황
> 2. 산업별·유형별 발전전략에 관한 사항
> 3. 유통산업에 대한 인식의 제고에 관한 사항
> 4. 전문인력의 양성에 관한 사항
> 5. 관련 정보의 원활한 유통에 관한 사항
> 6. 그 밖에 유통산업의 분야별 발전 또는 경쟁력 강화를 위해 필요한 사항

② **지원사항** : 정부는 재래시장의 활성화에 필요한 시책을 수립·시행하여야 하고, 정부 또는 지방자치단체의 장은 이에 필요한 행정적·재정적 지원을 할 수 있다.

(2) 중소유통기업 구조개선시책

정부 또는 지방자치단체의 장은 다음의 사항이 포함된 중소유통기업의 구조개선 및 경쟁력 강화에 필요한 시책을 수립·시행할 수 있고, 이에 필요한 행정적·재정적 지원을 할 수 있다.

① 중소유통기업의 창업을 지원하기 위한 사항
② 중소유통기업에 대한 자금·경영·정보·기술·인력의 지원에 관한 사항
③ 선진유통기법의 도입·보급 등을 위한 중소유통기업자의 교육·연수지원에 관한 사항
④ 중소유통공동도매물류센터의 설립·운영 등 중소유통기업의 공동협력사업 지원에 관한 사항
⑤ 그 밖에 중소유통기업의 구조개선을 촉진하기 위하여 필요하다고 인정되는 사항으로서 대통령령으로 정하는 사항

2 체인사업(법 제16조) ★★

(1) 정의 및 유형

"체인사업"이라 함은 같은 업종의 여러 소매점포를 직영(자기가 소유하거나 임차한 매장에서 자기의 책임과 계산하에 직접 매장을 운영하는 것을 말함)하거나 같은 업종의 여러 소매점포에 대하여 계속적으로 경영을 지도하고 상품·원재료 또는 용역을 공급하는 직영점형 체인사업, 프랜차이즈형 체인사업, 임의가맹점형 체인사업, 조합형 체인사업에 해당하는 사업을 말한다.

(2) 체인사업자의 경영개선사항 ★

① 체인사업자는 직영하거나 체인에 가입되어 있는 점포(이하 "체인점포"라 한다)의 경영을 개선하기 위하여 다음의 사항을 추진하여야 한다.

㉠ 체인점포의 시설 **현대화**

㉡ 체인점포에 대한 원재료·상품 또는 용역 등의 원활한 공급

㉢ 체인점포에 대한 점포관리·품질관리·판매촉진 등 경영활동 및 영업활동에 관한 지도

㉣ 체인점포 종사자에 대한 유통교육·훈련의 실시

㉤ 체인사업자와 체인점포 간의 유통정보시스템의 구축

㉥ 집배송시설의 설치 및 공동물류사업의 추진

㉦ 공동브랜드 또는 자기부착상표의 개발·보급

㉧ **유통관리사의 고용 촉진**

㉨ 그 밖에 중소벤처기업부장관이 체인사업의 경영개선을 위하여 필요하다고 인정하는 사항

② 산업통상자원부장관, 중소벤처기업부장관 또는 지방자치단체의 장은 체인사업자 또는 체인사업자단체가 ①의 사업을 추진하는 경우에는 예산의 범위에서 필요한 자금 등을 지원할 수 있다.

3 중소유통공동도매물류센터

(1) 중소유통공동도매물류센터에 대한 지원 ★

산업통상자원부장관, 중소벤처기업부장관 또는 지방자치단체의 장은 「중소기업기본법」에 따른 중소기업자 중 대통령령으로 정하는 소매업자 50인 또는 도매업자 10인 이상의 자(중소유통기업자단체)가 공동으로 중소유통기업의 경쟁력 향상을 위하여 다음의 사업을 하는 중소유통공동도매물류센터를 건립하거나 운영하는 경우에는 필요한 행정적·재정적 지원을 할 수 있다.

1. 상품의 보관·배송·포장 등 공동물류사업
2. 상품의 전시
3. 유통·물류정보시스템을 이용한 정보의 수집·가공·제공
4. 중소유통공동도매물류센터를 이용하는 중소유통기업의 서비스능력 향상을 위한 교육 및 연수
5. 그 밖에 중소유통공동도매물류센터 운영의 고도화를 위하여 산업통상자원부장관이 필요하다고 인정하여 공정거래위원회와 협의를 거친 사업

(2) 운영의 위탁

지방자치단체의 장은 중소유통공동도매물류센터를 건립하여 중소유통기업자단체 또는 중소유통공동도매물류센터를 운영하기 위하여 지방자치단체와 중소유통기업자단체가 출자하여 설립한 법인에 그 운영을 위탁할 수 있다.

(3) 지방자치단체가 중소유통공동도매물류센터를 건립하여 운영을 위탁하는 경우에는 운영주체와 협의하여 해당 중소유통공동도매물류센터의 매출액의 **1천분의 5** 이내에서 시설 및 장비의 이용료를 징수하여 시설물 및 장비의 유지·관리 등에 드는 비용에 충당할 수 있다.

(4) 중소유통공동도매물류센터의 건립, 운영 및 관리 등에 필요한 사항은 중소벤처기업부장관이 정하여 고시한다.

4 상점가진흥조합 ★

(1) 상점가의 정의

"상점가"란 일정 범위의 가로 또는 지하도에 대통령령으로 정하는 수 이상의 도매점포·소매점포 또는 용역점포가 밀집하여 있는 지구를 말한다(법 제2조 제7호).

＊ 상점가의 범위

1. 2,000m^2 이내의 가로 또는 지하도에 30개 이상의 도매점포·소매점포 또는 용역점포가 밀집하여 있는 지구
2. 상품 또는 영업활동의 특성상 전시·판매 등을 위하여 넓은 면적이 필요한 동일 업종의 도매점포 또는 소매점포(이하 "특성업종도소매점포"라 한다)를 포함한 점포가 밀집하여 있다고 특별자치시장·시장·군수·구청장이 인정하는 지구로서 다음의 요건을 모두 충족하는 지구
   가. 가로 또는 지하도의 면적이 특성업종도소매점포의 평균면적에 도매점포 또는 소매점포의 수를 합한 수를 곱한 면적과 용역점포의 면적을 합한 면적 이내일 것
   나. 도매점포·소매점포 또는 용역점포가 30개 이상 밀집하여 있을 것
   다. 특성업종도소매점포의 수가 '나'에 따른 점포 수의 100분의 50 이상일 것

(2) 상점가진흥조합의 결성

① 상점가진흥조합의 조합원이 될 수 있는 자는 법 제18조 제1항의 자로서 「중소기업기본법」에 따른 중소기업자(도매업·소매업·용역업자)에 해당하는 자로 한다.

② **조합결성 조건** : 상점가진흥조합은 조합원의 자격이 있는 자의 **3분의 2** 이상의 동의를 받아 결성한다. 다만, 조합원의 자격이 있는 자 중 같은 업종을 경영하는 자가 **2분의 1** 이상인 경우에는 그 같은 업종을 경영하는 자의 **5분의 3** 이상의 동의를 받아 결성할 수 있다.

③ 상점가진흥조합은 협동조합 또는 사업조합으로 설립한다.

④ 상점가진흥조합의 구역은 다른 상점가진흥조합의 구역과 **중복되어서는 아니 된다.**

(3) **지원**(법 제19조) ★

지방자치단체의 장은 상점가진흥조합이 다음의 사업을 하는 경우에는 예산의 범위에서 필요한 자금을 지원할 수 있다.

1. 점포시설의 표준화 및 현대화
2. 상품의 매매・보관・수송・검사 등을 위한 공동시설의 설치
3. 주차장・휴게소 등 공공시설의 설치
4. 조합원의 판매촉진을 위한 공동사업
5. 가격표시 등 상거래질서의 확립
6. 조합원과 그 종사자의 자질 향상을 위한 연수사업 및 정보제공
7. 그 밖에 지방자치단체의 장이 상점가 진흥을 위하여 필요하다고 인정하는 사업

5 전문상가단지 건립의 지원(법 제20조)

(1) 개념

"전문상가단지"란 같은 업종을 경영하는 여러 도매업자 또는 소매업자가 일정 지역에 점포 및 부대시설 등을 집단으로 설치하여 만든 상가단지를 말한다(법 제2조 제8호).

(2) 행정적・재정적 지원

① **지원자** : 산업통상자원부장관, 관계 중앙행정기관의 장 또는 지방자치단체의 장은 필요한 행정적・재정적 지원을 할 수 있다.

② **지원대상자 요건**

1. 도매업자 또는 소매업자로 구성되는 「중소기업협동조합법」에 규정된 협동조합・사업협동조합・협동조합연합회 또는 중소기업중앙회로서 ㉠ **5천제곱미터** 이상의 부지를 확보하고 있을 것, ㉡ 단지 내에 입주하는 조합원이 **50인** 이상일 것에 해당하는 자
2. 제1호에 해당하는 자와 신탁계약을 체결한 「자본시장과 금융투자업에 관한 법률」에 따른 신탁업자로서 자본금 또는 연간 매출액이 **100억원** 이상인 자

③ 지원을 받으려는 자는 전문상가단지 조성사업계획을 작성하여 산업통상자원부장관, 관계 중앙행정기관의 장 또는 지방자치단체의 장에게 제출하여야 한다.

05 유통산업발전기반의 조성

1 유통정보화시책 ★

(1) 시책의 수립 및 시행(법 제21조)

산업통상자원부장관은 유통정보화의 촉진 및 유통부문의 전자거래기반을 넓히기 위하여 다음 사항이 포함된 유통정보화시책을 세우고 시행하여야 한다.

1. 유통표준코드의 보급
2. 유통표준전자문서의 보급
3. 판매시점 정보관리시스템(POS)의 보급
4. 점포관리의 효율화를 위한 재고관리시스템 · 매장관리시스템 등의 보급
5. 상품의 전자적 거래를 위한 전자장터(e-Market place) 등의 시스템의 구축 및 보급
6. 다수의 유통 · 물류기업 간 기업정보시스템의 연동을 위한 시스템의 구축 및 보급
7. 유통 · 물류의 효율적 관리를 위한 무선주파수 인식시스템(RFID)의 적용 및 실용화 촉진
8. 유통정보 또는 유통정보시스템의 표준화 촉진
9. 그 밖에 유통정보화를 촉진하기 위하여 필요하다고 인정되는 사항

(2) 예산의 지원

산업통상자원부장관은 유통사업자 · 제조업자 또는 유통 관련 단체가 위 (1) 각 호의 사업을 추진하는 경우에는 예산의 범위에서 필요한 자금을 지원할 수 있다.

2 유통표준전자문서 및 유통정보의 보안 ★★

(1) 위작 또는 변작 금지(법 제22조)

누구든지 유통표준전자문서를 위작 또는 변작하거나 위작 또는 변작된 전자문서를 사용하거나 유통시켜서는 아니 된다(**위반시 : 10년 이하의 징역 또는 1억원 이하의 벌금**).

(2) 유통정보 공개금지

유통정보화서비스를 제공하는 자는 유통표준전자문서 또는 컴퓨터 등 정보처리조직의 파일에 기록된 유통정보를 공개하여서는 아니 된다. 다만, 국가의 안전보장에 위해가 없고 타인의 비밀을 침해할 우려가 없는 정보로서 **대통령령으로 정하는 것***은 그러하지 아니하다.

*** 대통령령으로 정하는 유통정보의 예외적 공개사유**

1. 관계 행정기관의 장, 특별시장 · 광역시장 · 도지사 또는 특별자치도지사가 행정목적상 필요에 의하여 신청하는 정보
2. 수사기관이 수사목적상 필요에 의하여 신청하는 정보
3. 법원이 제출을 명하는 정보

(3) 유통표준전자문서의 보관

유통정보화서비스를 제공하는 자는 유통표준전자문서를 **3년** 동안 보관하여야 한다.

3 유통전문인력의 양성(법 제23조)

(1) 사업의 실시

산업통상자원부장관 또는 중소벤처기업부장관은 유통전문인력을 양성하기 위하여 다음의 사업을 할 수 있다.

① 유통산업에 종사하는 사람의 자질 향상을 위한 교육・연수
② 유통산업에 종사하려는 사람의 취업・재취업 또는 창업의 촉진을 위한 교육・연수
③ 선진유통기법의 개발・보급
④ 그 밖에 유통전문인력을 양성하기 위하여 필요하다고 인정되는 사업

(2) 지원사항

산업통상자원부장관 또는 중소벤처기업부장관은 다음의 기관이 (1)의 사업을 하는 경우에는 예산의 범위에서 그 사업에 필요한 경비의 전부 또는 일부를 지원할 수 있다.

1. 「정부출연연구기관 등의 설립・운영 및 육성에 관한 법률」 또는 「과학기술분야 정부출연연구기관 등의 설립・운영 및 육성에 관한 법률」에 따른 정부출연연구기관
2. 「고등교육법」 제2조 제1호에 따른 대학 또는 같은 법 제29조에 따른 대학원
3. 유통연수기관(※ 유통연수기관으로 지정을 받으려는 자는 유통연수기관지정신청서에 서류를 갖추어 **산업통상자원부장관**에게 제출하여야 함)

(3) 유통연수기관

① "유통연수기관"이란 다음의 어느 하나에 해당하는 기관을 말한다.

1. 「상공회의소법」 제34조에 따른 대한상공회의소
2. 「산업발전법」 제32조에 따른 한국생산성본부
3. 유통인력 양성을 위한 대통령령으로 정하는 시설・인력 및 연수 실적의 기준에 적합한 법인으로서 **산업통상자원부장관이 지정**하는 기관

② 유통연수기관의 지정기준(시행령 제9조의2 관련 별표 2의2)

구분	구비요건
1. 시설기준	가. 강의실 면적 : 100m^2 이상 나. 사무실 면적 : 16m^2 이상 다. 휴게실 면적 : 10m^2 이상
3. 연수실적	지정신청일 기준으로 1년 이내에 2회(1회당 20시간 이상) 이상의 유통연수강좌를 실시한 실적이 있을 것

③ 산업통상자원부장관은 지정유통연수기관이 제1호에 해당하는 경우에는 그 지정을 취소하여

야 하고, 제2호에 해당하는 경우에는 그 지정을 취소하거나 3개월 이내의 기간을 정하여 지정의 효력을 정지할 수 있다.

1. 거짓이나 그 밖의 부정한 방법으로 지정받은 경우
2. 제3항 제3호에 따른 지정기준에 적합하지 아니한 경우

4 유통산업의 국제화 촉진

산업통상자원부장관은 유통사업자 또는 유통사업자단체가 다음의 사업을 추진하는 경우에는 예산의 범위에서 필요한 경비의 전부 또는 일부를 지원할 수 있다.

1. 유통 관련 정보·기술·인력의 국제교류
2. 유통 관련 국제 표준화·공동조사·연구·기술 협력
3. 유통 관련 국제학술대회·국제박람회 등 개최
4. 해외유통시장의 조사·분석 및 수집정보의 체계적 유통
5. 해외유통시장에 공동으로 진출하기 위한 공동구매·공동판매망의 구축 등 공동협력사업
6. 그 밖에 유통산업의 국제화를 위하여 필요하다고 인정되는 사업

06 유통기능의 효율화

1 유통기능 효율화 시책 ★

(1) 유통기능 효율화 시책의 마련

산업통상자원부장관은 유통기능을 효율화하기 위하여 다음의 사항에 관한 시책을 마련하여야 한다(법 제26조).

1. 물류표준화의 촉진
2. 물류정보화 기반의 확충
3. 물류공동화의 촉진
4. 물류기능의 외부위탁 촉진
5. **물류기술·기법의 고도화 및 선진화**
6. 집배송시설 및 공동집배송센터의 확충 및 효율적 배치
7. 그 밖에 유통기능의 효율화를 촉진하기 위하여 필요하다고 인정되는 사항

(2) 물류기술 · 기법의 고도화 및 선진화 사업

산업통상자원부장관은 위 (1)의 제5호에 따른 물류기술 · 기법의 고도화 및 선진화를 위하여 다음의 사업을 할 수 있다.

① 국내외 물류기술 수준의 조사
② 물류기술 · 기법의 연구개발 및 개발된 물류기술 · 기법의 활용
③ 물류에 관한 기술협력 · 기술지도 및 기술이전
④ 그 밖에 물류기술 · 기법의 개발 및 그 수준의 향상을 위하여 필요하다고 인정되는 사업

(3) 자금의 지원

산업통상자원부장관은 유통사업자 · 제조업자 · 물류사업자 또는 관련 단체가 위 (1) 및 (2)의 각 사업을 하는 경우에는 산업통상자원부령으로 정하는 바에 따라 예산의 범위에서 필요한 자금을 지원할 수 있다.

2 공동집배송센터 ★

(1) 개념

"공동집배송센터"란 여러 유통사업자 또는 제조업자가 공동으로 사용할 수 있도록 집배송시설 및 부대업무시설이 설치되어 있는 지역 및 시설물을 말한다(법 제2조 제16호).

(2) 지정(법 제29조)

① **지정권자** : 산업통상자원부장관

㉠ **산업통상자원부장관**은 물류공동화를 촉진하기 위하여 필요한 경우에는 시 · 도지사의 추천을 받아 부지면적, 시설면적 및 유통시설로의 접근성 등 산업통상자원부령으로 정하는 지정요건에 해당하는 지역 및 시설물을 공동집배송센터로 지정할 수 있다.

> 1. 부지면적이 **3만m^2** 이상(「국토의 계획 및 이용에 관한 법률」에 따른 상업지역 또는 공업지역의 경우에는 2만m^2 이상)이고, 집배송시설면적이 **1만m^2** 이상일 것
> 2. 도시 내 유통시설로의 접근성이 우수하여 집배송기능이 효율적으로 이루어질 수 있는 지역 및 시설물

㉡ 산업통상자원부장관은 공동집배송센터를 지정하거나 변경지정하려면 미리 **관계 중앙행정기관의 장과 협의**하여야 한다.

② **지정 추천의 신청** : 지정 추천자(시 · 도지사)

공동집배송센터의 지정을 받으려는 자는 산업통상자원부령으로 정하는 바에 따라 공동집배송센터의 조성 · 운영에 관한 사업계획을 첨부하여 시 · 도지사에게 공동집배송센터 지정 추천을 신청하여야 한다.

③ **변경지정** : 지정받은 공동집배송센터사업자는 지정받은 사항 중 산업통상자원부령으로 정하는 중요 사항(공동집배송센터의 배치계획 및 주요시설, 공동집배송센터사업자)을 변경하려면 산업통상자원부장관의 변경지정을 받아야 한다.

④ **지정고시** : 산업통상자원부장관은 공동집배송센터를 지정하였을 때에는 산업통상자원부령으로 정하는 바에 따라 고시하여야 한다.

(3) 시설기준 및 운영기준

1. 공동집배송센터의 시설기준(시행규칙 제23조 제1항 관련 별표 6)
   1) **주요시설** : 다음에 해당하는 집배송시설을 갖추어야 하며, 그 연면적이 공동집배송센터 전체 연면적의 **100분의 50** 이상이 되도록 하여야 한다.
      가. 보관·하역시설
      나. 분류·포장 및 가공시설
      다. 수송·배송시설
      라. 정보 및 주문처리시설 : 전자주문시스템(EOS), 전자문서교환(EDI), 판매시점관리시스템(POS) 등
   2) **부대시설** : 집배송시설의 기능을 원활히 하기 위한 다음에 해당하는 시설이 우선적으로 설치·운영되도록 노력하여야 한다.
      - 소매점 및 휴게음식점, 일반음식점, 휴게음식점, 금융업소, 사무소, 부동산중개업소, 결혼상담소 등 소개업소, 출판사, 제조업소, 수리점, 세탁소 또는 이와 유사한 것, 전시장, 도매시장, 소매시장, 상점, 일반업무시설, 그 밖의 **후생복리시설**
2. 공동집배송센터의 운영기준(시행규칙 제23조 제2항 관련 별표 7)
   - 공동집배송센터사업자의 업무
     가. 공동집배송센터 내 공공시설·지원시설 및 공동시설의 설치·운영
     나. 공동집배송센터 내 잔여 용지의 개발
     다. 용지의 매각·분양·임대 및 관리
     라. 입주업체 및 지원업체를 위한 시설물의 설치와 매각·임대
     마. 공동집배송센터 내 용지 및 시설의 설치·이용·유지·보수 또는 개량 등에 따른 입주업체 및 지원업체로부터의 비용징수
     바. 입주업체 및 지원업체를 위한 용수·전기·가스 및 유류의 공급
     사. 공동집배송센터 내 시설의 경비 및 오염 방지
     아. 그 밖에 입주 및 지원업체 간 협력 등 공동집배송센터의 효율적 관리를 위하여 필요한 사항

(4) 의견 제출(법 제30조 제2항)

산업통상자원부장관은 공동집배송센터를 지정하려는 경우 그 지정내용에 인·허가 의제사항에 해당하는 사항이 포함되어 있을 때에는 관계 행정기관의 장과 협의하여야 한다. 이 경우 관계

행정기관의 장은 산업통상자원부장관의 협의 요청을 받은 날부터 **30일** 이내에 의견을 제출하여야 한다.

(5) 공동집배송센터의 지원(법 제31조)

① 산업통상자원부장관은 공동집배송센터의 조성에 필요한 자금 등을 지원할 수 있다.

② 산업통상자원부장관은 공동집배송센터의 조성을 위하여 필요하다고 인정하는 경우에는 부지의 확보, 도시·군계획의 변경 또는 도시·군계획시설의 설치 등에 관하여 시·도지사에게 협조를 요청할 수 있다.

(6) 공동집배송센터의 신탁개발(법 제32조)

① 공동집배송센터사업자는 「자본시장과 금융투자업에 관한 법률」에 따른 신탁업자와 신탁계약을 체결하여 공동집배송센터를 신탁개발할 수 있다.

② 신탁계약을 체결한 신탁업자는 공동집배송센터사업자의 지위를 승계한다. 이 경우 공동집배송센터사업자는 계약체결일부터 14일 이내에 신탁계약서 사본을 산업통상자원부장관에게 제출하여야 한다.

(7) 시정명령 및 지정취소(법 제33조)

① 산업통상자원부장관은 제29조 제1항 및 제7항에 따른 공동집배송센터의 지정요건 및 시설·운영 기준에 미달하는 경우에는 산업통상자원부령으로 정하는 바에 따라 공동집배송센터사업자에 대하여 **시정명령**을 할 수 있다.

② 산업통상자원부장관은 다음의 어느 하나에 해당하는 경우에는 공동집배송센터의 지정을 취소할 수 있다. 다만, 제1호에 해당하는 경우에는 그 지정을 취소하여야 한다.

1. 거짓이나 그 밖의 부정한 방법으로 공동집배송센터의 지정을 받은 경우
2. 공동집배송센터의 지정을 받은 날부터 정당한 사유 없이 **3년** 이내에 시공을 하지 아니하는 경우
3. ①의 규정에 의한 시정명령을 이행하지 아니하는 경우
4. 공동집배송센터사업자의 파산 등 대통령령으로 정하는 다음의 사유로 인하여 **정상적인 사업추진이 곤란하다고 인정되는 경우** ➜ 공동집배송센터사업자가 파산한 경우, 공동집배송센터사업자인 법인·조합 등이 해산된 경우, 공동집배송센터의 시공 후 정당한 사유 없이 공사가 **6개월** 이상 중단된 경우, 공동집배송센터의 지정을 받은 날부터 **5년** 이내에 준공되지 아니한 경우(시행령 제15조)

(8) 공동집배송센터 개발촉진지구의 지정(법 제34조)

① 촉진지구 지정절차

㉠ 시·도지사는 집배송시설의 집단적 설치를 촉진하고 집배송시설의 효율적 배치를 위하여

공동집배송센터 개발촉진지구의 지정을 산업통상자원부장관에게 요청할 수 있다.

㉡ 산업통상자원부장관은 시・도지사가 요청한 지역이 산업통상자원부령으로 정하는 요건에 적합하다고 판단하는 경우에는 촉진지구로 지정하고, 그 내용을 산업통상자원부령으로 정하는 바에 따라 고시하여야 한다.

㉢ 산업통상자원부장관은 촉진지구를 지정하려면 미리 관계 중앙행정기관의 장과 협의하여야 한다.

② **지정요건**(시행규칙 제24조)

> 1. 부지의 면적이 **10만제곱미터** 이상일 것
> 2. 다음의 어느 하나에 해당하는 지역일 것
>   가. 「외국인투자촉진법」에 따른 **외국인투자지역**
>   나. 「자유무역지역의 지정 및 운영에 관한 법률」에 따른 **자유무역지역**
>   다. 「경제자유구역의 지정 및 운영에 관한 특별법」에 따른 **경제자유구역**
>   라. 「물류시설의 개발 및 운영에 관한 법률」에 따른 물류단지
>   마. 「산업입지 및 개발에 관한 법률」에 따른 **국가산업단지, 일반산업단지 및 도시첨단산업단지**
>   바. 「공항시설법」에 따른 공항 및 배후지
>   사. 「항만법」에 따른 항만 및 배후지
> 3. 집배송시설 또는 공동집배송센터가 **2 이상** 설치되어 있을 것

③ **지원사항**(법 제35조)

㉠ 산업통상자원부장관 또는 시・도지사는 촉진지구의 개발을 활성화하기 위하여 촉진지구에 설치되거나 촉진지구로 이전하는 집배송시설에 대하여 자금이나 그 밖의 필요한 사항을 지원할 수 있다.

㉡ 산업통상자원부장관은 **촉진지구**의 **집배송시설**에 대하여는 **시・도지사의 추천이 없더라도** 공동집배송센터로 **지정할 수 있다.**

07 상거래질서의 확립 ★★★

1 유통분쟁조정위원회

(1) **설치**(법 제36조)

유통에 관한 다음의 분쟁을 조정하기 위하여 특별시・광역시・특별자치시・도・특별자치도(이하 "시・도"라 한다) 및 시(행정시를 포함)・군・구에 각각 유통분쟁조정위원회를 둘 수 있다.

1. 등록된 대규모점포등과 인근 지역의 도・소매업자 사이의 영업활동에 관한 분쟁. 다만, 「독점규제 및 공정거래에 관한 법률」을 적용받는 사항은 제외한다.
2. 등록된 대규모점포등과 중소제조업체 사이의 영업활동에 관한 사항. 다만, 「독점규제 및 공정거래에 관한 법률」을 적용받는 사항은 제외한다.
3. 등록된 대규모점포등과 인근 지역의 주민 사이의 생활환경에 관한 분쟁
4. 대규모점포등개설자의 업무수행과 관련한 분쟁

(2) 구성

① 위원회는 위원장 1명을 포함하여 11명 이상 15명 이하의 위원으로 구성한다.
② 위원회의 위원장은 위원 중에서 **호선**한다.
③ 공무원이 아닌 위원의 임기는 2년으로 하며, 규정한 사항 외에 위원회의 조직 및 운영 등에 필요한 사항은 해당 지방자치단체의 조례로 정한다.

2 분쟁의 조정 ★★

(1) 분쟁조정신청(법 제37조)

대규모점포등과 관련된 분쟁의 조정을 원하는 자는 특별자치시・시・군・구의 위원회에 분쟁의 조정을 신청할 수 있다.

(2) 분쟁조정절차 ★

① 분쟁의 조정(법 제37조)

㉠ 유통분쟁조정위원회는 유통분쟁조정신청을 받은 경우 신청일부터 **3일** 이내에 신청인 외의 관련 당사자에게 분쟁의 조정신청에 관한 사실과 그 내용을 통보하여야 한다. 분쟁의 조정신청을 받은 위원회는 신청을 받은 날부터 **60일** 이내에 이를 심사하여 조정안을 작성하여야 한다. 다만, 부득이한 사정이 있는 경우에는 위원회의 의결로 그 기간을 연장할 수 있다.

㉡ 시(특별자치시는 제외)・군・구의 위원회의 조정안에 불복하는 자는 조정안을 제시받은 날부터 **15일** 이내에 시・도의 위원회에 조정을 신청할 수 있다.

㉢ 조정신청을 받은 **시・도의 위원회**는 그 신청내용을 시・군・구의 위원회 및 신청인 외의 당사자에게 통지하고, 조정신청을 받은 날부터 **30일** 이내에 이를 심사하여 조정안을 작성하여야 한다. 다만, 부득이한 사정이 있는 경우에는 위원회의 의결로 그 기간을 연장할 수 있다.

㉣ 유통분쟁조정위원회는 조정이 성립되거나 조정의 거부 또는 중지가 있는 경우에는 그 내용을 지체 없이 당사자 및 시장・군수 또는 구청장에게 통보하여야 한다(시행령 제16조 제2항).

② **자료 요청**(법 제38조)

㉠ 위원회는 분쟁조정을 위하여 필요한 자료를 제공하여 줄 것을 당사자 또는 참고인에게 요청할 수 있다. 이 경우 해당 당사자는 정당한 사유가 없으면 요청에 따라야 한다.

㉡ 위원회는 필요하다고 인정하는 경우에는 당사자 또는 참고인으로 하여금 위원회에 출석하게 하여 그 의견을 들을 수 있다.

③ **조정의 효력**(법 제39조)

㉠ **통보** : 위원회는 조정안을 작성하였을 때에는 지체 없이 조정안을 각 당사자에게 제시하여야 한다. 조정안을 제시받은 당사자는 그 제시를 받은 날부터 15일 이내에 그 수락 여부를 위원회에 통보하여야 한다.

㉡ **조정서의 작성** : 당사자가 조정안을 수락하였을 때에는 위원회는 즉시 조정서를 작성하여야 하며, 위원장 및 각 당사자는 조정서에 기명날인하거나 서명하여야 한다.

㉢ **합의의 성립** : 당사자가 조정안을 수락하고 조정서에 기명날인하거나 서명하였을 때에는 당사자 간에 조정서와 동일한 내용의 합의가 성립된 것으로 **본다.**

확인하기

▶ **유통산업발전법령상 유통분쟁조정위원회(이하 '위원회'라 함)에 관한 설명으로 옳지 않은 것은?**

① 위원회는 위원장 1명을 포함하여 11명 이상 15명 이하의 위원으로 구성한다.
② 유통분쟁조정신청을 받은 위원회는 신청일부터 7일 이내에 신청인 외의 관련 당사자에게 분쟁의 조정신청에 관한 사실과 그 내용을 통보하여야 한다.
③ 분쟁의 조정신청을 받은 위원회는 원칙적으로 조정신청을 받은 날부터 60일 이내에 이를 심사하여 조정안을 작성하여야 한다.
④ 당사자가 조정안을 수락하고 조정서에 기명날인하거나 서명하였을 때에는 당사자 간에 조정서와 동일한 내용의 합의가 성립된 것으로 본다.
⑤ 위원회는 동일한 시기에 동일한 사안에 대하여 다수의 분쟁조정이 신청된 경우에는 그 다수의 분쟁조정신청을 통합하여 조정할 수 있다.

해설 ② 7일 → 3일(시행령 제16조 제1항)

정답 ②

④ **조정의 거부 및 중지**(법 제40조)

㉠ 위원회는 분쟁의 성질상 위원회에서 조정함이 적합하지 아니하다고 인정하거나 부정한 목적으로 신청되었다고 인정하는 경우에는 조정을 거부할 수 있다. 이 경우 조정거부의 사유 등을 당사자에게 통보하여야 한다.

㉡ 위원회는 신청된 조정사건에 대한 처리절차의 진행 중에 한쪽 당사자가 소(訴)를 제기한 때에는 그 조정의 처리를 중지하고 그 사실을 당사자에게 통보하여야 한다.

《 분쟁조정절차도 》

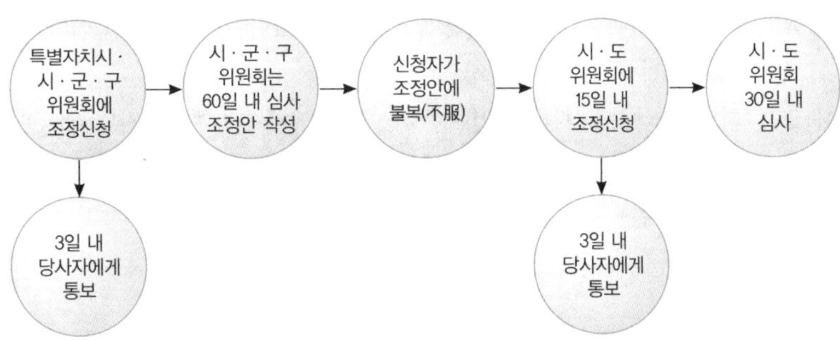

(3) 조정신청의 통합 및 조정비용의 분담

① 유통분쟁조정위원회는 **동일한 시기에 동일한 사안**에 대하여 다수의 분쟁조정이 신청된 경우에는 그 다수의 분쟁조정신청을 **통합하여 조정할 수 있다.**

② 유통분쟁의 조정을 위한 연구용역이 필요한 경우로서 당사자가 그 용역의뢰에 합의한 경우 그에 필요한 비용은 당사자가 **같은 비율로 부담**한다. 다만, 당사자 간 비용분담에 대하여 다른 약정이 있는 경우에는 그 약정에 따른다.

08 보칙 및 벌칙

1 청문

산업통상자원부장관, 중소벤처기업부장관 또는 특별자치시장 · 시장 · 군수 · 구청장은 다음의 어느 하나에 해당하는 처분시 청문을 하여야 한다.

1. 대규모점포등 개설등록의 취소
2. 지정유통연수기관의 취소 cf 유통연수기관의 지정권자 : 산업통상자원부장관
3. 유통관리사 자격의 취소
4. 공동집배송센터 지정의 취소

2 벌칙 ★

(1) 행정형벌

① 10년 이하의 징역 또는 1억원 이하의 벌금 : 유통표준전자문서를 위작 또는 변작하거나 위작 또는 변작된 전자문서를 사용하거나 유통시킨 자

② 1년 이하의 징역 또는 3천만원 이하의 벌금
   ㉠ 등록을 하지 아니하고 대규모점포등을 개설하거나 거짓이나 그 밖의 부정한 방법으로 대규모점포등의 개설등록을 한 자
   ㉡ 신고를 하지 아니하고 대규모점포등개설자의 업무를 수행하거나 거짓이나 그 밖의 부정한 방법으로 대규모점포등개설자의 업무수행신고를 한 자
③ 1년 이하의 징역 또는 1천만원 이하의 벌금 : 유통표준전자문서를 3년간 보관하지 아니한 자
④ 1천만원 이하의 벌금 : 유통표준전자문서 또는 컴퓨터 등 정보처리조직의 파일에 기록된 유통정보를 공개한 자

(2) 행정질서벌(과태료)(법 제52조)

① 1억원 이하의 과태료(대규모점포등의 영업제한)
   ㉠ 제12조의2 제1항 제1호에 따른 명령을 위반하여 영업제한시간에 영업을 한 자
   ㉡ 제12조의2 제1항 제2호에 따른 의무휴업 명령을 위반한 자
② 1천만원 이하의 과태료
   ㉠ 회계감사를 받지 아니하거나 부정한 방법으로 받은 자
   ㉡ 회계감사를 방해하는 등 행위를 한 자
③ 500만원 이하의 과태료
   ㉠ 대규모점포등의 변경등록을 하지 아니하거나 거짓이나 그 밖의 부정한 방법으로 변경등록을 한 자
   ㉡ 대규모점포등개설자의 업무를 수행하지 아니한 자
   ㉢ 관리비 등의 내역을 공개하지 아니하거나 거짓으로 공개한 자
   ㉣ 제12조의3 제5항을 위반하여 계약을 체결한 자
   ㉤ 계약서를 공개하지 아니하거나 거짓으로 공개한 자
   ㉥ 장부 및 증빙서류를 작성 또는 보관하지 아니하거나 거짓으로 작성한 자
   ㉦ 제12조의4 제2항을 위반하여 회계처리를 한 자
   ㉧ 장부나 증빙서류 등의 정보에 대한 열람, 복사의 요구에 응하지 아니하거나 거짓으로 응한 자
   ㉨ 회계감사의 결과를 공개하지 아니하거나 거짓으로 공개한 자
   ㉩ 관리규정에 대한 열람이나 복사의 요구에 응하지 아니하거나 거짓으로 응한 자
   ㉪ 제14조 제1항을 위반하여 임시시장을 개설한 자
   ㉫ 제29조 제4항을 위반하여 변경지정을 받지 아니한 자
   ㉬ 제33조 제1항에 따른 시정명령을 이행하지 아니한 공동집배송센터사업자
   ㉭ 제45조 제2항에 따른 보고를 거짓으로 한 자

CHAPTER 03 기출 & 실력 다잡기

01 **유통산업발전법령상 행위주체의 연결이 틀린 것은?**

① 전통상업보존구역의 지정 – 특별자치시장・시장・군수・구청장
② 유통연수기관의 지정 – 산업통상자원부장관
③ 유통산업의 실태조사 – 산업통상자원부장관
④ 공동집배송센터의 지정 – 시・도지사
⑤ 유통정보화시책의 수립 – 산업통상자원부장관

해설 ④ 공동집배송센터의 지정 – 시・도지사의 지정 추천을 받아 산업통상자원부장관이 지정한다.

02 **유통산업발전법상 용어의 정의에 관한 설명으로 옳지 않은 것은?**

① "임시시장"이란 다수의 수요자와 공급자가 일정한 기간 동안 상품을 매매하거나 용역을 제공하는 일정한 장소를 말한다.
② "상점가"란 같은 업종을 경영하는 여러 도매업자 또는 소매업자가 일정 지역에 점포 및 부대시설 등을 집단으로 설치하여 만든 상가단지를 말한다.
③ "무점포판매"란 상시 운영되는 매장을 가진 점포를 두지 아니하고 상품을 판매하는 것으로서 산업통상자원부령으로 정하는 것을 말한다.
④ "물류설비"란 화물의 수송・포장・하역・운반과 이를 관리하는 물류정보처리활동에 사용되는 물품・기계・장치 등의 설비를 말한다.
⑤ "공동집배송센터"란 여러 유통사업자 또는 제조업자가 공동으로 사용할 수 있도록 집배송시설 및 부대업무시설이 설치되어 있는 지역 및 시설물을 말한다.

해설 "상점가"란 일정 범위의 가로(街路) 또는 지하도에 대통령령으로 정하는 수 이상의 도매점포・소매점포 또는 용역점포가 밀집하여 있는 지구를 말한다.
같은 업종을 경영하는 여러 도매업자 또는 소매업자가 일정 지역에 점포 및 부대시설 등을 집단으로 설치하여 만든 상가단지는 "전문상가단지"에 해당한다.

정답 01 ④ 02 ②

03 유통산업발전법의 적용이 배제되는 시장·사업장 및 매장을 모두 고른 것은?

ㄱ. 「농수산물 유통 및 가격안정에 관한 법률」에 따른 농수산물공판장
ㄴ. 「농수산물 유통 및 가격안정에 관한 법률」에 따른 민영농수산물도매시장
ㄷ. 「농수산물 유통 및 가격안정에 관한 법률」에 따른 농수산물종합유통센터
ㄹ. 「축산법」에 따른 가축시장

① ㄹ
② ㄱ, ㄷ
③ ㄴ, ㄹ
④ ㄱ, ㄴ, ㄷ
⑤ ㄱ, ㄴ, ㄷ, ㄹ

해설 다음의 시장·사업장 및 매장에 대하여는 「유통산업발전법」을 적용하지 아니한다(법 제4조).

1. 「농수산물 유통 및 가격안정에 관한 법률」에 따른 농수산물도매시장, 농수산물공판장, 민영농수산물도매시장 및 농수산물종합유통센터
2. 「축산법」 제34조에 따른 가축시장

04 유통산업발전법령상 대규모점포 및 이를 구성하는 매장에 관한 설명으로 옳지 않은 것은?

① 매장이란 상품의 판매와 이를 지원하는 용역의 제공에 직접 사용되는 장소를 말한다.
② 하나 또는 대통령령으로 정하는 둘 이상의 연접되어 있는 건물 안에 하나 또는 여러 개로 나누어 설치되는 매장이어야 한다.
③ 대규모점포를 개설하려는 자는 특별자치시장·시장·군수·구청장에게 등록하여야 한다.
④ 매장면적의 합계가 2천제곱미터 이상이어야 한다.
⑤ 개설등록 당시 매장면적의 1/10 이상을 변경할 경우 변경등록을 하여야 한다.

해설 ④ 2천제곱미터 → 3천제곱미터

05 유통산업발전법령상 유통산업 실태조사에 관한 설명으로 옳지 않은 것은?

① 대규모점포의 영업환경에 관한 사항을 조사한다.
② 도매점포의 물품구매에 관한 사항을 조사한다.
③ 업태별 유통기능 효율화를 위한 물류공동화에 관한 사항을 조사한다.
④ 정기조사는 2년마다 실시한다.
⑤ 무점포판매의 영업실태에 관한 사항을 조사한다.

정답 03 ⑤ 04 ④ 05 ④

해설 정기조사는 유통산업에 관한 계획 및 정책수립과 집행에 활용하기 위하여 3년마다 실시한다(시행령 제6조의4 제2항 제1호).

06 유통산업발전법령상 유통산업발전기본계획 및 시행계획에 관한 설명으로 옳은 것은?

① 산업통상자원부장관은 유통산업의 발전을 위하여 10년마다 유통산업발전기본계획을 관계 중앙행정기관의 장과의 협의를 거쳐 세우고 이를 시행하여야 한다.
② 산업통상자원부장관은 기본계획에 따라 5년마다 유통산업발전시행계획을 관계 중앙행정기관의 장과의 협의를 거쳐 세워야 한다.
③ 산업통상자원부장관은 기본계획을 국토교통부장관에게 알려야 한다.
④ 산업통상자원부장관은 관계 중앙행정기관의 장에게 유통산업발전시행계획의 수립을 위하여 필요한 자료를 매년 2월 말일까지 제출하여 줄 것을 요청할 수 있다.
⑤ 관계 중앙행정기관의 장은 유통산업발전시행계획의 집행실적을 다음 연도 2월 말일까지 산업통상자원부장관에게 제출하여야 한다.

해설 ① 10년 → 5년
② 5년마다 → 매년
③ 국토교통부장관 → 시・도지사
④ 2월 → 3월(시행령 제6조 제2항)

07 유통산업발전법령상 유통산업발전계획에 관한 설명으로 옳은 것은?

① 산업통상자원부장관은 10년마다 유통산업발전기본계획을 수립하여야 한다.
② 유통산업발전기본계획에는 유통산업의 지역별・종류별 발전 방안이 포함되지 않아도 된다.
③ 시・도지사는 유통산업발전기본계획에 따라 2년마다 유통산업발전시행계획을 수립하여야 한다.
④ 시・도지사는 유통산업발전시행계획의 집행실적을 다음 연도 1월 말일까지 산업통상자원부장관에게 제출하여야 한다.
⑤ 지역별 유통산업발전시행계획은 유통전문인력・부지 및 시설 등의 수급 방안을 포함하여야 한다.

해설 ① 10년 → 5년
② 포함되지 않아도 된다. → 포함되어야 한다.
③ 시・도지사 → 산업통상자원부장관, 2년마다 → 매년
④ 시・도지사 → 관계 중앙행정기관의 장, 1월 → 2월

정답 06 ⑤ 07 ⑤

08 **유통산업발전법령상 유통업상생발전협의회(이하 '협의회'라 함)에 관한 설명으로 옳지 않은 것은?**

① 대규모점포 및 준대규모점포와 지역중소유통기업의 균형발전을 협의하기 위하여 특별자치시장・시장・군수・구청장 소속으로 협의회를 둔다.

② 협의회의 회의는 재적위원 과반수의 출석으로 개의하고, 출석위원 3분의 2 이상의 찬성으로 의결한다.

③ 회장은 회의를 소집하려는 경우에는 긴급한 경우나 부득이한 사유가 있는 경우를 제외하고 회의 개최일 5일 전까지 회의의 날짜・시간・장소 및 심의 안건을 각 위원에게 통지하여야 한다.

④ 협의회의 사무를 처리하기 위하여 간사 1명을 두되, 간사는 유통업무를 담당하는 공무원으로 한다.

⑤ 협의회는 대형유통기업과 지역중소유통기업의 균형발전을 촉진하기 위하여 대규모점포 및 준대규모점포에 대한 영업시간의 제한 등에 관한 사항에 대해 특별자치시장・시장・군수・구청장에게 의견을 제시할 수 있다.

해설 ② 협의회의 회의는 재적위원 3분의 2 이상의 출석으로 개의하고, 출석위원 3분의 2 이상의 찬성으로 의결한다.

09 **유통산업발전법령상 유통업상생발전협의회에 관한 설명으로 옳은 것은?**

① 유통업상생발전협의회의 구성 및 운영 등에 필요한 사항은 해당 지방자치단체의 조례로 정한다.

② 유통업상생발전협의회 회장은 특별자치시장・시장・군수・구청장이 된다.

③ 유통업상생발전협의회 위원은 특별자치시장・시장・군수・구청장이 임명하거나 위촉한다.

④ 유통업상생발전협의회의 회의는 재적위원 2분의 1 이상의 출석으로 개의하고, 출석위원 2분의 1 이상의 찬성으로 의결한다.

⑤ 특별자치시장・시장・군수・구청장은 유통업상생발전협의회 위원이 금고 이상의 형을 선고받은 경우에는 해당 위원을 해촉하여야 한다.

해설 ① 지방자치단체의 조례 → 산업통상자원부령
② 회장은 부시장(특별자치시의 경우 행정부시장)・부군수・부구청장이 된다.
④ 2분의 1 → 3분의 2
⑤ 해촉하여야 한다. → 해촉할 수 있다.

정답 08 ② 09 ③

10 유통산업발전법령상 대규모점포에 관한 설명으로 옳은 것은?

① 대규모점포를 개설하려는 자는 영업을 개시하기 60일 전까지 개설 지역 및 시기 등을 포함한 개설계획을 예고하여야 한다.

② 대규모점포로서 대형마트는 용역의 제공장소를 포함하여 매장면적의 합계가 3천제곱미터 이상이어야 한다.

③ 「형법」을 위반하여 징역형의 집행유예선고를 받고 그 유예기간 중에 있는 자는 대규모점포의 등록을 할 수 없다.

④ 이 법을 위반하여 징역의 실형을 선고받고 그 집행이 끝나거나 집행이 면제된 날부터 2년이 지나지 아니한 사람은 대규모점포의 등록을 할 수 없다.

⑤ 개설등록을 하고자 하는 대규모점포의 위치가 전문상가단지에 있을 때에는 등록을 제한하거나 조건을 붙일 수 있다.

해설 ② 용역의 제공장소를 포함 → 용역의 제공장소를 제외
③ 「형법」을 위반하여 → 이 법(「유통산업발전법」)을 위반하여
④ 2년 → 1년
⑤ 전문상가단지 → 전통상업보존구역

11 유통산업발전법상 대규모점포등에 관한 설명으로 옳은 것은?

① 대규모점포를 개설하려는 자는 영업을 개시하기 30일 전까지 개설 지역 및 시기 등을 포함한 개설계획을 예고하여야 한다.

② 「유통산업발전법」을 위반하여 징역의 실형을 선고받고 그 집행이 면제된 날부터 6월이 지난 사람은 대규모점포등의 등록을 할 수 있다.

③ 대형마트의 영업시간을 제한하는 경우 조례로 달리 정하지 않는 한 오전 0시부터 오전 11시까지의 범위에서 영업시간을 제한할 수 있다.

④ 대규모점포등관리자는 대규모점포등의 관리 또는 사용에 관하여 입점상인의 3분의 2 이상의 동의를 얻어 관리규정을 제정하여야 한다.

⑤ 대규모점포등개설자가 대규모점포등을 폐업하려는 경우에는 특별자치시장・시장・군수・구청장의 허가를 받아야 한다.

해설 ① 대규모점포를 개설하려는 자는 영업을 개시하기 60일 전까지 개설 지역 및 시기 등을 포함한 개설계획을 예고하여야 한다(법 제8조의3).
② 「유통산업발전법」을 위반하여 징역의 실형을 선고받고 그 집행이 면제된 날부터 1년이 지난 사람은 대규모점포등의 등록을 할 수 있다(법 제10조 제3호).
③ 대형마트의 영업시간을 제한하는 경우 조례로 달리 정하지 않는 한 오전 0시부터 오전 10시까지의 범위에서 영업시간을 제한할 수 있다(법 제12조의2).
⑤ 대규모점포등개설자가 대규모점포등을 폐업하려는 경우에는 특별자치시장・시장 ・군수・구청장에게 신고를 하여야 한다(법 제13조의2).

정답 10 ① 11 ④

12 유통산업발전법령상 대규모점포와 관련된 설명으로 옳지 않은 것은?

① 피성년후견인 또는 미성년자, 파산선고를 받고 복권되지 아니한 자는 대규모점포의 등록을 할 수 없다.

② 전문점은 용역의 제공장소를 제외한 매장면적의 합계가 3천제곱미터 이상인 점포의 집단으로서 의류·가전 또는 가정용품 등 특정 품목에 특화한 점포의 집단이다.

③ 특별자치시장·시장·군수·구청장은 대규모점포개설자가 정당한 사유 없이 1년 이상 계속하여 영업을 휴업한 경우에는 그 등록을 취소하여야 한다.

④ 대규모점포개설자의 업무를 수행하는 자는 업무를 수행하게 된 날부터 20일 이내에 대규모점포관리자신고서를 시장·군수·구청장에게 신고하여야 한다.

⑤ 유통표준전자문서를 위작 또는 변작하거나 위작 또는 변작된 전자문서를 사용하거나 유통시킨 대규모점포개설자는 5년 이하의 징역 또는 5천만원 이하의 벌금에 처한다.

해설 유통표준전자문서를 위작 또는 변작하거나 위작 또는 변작된 전자문서를 사용하거나 유통시킨 자는 10년 이하의 징역 또는 1억원 이하의 벌금에 처한다(법 제49조 제1항).

13 다음 중 유통산업발전법령상 대규모점포등에 관한 설명으로 옳은 것은?

① 대규모점포를 개설하려는 자는 영업을 시작하기 전 상권영향평가서 및 지역협력계획서를 첨부하여 특별자치시장·시장·군수·구청장에게 신고하여야 한다.

② 영업을 정당한 사유 없이 6개월 이상 계속 휴업한 경우에는 등록을 취소하여야 한다.

③ 매장면적의 2/3 이상을 직영하는 자가 없는 경우 입점상인 1/2 이상의 동의로 설립된 「민법」, 「상법」에 의한 법인이 개설자의 업무를 수행한다.

④ 대규모점포등개설자가 대규모점포등을 휴업 또는 폐업하고자 하는 경우에는 대통령령이 정하는 바에 따라 시·도지사에게 신고하여야 한다.

⑤ 대규모점포등개설자가 사망한 경우 그 상속인이, 양도된 경우에는 양수인이 그 지위를 승계한다.

해설 ① 신고 → 등록

② 6개월 이상 → 1년 이상

③ 매장면적의 1/2 이상을 직영하는 자가 없는 경우 : 해당 대규모점포 또는 등록 준대규모점포에 입점하여 영업을 하는 상인(입점상인) 2/3 이상이 동의(동의를 얻은 입점상인이 운영하는 매장면적의 합은 전체 면적의 1/2 이상)하여 설립한 「민법」·「상법」에 의한 법인, 입점상인 2/3 이상이 동의하여 설립한 「중소기업협동조합법」에 따른 협동조합·사업협동조합(사업조합), 입점상인 2/3 이상이 동의하여 조직한 자치관리단체, 입점상인 1/2 이상이 동의하여 지정하는 자가 매장이 분양된 대규모점포등에서 개설자의 업무를 수행한다(법 제12조 제2항).

④ 대통령령 → 산업통상자원부령, 시·도지사 → 특별자치시장·시장·군수·구청장

정답 12 ⑤ 13 ⑤

14 **다음 중 유통산업발전법령상 대규모점포등의 개설등록이 제한되는 등록의 결격사유로 옳지 않은 것은?**

① 피성년후견인 또는 미성년자
② 파산선고를 받은 자로서 복권되지 아니한 자
③ 「유통산업발전법」을 위반하여 징역의 실형을 선고받고 그 집행이 끝나거나(집행이 끝난 것으로 보는 경우를 포함) 집행이 면제된 날부터 1년이 지나지 아니한 사람
④ 「유통산업발전법」을 위반하여 징역형의 집행유예선고를 받고 그 유예기간 중에 있는 사
⑤ 등록이 취소된 후 2년이 경과되지 아니한 자

해설 등록이 취소된 후 1년이 지나지 아니한 자, 그 밖에 대표자가 결격사유에 해당하는 법인의 경우에도 등록의 결격사유에 해당한다.

15 **유통산업발전법령상 대규모점포의 개설등록에 관한 설명으로 옳지 않은 것은?**

① 대규모점포를 개설하려는 자는 영업을 시작하기 전에 산업통상자원부령으로 정하는 바에 따라 상권영향평가서 및 지역협력계획서를 첨부하여 특별자치시장・시장・군수・구청장에게 등록하여야 한다.
② 특별자치시장・시장・군수・구청장은 제출받은 상권영향평가서 및 지역협력계획서가 미진하다고 판단하는 경우에는 제출받은 날부터 30일 내에 그 사유를 명시하여 보완을 요청할 수 있다.
③ 특별자치시장・시장・군수・구청장은 제출받은 상권영향평가서 및 지역협력계획서를 검토하는 경우 협의회의 의견을 청취하여야 한다.
④ 특별자치시장・시장・군수・구청장은 대규모점포의 경우 개설등록하려는 점포의 소재지로부터 점포의 경계로부터 반경 1킬로미터 이내의 범위 일부가 인접 특별자치시・시・군・구에 속하여 있는 경우 인접지역의 특별자치시장・시장・군수・구청장에게 개설등록 또는 변경등록을 신청받은 사실을 통보하여야 한다.
⑤ 특별자치시장・시장・군수 또는 구청장은 대규모점포등의 개설등록을 한 때에는 그 신청인에게 대규모점포등개설등록증을 교부하여야 한다.

해설 ④ 특별자치시장・시장・군수・구청장은 개설등록 또는 변경등록하려는 점포의 소재지로부터 산업통상자원부령으로 정하는 거리 이내의 범위 일부가 인접 특별자치시・시・군・구에 속하여 있는 경우 인접지역의 특별자치시장・시장・군수・구청장에게 개설등록 또는 변경등록을 신청받은 사실을 통보하여야 한다(법 제8조 제5항, 시행규칙 제5조 제8항).

1. 대규모점포의 경우 점포의 경계로부터 반경 3킬로미터
2. 매장면적 330제곱미터 이상인 준대규모점포의 경우 점포의 경계로부터 반경 500미터
3. 매장면적 330제곱미터 미만인 준대규모점포의 경우 점포의 경계로부터 반경 300미터

정답 **14** ⑤ **15** ④

16 **유통산업발전법령상 대규모점포등개설자의 지위승계에 관한 설명으로 옳지 않은 것을 모두 고른 것은?**

ㄱ. 대규모점포등개설자가 사망한 경우 그 상속인이 종전의 대규모점포등개설자의 지위를 승계한다.
ㄴ. 대규모점포등개설자가 대규모점포등을 양도한 경우 그 양수인이 종전의 대규모점포등개설자의 지위를 승계한다.
ㄷ. 대규모점포등개설자가 사망한 경우 피상속인이 그 지위를 승계한다.
ㄹ. 대규모점포등개설자의 지위를 승계한 상속인이 피성년후견인 또는 미성년자인 경우에는 상속 후 1개월이 지난 후 그 등록을 취소한다.
ㅁ. 법인인 대규모점포등개설자가 다른 법인과 합병한 경우 합병 이후에 존속되는 법인은 합병으로 소멸되는 법인의 지위를 승계하지 못하고 신규로 설립된 법인만이 지위를 승계한다.

① ㄱ, ㄴ, ㄷ
② ㄱ, ㄹ, ㅁ
③ ㄴ, ㄷ, ㄹ
④ ㄴ, ㄷ, ㅁ
⑤ ㄷ, ㄹ, ㅁ

해설 ㄱ, ㄷ. 대규모점포등개설자가 사망한 경우 그 상속인이 종전의 대규모점포등개설자의 지위를 승계한다(법 제13조 제1항 제1호).
ㄴ. 법 제13조 제1항 제2호
ㄹ. 상속을 개시한 날부터 6개월이 지난 날까지는 등록취소(법 제11조 제1항) 규정을 적용하지 아니한다(법 제11조 제2항 제2호).
ㅁ. 법인인 대규모점포등개설자가 다른 법인과 합병한 경우 합병 후 존속하는 법인이나 합병으로 설립되는 법인은 종전의 대규모점포등개설자의 지위를 승계한다(법 제13조 제1항 제3호).

17 **유통산업발전법령상 특별자치시장·시장·군수·구청장이 하는 대규모점포등의 개설등록의 취소사유로서 (　　)에 들어갈 내용으로 올바르게 나열된 것은?**

- 대규모점포등개설자가 정당한 사유 없이 (　　) 이내에 영업을 시작하지 아니한 경우(이 경우 대규모점포등의 건축에 정상적으로 소요되는 기간은 산입하지 아니한다)
- 대규모점포등의 영업을 정당한 사유 없이 (　　) 이상 계속하여 휴업한 경우

① 6개월, 1년
② 1년, 6개월
③ 1년, 1년
④ 2년, 6개월
⑤ 2년, 1년

정답 16 ⑤ 17 ③

해설 특별자치시장 · 시장 · 군수 · 구청장은 제8조에 따라 대규모점포등의 개설등록을 한 자(이하 "대규모점포등 개설자"라 한다)가 다음의 어느 하나에 해당하는 경우에는 그 등록을 취소하여야 한다(법 제11조 제1항).

1. 대규모점포등개설자가 정당한 사유 없이 1년 이내에 영업을 시작하지 아니한 경우. 이 경우 대규모점포등의 건축에 정상적으로 소요되는 기간은 산입하지 아니한다.
2. 대규모점포등의 영업을 정당한 사유 없이 1년 이상 계속하여 휴업한 경우

18 **유통산업발전법령상 대규모점포에 대한 영업규제에 관한 설명으로 틀린 것은?**

① 특별자치시장 · 시장 · 군수 · 구청장은 건전한 유통질서 확립, 근로자의 건강권 및 대규모점포등과 중소유통업의 상생발전을 위하여 필요하다고 인정하는 경우 대형마트와 준대규모점포에 대하여 영업시간 제한을 명하거나 의무휴업일을 지정하여 의무휴업을 명할 수 있다.
② 특별자치시장 · 시장 · 군수 · 구청장은 오전 0시부터 오전 10시까지의 범위에서 영업시간을 제한할 수 있다.
③ 특별자치시장 · 시장 · 군수 · 구청장은 매월 이틀을 의무휴업일로 지정해야 한다.
④ 영업시간 제한 및 의무휴업일 지정에 필요한 사항은 해당 지방자치단체의 조례로 정한다.
⑤ 연간 총매출액 중 「농수산물 유통 및 가격안정에 관한 법률」에 따른 농수산물의 매출액 비중이 51퍼센트 이상인 대규모점포등으로서 해당 지방자치단체의 조례로 정하는 대규모점포등에 대하여는 의무휴업 규정을 적용하지 아니한다.

해설 ⑤ 51퍼센트 → 55퍼센트(법 제12조의2 제1항)

19 **유통산업발전법상 대규모점포등관리자의 회계감사에 관한 설명이다. (　　)에 들어갈 내용을 바르게 나열한 것은?**

대규모점포등관리자는 대통령령으로 정하는 바에 따라 「주식회사의 외부감사에 관한 법률」 제3조 제1항에 따른 감사인의 회계감사를 매년 (ㄱ)회 이상 받아야 한다. 다만 입점상인의 (ㄴ)이/가 서면으로 회계감사를 받지 아니하는 데 동의한 연도에는 회계감사를 받지 아니할 수 있다.

① ㄱ : 1, ㄴ : 과반수
② ㄱ : 1, ㄴ : 3분의 2 이상
③ ㄱ : 2, ㄴ : 과반수
④ ㄱ : 2, ㄴ : 3분의 2 이상
⑤ ㄱ : 2, ㄴ : 5분의 3 이상

해설 대규모점포등관리자는 감사인의 회계감사를 매년 1회 이상 받아야 한다. 다만, 입점상인의 3분의 2 이상이 서면으로 회계감사를 받지 아니하는 데 동의한 연도에는 회계감사를 받지 아니할 수 있다(법 제12조의5 제1항).

정답 18 ⑤ 19 ②

20 **유통산업발전법령상 대규모점포등의 관리규정에 관한 설명으로 옳은 것을 모두 고른 것은?**

ㄱ. 관리규정을 제정하기 위해서는 입점상인의 4분의 3 이상의 동의를 얻어야 한다.
ㄴ. 대규모점포등관리자는 대규모점포등관리자신고를 한 날부터 1개월 이내에 관리규정을 제정하여야 한다.
ㄷ. 시·도지사는 대규모점포등의 효율적이고 공정한 관리를 위하여 표준관리규정을 마련하여 보급하여야 한다.
ㄹ. 대규모점포등관리자는 입점상인의 3분의 2 이상의 동의를 얻어 관리규정을 개정할 수 있다.

① ㄱ, ㄴ
② ㄱ, ㄷ
③ ㄴ, ㄷ
④ ㄴ, ㄹ
⑤ ㄷ, ㄹ

해설 ㄱ. 4분의 3 → 3분의 2(법 제12조의6 제1항)
ㄴ. 1개월 → 3개월(시행령 제7조의7 제1항)
ㄷ. 법 제12조의6 제4항
ㄹ. 시행령 제7조의7 제2항

21 **유통산업발전법상 유통산업의 경쟁력 강화에 관한 설명으로 옳은 것은?**

① 산업통상자원부장관은 「중소기업기본법」 제2조에 따른 중소기업자 중 대통령령으로 정하는 소매업자 30인이 공동으로 중소유통공동도매물류센터를 건립하는 경우 필요한 행정적·재정적 지원을 할 수 있다.
② 산업통상자원부장관은 중소유통공동도매물류센터를 건립하여 중소유통기업자단체에 그 운영을 위탁할 수 있다.
③ 지방자치단체의 장은 상점가진흥조합이 주차장·휴게소 등 공공시설의 설치 사업을 하는 경우에는 예산의 범위에서 필요한 자금을 지원할 수 있다.
④ 상점가진흥조합은 조합원의 자격이 있는 자의 과반수의 동의를 받아 결성한다.
⑤ 상점가진흥조합의 조합원은 상점가에서 도매업·소매업·용역업이나 그 밖의 영업을 하는 모든 자로 한다.

해설 ① 소매업자 30인 → 소매업자 50인 또는 도매업자 10인 이상의 자
② 산업통상자원부장관 → 지방자치단체의 장
④ 과반수의 동의 → 2/3 이상의 동의
⑤ 상점가진흥조합의 조합원은 상점가에서 도매업·소매업·용역업이나 그 밖의 영업을 하는 중소기업자로 한다.

정답 20 ⑤ 21 ③

22 **유통산업발전법상 유통산업의 경쟁력 강화에 관한 설명으로 옳은 것을 모두 고른 것은?**

ㄱ. 상점가진흥조합은 협동조합 또는 사업조합으로 설립한다.
ㄴ. 상점가진흥조합의 구역은 다른 상점가진흥조합의 구역과 중복될 수 있다.
ㄷ. 지방자치단체의 장은 중소유통공동도매물류센터를 건립하여 중소유통기업자단체에 그 운영을 위탁할 수 있다.
ㄹ. 중소유통공동도매물류센터의 건립·운영 및 관리 등에 관하여 필요한 사항은 산업통상자원부장관이 정하여 고시한다.

① ㄱ, ㄷ
② ㄴ, ㄷ
③ ㄴ, ㄹ
④ ㄱ, ㄴ, ㄹ
⑤ ㄱ, ㄷ, ㄹ

해설 ㄴ. 중복될 수 있다. → 중복되어서는 아니 된다.
ㄹ. 산업통상자원부장관 → 중소벤처기업부장관

23 **다음은 유통산업발전법령상 규정하고 있는 체인사업의 유형에 관한 내용이다. ㉠과 ㉡의 설명이 순서대로 바르게 연결된 것은?**

㉠ 체인본부의 계속적인 경영지도 및 체인본부와 가맹점 간의 협업에 의하여 가맹점의 취급품목·영업방식 등의 표준화사업과 공동구매·공동판매·공동시설활용 등 공동사업을 수행하는 형태의 체인사업
㉡ 독자적인 상품 또는 판매·경영 기법을 개발한 체인본부가 상호·판매방법·매장운영 및 광고방법 등을 결정하고, 가맹점으로 하여금 그 결정과 지도에 따라 운영하도록 하는 형태의 체인사업

① 직영점형 체인사업 – 조합형 체인사업
② 프랜차이즈형 체인사업 – 조합형 체인사업
③ 조합형 체인사업 – 가맹점형 체인사업
④ 전문점형 체인사업 – 직영점형 체인사업
⑤ 임의가맹점형 체인사업 – 프랜차이즈형 체인사업

정답 22 ① 23 ⑤

해설 • **직영점형 체인사업** : 체인본부가 주로 소매점포를 직영하되, 가맹계약을 체결한 가맹점에 대하여 상품의 공급 및 경영지도를 계속하는 형태의 체인사업

• **프랜차이즈형 체인사업** : 독자적인 상품 또는 판매·경영 기법을 개발한 체인본부가 상호·판매방법·매장운영 및 광고방법 등을 결정하고, 가맹점으로 하여금 그 결정과 지도에 따라 운영하도록 하는 형태의 체인사업

• **임의가맹점형 체인사업** : 체인본부의 계속적인 경영지도 및 체인본부와 가맹점 간의 협업에 의하여 가맹점의 취급품목·영업방식 등의 표준화사업과 공동구매·공동판매·공동시설활용 등 공동사업을 수행하는 형태의 체인사업

• **조합형 체인사업** : 같은 업종의 소매점들이 「중소기업협동조합법」에 따른 중소기업협동조합, 「협동조합 기본법」에 따른 협동조합, 협동조합연합회 등을 설립하여 공동구매·공동판매·공동시설활용 등 사업을 수행하는 형태의 체인사업

24 유통산업발전법상 지방자치단체의 장이 행정적·재정적 지원을 할 수 있는 대상으로 옳지 않은 것은?

① 재래시장의 활성화
② 전문상가단지의 건립
③ 비영리법인의 판매사업 활성화
④ 중소유통공동도매물류센터의 건립 및 운영
⑤ 중소유통기업의 창업 지원 등 중소유통기업의 구조개선 및 경쟁력 강화

해설 ① 정부는 재래시장의 활성화에 필요한 시책을 수립·시행하여야 하고, 정부 또는 지방자치단체의 장은 이에 필요한 행정적·재정적 지원을 할 수 있다(법 제15조 제3항).

② 산업통상자원부장관, 관계 중앙행정기관의 장 또는 지방자치단체의 장은 다음 각 호의 어느 하나에 해당하는 자가 전문상가단지를 세우려는 경우에는 필요한 행정적·재정적 지원을 할 수 있다(법 제20조 제1항).

④ 산업통상자원부장관, 중소벤처기업부장관 또는 지방자치단체의 장은 「중소기업기본법」 제2조에 따른 중소기업자 중 대통령령으로 정하는 소매업자 50인 또는 도매업자 10인 이상의 자가 공동으로 중소유통기업의 경쟁력 향상을 위하여 중소유통공동도매물류센터를 건립하거나 운영하는 경우에는 필요한 행정적·재정적 지원을 할 수 있다(법 제17조의2 제1항).

⑤ 정부 또는 지방자치단체의 장은 다음 각 호의 사항이 포함된 중소유통기업의 구조개선 및 경쟁력 강화에 필요한 시책을 수립·시행할 수 있고, 이에 필요한 행정적·재정적 지원을 할 수 있다(법 제15조 제4항).

정답 24 ③

25 **유통산업발전법령상 중소유통공동도매물류센터를 건립하거나 운영하는 경우 산업통상자원부장관, 중소벤처기업부장관 또는 지방자치단체의 장이 행정적·재정적 지원을 하는 사항으로 옳지 않은 것은?**

① 상품의 보관·배송·포장 등 공동물류사업
② 상품의 전시
③ 유통·물류정보시스템을 이용한 정보의 수집·가공·제공
④ 공동브랜드 또는 자기부착상표의 개발·보급
⑤ 중소유통공동도매물류센터를 이용하는 중소유통기업의 서비스능력 향상을 위한 교육 및 연수

해설 공동브랜드 또는 자기부착상표의 개발·보급은 산업통상자원부장관, 중소벤처기업부장관 또는 지방자치단체의 장이 체인점포 경영개선사업 지원을 위해 필요한 자금 등을 지원하는 규정에 해당한다.

26 **유통산업발전법상 중소유통공동도매물류센터에 대한 지원에 관한 설명으로 (　　)에 들어갈 수 있는 것을 바르게 나열한 것은? (단, 권한위임에 관한 규정은 고려하지 않음)**

(ㄱ)은 「중소기업기본법」 제2조에 따른 중소기업자 중 대통령령으로 정하는 (ㄴ)이 공동으로 중소유통기업의 경쟁력 향상을 위하여 상품의 보관·배송·포장 등 공동물류사업 등을 하는 물류센터를 건립하거나 운영하는 경우에는 필요한 행정적·재정적 지원을 할 수 있다.

① ㄱ : 기획재정부장관　　ㄴ : 소매업자 30인
② ㄱ : 산업통상자원부장관　　ㄴ : 소매업자 40인
③ ㄱ : 지방자치단체의 장　　ㄴ : 소매업자 50인
④ ㄱ : 중소벤처기업부장관　　ㄴ : 도매업자 5인
⑤ ㄱ : 기획재정부장관　　ㄴ : 도매업자 10인

해설 산업통상자원부장관, 중소벤처기업부장관 또는 지방자치단체의 장은 「중소기업기본법」 제2조에 따른 중소기업자 중 대통령령으로 정하는 소매업자 50인 또는 도매업자 10인 이상의 자가 공동으로 중소유통기업의 경쟁력 향상을 위하여 중소유통공동도매물류센터를 건립하거나 운영하는 경우에는 필요한 행정적·재정적 지원을 할 수 있다(법 제17조의2 제1항).

정답 25 ④ 26 ③

27 **다음 중 유통산업발전법령상 그 내용이 틀린 것은?**

① 「유통산업발전법」은 유통산업의 효율적인 진흥과 균형 있는 발전을 꾀하고, 건전한 상거래 질서를 세움으로써 소비자를 보호하고 국민경제의 발전에 이바지함을 목적으로 한다.
② 유통산업은 농산물 · 임산물 · 축산물 · 수산물 및 공산품의 도 · 소매 및 이를 경영하기 위한 보관 · 배송 · 포장과 이와 관련된 정보 · 용역의 제공 등을 목적으로 하는 산업을 말한다.
③ 특별자치시장 · 시장 · 군수 · 구청장은 기본계획 및 시행계획 등의 효율적인 수립 · 추진을 위하여 유통산업에 대한 실태조사를 할 수 있으며, 정기조사는 2년마다 실시한다.
④ 대규모점포 및 준대규모점포와 지역중소유통기업의 균형발전을 협의하기 위하여 특별자치시장 · 시장 · 군수 · 구청장 소속으로 유통업상생발전협의회를 둔다.
⑤ 산업통상자원부장관은 유통산업의 경쟁력을 강화하기 위하여 체인사업의 발전시책을 수립 · 시행할 수 있다.

해설 ③ 특별자치시장 · 시장 · 군수 · 구청장 → 산업통상자원부장관, 2년 → 3년

28 **유통산업발전법령상 산업통상자원부장관, 관계 중앙행정기관의 장 또는 지방자치단체의 장이 전문상가단지를 세우고자 하는 자에게 하는 필요한 행정적 · 재정적 지원에 관한 설명이다. 다음 (　　)에 들어갈 내용으로 올바르게 나열된 것은?**

- 도매업자 또는 소매업자로 구성되는 「중소기업협동조합법」 제3조 제1항 제1호부터 제4호까지 규정된 협동조합 · 사업협동조합 · 협동조합연합회 또는 중소기업중앙회로서 (㉠)제곱미터 이상의 부지를 확보하고 있고, 단지 내에 입주하는 조합원이 (㉡)인 이상인 요건을 갖춘 자
- 위에 해당하는 자와 신탁계약을 체결한 「자본시장과 금융투자업에 관한 법률」에 따른 신탁업자로서 자본금 또는 연간 매출액이 (㉢)원 이상인 자

	㉠	㉡	㉢
①	3천	50	50억
②	3천	100	100억
③	5천	50	50억
④	5천	50	100억
⑤	5천	100	100억

해설 법 제20조 제1항, 시행규칙 제8조
- 산업통상자원부령으로 정하는 기준에 해당하는 자란 다음의 요건을 갖춘 자를 말한다.
  1. 5천제곱미터 이상의 부지를 확보하고 있을 것
  2. 단지 내에 입주하는 조합원이 50인 이상일 것
- 산업통상자원부령으로 정하는 금액 : 위에 해당하는 자와 신탁계약을 체결한 「자본시장과 금융투자업에 관한 법률」에 따른 신탁업자로서 자본금 또는 연간 매출액 100억원 이상

정답 27 ③ 28 ④

29 **유통산업발전법령상 산업통상자원부장관이 유통정보화의 촉진 및 유통부문의 전자거래기반을 넓히기 위하여 시행하는 유통정보화시책이 아닌 것은?**

① 유통표준코드의 보급
② 판매시점 정보관리시스템의 보급
③ 점포관리의 효율화를 위한 재고관리시스템·매장관리시스템 등의 보급
④ 유통·물류의 효율적 관리를 위한 무선주파수 인식시스템의 적용 및 실용화 촉진
⑤ 유통정보의 교환 또는 중개시장의 개설

해설 **유통정보화시책**(법 제21조 제1항)

1. 유통표준코드의 보급
2. 유통표준전자문서의 보급
3. 판매시점 정보관리시스템의 보급
4. 점포관리의 효율화를 위한 재고관리시스템·매장관리시스템 등의 보급
5. 상품의 전자적 거래를 위한 전자장터 등의 시스템의 구축 및 보급
6. 다수의 유통·물류기업 간 기업정보시스템의 연동을 위한 시스템의 구축 및 보급
7. 유통·물류의 효율적 관리를 위한 무선주파수 인식시스템의 적용 및 실용화 촉진
8. 유통정보 또는 유통정보시스템의 표준화 촉진
9. 그 밖에 유통정보화의 촉진을 위하여 필요하다고 인정하는 사항

30 **유통산업발전법령상 유통정보화시책에 관한 설명으로 옳지 않은 것은?**

① 유통정보화시책에는 판매시점 정보관리시스템의 보급에 관한 사항이 포함되어야 한다.
② 유통정보화시책에는 유통·물류의 효율적 관리를 위한 무선주파수 인식시스템의 적용 및 실용화 촉진에 관한 사항이 포함되어야 한다.
③ 산업통상자원부장관은 유통정보화시책 수립시 필요하다고 인정하는 경우 과학기술정보통신부장관에게 유통정보화서비스를 제공하는 전기통신사업자에 관한 자료를 요청할 수 있다.
④ 산업통상자원부장관이 다수의 유통·물류기업 간 기업정보시스템의 연동을 위한 시스템의 구축 및 보급을 위한 시책을 시행하기 위해서는 과학기술정보통신부장관과 협의하여야 한다.
⑤ 유통사업자·제조업자 또는 유통 관련 단체가 상품의 전자적 거래를 위한 전자장터시스템을 구축 및 보급하는 사업을 추진하는 경우 산업통상자원부장관은 예산의 범위에서 필요한 자금을 지원할 수 있다.

해설 산업통상자원부장관은 유통정보화의 촉진 및 유통부문의 전자거래기반을 넓히기 위하여 유통정보화시책을 세우고 시행하여야 한다(법 제21조 제1항).
➜ 유통정보화시책은 산업통상자원부장관의 고유업무이므로 협의절차가 없음.

정답 **29** ⑤ **30** ④

31 **유통산업발전법령상 공동집배송센터의 지정에 관한 설명으로 옳지 않은 것은?**

① 공동집배송센터의 지정을 받으려는 자는 산업통상자원부령으로 정하는 바에 따라 공동집배송센터의 조성·운영에 관한 사업계획을 첨부하여 시·도지사에게 공동집배송센터 지정 추천을 신청하여야 한다.

② 지정받은 공동집배송센터를 조성·운영하려는 자가 지정받은 사항 중 산업통상자원부령으로 정하는 중요 사항을 변경하려는 경우에는 공동집배송변경지정신청서를 시·도지사에게 제출하여야 한다.

③ 산업통상자원부장관은 공동집배송센터의 조성을 위하여 필요하다고 인정하는 경우에는 부지의 확보, 도시·군계획의 변경 또는 도시·군계획시설의 설치 등에 관하여 시·도지사에게 협조를 요청할 수 있다.

④ 산업통상자원부장관은 공동집배송센터를 지정하였을 때에는 산업통상자원부령으로 정하는 바에 따라 고시하여야 한다.

⑤ 산업통상자원부장관은 거짓이나 그 밖의 부정한 방법으로 공동집배송센터의 지정을 받은 경우에는 공동집배송센터의 지정을 취소하여야 한다.

해설 ② 시·도지사 → 산업통상자원부장관

32 **유통산업발전법령상 산업통상자원부장관이 공동집배송센터의 지정을 취소해야만 하는 경우에 해당하는 것은?**

① 공동집배송센터의 지정을 받은 날부터 정당한 사유 없이 3년 이내에 시공을 하지 아니하는 경우
② 지정요건 및 시설·운영기준에 미달하는 경우에 하는 시정명령을 이행하지 아니하는 경우
③ 거짓 그 밖의 부정한 방법으로 공동집배송센터의 지정을 받은 경우
④ 공동집배송센터의 지정을 받은 날부터 5년 이내에 준공되지 아니한 경우
⑤ 공동집배송센터의 시공 후 공사가 1년 동안 중단된 경우

해설 산업통상자원부장관은 다음의 어느 하나에 해당하는 경우에는 공동집배송센터의 지정을 취소할 수 있다. 다만, 제1호에 해당하는 경우에는 그 지정을 취소하여야 한다(법 제33조 제2항).

1. 거짓이나 그 밖의 부정한 방법으로 공동집배송센터의 지정을 받은 경우
2. 공동집배송센터의 지정을 받은 날부터 정당한 사유 없이 3년 이내에 시공을 하지 아니하는 경우
3. 시정명령을 이행하지 아니하는 경우
4. 공동집배송센터사업자가 파산한 경우
5. 공동집배송센터사업자인 법인, 조합 등이 해산된 경우
6. 공동집배송센터의 시공 후 공사가 6개월 이상 중단된 경우
7. 공동집배송센터의 지정을 받은 날부터 5년 이내에 준공되지 아니한 경우

정답 31 ② 32 ③

33 유통산업발전법령상 공동집배송센터의 지정취소사유에 해당하는 것을 모두 고른 것은?

ㄱ. 공동집배송센터의 지정을 받은 날부터 정당한 사유 없이 3년 이내에 시공을 하지 아니하는 경우
ㄴ. 공동집배송센터사업자가 파산한 경우
ㄷ. 공동집배송센터의 시공 후 공사가 6월 이상 중단된 경우
ㄹ. 공동집배송센터의 지정을 받은 날부터 5년 이내에 준공되지 아니한 경우

① ㄱ, ㄴ
② ㄷ, ㄹ
③ ㄱ, ㄴ, ㄷ
④ ㄴ, ㄷ, ㄹ
⑤ ㄱ, ㄴ, ㄷ, ㄹ

해설 산업통상자원부장관은 다음의 어느 하나에 해당하는 경우에는 공동집배송센터의 지정을 취소할 수 있다. 다만, 제1호에 해당하는 경우에는 그 지정을 취소하여야 한다(법 제33조 제2항).

1. 거짓이나 그 밖의 부정한 방법으로 공동집배송센터의 지정을 받은 경우
2. 공동집배송센터의 지정을 받은 날부터 정당한 사유 없이 3년 이내에 시공을 하지 아니하는 경우
3. 시정명령을 이행하지 아니하는 경우
4. 공동집배송센터사업자가 파산한 경우
5. 공동집배송센터사업자인 법인, 조합 등이 해산된 경우
6. 공동집배송센터의 시공 후 공사가 6개월 이상 중단된 경우
7. 공동집배송센터의 지정을 받은 날부터 5년 이내에 준공되지 아니한 경우

34 유통산업발전법상 공동집배송센터에 관한 설명으로 옳은 것은?

① 시・도지사는 물류공동화를 촉진하기 위하여 필요한 경우에는 시장・군수・구청장의 추천을 받아 산업통상자원부령으로 정하는 요건에 해당하는 지역 및 시설물을 공동집배송센터로 지정할 수 있다.
② 공동집배송센터사업자는 지정받은 사항 중 산업통상자원부령으로 정하는 중요 사항을 변경하려면 시・도지사의 변경지정을 받아야 한다.
③ 공동집배송센터의 지정을 받은 날부터 정당한 사유 없이 2년 이내에 시공을 하지 아니하는 경우에는 공동집배송센터의 지정이 취소될 수 있다.
④ 거짓으로 공동집배송센터의 지정을 받은 경우는 공동집배송센터의 지정을 취소할 수 있는 사유에 해당한다.
⑤ 시・도지사는 집배송시설의 집단적 설치를 촉진하고 집배송시설의 효율적 배치를 위하여 공동집배송센터 개발촉진지구의 지정을 산업통상자원부장관에게 요청할 수 있다.

정답 33 ⑤ 34 ⑤

해설 ① 시・도지사 → 산업통상자원부장관, 시장・군수・구청장 → 시・도지사(법 제29조 제1항)
② 시・도지사 → 산업통상자원부장관
공동집배송센터사업자는 지정받은 사항 중 산업통상자원부령으로 정하는 중요 사항을 변경하려면 산업통상자원부장관의 변경지정을 받아야 한다.
③ 2년 → 3년
④ 거짓이나 그 밖의 부정한 방법으로 공동집배송센터의 지정을 받은 경우에는 그 지정을 취소하여야 한다(강제규정).

35 다음 중 유통산업발전법령상 산업통상자원부장관이 지정 또는 변경지정할 수 있는 사항이 아닌 것은?

① 공동집배송센터사업자가 지정받은 사항 중 중요 사항의 변경지정
② 공동집배송센터의 지정
③ 유통연수기관의 지정
④ 공동집배송센터 개발촉진지구의 지정
⑤ 공동집배송센터의 지정 추천

해설 ⑤ 공동집배송센터의 지정을 받으려는 자는 산업통상자원부령으로 정하는 바에 따라 공동집배송센터의 조성・운영에 관한 사업계획을 첨부하여 시・도지사에게 공동집배송센터 지정 추천을 신청하여야 한다.

36 유통산업발전법령상 공동집배송센터와 관련된 규정 중 틀린 것은?

① 산업통상자원부장관은 물류공동화를 촉진하기 위하여 필요한 경우에는 시・도지사의 추천을 받아 공동집배송센터를 지정할 수 있다.
② 산업통상자원부장관은 공동집배송센터를 지정하고자 하는 경우 그 지정내용에 인・허가 의제사항에 해당하는 사항이 포함되어 있는 때에는 관계 행정기관의 장과 협의하여야 한다.
③ 산업통상자원부장관은 거짓 그 밖의 부정한 방법으로 공동집배송센터의 지정을 받은 경우 공동집배송센터의 지정을 취소할 수 있다.
④ 시・도지사는 공동집배송센터 개발촉진지구의 지정을 산업통상자원부장관에게 요청할 수 있다.
⑤ 산업통상자원부장관은 촉진지구 안의 집배송시설에 대하여는 시・도지사의 추천이 없더라도 공동집배송센터로 지정할 수 있다.

해설 ③ 취소할 수 있다. → 취소하여야 한다.

정답 35 ⑤ 36 ③

37 **유통산업발전법령상 분쟁조정에 관한 설명으로 옳지 않은 것은?**

① 유통분쟁조정위원회는 유통분쟁조정신청을 받은 경우 신청일부터 3일 이내에 신청인 외의 관련 당사자에게 분쟁의 조정신청에 관한 사실과 그 내용을 통보하여야 한다.
② 유통분쟁조정위원회가 작성한 조정안을 제시받은 당사자 및 이해관계인은 그 제시를 받은 날로부터 30일 이내에 그 수락 여부를 유통분쟁조정위원회에 통보하여야 한다.
③ 유통분쟁조정위원회의 위원 중 해당 지방자치단체의 장이 위촉한 소비자단체의 대표의 임기는 2년으로 한다.
④ 유통분쟁조정위원회는 분쟁의 성질상 위원회에서 조정함이 적합하지 아니하다고 인정하는 경우에는 조정을 거부할 수 있다.
⑤ 유통분쟁조정위원회는 동일한 시기에 동일한 사안에 대하여 다수의 분쟁조정이 신청된 경우에는 그 다수의 분쟁조정신청을 통합하여 조정할 수 있다.

해설 ② 30일 → 15일

38 **유통산업발전법령상 대규모점포와 관련된 분쟁의 조정에 관한 설명으로 틀린 것은?**

① 시·군·구의 유통분쟁조정위원회는 조정신청을 받은 날부터 60일 이내에 조정안을 작성하여야 하며, 부득이한 사정이 있는 경우에는 위원회의 의결로 그 기간을 연장할 수 있다.
② 시·도의 유통분쟁조정위원회는 시·군·구의 유통분쟁조정위원회의 조정안에 불복하는 자의 조정신청을 받은 날부터 30일 이내에 조정안을 작성하여야 하며, 부득이한 사정이 있는 경우에는 위원회의 의결로 그 기간을 연장할 수 있다.
③ 시(특별자치시는 제외)·군·구의 유통분쟁조정위원회의 조정안에 불복하는 자는 조정안을 제시받은 날부터 15일 이내에 시·도의 위원회에 조정을 신청할 수 있다.
④ 조정안을 제시받은 당사자는 그 제시를 받은 날부터 15일 이내에 그 수락 여부를 유통분쟁조정위원회에 통보하여야 한다.
⑤ 유통분쟁조정위원회는 유통분쟁조정신청을 받은 경우 신청일부터 7일 이내에 신청인 외의 관련 당사자에게 분쟁의 조정신청에 관한 사실과 그 내용을 통보하여야 한다.

해설 법 제36조 내지 제39조, 시행령 제16조
⑤ 7일 이내 → 3일 이내

정답 37 ② 38 ⑤

39 **유통산업발전법령상 유통분쟁조정위원회(이하 '위원회'라 함)에 관한 설명으로 옳지 않은 것은?**

① 위원회는 위원장 1명을 포함하여 11명 이상 15명 이하의 위원으로 구성한다.
② 유통분쟁조정신청을 받은 위원회는 신청일부터 7일 이내에 신청인 외의 관련 당사자에게 분쟁의 조정신청에 관한 사실과 그 내용을 통보하여야 한다.
③ 분쟁의 조정신청을 받은 위원회는 원칙적으로 조정신청을 받은 날부터 60일 이내에 이를 심사하여 조정안을 작성하여야 한다.
④ 당사자가 조정안을 수락하고 조정서에 기명날인하거나 서명하였을 때에는 당사자 간에 조정서와 동일한 내용의 합의가 성립된 것으로 본다.
⑤ 위원회는 동일한 시기에 동일한 사안에 대하여 다수의 분쟁조정이 신청된 경우에는 그 다수의 분쟁조정신청을 통합하여 조정할 수 있다.

해설 ② 7일 → 3일(시행령 제16조 제1항)

40 **유통산업발전법령상 청문을 필요로 하는 처분에 해당하지 않는 것은?**

① 대규모점포 개설등록의 취소
② 전통상업보존구역 지정의 취소
③ 지정유통연수기관 지정의 취소
④ 유통관리사 자격의 취소
⑤ 공동집배송센터 지정의 취소

해설 ② 전통상업보존구역의 지정취소는 청문대상에 규정이 없다.

정답 39 ② 40 ②

CHAPTER

04

화물자동차 운수사업법

CHAPTER 04

화물자동차 운수사업법

《 화물자동차 운수사업법의 흐름 》

1. 총칙	법의 목적 용어의 정의 : 화물자동차/사업의 개념/화물자동차 안전운임
2. 화물자동차 운송사업	자동차 및 화물의 분류 사업의 내용 : 허가기준/권리·의무 승계/허가취소 등 운임 및 요금/운송약관/손해배상책임 규정 운송사업자 준수사항/직접운송의무 개선명령 및 업무개시명령 : 명령의 사유/절차/사후조치 운전업무종사자 자격 : 검사/교육
3. 화물자동차 운송주선사업	정의 및 사업의 허가 준수사항(운송업의 준용규정 검토) 운송주선업자의 화물위탁증제도
4. 화물자동차 운송가맹사업	정의 및 사업의 허가 개선명령 및 준수사항(운송사업의 준용규정 검토) 화물정보망
5. 적재물배상보험	보험가입의무자 및 제외 대상/가입범위/해제
6. 경영합리화	위·수탁계약 화물운송사업분쟁조정협의회의 구성 등 재정지원/유가보조금 지급 및 지급정지 공영차고지의 설치/화물자동차 휴게소 계획
7. 사업자단체	운수사업자 협회 : 사업/공제조합(공제사업 등 관련 문제)
8. 자가용 화물자동차의 사용	자가용 화물자동차 : 신고/유상운송의 예외적 허가
9. 벌칙 등	신고포상금제도 청문절차/행정형벌

01 총칙

1 법의 목적

이 법은 화물자동차 운수사업을 효율적으로 관리하고 건전하게 육성하여 화물의 원활한 운송을 도모함으로써 공공복리의 증진에 기여함을 목적으로 한다(법 제1조).

2 「화물자동차 운수사업법」상 중요 용어의 정의

(1) 화물자동차

화물자동차란 「자동차관리법」 제3조에 따른 화물자동차 및 특수자동차로서 국토교통부령으로 정하는 자동차(일반형 · 덤프형 · 밴형 및 특수용도형 화물자동차와 견인형 · 구난형 및 특수용도형 특수자동차)를 말한다.

(2) 화물자동차 운수사업 ★

화물자동차 운송사업, 화물자동차 운송주선사업 및 화물자동차 운송가맹사업을 말한다.

구분		내용
화물자동차 운송사업 (법 제3조)	일반화물자동차 운송사업	20대 이상의 범위에서 대통령령으로 정하는 대수 이상(**20대** 이상)의 화물자동차를 사용하여 화물을 운송하는 사업
	개인화물자동차 운송사업	화물자동차 1대를 사용하여 화물을 운송하는 사업으로서 대통령령으로 정하는 사업
화물자동차 운송주선사업 (법 제2조 제4호)		다른 사람의 요구에 응하여 유상으로 화물운송계약을 중개 · 대리하거나 화물자동차 운송사업 또는 화물자동차 운송가맹사업을 경영하는 자의 화물운송수단을 이용하여 자기 명의와 계산으로 화물을 운송하는 사업(화물이 이사화물인 경우 포장 및 보관 등 부대서비스를 함께 제공하는 사업을 포함)을 말한다.
화물자동차 운송가맹사업 (법 제2조 제5호)		다른 사람의 요구에 응하여 자기 화물자동차를 사용하여 유상으로 화물을 운송하거나 화물정보망을 통하여 소속 화물자동차 운송가맹점(제3조 제3항에 따른 운송사업자 및 제40조 제1항에 따라 화물자동차 운송사업의 경영의 일부를 위탁받은 사람인 운송가맹점만을 말한다)에 의뢰하여 화물을 운송하게 하는 사업을 말한다.

(3) 화물자동차 운송가맹사업자

법 제29조 제1항에 따라 화물자동차 운송가맹사업의 **허가**를 받은 자를 말한다.

(4) 영업소

주사무소 외의 장소에서 다음의 어느 하나에 해당하는 사업을 영위하는 곳을 말한다.

① 화물자동차 운송사업의 허가를 받은 자 또는 화물자동차 운송가맹사업자가 화물자동차를 배치하여 그 지역의 화물을 운송하는 사업
② 화물자동차 운송주선사업의 허가를 받은 자가 화물운송을 주선하는 사업

(5) 운수종사자

화물자동차의 운전자, 화물의 운송 또는 운송주선에 관한 사무를 취급하는 사무원 및 이를 보조하는 보조원, 그 밖에 화물자동차 운수사업에 종사하는 자를 말한다.

02 화물자동차 운송사업

1 화물자동차 운송사업

(1) 정의

"화물자동차 운송사업"이란 **다른** 사람의 요구에 응하여 화물자동차를 사용하여 화물을 유상으로 운송하는 사업을 말한다. 이 경우 화주가 화물자동차에 함께 탈 때의 화물은 중량, 용적, 형상 등이 여객자동차운송사업용 자동차에 싣기 부적합한 것으로서 **그 기준과 대상차량 등은 아래의 국토교통부령으로 정한다.**

(2) 국토교통부령으로 정한 화주가 함께 탈 때 화물의 기준 및 대상차량

① 화물의 기준
　㉠ 화주 1명당 화물의 중량이 **20**킬로그램 이상일 것
　㉡ 화주 1명당 화물의 용적이 **4만** 세제곱센티미터 이상일 것
　㉢ 화물이 다음의 어느 하나에 해당하는 물품일 것
　　ⓐ 불결하거나 악취가 나는 농산물·수산물 또는 축산물
　　ⓑ 혐오감을 주는 동물 또는 식물
　　ⓒ 기계·기구류 등 공산품
　　ⓓ 합판·각목 등 건축기자재
　　ⓔ 폭발성·인화성 또는 부식성 물품
② 대상차량 : 대상차량은 밴형 화물자동차로 한다.

2 화물자동차 운송사업의 허가(법 제3조 및 시행령 제3조)

(1) 허가의 내용 ★

① 운송사업의 허가 : 화물자동차 운송사업을 경영하려는 자는 다음의 구분에 따라 **국토교통부장**

관의 **허가**를 받아야 한다. **다만, 화물자동차 운송가맹사업의 허가를 받은 자는 허가를 받지 아니 한다.**

㉠ **일반화물자동차 운송사업** : 20대 이상의 화물자동차를 사용하여 화물을 운송하는 사업

㉡ **개인화물자동차 운송사업** : 화물자동차 1대를 사용하여 화물을 운송하는 사업으로서 대통령령으로 정하는 사업

② 허가절차

㉠ 화물자동차 운송사업의 허가를 받으려는 자는 화물자동차 운송사업 허가신청서를 관할관청에 제출하여야 한다.

㉡ 관할관청은 화물자동차 운송사업의 허가신청을 받았을 때에는 법정 제출 서류가 구비되었는지와 공급기준에 맞는지를 심사한 후 화물자동차 운송사업 예비허가증을 발급하여야 한다.

㉢ 관할관청은 화물자동차 운송사업 예비허가증을 발급하였을 때에는 신청일부터 **20일** 이내에 다음의 사항을 확인한 후 화물자동차 운송사업 허가증을 발급하여야 한다.

ⓐ 법 제4조 각 호의 결격사유의 유무

ⓑ 화물자동차의 등록 여부

ⓒ 차고지 설치 여부 등 제13조에 따른 허가기준에 맞는지 여부

ⓓ 법 제35조에 따른 적재물배상보험등의 가입 여부

ⓔ 화물자동차 운전업무에 종사하는 자의 화물운송 종사자격 보유 여부

㉣ 관할관청은 화물자동차 운송사업 허가증을 발급하였을 때에는 그 사실을 협회에 통지(전자문서에 의한 통지를 포함)하고 화물자동차 운송사업 허가대장에 기록하여 관리하여야 한다.

③ **변경허가**(법 제3조 제3항)

㉠ **변경허가 또는 신고사항** : 화물자동차 운송사업의 허가를 받은 자(이하 "운송사업자"라 한다)가 허가사항을 변경하려면 국토교통부령으로 정하는 바에 따라 국토교통부장관의 **변경허가**를 받아야 한다. 다만, **대통령령으로 정하는 경미한 사항*을 변경**하려면 국토교통부령으로 정하는 바에 따라 **국토교통부장관에게 신고**하여야 한다.

> *** 대통령령으로 정하는 경미한 사항**
> 1. 상호의 변경
> 2. 대표자의 변경(법인인 경우만 해당한다)
> 3. 화물취급소의 설치 또는 폐지
> 4. 화물자동차의 대폐차
> 5. 주사무소 · 영업소 및 화물취급소의 이전. 다만, 주사무소의 경우 관할관청의 행정구역 내에서의 이전만 해당한다.

㉡ **변경허가 금지** : 국토교통부장관은 운송사업자가 사업정지처분을 받은 경우에는 주사무소를 이전하는 변경허가를 하여서는 아니 된다.

ⓒ **변경허가의 사후관리** : 관할관청은 변경허가를 하였을 때에는 그 사실을 협회에 통지하고 화물자동차 운송사업 허가대장에 기록하여 관리하여야 한다.

ⓓ 허가사항의 변경신고 절차

ⓐ **변경신고서 제출** : 운송사업자는 허가사항 변경신고를 할 때에는 화물자동차 운송사업 허가사항 변경신고서를 협회에 제출하여야 한다. 다만, 상호의 변경, 대표자의 변경(법인), 주사무소・영업소 및 화물취급소의 이전(다만, 주사무소의 경우 관할관청의 행정구역 내에서의 이전만 해당)의 경우에는 그 변경사유가 발생한 날부터 30일 이내에 제출하여야 한다.

ⓑ **신고수리의 통지** : 국토교통부장관은 변경신고를 받은 날부터 **3일** 이내에 신고수리 여부를 신고인에게 통지하여야 한다.

TIP 신고수리일 통지

- 화물자동차 운송사업 : 3일 이내
- 화물자동차 운송주선사업 : 5일 이내
- 화물자동차 운송가맹사업 : 20일 이내

ⓒ **신고수리 의제** : 국토교통부장관이 3일 이내에 신고수리 여부 또는 민원 처리 관련 법령에 따른 처리기간의 연장 여부를 신고인에게 통지하지 아니하면 그 기간이 끝난 날의 다음 날에 신고를 수리한 것으로 본다.

(2) 화물자동차 운송사업의 허가기준

① 허가 또는 증차 수반 변경허가의 기준 ★

㉠ 화물자동차 운송사업의 허가 또는 증차를 수반하는 변경허가의 기준은 다음과 같다.

1. 국토교통부장관이 화물의 운송 수요를 고려하여 업종별로 고시하는 공급기준에 맞을 것. 다만, 다음의 어느 하나에 해당하는 경우는 제외
   가. 6개월 이내로 기간을 한정하여 허가를 하는 경우
   나. 임시허가를 신청한 경우
   다. 「환경친화적 자동차의 개발 및 보급 촉진에 관한 법률」에 따른 전기자동차 또는 수소전기자동차로서 국토교통부령으로 정하는 최대 적재량 이하인 화물자동차에 대하여 해당 차량과 그 경영을 다른 사람에게 위탁하지 아니하는 것을 조건으로 변경허가를 신청하는 경우
2. 화물자동차의 대수, 차고지 등 운송시설, 그 밖에 국토교통부령으로 정하는 기준에 맞을 것

[별표 1] 화물자동차 운송사업의 허가기준(시행규칙 제13조 관련)

업종 구분	일반화물자동차 운송사업	개인화물자동차 운송사업
허가기준 대수	20대 이상	1대
사무실 및 영업소	영업에 필요한 면적	없음
최저보유 차고면적	화물자동차 1대당 해당 화물자동차의 길이와 너비를 곱한 면적	해당 화물자동차의 길이와 너비를 곱한 면적. 다만, 예외적으로 차고지를 설치하지 않을 수 있는 단서 규정 있음

㉡ **차고지 설치의무** : 화물자동차 운송사업의 허가를 받으려는 자는 주사무소 또는 영업소가 있는 특별시 · 광역시 · 특별자치시 · 특별자치도 · 시 · 군(광역시의 군은 제외) 또는 같은 도 내에 있는 이에 맞닿은 시 · 군에 차고지를 설치하여야 한다. 다만, **다음의 어느 하나에 해당하는 경우에는 그러하지 아니하다.**

1. **주사무소 또는 영업소가 특별시 · 광역시에 있는 경우** 그 특별시 · 광역시 · 특별자치시와 맞닿은 특별시 · 광역시 · 특별자치시 또는 도에 있는 공동차고지, 공영차고지, 화물자동차 휴게소, 화물터미널 또는 지방자치단체의 조례로 정한 시설을 차고지로 이용하는 경우
   예 주사무소가 서울특별시에 있는 경우 맞닿은 경기도 구리시에 있는 공영차고지를 이용하는 경우
2. **주사무소 또는 영업소가 시 · 군에 있는 경우** 그 시 · 군이 속하는 도에 있는 공동차고지, 공영차고지, 화물자동차 휴게소, 화물터미널 또는 지방자치단체의 조례로 정한 시설을 차고지로 이용하는 경우
   예 영업소가 창원시에 있는 경우 창원시가 속하는 경상남도에 있는 공동차고지를 이용하는 경우
3. **주사무소 또는 영업소가 시 · 군에 있는 경우** 그 시 · 군이 속하는 도와 맞닿은 특별시 · 광역시 · 특별자치시 또는 도에 있는 공동차고지, 공영차고지, 화물자동차 휴게소, 화물터미널 또는 지방자치단체의 조례로 정한 시설을 차고지로 이용하는 경우
   예 영업소가 부천시에 있는 경우 맞닿은 인천광역시에 있는 공동차고지를 이용하는 경우

② **증차수반 변경허가 금지** : 운송사업자는 다음의 어느 하나에 해당하면 증차를 수반하는 허가사항을 변경할 수 없다(법 제3조 제8항).

㉠ 개선명령을 받고 이를 이행하지 아니한 경우

㉡ 감차 조치 명령을 받은 후 **1년**이 지나지 아니한 경우

③ 허가기준의 신고 : 운송사업자는 허가받은 날부터 **5년마다** 허가기준에 관한 사항을 **국토교통부장관**에게 **신고**하여야 한다.

④ 조건 또는 기한의 부착 : 국토교통부장관은 화물자동차 운수사업의 질서를 확립하기 위하여 화물자동차 운송사업의 허가 또는 증차를 수반하는 변경허가에 조건 또는 기한을 붙일 수 있다.

(3) 임시허가 및 영업소의 설치허가

① 임시허가(법 제3조 제12항)

㉠ 임시허가 대상자

ⓐ 국토교통부장관은 **해지된 위·수탁계약의 위·수탁차주**였던 자가 허가취소 또는 감차 조치가 있는 날부터 3개월 내에 허가를 신청하는 경우 6개월 이내로 기간을 한정하여 임시허가를 할 수 있다. 다만, 운송사업자의 허가취소 또는 감차 조치의 사유와 직접 관련이 있는 화물자동차의 위·수탁차주였던 자는 **제외**한다.

ⓑ 임시허가를 받은 자가 허가기간 내에 다른 운송사업자와 위·수탁계약을 체결하지 못하고 임시허가 기간이 만료된 경우 3개월 내에 허가를 신청할 수 있다.

㉡ 임시허가증의 발급 : 관할관청은 화물자동차 운송사업의 허가신청을 받았을 때에는 신청일부터 **10일 이내**에 다음의 사항을 확인한 후 화물자동차 운송사업 임시허가증을 발급하여야 한다.

ⓐ 화물자동차의 등록 여부

ⓑ 차고지 설치 여부 등 허가기준에 맞는지 여부

ⓒ 화물운송 종사자격 보유 여부

ⓓ 적재물배상보험등의 가입 여부

② 영업소의 설치 : 운송사업자는 주사무소 외의 장소에서 상주하여 영업하려면 국토교통부령으로 정하는 바에 따라 국토교통부장관의 **허가**를 받아 영업소를 설치하여야 한다. 다만, 개인 운송사업자의 경우에는 **그러하지 아니하다.**

(4) 허가의 결격사유 ★

1. 피성년후견인 또는 피한정후견인
2. 파산선고를 받고 복권되지 아니한 자
3. 이 법을 위반하여 징역 이상의 실형을 선고받고 그 집행이 끝나거나(집행이 끝난 것으로 보는 경우를 포함한다) 집행이 면제된 날부터 **2년**이 지나지 아니한 자
4. 이 법을 위반하여 징역 이상의 형의 집행유예를 선고받고 그 유예기간 중에 있는 자
5. 허가가 취소된 후 **2년**이 지나지 아니한 자
6. 부정한 방법으로 허가를 받은 경우, 부정한 방법으로 변경허가를 받거나, 변경허가를 받지 아니하고 허가사항을 변경한 경우에 해당하여 허가가 취소된 후 **5년이 지나지 아니한 자**

3 운임 및 요금 등의 신고(법 제5조) ★

(1) 운임 · 요금의 신고대상

① 운송사업자는 운임과 요금을 정하여 미리 국토교통부장관에게 신고하여야 한다. 이를 변경하려는 때에도 또한 같다.

> 운임 및 요금을 신고하여야 하는 화물자동차 운송사업의 허가를 받은 자(이하 "운송사업자"라 한다) 또는 화물자동차 운송가맹사업의 허가를 받은 자(이하 "운송가맹사업자"라 한다)는 다음의 어느 하나에 해당하는 운송사업자 또는 운송가맹사업자를 말한다(시행령 제4조).
> 1. **구난형** 특수자동차를 사용하여 고장차량 · 사고차량 등을 운송하는 운송사업자 또는 운송가맹사업자
> 2. 밴형 화물자동차를 사용하여 화주와 화물을 함께 운송하는 운송사업자 및 운송가맹사업자

② 국토교통부장관은 신고 또는 변경신고를 받은 날부터 **14일 이내**에 신고수리 여부를 신고인에게 통지하여야 한다.

(2) 운임 · 요금의 신고

① 운송사업자는 화물자동차 운송사업의 운임 및 요금을 신고하거나 변경신고할 때에는 운송사업 운임 및 요금신고서를 국토교통부장관에게 제출하여야 한다.

② 운임 및 요금의 신고 또는 변경신고는 연합회로 하여금 대리하게 할 수 있다.

4 운송약관(법 제6조) ★

(1) 운송약관의 신고규정

① **운송사업자**는 운송약관을 정하여 **국토교통부장관에게 신고**하여야 한다.

② 국토교통부장관은 협회 또는 연합회가 작성한 것으로서 공정거래위원회의 심사를 거친 화물운송에 관한 표준약관이 있으면 운송사업자에게 그 사용을 **권장할 수 있다.**

③ 운송사업자가 화물자동차 운송사업의 허가(변경허가를 포함)를 받는 때에 표준약관의 사용에 동의하면 신고한 것으로 **본다.**

④ 국토교통부장관은 신고 또는 변경신고를 받은 날부터 **3일 이내**에 신고수리 여부를 신고인에게 통지하여야 한다.

⑤ 국토교통부장관이 ④에서 정한 기간 내에 신고수리 여부 또는 민원 처리 관련 법령에 따른 처리기간의 연장 여부를 신고인에게 통지하지 아니하면 그 기간이 끝난 날의 다음 날에 신고를 수리한 것으로 본다.

(2) 운송약관의 기재사항

① 사업의 종류
② 운임 및 요금의 수수 또는 환급에 관한 사항
③ 화물의 인도·인수·보관 및 취급에 관한 사항
④ 운송책임이 시작되는 시기 및 끝나는 시기
⑤ 손해배상 및 면책에 관한 사항
⑥ 그 밖에 화물자동차 운송사업을 경영하는 데에 필요한 사항

(3) 대리 신고

운송약관의 신고 또는 변경신고는 **협회로 하여금 대리**하게 할 수 있다.

5 운송사업자의 책임

(1) 화물의 멸실·훼손·인도지연으로 인한 손해배상(법 제7조)

① 화물의 멸실·훼손 또는 인도의 지연(이하 "적재물사고"라 한다)으로 발생한 운송사업자의 손해배상 책임에 관하여는 「상법」 제135조를 준용한다.
② 화물이 인도기한이 지난 후 **3개월 이내**에 인도되지 아니하면 그 화물은 멸실된 것으로 본다.

(2) 분쟁의 조정

① **국토교통부장관**은 손해배상에 관하여 화주가 요청하면 국토교통부령으로 정하는 바에 따라 이에 관한 분쟁을 조정(調停)할 수 있다.
② 국토교통부장관은 분쟁조정업무를 「소비자기본법」에 따른 **한국소비자원** 또는 등록된 소비자단체에 **위탁할 수** 있다.
③ 국토교통부장관은 화주가 분쟁조정을 요청하면 **지체 없이** 그 사실을 확인하고 손해내용을 조사한 후 조정안을 작성하여야 한다.
④ 당사자 쌍방이 조정안을 수락하면 당사자 간에 조정안과 동일한 **합의가 성립**된 것으로 본다.

6 준수사항

(1) 운송사업자의 준수사항(법 제11조) ★

화물자동차 운송사업자의 준수사항
① 운송사업자는 허가받은 사항의 범위에서 사업을 성실하게 수행하여야 하며, 부당한 운송조건을 제시하거나 정당한 사유 없이 운송계약의 인수를 거부하거나 그 밖에 **화물운송질서**를 현저하게 해치는 행위를 하여서는 아니 된다.

② 운송사업자는 화물자동차 운전자의 과로를 방지하고 안전운행을 확보하기 위하여 운전자를 **과도하게 승차근무**하게 하여서는 아니 된다.

③ 운송사업자는 **제2조 제3호 후단**에 따른 화물의 기준에 맞지 아니하는 화물을 운송하여서는 아니 된다.

④ 운송사업자는 고장 및 사고차량 등 화물의 운송과 관련하여 자동차관리사업자와 부정한 금품을 주고받아서는 아니 된다. ➜ 위반시 운송사업자 및 운송가맹사업자는 2년 이하의 징역 또는 2천만원 이하의 벌금형

⑤ 운송사업자는 해당 화물자동차 운송사업에 종사하는 운수종사자가 제12조에 따른 준수사항을 성실히 이행하도록 **지도·감독**하여야 한다.

⑥ 운송사업자는 화물운송의 대가로 받은 운임 및 요금의 전부 또는 일부에 해당하는 금액을 부당하게 화주, 다른 운송사업자 또는 화물자동차 운송주선사업을 경영하는 자에게 되돌려주는 행위를 하여서는 아니 된다. **➜ 금품 Rebate 행위 금지**

⑦ 운송사업자는 택시(「여객자동차 운수사업법」에 따른 구역 여객자동차운송사업에 사용되는 승용자동차를 말함) 요금미터기의 장착 등 국토교통부령으로 정하는 택시 유사표시행위를 하여서는 아니 된다.

⑧ 운송사업자는 운임 및 요금과 운송약관을 영업소 또는 화물자동차에 갖추어 두고 이용자가 요구하면 이를 내보여야 한다.

⑨ 위·수탁차주나 개인 운송사업자에게 화물운송을 위탁한 운송사업자는 해당 위·수탁차주나 개인 운송사업자가 요구하면 화물적재요청자와 화물의 종류·중량 및 운임 등 국토교통부령으로 정하는 사항을 적은 화물위탁증을 내주어야 한다. 다만, 운송사업자가 최대 적재량 1.5톤 이상의 「자동차관리법」에 따른 화물자동차를 소유한 위·수탁차주나 개인 운송사업자에게 화물운송을 위탁하는 경우 "국토교통부령으로 정하는 화물"을 제외하고는 화물위탁증을 발급하여야 하며, 위·수탁차주나 개인 운송사업자는 화물위탁증을 수령하여야 한다.

⑩ 운송사업자는 화물자동차 운송사업을 양도·양수하는 경우에는 양도·양수에 소요되는 비용을 위·수탁차주에게 부담시켜서는 아니 된다.

⑪ 운송사업자는 위·수탁차주가 현물출자한 차량을 위·수탁차주의 동의 없이 타인에게 매도하거나 저당권을 설정하여서는 아니 된다. 다만, 보험료 납부, 차량 할부금 상환 등 위·수탁차주가 이행하여야 하는 차량관리 의무의 해태로 인하여 운송사업자의 채무가 발생하였을 경우에는 위·수탁차주에게 저당권을 설정한다는 사실을 사전에 통지하고 그 채무액을 넘지 아니하는 범위에서 저당권을 설정할 수 있다.

⑫ 운송사업자는 위·수탁계약으로 차량을 현물출자 받은 경우에는 위·수탁차주를 「자동차관리법」에 따른 자동차등록원부에 현물출자자로 기재하여야 한다.

⑬ 운송사업자는 위·수탁차주가 다른 운송사업자와 동시에 1년 이상의 운송계약을 체결하는 것을 제한하거나 이를 이유로 불이익을 주어서는 아니 된다.

⑭ 운송사업자는 화물운송을 위탁하는 경우 「도로법」 제77조 또는 「도로교통법」 제39조에 따른 기준을 위반하는 화물의 운송을 위탁하여서는 아니 된다.

⑮ 운송사업자는 운송가맹사업자의 화물정보망이나 「물류정책기본법」 제38조에 따라 인증받은 화물정보망을 통하여 위탁받은 물량을 재위탁하는 등 화물운송질서를 문란하게 하는 행위를 하여서는 아니 된다.

⑯ 운송사업자는 적재된 화물이 떨어지지 아니하도록 국토교통부령으로 정하는 기준 및 방법에 따라 덮개·포장·고정장치 등 필요한 조치를 하여야 한다.

⑰ 제3조 제7항 제1호 다목에 따라 같은 조 제1항의 허가 또는 같은 조 제3항의 변경허가를 받은 운송사업자는 허가 또는 변경허가의 조건을 위반하여 다른 사람에게 차량이나 그 경영을 위탁하여서는 아니 된다.

⑱ 운송사업자는 화물자동차의 운전업무에 종사하는 운수종사자가 교육을 받는 데에 필요한 조치를 하여야 하며, 그 교육을 받지 아니한 화물자동차의 운전업무에 종사하는 운수종사자를 화물자동차 운수사업에 종사하게 하여서는 아니 된다.

⑲ 운송사업자는 전기·전자장치(최고속도제한장치에 한정한다)를 무단으로 해체하거나 조작해서는 아니 된다.

⑳ 국토교통부장관은 상기의 준수사항 외에 다음의 사항을 국토교통부령(시행규칙 제21조)으로 정할 수 있다.
1. 화물자동차 운송사업의 차고지 이용과 운송시설에 관한 사항
2. 그 밖에 수송의 안전과 화주의 편의를 도모하기 위하여 운송사업자가 지켜야 할 사항

TIP 그 밖의 운송사업자의 준수사항(시행규칙 제21조)

1. 국토교통부장관은 위 ①부터 ⑳까지의 준수사항 외에 다음의 사항을 국토교통부령으로 정할 수 있다.
2. 개인화물자동차 운송사업자의 경우 주사무소가 있는 특별시·광역시·특별자치시 또는 도와 이와 맞닿은 특별시·광역시·특별자치시 또는 도 외의 지역에 상주하여 화물자동차 운송사업을 경영하지 아니할 것
3. 밤샘주차(0시부터 4시까지 사이에 하는 1시간 이상의 주차를 말함)하는 경우에는 다음의 어느 하나에 해당하는 시설 및 장소에서만 할 것

가. 해당 운송사업자의 차고지 나. 다른 운송사업자의 차고지 다. 공영차고지 라. 화물자동차 휴게소 마. 화물터미널 바. 그 밖에 지방자치단체의 조례로 정하는 시설 또는 장소

4. 최대 적재량 1.5톤 이하의 화물자동차의 경우에는 주차장, 차고지 또는 지방자치단체의 조례로 정하는 시설 및 장소에서만 밤샘주차할 것
5. 신고한 운임 및 요금 또는 화주와 합의된 운임 및 요금이 아닌 부당한 운임 및 요금을 받지 아니할 것
6. 화주로부터 부당한 운임 및 요금의 환급을 요구받았을 때에는 환급할 것
7. 신고한 운송약관을 준수할 것

⋮

11. 적재물배상보험등에 가입하지 아니한 상태로 화물자동차를 운행하거나 그 가입이 실효된 상태로 화물자동차를 운행하지 아니할 것

12. 화물자동차(영 제5조의2에 따른 차령 이상의 화물자동차는 제외)를 「자동차관리법」에 따른 정기검사 또는 자동차종합검사를 받지 않은 상태로 운행하거나 운행하게 하지 않을 것

⋮

23. 휴게시간 없이 2시간 연속운전한 운수종사자에게 15분 이상의 휴게시간을 보장할 것. 다만, 다음의 어느 하나에 해당하는 경우에는 1시간까지 연장운행을 하게 할 수 있으며 운행 후 30분 이상의 휴게시간을 보장해야 한다.

> 가. 운송사업자 소유의 다른 화물자동차가 교통사고, 차량고장 등의 사유로 운행이 불가능하여 이를 일시적으로 대체하기 위하여 수송력 공급이 긴급히 필요한 경우
> 나. 천재지변이나 이에 준하는 비상사태로 인하여 수송력 공급을 긴급히 증가할 필요가 있는 경우
> 다. 교통사고, 차량고장 또는 교통정체 등 불가피한 사유로 2시간 연속운전 후 휴게시간 확보가 불가능한 경우

⋮

26. 위・수탁계약서에 명시된 금전 외의 금전을 위・수탁차주에게 요구하지 않을 것

(2) 운송사업자의 직접운송의무(법 제11조의2)

① 국토교통부령으로 정하는 운송사업자(**일반화물자동차 운송사업자**)는 화주와 운송계약을 체결한 화물에 대하여 국토교통부령으로 정하는 비율(**연간 운송계약 화물의 100분의 50**) 이상을 해당 운송사업자에게 소속된 차량으로 직접 운송하여야 한다. 다만, **국토교통부령으로 정하는 차량**으로 운송하는 경우에는 이를 직접 운송한 것으로 본다.

② **운송사업자가 운송주선사업을 동시에 영위하는 경우** : 연간 운송계약 및 운송주선계약 화물의 **100분의 30** 이상을 직접 운송하여야 한다.

③ **운송의 위탁금지** : 운송사업자는 직접 운송하는 화물 이외의 화물에 대하여 다음의 자 외의 자에게 운송을 위탁하여서는 아니 된다.
   ㉠ 다른 운송사업자
   ㉡ 다른 운송사업자에게 소속된 위・수탁차주

④ 다른 운송사업자나 운송주선사업자로부터 화물운송을 위탁받은 운송사업자와 운송가맹사업자로부터 화물운송을 위탁받은 운송사업자(**운송가맹점인 운송사업자만 해당**)는 해당 운송사업자에게 소속된 차량으로 직접 화물을 운송하여야 한다. 다만, 다른 운송사업자나 운송주선사업자로부터 화물운송을 위탁받은 운송사업자가 국토교통부령으로 정하는 차량으로 운송하는 경우에는 이를 직접 운송한 것으로 본다.

⑤ **화물정보망을 이용하는 경우**
   ㉠ 운송사업자(다른 운송사업자나 운송주선사업자로부터 화물운송을 위탁받은 운송사업자를 포함한다)가 **국토교통부령으로 정하는 바에 따라** 운송가맹사업자의 화물정보망이나 인증받은 화물정보망을 이용하여 운송을 위탁하면 직접 운송한 것으로 본다.
   ㉡ 이 경우 직접운송의 인정기준은 위탁운송 화물의 **100분의 80에서 100분의 100**의 범위에서 국토교통부장관이 정하여 고시하는 기준에 따른다.

7 개선명령과 업무개시명령 ★★

(1) 개선명령(법 제13조)

국토교통부장관은 **안전운행을 확보**하고, **운송질서를 확립**하며, **화주의 편의를 도모**하기 위하여 필요하다고 인정되면 운송사업자에게 다음의 사항을 명할 수 있다.

화물자동차 운송사업
1. 운송약관의 변경 2. 화물자동차의 구조변경 및 운송시설의 개선 3. 화물의 안전운송을 위한 조치 4. 적재물배상보험등의 가입과 운송사업자가 의무적으로 가입해야 하는 보험·공제에 가입 5. 위·수탁계약에 따라 운송사업자 명의로 등록된 차량의 자동차등록번호판이 훼손 또는 분실된 경우 위·수탁차주의 요청을 받은 즉시 「자동차관리법」에 따른 등록번호판의 부착 및 봉인을 신청하는 등 운행이 가능하도록 조치 6. 위·수탁계약에 따라 운송사업자 명의로 등록된 차량의 노후, 교통사고 등으로 대폐차가 필요한 경우 위·수탁차주의 요청을 받은 즉시 운송사업자가 대폐차 신고 등 절차를 진행하도록 조치 7. 위·수탁계약에 따라 운송사업자 명의로 등록된 차량의 사용본거지를 다른 시·도로 변경하는 경우 즉시 자동차등록번호판의 교체 및 봉인을 신청하는 등 운행이 가능하도록 조치 8. 운송사업자가 위·수탁계약을 체결하면서 정당한 사유 없이 계약서에 명시하여야 할 사항을 계약서에 명시하지 아니하거나 위·수탁계약의 기간을 준수하지 아니하는 경우 그 위반사항을 시정하도록 하는 조치

(2) 업무개시명령(법 제14조) ★

① 업무개시명령의 사유 : 국토교통부장관은 **운송사업자나 운수종사자가** 정당한 사유 없이 집단으로 화물운송을 거부하여 화물운송에 커다란 지장을 주어 국가경제에 매우 심각한 위기를 초래하거나 초래할 우려가 있다고 인정할 만한 상당한 이유가 있으면 그 운송사업자 또는 운수종사자에게 업무개시를 명할 수 있다.

② 업무개시명령의 절차

㉠ 국토교통부장관은 운송사업자 또는 운수종사자에게 업무개시를 명하려면 **국무회의의 심의를** 거쳐야 한다.

㉡ 국토교통부장관은 업무개시를 명한 때에는 구체적 이유 및 향후 대책을 국회 소관 상임위원회에 보고하여야 한다.

③ 관련 의무 및 제재조치

㉠ 운송사업자 또는 운수종사자는 정당한 사유 없이 명령을 거부할 수 없다.

㉡ **정당한 사유 없이 거부시 제재조치 : 3년 이하의 징역 또는 3,000만원 이하의 벌금**

8 권리 · 의무의 승계 ★★

(1) 사업의 양도 · 양수 및 합병(법 제16조) : 신고사항

① 화물자동차 운송사업을 양도 · 양수하려는 경우에는 **양수인**은 **국토교통부장관에게 신고**하여야 한다.

② 운송사업자인 법인이 서로 합병하려는 경우(운송사업자인 법인이 운송사업자가 아닌 법인을 흡수 합병하는 경우는 제외)에는 국토교통부령으로 정하는 바에 따라 합병으로 **존속하거나 신설되는 법인**은 국토교통부장관에게 **신고**하여야 한다.

cf 국제물류주선업 : 신고, 「철도사업법」 : 인가

③ 국토교통부장관은 신고를 받은 날부터 **5일** 이내에 신고수리 여부를 신고인에게 통지하여야 한다.

④ **신고의 효력 : 신고가 있으면** 화물자동차 운송사업을 양수한 자는 화물자동차 운송사업을 양도한 자의 운송사업자로서의 지위를 승계하며, 합병으로 설립되거나 존속되는 법인은 합병으로 소멸되는 법인의 운송사업자로서의 지위를 **승계**한다.

⑤ 양수인, 합병으로 존속하거나 신설되는 법인의 결격사유에 관하여는 **법 제4조**를 준용한다.

⑥ 사업의 양도 · 양수 및 합병의 신고가 있으면 화물자동차 운송사업을 양도한 자와 위 · 수탁계약을 체결한 위 · 수탁차주는 그 동일한 내용의 위 · 수탁계약을 화물자동차 운송사업을 양수한 자와 체결한 것으로 보며, 합병으로 소멸되는 법인과 위 · 수탁계약을 체결한 위 · 수탁차주는 그 동일한 내용의 위 · 수탁계약을 합병으로 존속하거나 신설되는 법인과 체결한 것으로 본다.

(2) 사업의 상속(법 제17조) ★

① 운송사업자가 사망한 경우 상속인이 그 화물자동차 운송사업을 계속하려면 피상속인이 사망한 후 **90일 이내**에 국토교통부장관에게 **신고**하여야 한다. 국토교통부장관은 신고를 받은 날부터 **5일** 이내에 신고수리 여부를 신고인에게 통지하여야 한다.

② 상속인이 신고를 하면 피상속인이 사망한 날부터 신고한 날까지 피상속인에 대한 화물자동차 운송사업의 허가는 **상속인에 대한 허가로 본다.**

③ **신고한 상속인은 피상속인의 운송사업자로서의 지위를 승계**한다.

④ 상속인의 결격사유에 관하여는 법 제4조를 준용한다. 다만, 상속인이 피상속인의 사망일부터 **3개월** 이내에 그 화물자동차 운송사업을 다른 사람에게 양도하면 피상속인의 사망일부터 양도일까지 피상속인에 대한 화물자동차 운송사업의 허가는 상속인에 대한 허가로 **본다.**

9 화물자동차 운송사업의 휴업 · 폐업

(1) 휴업 · 폐업의 신고(법 제18조)

① 신고

㉠ 운송사업자가 화물자동차 운송사업의 전부 또는 일부를 휴업하거나 화물자동차 운송사업

의 전부를 폐업하려면 국토교통부령으로 정하는 바에 따라 미리 **국토교통부장관**에게 **신고**하여야 한다.

ⓛ 신고서의 기재사항 및 첨부서류에 흠이 없고, 법령 등에 규정된 형식상의 요건을 충족하는 경우에는 신고서가 접수기관에 도달된 때에 신고의무가 이행된 것으로 본다.

② **신고서 제출** : 화물자동차 운송사업의 휴업 또는 폐업 신고를 하려는 자는 사업 휴업 또는 폐업 신고서를 **관할관청**에 제출하여야 한다.

③ 관할관청은 화물자동차 운송사업의 휴업 또는 폐업 신고를 받은 경우 그 사실을 관할 협회에 통지하여야 한다.

(2) 화물자동차 등록증과 등록번호판의 반납(법 제20조 제1항)

운송사업자는 다음의 어느 하나에 해당하면 해당 화물자동차의 자동차등록증과 자동차등록번호판을 **국토교통부장관에게 반납**하여야 한다.

1. 화물자동차 운송사업의 **휴업·폐업신고**를 한 경우
2. 허가취소 또는 사업정지처분을 받은 경우
3. 감차를 목적으로 허가사항을 변경한 경우(감차 조치 명령에 따른 경우 포함)
4. 임시허가기간이 만료된 경우

10 화물자동차 운송사업의 허가취소(법 제19조)

(1) 허가취소사유

국토교통부장관은 운송사업자가 다음의 어느 하나에 해당하면 그 **허가를 취소하거나 6개월 이내의 기간을 정하여 그 사업의 전부 또는 일부의 정지를 명령하거나 감차 조치**를 명할 수 있다.

1. **부정한 방법**으로 **허가를 받은 경우 ➜ 절대적 취소**
2. 허가를 받은 후 6개월간의 운송실적이 **국토교통부령으로 정하는 기준**에 미달한 경우 [시행규칙 제28조의2 : "국토교통부령으로 정하는 기준"이란 국토교통부장관이 매년 고시하는 연간 시장평균운송매출액(화물자동차의 종류별 연평균 운송매출액의 합계액)의 **100분의 5** 이상에 해당하는 운송매출액을 말한다]
3. 부정한 방법으로 **변경허가**를 받거나, 변경허가를 받지 아니하고 허가사항을 변경한 경우
4. 화물자동차 운송사업의 허가 또는 증차를 수반하는 변경허가의 기준을 충족하지 못하게 된 경우
5. 5년마다 운송사업의 허가신고를 하지 아니하였거나 거짓으로 신고한 경우
6. 화물자동차 소유대수가 2대 이상인 운송사업자가 영업소 설치 허가를 받지 아니하고 주사무소 외의 장소에서 상주하여 영업한 경우
7. 화물자동차 운송사업의 허가 또는 증차를 수반하는 변경허가에 따른 조건 또는 기한을 위반한 경우

8. **허가의 결격사유에 해당하게 된 경우**. 다만, 법인의 임원 중 결격사유에 해당하는 자가 있는 경우에 3개월 이내에 그 임원을 개임하면 허가를 취소하지 아니한다. ➜ **절대적 취소**
9. 화물운송 종사자격이 없는 자에게 화물을 운송하게 한 경우
10. **운송사업자**의 준수사항을 위반한 경우
11. 직접운송의무 등을 위반한 경우
12. 1대의 화물자동차를 본인이 직접 운전하는 운송사업자, 운송사업자가 채용한 운수종사자 또는 위·수탁차주가 과태료처분을 1년 동안 3회 이상 받은 경우
13. 정당한 사유 없이 개선명령을 이행하지 아니한 경우
14. 정당한 사유 없이 업무개시명령을 이행하지 아니한 경우
15. 임시허가를 받은 운송사업자가 양도금지 규정을 위반하여 그 사업을 양도한 경우
16. 사업정지처분 또는 감차 조치 명령을 위반한 경우
17. **중대한 교통사고** 또는 **빈번한 교통사고**로 1명 이상의 사상자를 발생하게 한 경우
18. **보조금의 지급이 정지된 자가 그날부터 5년 이내에 다시 보조금 지급 정지사유에 해당하게 된 경우**
19. 실적신고 및 관리등에 따른 신고를 하지 아니하였거나 거짓으로 신고한 경우

    이때 '실적신고 및 관리등에 따른 신고'란 운수사업자가 국토교통부장관이 정하여 고시하는 기준과 절차에 따라 **다음의 형태에 따른 실적을 관리하고 국토교통부장관에게 신고**하는 것을 말한다.
    가. 운수사업자가 화주와 계약한 실적
    나. 운수사업자가 다른 운수사업자와 계약한 실적
    다. 운수사업자가 다른 운송사업자 소속의 위·수탁차주와 계약한 실적
    라. 운송가맹사업자가 소속 운송가맹점과 계약한 실적
    마. 운수사업자가 직접 운송한 실적

20. 직접운송의무 있는 운송사업자가 법 제47조의2 제2항에 따른 기준을 충족하지 못하게 된 경우(국토교통부장관이 매년 고시하는 연간 시장평균운송매출액의 20/100 이상에 해당하는 운송매출액에 충족하지 못한 경우)
21. 화물자동차 교통사고와 관련하여 **거짓이나 그 밖의 부정한 방법으로 보험금을 청구하여 금고 이상의 형**을 선고받고 그 형이 확정된 경우 ➜ **절대적 취소**
22. 차령 13년 이상의 화물자동차를 「자동차관리법」에 따른 정기검사 또는 자동차종합검사를 받지 아니한 상태로 운행하거나 운행하게 한 경우

(2) 처분의 가중 또는 경감

공공복리의 침해 정도, 교통사고로 인한 피해의 정도, 위반행위의 내용·횟수 등을 고려하여 시행령 [별표 1] 제2호의 개별기준에 따른 처분기준을 다음의 구분에 따라 늘리거나 줄일 수 있다.

① 사업 전부정지, 사업 일부정지 또는 위반차량 운행정지의 경우에는 처분기준 일수의 **2분의 1의 범위**에서 그 기간을 늘리거나 줄인다. 다만, 늘리는 경우에도 그 기간은 **6개월**을 초과할 수 없다.

② 허가취소(제2호 가목 및 아목 본문에 따른 허가취소는 제외)를 경감하는 경우에는 **2대** 이상의 화물자동차에 대한 감차 조치로 한다.

③ 2대 이상의 화물자동차에 대한 감차 조치를 가중하는 경우에는 **허가취소**로 하고, 경감하는 경우에는 **90일** 이상의 사업 전부정지 또는 사업 일부정지로 한다.

④ 위반차량 감차 조치를 경감하는 경우에는 **90일** 이상의 위반차량 운행정지로 한다.

(3) 허가취소 등 기록의 보존

관할관청은 허가취소, 감차 조치, 사업 전부정지, 사업 일부정지 또는 위반차량 운행정지 처분을 하였을 때에는 그 사실을 연합회에 통지하여야 하며, 화물자동차 행정처분 기록카드에 그 사실을 기록하여 **5년간 보존**하여야 한다.

11 화물자동차 운수사업의 운전업무 종사자

(1) 운전업무 종사자의 개념 및 결격사유

① 개념 : 운수종사자란 화물자동차의 운전자, 화물의 운송 또는 운송주선에 관한 사무를 취급하는 사무원 및 이를 보조하는 보조원, 그 밖에 화물자동차 운수사업에 종사하는 자를 말한다(법 제2조 제8호).

② 화물자동차 운수사업의 운전업무 종사자격(법 제8조)

㉠ 화물자동차 운수사업의 운전업무에 종사하려는 자는 아래 제1호 및 제2호의 요건을 갖춘 후 제3호 또는 제4호의 요건을 갖추어야 한다.

1. 국토교통부령으로 정하는 연령·운전경력 등 운전업무에 필요한 요건을 갖출 것

> 가. 화물자동차를 운전하기에 적합한 「도로교통법」에 따른 운전면허를 가지고 있을 것
> 나. **20세** 이상일 것
> 다. 운전경력이 **2년** 이상일 것. 다만, 여객자동차 운수사업용 자동차 또는 화물자동차 운수사업용 자동차를 운전한 경력이 있는 경우에는 그 운전경력이 1년 이상이어야 한다.

2. 국토교통부령으로 정하는 운전적성에 대한 정밀검사기준에 맞을 것. 이 경우 운전적성에 대한 정밀검사는 **국토교통부장관**이 시행한다.
3. 화물자동차 운수사업법령, 화물취급요령 등에 관하여 국토교통부장관이 시행하는 시험에 합격하고 정하여진 교육을 받을 것

4. 「교통안전법」에 따른 교통안전체험에 관한 연구·교육시설에서 교통안전체험, 화물 취급요령 및 화물자동차 운수사업법령 등에 관하여 국토교통부장관이 실시하는 이론 및 실기 교육을 이수할 것

㉡ 국토교통부장관은 ㉠에 따른 요건을 갖춘 자에게 화물운송 종사자격증을 내주어야 한다.

㉢ 화물운송 종사자격증을 받은 사람은 다른 사람에게 그 자격증을 빌려주어서는 아니 된다.

㉣ 누구든지 다른 사람의 화물운송 종사자격증을 빌려서는 아니 된다.

㉤ 누구든지 ㉢ 또는 ㉣에서 금지한 행위를 알선하여서는 아니 된다.

㉥ 화물자동차 운수사업의 운전업무 종사자격에 따른 시험·교육·자격증의 교부 등에 필요한 사항은 **국토교통부령**으로 정한다.

cf 운수종사자의 교육 : 운수종사자는 시·도지사가 실시하는 다음의 교육을 매년 1회 이상 받아야 한다.

- 화물자동차 운수사업 관계법령 및 도로교통관계법령
- 교통안전에 관한 사항
- 화물운수와 관련한 업무수행에 필요한 사항
- 그 밖에 화물운수서비스 증진을 위해 필요한 사항

③ **결격사유** : 다음의 어느 하나에 해당하는 자는 화물자동차 운수사업의 운전업무 종사자격에 따른 화물운송 종사자격을 취득할 수 없다(법 제9조).

㉠ 이 법을 위반하여 징역 이상의 실형을 선고받고 그 집행이 끝나거나(집행이 끝난 것으로 보는 경우를 포함) 집행이 면제된 날부터 2년이 지나지 아니한 자

㉡ 이 법을 위반하여 징역 이상의 형의 집행유예를 선고받고 그 유예기간 중에 있는 자

㉢ 화물운송 종사자격의 취소에 따라 화물운송 종사자격이 취소(화물운송 종사자격을 취득한 자가 피성년후견인 또는 피한정후견인에 해당하여 허가가 취소된 경우는 제외)된 날부터 2년이 지나지 아니한 자

㉣ 국토교통부장관이 시행하는 시험일 전 또는 교육일 전 5년간 다음의 하나에 해당하는 사람

ⓐ 「도로교통법」 제93조 제1항 제1호부터 제4호까지에 해당하여 운전면허가 취소된 사람

ⓑ 「도로교통법」 제43조를 위반하여 운전면허를 받지 아니하거나 운전면허의 효력이 정지된 상태로 자동차등을 운전하여 벌금형 이상의 형을 선고받거나 운전면허가 취소된 사람

ⓒ 운전 중 고의 또는 과실로 3명 이상이 사망(사고발생일부터 30일 이내에 사망한 경우를 포함)하거나 20명 이상의 사상자가 발생한 교통사고를 일으켜 「도로교통법」에 따라 운전면허가 취소된 사람

㉤ 국토교통부장관이 시행하는 시험일 전 또는 교육일 전 3년간 「도로교통법」 제93조 제1항 제5호 및 제5호의2에 해당하여 운전면허가 취소된 사람

(2) 화물자동차 운수사업의 운전업무 종사의 제한(법 제9조의2)

다음의 어느 하나에 해당하는 사람은 화물운송 종사자격의 취득에도 불구하고 「생활물류서비스산업발전법」에 따른 택배서비스사업의 운전업무에는 종사할 수 없다.

① 다음의 어느 하나에 해당하는 죄를 범하여 금고 이상의 실형을 선고받고 그 집행이 끝나거나

면제된 날부터 **최대 20년의 범위에서** 범죄의 종류, 죄질, 형기의 장단 및 재범위험성 등을 고려하여 대통령령으로 정하는 기간이 지나지 아니한 사람

㉠ 「특정강력범죄의 처벌에 관한 특례법」 제2조 제1항 각 호에 따른 죄

㉡ 「특정범죄 가중처벌 등에 관한 법률」 제5조의2, 제5조의4, 제5조의5, 제5조의9 및 제11조에 따른 죄

㉢ 「마약류 관리에 관한 법률」에 따른 죄

㉣ 「성폭력범죄의 처벌 등에 관한 특례법」 제2조 제1항 제2호부터 제4호까지, 제3조부터 제9조까지 및 제15조에 따른 죄

㉤ 「아동·청소년의 성보호에 관한 법률」 제2조 제2호에 따른 죄

② ①에 따른 죄를 범하여 금고 이상의 형의 집행유예를 선고받고 그 유예기간 중에 있는 사람

(3) 화물자동차 운전자에 대한 관리

① **운전자 채용 및 경력 등 기록의 관리** : 운송사업자는 화물자동차의 운전자를 채용할 때에는 근무기간 등 운전경력증명서의 발급을 위하여 필요한 사항을 기록·관리하여야 한다.

② **운전자의 교통안전 기록·관리**

㉠ 국토교통부장관은 화물자동차의 안전운전을 확보하기 위하여 화물자동차 운전자의 교통사고, 교통법규 위반사항 및 범죄경력을 기록·관리하여야 한다.

㉡ 국토교통부장관은 국토교통부령으로 정하는 화물자동차 운전자의 인명사상사고 및 교통법규 위반사항에 대하여는 해당 시·도지사 및 사업자단체에 그 내용을 제공하여야 한다. 다만, 범죄경력에 대하여는 필요한 경우에 한정하여 시·도지사에게 그 내용을 제공할 수 있다.

③ **화물자동차 운전자의 교통안전 관리전산망의 구축·운영** : 한국교통안전공단은 화물자동차 운전자의 교통사고 및 교통법규 위반사항과 범죄경력의 기록·관리를 위하여 국토교통부장관이 정하여 고시하는 바에 따라 화물자동차 운전자의 교통안전 관리전산망을 구축·운영할 수 있다.

(4) 운수종사자의 준수사항(법 제12조)

화물자동차 운송사업에 종사하는 운수종사자는 다음의 어느 하나에 해당하는 행위를 하여서는 아니 된다.

1. 정당한 사유 없이 화물을 중도에서 내리게 하는 행위
2. 정당한 사유 없이 화물의 운송을 거부하는 행위
3. 부당한 운임 또는 요금을 요구하거나 받는 행위
4. 고장 및 사고차량 등 화물의 운송과 관련하여 자동차관리사업자와 부정한 금품을 주고받는 행위
5. 일정한 장소에 오랜 시간 정차하여 화주를 호객(呼客)하는 행위
6. 문을 완전히 닫지 아니한 상태에서 자동차를 출발시키거나 운행하는 행위
7. 택시 요금미터기의 장착 등 국토교통부령으로 정하는 택시 유사표시행위
8. 화물이 떨어지지 않도록 하는 조치를 하지 아니하고 화물자동차를 운행하는 행위
9. 전기·전자장치(최고속도제한장치에 한정)를 무단으로 해체하거나 조작하는 행위

확인하기

▶ **화물자동차 운수사업법상 운수종사자의 준수사항이 아닌 것은?**

① 운송사업자에게 화물의 종류·무게 및 부피 등을 거짓으로 통보하는 행위를 하여서는 아니 된다.
② 고장 및 사고차량 등 화물의 운송과 관련하여 자동차관리사업자와 부정한 금품을 주고받는 행위를 하여서는 아니 된다.
③ 일정한 장소에 오랜 시간 정차하여 화주를 호객(呼客)하는 행위를 하여서는 아니 된다.
④ 문을 완전히 닫지 아니한 상태에서 자동차를 출발시키거나 운행하는 행위를 하여서는 아니 된다.
⑤ 택시 요금미터기의 장착 등 국토교통부령으로 정하는 택시 유사표시행위를 하여서는 아니 된다.

정답 ①

(5) 화물운송 종사자격의 취소(법 제23조) ★

① **종사자격의 취소 및 효력정지 :** 국토교통부장관은 화물운송 종사자격을 취득한 자가 다음의 어느 하나에 해당하면 그 자격을 취소(청문대상)하거나 6개월 이내의 기간을 정하여 그 자격의 효력을 정지시킬 수 있다. 다만, **제1·2·5·6·7·10·11호의 경우에는 그 자격을 취소하여야 한다.**

> **1.** 화물운송 종사자격의 결격사유에 해당하게 된 경우
> **2.** 거짓이나 그 밖의 부정한 방법으로 화물운송 종사자격을 취득한 경우
> 3. 국토교통부장관의 업무개시명령을 정당한 사유 없이 거부한 경우
> 4. 화물운송 중에 **고의나 과실로** 교통사고를 일으켜 사람을 사망하게 하거나 다치게 한 경우
> **5.** 화물운송 종사자격증을 다른 사람에게 빌려준 경우
> **6.** 화물운송 종사자격 정지기간 중에 화물자동차 운수사업의 운전업무에 종사한 경우
> **7.** 화물자동차를 운전할 수 있는 「도로교통법」에 따른 운전면허가 취소된 경우
> 8. 「도로교통법」을 위반하여 화물자동차를 운전할 수 있는 운전면허가 정지된 경우
> 9. 운수종사자의 부당한 운임의 요구나 받는 행위, 택시 요금미터기의 장착 등 택시 유사표시행위, 전기·전자장치를 무단으로 해체·조작하는 행위의 경우
> **10.** 화물자동차 교통사고와 관련하여 거짓이나 그 밖의 부정한 방법으로 보험금을 청구하여 금고 이상의 형을 선고받고 그 형이 확정된 경우
> **11.** 법 제9조의2 제1항(운수사업의 운전업무 종사의 제한)을 위반한 경우

② 관할관청은 화물운송 종사자격의 효력정지 처분을 하는 경우에는 위반행위의 동기·횟수 등을 고려하여 처분기준 일수의 **2분의 1**의 범위에서 줄이거나 늘릴 수 있다. 다만, 늘리는 경우에는 위반행위를 한 날을 기준으로 최근 1년 이내에 같은 위반행위를 2회 이상 한 경우만 해당한다.

12 과징금(법 제21조) ★

(1) 과징금의 부과

① 국토교통부장관은 운송사업자에게 사업정지처분을 하여야 하는 경우로서 그 사업정지처분이 해당 화물자동차 운송사업의 이용자에게 심한 불편을 주거나 그 밖에 공익을 해칠 우려가 있으면 대통령령으로 정하는 바에 따라 사업정지처분을 갈음하여 **2천만원** 이하의 과징금을 부과・징수할 수 있다.

② 국토교통부장관은 과징금 부과처분을 받은 자가 과징금을 정한 기한에 내지 아니하면 **국세체납처분**의 예에 따라 징수한다.

③ 통지를 받은 자는 국토교통부령으로 정하는 수납기관에 납부통지일부터 30일 이내에 과징금을 내야 한다.

(2) 과징금의 운용계획 수립

① 국토교통부장관은 국토교통부령으로 정하는 바에 따라 과징금으로 징수한 금액의 운용계획을 수립・시행해야 한다.

② 국토교통부장관 또는 관할관청은 매년 10월 31일까지 다음 해의 과징금운용계획을 수립하여 시행하여야 한다.

③ 시・도지사는 전년도의 과징금 부과 실적, 징수 실적 및 사용 실적을 매년 3월 31일까지 국토교통부장관에게 제출하여야 한다.

(3) 과징금의 용도 ★★

징수한 과징금은 다음의 용도 이외에는 사용(보조 또는 융자 포함)할 수 없다.

1. **화물터미널의 건설과 확충**
2. **공동차고지**(사업자단체, 운송사업자 또는 운송가맹사업자가 운송사업자 또는 운송가맹사업자에게 공동으로 제공하기 위하여 설치하거나 임차한 차고지를 말한다)의 **건설과 확충**
3. 경영개선이나 그 밖에 화물에 대한 정보제공사업 등 화물자동차 운수사업의 발전을 위하여 필요한 사업 ➜ **공영차고지의 설치・운영사업, 운수종사자의 교육시설에 대한 비용의 보조사업, 사업자단체가 실시하는 교육훈련사업**
4. **신고포상금의 지급**

03 화물자동차 운송주선사업

1 개념(법 제2조 제4호) ★

화물자동차 운송주선사업이란 다른 사람의 요구에 응하여 유상으로 화물운송계약을 중개·대리하거나 화물자동차 운송사업 또는 화물자동차 운송가맹사업을 경영하는 자의 화물운송수단을 이용하여 **자기 명의와 계산**으로 화물을 운송하는 사업(화물이 이사화물인 경우에는 포장 및 보관 등 부대서비스를 함께 제공하는 사업을 포함)을 말한다.

2 허가(법 제24조 및 시행규칙 제38조) ★★

(1) 허가기준

① 화물자동차 운송주선사업을 경영하려는 자는 국토교통부령으로 정하는 바에 따라 국토교통부장관의 **허가**를 받아야 한다. **다만, 화물자동차 운송가맹사업의 허가를 받은 자는 허가를 받지 아니한다.**

② 허가기준 : 화물자동차 운송주선사업의 허가기준은 다음과 같다.

㉠ 국토교통부장관이 화물의 운송주선 수요를 고려하여 고시하는 공급기준에 맞을 것

㉡ 사무실의 면적 등 국토교통부령으로 정하는 기준에 맞을 것

항목	허가기준
사무실	영업에 필요한 면적(다만, 관리사무소 등 부대시설이 설치된 민영 노외주차장을 소유하거나 그 사용계약을 체결한 경우에는 사무실을 확보한 것으로 본다)

(2) 허가절차

① 허가신청서 제출 : 화물자동차 운송주선사업의 허가를 받으려는 자는 화물자동차 운송주선사업 허가신청서에 주사무소·영업소 및 화물취급소의 명칭·위치 및 규모를 적은 서류를 첨부하여 관할관청에 제출하여야 한다.

② 예비허가증 발급 : 관할관청은 화물자동차 운송주선사업의 허가신청을 받았을 때에는 위의 서류를 갖추었는지와 공급기준에 맞는지를 심사한 후 화물자동차 운송주선사업 예비허가증을 발급하여야 한다.

③ 허가증 발급

㉠ 관할관청은 화물자동차 운송주선사업 예비허가증을 발급하였을 때에는 신청일부터 **20일** 이내에 결격사유가 있는지, 허가기준에 맞는지와 적재물배상보험등에 가입하였는지를 확인한 후 화물자동차 운송주선사업 허가증을 발급하여야 한다.

㉡ 관할관청은 화물자동차 운송주선사업 허가증을 발급하였을 때에는 그 사실을 협회에 통지

하고 화물자동차 운송주선사업 허가대장에 기록하여 관리하여야 한다.

④ **영업소 설치 허가** : 운송주선사업자는 주사무소 외의 장소에서 상주하여 영업하려면 국토교통부령으로 정하는 바에 따라 국토교통부장관의 **허가**를 받아 영업소를 설치하여야 한다.

(3) 허가기준의 신고

운송주선사업자의 허가기준에 관한 사항의 신고는 5년마다 한다.

(4) 허가사항의 변경

① 화물자동차 운송주선사업의 허가를 받은 자가 허가사항을 변경하려면 국토교통부장관에게 **신고**하여야 한다.

② 국토교통부장관은 변경신고를 받은 날부터 **5일** 이내에 신고수리 여부를 신고인에게 통지하여야 한다. 미통지시 그 기간의 끝난 날의 다음 날에 신고를 수리한 것으로 본다.

3 운송주선사업자의 명의이용 금지(법 제25조)

운송주선사업자는 자기 명의로 다른 사람에게 화물자동차 운송주선사업을 경영하게 할 수 없다.

4 운송주선사업자의 준수사항(법 제26조) ★

① 운송주선사업자는 자기의 명의로 운송계약을 체결한 화물에 대하여 그 계약금액 중 일부를 제외한 나머지 금액으로 다른 운송주선사업자와 재계약하여 이를 운송하도록 하여서는 아니 된다. 다만, 화물운송을 효율적으로 수행할 수 있도록 위·수탁차주나 개인 운송사업자에게 화물운송을 직접 위탁하기 위하여 다른 운송주선사업자에게 중개 또는 대리를 의뢰하는 때에는 그러하지 아니하다.

② 운송주선사업자는 화주로부터 중개 또는 대리를 의뢰받은 화물에 대하여 다른 운송주선사업자에게 수수료나 그 밖의 대가를 받고 중개 또는 대리를 의뢰하여서는 아니 된다.

③ 운송주선사업자는 제28조에 따라 준용하여 신고하는 운송주선약관에 중개·대리서비스의 수수료 부과 기준 등 국토교통부령으로 정하는 사항을 포함하여야 한다.

④ 운송주선사업자는 운송사업자에게 화물의 종류·무게 및 부피 등을 거짓으로 통보하거나 「도로법」 제77조 또는 「도로교통법」 제39조에 따른 기준을 위반하는 화물의 운송을 주선하여서는 아니 된다.

⑤ 운송주선사업자가 운송가맹사업자에게 화물의 운송을 주선하는 행위는 재계약·중개 또는 대리로 보지 아니한다.

⑥ ①~④에서 규정한 사항 외에 화물운송질서의 확립 및 화주의 편의를 위하여 운송주선사업자가 준수하여야 할 사항은 다음과 같다.

1. 신고한 운송주선약관을 준수할 것
2. 적재물배상보험등에 가입한 상태에서 운송주선사업을 영위할 것
3. 자가용 화물자동차의 소유자 또는 사용자에게 화물운송을 주선하지 아니할 것
4. 허가증에 기재된 상호만 사용할 것
5. 운송주선사업자가 이사화물운송을 주선하는 경우 화물운송을 시작하기 전에 다음의 사항이 포함된 견적서 또는 계약서(전자문서를 포함)를 화주에게 발급할 것. 다만, 화주가 견적서 또는 계약서의 발급을 원하지 아니하는 경우는 제외한다.
   가. 운송주선사업자의 성명 및 연락처
   나. 화주의 성명 및 연락처
   다. 화물의 인수 및 인도 일시, 출발지 및 도착지
   라. 화물의 종류, 수량
   마. 운송 화물자동차의 종류 및 대수, 작업인원, 포장 및 정리 여부, 장비사용 내역
   바. 운임 및 그 세부내역(포장 및 보관 등 부대서비스 이용 시 해당 부대서비스의 내용 및 가격을 포함한다)
6. 운송주선사업자가 이사화물운송을 주선하는 경우에 포장 및 운송 등 이사 과정에서 화물의 멸실, 훼손 또는 연착에 대한 사고확인서를 발급할 것(화물의 멸실, 훼손 또는 연착에 대하여 사업자가 고의 또는 과실이 없음을 증명하지 못한 경우로 한정한다)

5 허가의 취소(법 제27조)

(1) 국토교통부장관은 운송주선사업자가 다음의 어느 하나에 해당하면 그 허가를 취소하거나 6개월 이내의 기간을 정하여 그 사업의 정지를 명할 수 있다. 또한 관할관청은 위반행위를 적발하였을 때에는 특별한 사유가 없으면 적발한 날부터 30일 이내에 처분을 하여야 한다.

1. **결격사유의 어느 하나에 해당하게 된 경우**. 다만, 법인의 임원 중 결격사유의 하나에 해당하는 자가 있는 경우 3개월 이내에 그 임원을 개임한 경우에는 제외 ➜ **절대적 취소**
2. **거짓이나 그 밖의 부정한 방법**으로 허가를 받은 경우 ➜ **절대적 취소**
3. 허가기준을 충족하지 못하게 된 경우
4. 제24조 제7항에 따른 신고를 하지 아니하거나 거짓으로 신고한 경우
5. 제24조 제8항에 따른 영업소 설치 허가를 받지 아니하고 주사무소 외의 장소에서 상주하여 영업한 경우
6. 명의이용 금지를 위반한 경우
7. 운송주선사업자의 준수사항을 위반한 경우
8. 운송사업자의 준수사항을 위반한 경우
9. 개선명령을 이행하지 아니한 경우
10. 제47조의2 제1항에 따른 신고를 하지 아니하였거나 거짓으로 신고한 경우
11. 이 조에 따른 사업정지명령을 위반하여 그 **사업정지기간 중에 사업**을 한 경우 ➜ **절대적 취소**

(2) 사후관리

관할관청은 허가취소 또는 사업정지처분을 하였을 때에는 그 사실을 연합회에 통지하여야 하며, 화물자동차 운송주선사업 허가대장에 기록하여 **5년간** 보존하여야 한다.

04 화물자동차 운송가맹사업 및 화물정보망

1 사업의 허가

(1) 개념 ★

① **화물자동차 운송가맹사업** : ㉠ 다른 사람의 요구에 응하여 자기 화물자동차를 사용하여 유상으로 화물을 운송하거나 ㉡ 화물정보망을 통하여 소속 화물자동차 운송가맹점(운송사업자 및 화물자동차 운송사업의 경영의 일부를 위탁받은 사람인 **운송가맹점만을** 말함)에 의뢰하여 화물을 운송하게 하는 사업을 말한다(법 제2조 제5호).

② **화물자동차 운송가맹사업자** : 화물자동차 운송가맹사업의 허가를 받은 자를 말한다(법 제2조 제6호).

③ **화물자동차 운송가맹점** : 화물자동차 운송가맹사업자의 운송가맹점으로 가입한 자로서 다음의 어느 하나에 해당하는 자를 말한다(법 제2조 제7호).

㉠ 운송가맹사업자의 화물정보망을 이용하여 운송 화물을 배정받아 화물을 운송하는 운송사업자

㉡ 운송가맹사업자의 화물운송계약을 중개・대리하는 운송주선사업자

㉢ 운송가맹사업자의 화물정보망을 이용하여 운송 화물을 배정받아 화물을 운송하는 자로서 화물자동차 운송사업의 경영의 일부를 위탁받은 사람. **다만, 경영의 일부를 위탁한 운송사업자가 화물자동차 운송가맹점으로 가입한 경우는 제외**

(2) 사업의 허가(법 제29조) ★

① **운송가맹사업의 허가** : 화물자동차 운송가맹사업을 경영하려는 자는 국토교통부령으로 정하는 바에 따라 국토교통부장관에게 **허가**를 받아야 한다.

*** 화물자동차 운송가맹사업의 허가를 받은 자는 화물자동차 운송사업 또는 운송주선사업의 허가를 받지 않아도 된다.**

② **허가기준의 신고** : 운송가맹사업자는 허가받은 날부터 5년마다 국토교통부령으로 정하는 바에 따라 허가기준에 관한 사항을 국토교통부장관에게 신고하여야 한다.

③ **허가기준** ★ : 화물자동차 운송가맹사업의 허가 또는 증차를 수반하는 변경허가의 기준은 다음과 같다.

㉠ 국토교통부장관이 화물의 운송수요를 고려하여 고시하는 공급기준에 맞을 것

㉡ 화물자동차의 대수(운송가맹점이 보유하는 화물자동차의 대수를 포함), 운송시설, 그 밖에 아래표의 기준에 맞을 것

항목	허가기준
허가기준 대수	50대 이상(운송가맹점이 소유하는 화물자동차 대수를 포함하되, 8개 이상 시·도에 각각 5대 이상 분포되어야 함)
사무실 및 영업소	영업에 필요한 면적
최저보유차고면적	화물자동차 1대당 그 화물자동차의 길이와 너비를 곱한 면적(화물자동차를 직접 소유하는 경우만 해당)
화물자동차의 종류	시행규칙 제3조에 따른 화물자동차(화물자동차를 직접 소유하는 경우만 해당)
그 밖의 운송시설	**화물정보망을 갖출 것**

④ 허가사항 변경 : 허가를 받은 운송가맹사업자는 허가사항을 변경하려면 국토교통부령으로 정하는 바에 따라 국토교통부장관의 **변경허가**를 받아야 한다. 다만, 대통령령으로 정하는 경미한 사항을 변경하려면 국토교통부령으로 정하는 바에 따라 **국토교통부장관**에게 **신고**하여야 한다. ★

* **변경신고를 하여야 하는 경미한 사항**(허가사항 변경신고 대상)

1. 대표자의 변경(법인인 경우만 해당)
2. 화물취급소의 설치 및 폐지
3. **화물자동차의 대폐차**(화물자동차를 직접 소유한 운송가맹사업자만 해당)
4. 주사무소·영업소 및 화물취급소의 이전
5. 화물자동차 운송가맹계약의 체결 또는 해제·해지

◀ 허가사항 변경신고 대상(변경신고를 하는 경미한 사항) ▶ ★

화물자동차 운송사업	화물자동차 운송가맹사업
1. 상호의 변경 2. **대표자**의 변경(**법인**인 경우만 해당) 3. 화물취급소의 설치 또는 폐지 4. **화물자동차의 대폐차**(代廢車) 5. 주사무소·영업소 및 화물취급소의 이전. 다만, 주사무소 이전의 경우에는 **관할관청의 행정구역 내에서의 이전만** 해당한다.	1. 대표자의 변경(법인인 경우만 해당) 2. 화물취급소의 설치 및 폐지 3. **화물자동차의 대폐차**(화물자동차를 직접 소유한 운송가맹사업자만 해당) 4. 주사무소·영업소 및 화물취급소의 이전 5. 화물자동차 운송가맹계약의 체결 또는 해제·해지

⑤ 허가신청의 확인 : 국토교통부장관은 예비변경허가를 하였을 때에는 신청일부터 **20일** 이내에 다음의 사항을 확인한 후 변경허가를 하여야 한다.

㉠ 결격사유의 유무
㉡ 화물자동차의 등록 여부
㉢ 차고지 설치 여부 등 허가기준에 맞는지 여부
㉣ 적재물배상보험등의 가입 여부

⑥ **허가·변경 신고수리의 통지**

㉠ 국토교통부장관은 허가·변경허가의 신청을 받거나 변경신고를 받은 날부터 **20일** 이내에 허가 또는 신고수리 여부를 신청인에게 통지하여야 한다.

㉡ 국토교통부장관이 정한 기간 내에 허가 또는 신고수리 여부나 민원 처리 관련 법령에 따른 처리기간의 연장 여부를 신청인에게 통지하지 아니하면 그 기간이 끝난 날의 다음 날에 허가 또는 신고수리를 한 것으로 본다.

⑦ 국토교통부장관은 화물자동차 운송가맹사업 허가증을 발급하였을 때에는 그 사실을 협회에 통지하고 화물자동차 운송가맹사업 허가대장에 기록하여 관리하여야 한다.

⑧ **영업소의 설치** : 운송가맹사업자는 주사무소 외의 장소에서 상주하여 영업하려면 국토교통부령으로 정하는 바에 따라 국토교통부장관의 허가를 받아 영업소를 설치하여야 한다.

2 운송가맹사업자 및 운송가맹점의 역할(법 제30조)

(1) 운송가맹사업자의 역할

운송가맹사업자는 화물자동차 운송가맹사업의 원활한 수행을 위하여 다음의 사항을 성실히 이행하여야 한다.

① 운송가맹사업자의 직접운송물량과 운송가맹점의 운송물량의 공정한 배정
② 효율적인 운송기법의 개발과 보급
③ 화물의 원활한 운송을 위한 **화물정보망의 설치·운영**

(2) 운송가맹점의 역할

① 운송가맹사업자가 정한 기준에 맞는 운송서비스의 제공(운송사업자 및 위·수탁차주인 운송가맹점만 해당)
② 화물의 원활한 운송을 위한 차량 위치의 통지(운송사업자 및 위·수탁차주인 운송가맹점만 해당)
③ 운송가맹사업자에 대한 운송 화물의 **확보·공급**(운송주선사업자인 운송가맹점만 해당)

3 개선명령(법 제31조)

국토교통부장관은 안전운행의 확보, 운송질서의 확립 및 화주의 편의를 도모하기 위하여 필요하다고 인정하면 운송가맹사업자에게 다음의 사항을 명할 수 있다.

① 운송약관의 변경
② 화물자동차의 구조변경 및 운송시설의 개선
③ 화물의 안전운송을 위한 조치
④ 「가맹사업거래의 공정화에 관한 법률」에 따른 정보공개서의 제공의무 등, 가맹금의 반환, 가맹계약서의 기재사항 등, 가맹계약의 갱신 등의 통지
⑤ 적재물배상보험등과 「자동차손해배상 보장법」에 따라 운송가맹사업자가 의무적으로 가입하여야 하는 보험·공제의 가입

4 화물정보망의 이용(법 제34조의4)

① 운송사업자가 다른 운송사업자나 다른 운송사업자에게 소속된 위·수탁차주에게 화물운송을 위탁하는 경우에는 운송가맹사업자의 화물정보망이나 「물류정책기본법」에 따라 인증받은 화물정보망을 이용할 수 있다.
② 운송주선사업자가 운송사업자나 위·수탁차주에게 화물운송을 위탁하는 경우 운송가맹사업자의 화물정보망이나 「물류정책기본법」에 따라 인증받은 화물정보망을 이용할 수 있다.

5 화물자동차 운송가맹사업의 허가취소(법 제32조)

국토교통부장관은 운송가맹사업자가 다음의 어느 하나에 해당하면 그 허가를 취소하거나 6개월 이내의 기간을 정하여 그 사업의 전부 또는 일부의 정지를 명하거나 감차 조치를 명할 수 있다. 다만, 제1호 및 제4호의 경우에는 그 허가를 취소하여야 한다.

1. 결격사유(제4조)의 어느 하나에 해당하게 된 경우. 다만, 법인의 임원 중 제4조 각 호의 어느 하나에 해당하는 자가 있는 경우 3개월 이내에 그 임원을 개임하면 취소하지 아니한다.
   → 절대적 취소
2. 화물운송 종사자격이 없는 자에게 화물을 운송하게 한 경우
3. 업무개시명령을 정당한 사유 없이 이행하지 아니한 경우
4. 거짓이나 그 밖의 부정한 방법으로 허가를 받은 경우 **→ 절대적 취소**
5. 거짓이나 그 밖의 부정한 방법으로 변경허가를 받은 경우
6. 운송가맹사업의 허가 또는 변경허가의 기준을 충족하지 못하게 된 경우
7. 허가기준의 신고를 하지 아니하였거나 거짓으로 신고한 경우

7의2. 영업소 설치 허가를 받지 아니하고 주사무소 외의 장소에서 상주하여 영업한 경우

8. 정당한 사유 없이 개선명령을 이행하지 아니한 경우
9. 운송가맹사업자의 준수사항 및 명의이용 금지(소속 운송가맹점에 자기의 영업표지를 사용하게 하는 경우는 제외)를 위반한 경우
10. 「가맹사업거래의 공정화에 관한 법률」 제7조, 제9조~제11조, 제13조 및 제14조를 위반한 경우(개선명령을 받은 경우는 제외)

11. 사업정지명령 또는 감차 조치 명령을 위반한 경우(※ 반드시 취소해야 하는 사항 아님에 주의!)
12. 중대한 교통사고 또는 빈번한 교통사고로 1명 이상의 사상자를 발생하게 한 경우
13. 보조금의 지급이 정지된 자가 그 날부터 5년 이내에 다시 같은 항 각 호의 어느 하나에 해당하게 된 경우

13의2. 실적신고를 하지 아니하였거나 거짓으로 신고한 경우

14. 대통령령으로 정하는 연한 이상의 화물자동차를 「자동차관리법」에 따른 정기검사 또는 자동차종합검사를 받지 아니한 상태로 운행하거나 운행하게 한 경우

05 적재물배상보험등 ★

1 보험등의 의무가입

(1) 의무가입 대상자(법 제35조) ★

다음의 어느 하나에 해당하는 자는 손해배상책임을 이행하기 위하여 대통령령으로 정하는 바에 따라 적재물배상 책임보험 또는 공제(이하 "적재물배상보험등"이라 한다)에 가입하여야 한다.

① 최대 적재량이 5톤 이상이거나 총중량이 10톤 이상인 화물자동차 중 국토교통부령으로 정하는 화물자동차(일반형·밴형 및 특수용도형 화물자동차와 견인형 특수자동차)를 소유하고 있는 운송사업자

② 국토교통부령으로 정하는 화물(이사화물)을 취급하는 운송주선사업자

③ 운송가맹사업자

(2) 가입제외 대상(시행규칙 제41조의13)

① 건축폐기물·쓰레기 등 경제적 가치가 없는 화물을 운송하는 차량으로서 국토교통부장관이 정하여 고시하는 화물자동차

② 「대기환경보전법」 제2조 제17호에 따른 배출가스저감장치를 차체에 부착함에 따라 총중량이 10톤 이상이 된 화물자동차 중 최대 적재량이 5톤 미만인 화물자동차

③ 특수용도형 화물자동차 중 「자동차관리법」 제2조 제1호에 따른 피견인자동차

2 보험등의 가입범위(시행령 제9조의7) ★

적재물배상보험등에 가입하려는 자는 다음의 구분에 따라 사고 건당 **2천만원**(운송주선사업자가 이사화물운송만을 주선하는 경우에는 500만원) 이상의 금액을 지급할 책임을 지는 적재물배상보험등에 가입하여야 한다.

① **운송사업자 : 각 화물자동차별**로 가입
② **운송주선사업자** : 각 사업자별로 가입
③ **운송가맹사업자** : 화물자동차를 직접 소유한 자는 각 화물자동차별 및 각 사업자별로, 그 외의 자는 각 사업자별로 가입

3 보험등의 계약의 체결의무(법 제36조)

(1) 「보험업법」에 따른 보험회사(적재물배상책임 공제사업을 하는 자를 포함. 이하 "보험회사등")는 적재물배상보험등에 가입하여야 하는 자(이하 "보험등 의무가입자"라 한다)가 적재물배상보험등에 가입하려고 하면 적재물배상보험등의 계약(이하 "책임보험계약등"이라 한다)의 체결을 **거부할 수 없다.**

(2) 보험등 의무가입자가 적재물사고를 일으킬 개연성이 높은 경우 등 다음의 사유에 해당하면 (1)에도 불구하고 다수의 보험회사등이 공동으로 책임보험계약등을 체결할 수 있다.

① 운송사업자의 화물자동차 운전자가 그 운송사업자의 사업용 화물자동차를 운전하여 과거 2년 동안 다음의 어느 하나에 해당하는 사항을 2회 이상 위반한 경력이 있는 경우
㉠ 무면허운전 등의 금지
㉡ 술에 취한 상태에서의 운전금지
㉢ 사고발생시 조치의무

② 보험회사가 「보험업법」에 따라 허가를 받거나 신고한 적재물배상보험요율과 책임준비금 산출기준에 따라 손해배상책임을 담보하는 것이 현저히 곤란하다고 판단한 경우

4 책임보험계약등의 해제(법 제37조 내지 제38조) ★

① 보험등 의무가입자 및 보험회사등은 다음의 어느 하나에 해당하는 경우 외에는 책임보험계약등의 전부 또는 일부를 해제하거나 해지하여서는 아니 된다.

1. 화물자동차 **운송사업**의 허가사항이 변경(감차만을 말함)된 경우
2. 화물자동차 **운송사업**을 휴업하거나 폐업한 경우
3. 화물자동차 **운송사업**의 허가가 취소되거나 감차 조치 명령을 받은 경우
4. 화물자동차 운송주선사업의 허가가 취소된 경우
5. 화물자동차 **운송가맹사업**의 허가사항이 변경(감차만을 말함)된 경우
6. 화물자동차 **운송가맹사업**의 허가가 취소되거나 감차 조치 명령을 받은 경우
7. 적재물배상보험등에 이중으로 가입되어 하나의 책임보험계약등을 해제하거나 해지하려는 경우
8. 보험회사등이 **파산** 등의 사유로 영업을 계속할 수 없는 경우
9. 「상법」에 따른 계약해제 또는 계약해지의 사유가 발생한 경우

② 보험회사등은 자기와 책임보험계약등을 체결하고 있는 보험등 의무가입자에게 그 계약종료일 30일 전까지 그 계약이 끝난다는 사실을 알려야 한다.

③ 보험회사등은 자기와 책임보험계약등을 체결한 보험등 의무가입자가 그 계약이 끝난 후 새로운 계약을 체결하지 아니하면 그 사실을 지체 없이 국토교통부장관에게 알려야 한다.

06 경영합리화

1 경영합리화의 노력(법 제39조)

운수사업자는 화물운송질서의 확립, 경영관리의 건전화, 화물운송기법의 개발 등 경영합리화와 수송서비스 향상을 위하여 노력하여야 한다.

2 경영의 위탁(법 제40조)

(1) 경영의 위탁 ★

① **경영의 위탁** : 운송사업자는 화물자동차 운송사업의 효율적인 수행을 위하여 필요하면 다른 사람(운송사업자를 제외한 개인)에게 차량과 그 경영의 일부를 위탁하거나 차량을 현물출자한 사람에게 그 경영의 일부를 위탁할 수 있다.

② **경영위탁의 제한** : 국토교통부장관은 화물운송시장의 질서유지 및 운송사업자의 운송서비스 향상을 유도하기 위하여 필요한 경우 운송사업의 허가 또는 증차를 수반하는 변경허가에 조건 또는 기한을 붙여 경영의 **위탁을 제한**할 수 있다.

(2) 위·수탁계약의 체결 ★

① **위·수탁계약의 개념** : 위·수탁계약이란 차주(개인)와 운송회사 간에 이루어지는 계약으로 차주는 운송회사에게 차량 및 운영관리권을 위탁하고, 운송회사는 차주로부터 수탁을 받아 특정 기업체에서 일을 한다는 계약 사항을 담고 있는 사인 간의 계약이다. 따라서 지입으로 차량을 운전하기 위해서는 매우 중요한 계약이며, 그 계약서는 운송회사나 개인인 차주들의 기본적인 권리나 내용을 명시하고 차량의 소유권까지 입증할 수 있는 중요한 서류이다. 결국 위·수탁계약을 체결함으로써, 차량은 운송회사 명의로 등록되지만 실소유주는 개인 차주임을 증명하게 되는 것이다.

② **위·수탁계약의 체결 및 의무** : 운송사업자와 위·수탁차주(경영의 일부를 위탁받은 사람)는 대등한 입장에서 합의에 따라 공정하게 위·수탁계약을 체결하고, 신의에 따라 성실하게 계약을 이행하여야 한다. 위·수탁계약의 기간은 **2년** 이상으로 하여야 한다.

③ **위·수탁계약서** : 계약의 당사자는 그 계약을 체결하는 경우 차량소유자·계약기간, 그 밖에 국토교통부령으로 정하는 사항을 계약서에 명시하여야 하며, 서명날인한 계약서를 서로 교부하여 보관하여야 한다. 이 경우 국토교통부장관은 건전한 거래질서의 확립과 공정한 계약의 정착을 위하여 표준 위·수탁계약서를 고시하여야 하고, 이를 우선적으로 사용하도록 권고할 수 있다.

④ **화물운송사업분쟁조정협의회**(법 제40조 제6항 및 시행령 제9조의9)

㉠ **시·도지사**는 위·수탁계약의 체결·이행으로 발생하는 분쟁의 해결을 지원하기 위하여 대통령령으로 정하는 바에 따라 화물운송사업분쟁조정협의회를 설치·운영할 수 있다.

㉡ **심의·조정사항** : 시·도지사가 설치하는 화물운송사업분쟁조정협의회는 다음의 사항을 심의·조정한다.

ⓐ 운송사업자와 위·수탁차주 간 금전지급에 관한 분쟁
ⓑ 운송사업자와 위·수탁차주 간 차량의 소유권에 관한 분쟁
ⓒ 운송사업자와 위·수탁차주 간 차량의 대폐차에 관한 분쟁
ⓓ 운송사업자와 위·수탁차주 간 화물자동차 운송사업의 양도·양수에 관한 분쟁
ⓔ 그 밖에 분쟁의 성격·빈도 및 중요성 등을 고려하여 국토교통부장관이 정하여 고시하는 사항에 관한 분쟁

㉢ **협의회의 구성 및 활동 내용**

ⓐ 협의회는 위원장 1명을 포함하여 5명 이상 10명 이내의 위원으로 구성된다.
ⓑ 협의회는 매월 1회 개최한다. 다만, 시·도지사가 분쟁의 신속한 해결을 위하여 협의회의 개최를 요청하는 경우에는 수시로 개최할 수 있다.
ⓒ 협의회는 심의결과 조정안을 작성하여 분쟁 당사자에게 권고할 수 있다. 다만, 분쟁의 성격·빈도 및 중요성 등을 고려하여 필요하다고 인정하는 경우에는 분쟁 당사자 간의 자율적인 분쟁해결을 권고할 수 있다.

⑤ **위·수탁계약의 무효사유** ★ : 위·수탁계약의 내용이 **당사자 일방에게 현저하게 불공정한 경우**로서 다음의 어느 하나에 해당하는 경우에는 **그 부분에 한정하여 무효(無效)**로 한다.

1. 운송계약의 형태·내용 등 관련된 모든 사정에 비추어 계약체결 당시 예상하기 어려운 내용에 대하여 상대방에게 책임을 떠넘기는 경우
2. 계약내용에 대하여 구체적인 정함이 없거나 당사자 간 이견이 있는 경우 계약내용을 일방의 의사에 따라 정함으로써 상대방의 정당한 이익을 침해한 경우
3. 계약불이행에 따른 당사자의 손해배상책임을 과도하게 경감하거나 가중하여 정함으로써 상대방의 정당한 이익을 침해한 경우
4. 「민법」 및 이 법 등 관계 법령에서 인정하고 있는 상대방의 권리를 상당한 이유 없이 배제하거나 제한하는 경우
5. 그 밖에 위·수탁계약의 내용 중 일부가 당사자 일방에게 현저하게 불공정하여 해당 부분을 무효로 할 필요가 있는 경우로서 대통령령으로 정하는 경우

(3) 위 · 수탁계약의 갱신(법 제40조의2)

① 운송사업자는 위 · 수탁차주가 위 · 수탁계약기간 만료 전 **150일부터 60일**까지 사이에 위 · 수탁계약의 갱신을 요구하는 때에는 다음의 어느 하나에 해당하는 경우를 제외하고는 이를 거절할 수 없다.

> **＊ 위 · 수탁계약 갱신의 예외적인 거절사유**
>
> 1. 최초 위 · 수탁계약기간을 포함한 전체 위 · 수탁계약기간이 6년 이하인 경우로서 다음의 어느 하나에 해당하는 경우(첫 계약 후 2번 갱신한 경우)
>   가. 위 · 수탁차주가 거짓이나 그 밖의 부정한 방법으로 위 · 수탁계약을 체결한 경우
>   나. 위 · 수탁차주가 계약기간 동안 운수종사자의 준수사항을 위반하여 법 제67조에 따른 처벌 또는 법 제70조에 따른 과태료 처분을 받은 경우
>   다. 위 · 수탁차주가 계약기간 동안 법 제23조에 따른 처분을 받은 경우
>   라. 다음의 어느 하나에 해당하는 운송사업자의 요청 또는 지도 · 감독을 위 · 수탁차주가 정당한 사유 없이 따르지 아니한 경우
>   • 허가기준에 대한 사항의 신고에 필요한 자료의 제출 요청
>   • 운수종사자의 준수사항 이행에 따른 지도 · 감독
> 2. 최초 위 · 수탁계약기간을 포함한 전체 위 · 수탁계약기간이 6년을 초과하는 경우로서 다음의 어느 하나에 해당하는 경우(첫 계약 후 3번 이상 갱신)
>   가. 위 1.의 어느 하나에 해당하는 경우
>   나. 위 · 수탁차주가 운송사업자에게 지급하기로 한 위 · 수탁계약상의 월지급액을 6회 이상 지급하지 아니한 경우
>   다. 표준 위 · 수탁계약서에 기재된 계약 조건을 위 · 수탁차주가 준수하지 아니한 경우
>   라. 운송사업자가 운송사업의 전부를 폐업하는 경우

② **갱신요구의 거절** : 운송사업자가 갱신요구를 거절하는 경우에는 그 요구를 받은 날부터 **15일** 이내에 운송사업자는 위 · 수탁차주에게 거절사유를 서면으로 통지하여야 한다.

③ **위 · 수탁계약의 갱신의 의제** : 운송사업자가 거절 통지를 하지 아니하거나 위 · 수탁계약기간 만료 전 **150일부터 60일**까지 사이에 위 · 수탁차주에게 계약 조건의 변경에 대한 통지나 위 · 수탁계약을 갱신하지 아니한다는 사실의 통지를 서면으로 하지 아니한 경우에는 계약만료 전의 위 · 수탁계약과 같은 조건으로 다시 위 · 수탁계약을 체결한 것으로 본다. 다만, 위 · 수탁차주가 계약이 만료되는 날부터 30일 전까지 이의를 제기하거나 운송사업자나 위 · 수탁차주에게 천재지변이나 그 밖에 대통령령으로 정하는 부득이한 사유가 있는 경우에는 그러하지 아니하다.

(4) 위 · 수탁계약의 해지(법 제40조의3)

① 위 · 수탁계약의 해지 ★

㉠ 운송사업자는 위 · 수탁계약을 해지하려는 경우에는 위 · 수탁차주에게 **2개월** 이상의 유예

기간을 두고 계약의 위반 사실을 구체적으로 밝히고, 이를 시정하지 아니하면 그 계약을 해지한다는 사실을 서면으로 **2회 이상 통지**하여야 한다. 다만, 대통령령으로 정하는 바에 따라 **위 · 수탁계약을 지속하기 어려운 중대한 사유***가 있는 경우에는 그러하지 아니하다.

> **＊ 위 · 수탁계약을 지속하기 어려운 중대한 사유**
> 1. 위 · 수탁차주가 화물운송 종사자격을 갖추지 아니한 경우
> 2. 위 · 수탁차주가 계약기간 동안 운수종사자의 준수사항을 위반하여 행정형벌 또는 과태료 처분을 받은 경우
> 3. 위 · 수탁차주가 계약기간 동안 화물운송 종사자격의 취소처분을 받은 경우
> 4. 위 · 수탁차주가 사고 · 질병 또는 국외 이주 등 일신상의 사유로 더 이상 위탁받은 운송사업을 경영할 수 없게 된 경우

㉡ 위 · 수탁계약의 해지에 따른 절차를 거치지 않은 위 · 수탁계약의 해지는 그 **효력이 없다.**

② **운송사업자의 귀책사유에 의한 위 · 수탁계약 해지** : 운송사업자가 다음의 어느 하나에 해당하는 사유로 허가취소 또는 감차 조치(위 · 수탁차주의 화물자동차가 감차 조치의 대상이 된 경우에만 해당)를 받은 경우 해당 운송사업자와 위 · 수탁차주의 위 · 수탁계약은 해지된 것으로 본다.

> 1. 부정한 방법으로 운송사업의 허가를 받은 경우
> 2. 부정한 방법으로 운송사업의 변경허가를 받거나, 변경허가를 받지 아니하고 허가사항을 변경한 경우
> 3. 운송사업의 허가 또는 증차를 수반하는 변경허가에 따른 기준을 충족하지 못하게 된 경우
> 4. 결격사유의 어느 하나에 해당하게 된 경우. 다만, 법인의 임원 중 법 제4조 각 호의 어느 하나에 해당하는 자가 있는 경우에 3개월 이내에 그 임원을 개임(改任)하면 허가를 취소하지 아니한다.
> 5. 그 밖에 운송사업자의 귀책사유(위 · 수탁차주의 고의에 의하여 허가취소 또는 감차 조치될 수 있는 경우 제외)로 허가취소 또는 감차 조치되는 경우로서 대통령령으로 정하는 경우

③ **위 · 수탁차주에 대한 지원** : 국토교통부장관 또는 연합회는 상기 규정에 따라 해지된 위 · 수탁계약의 위 · 수탁차주였던 자가 다른 운송사업자와 위 · 수탁계약을 체결할 수 있도록 지원하여야 한다. 이 경우 해당 위 · 수탁차주였던 자와 위 · 수탁계약을 체결한 운송사업자는 위 · 수탁계약의 체결을 명목으로 부당한 금전지급을 요구하여서는 아니 된다.

(5) 위 · 수탁계약의 양도 · 양수(법 제40조의4)

① **위 · 수탁계약상의 지위 양도 · 양수 ➜** 운송사업자는 거절할 수 없음.
위 · 수탁차주는 운송사업자의 동의를 받아 위 · 수탁계약상의 지위를 타인에게 양도할 수 있다. 다만, 다음의 어느 하나에 해당하는 사유가 발생하는 경우에는 운송사업자는 양수인이

화물운송 종사자격을 갖추지 못한 경우 등 대통령령으로 정하는 경우를 제외하고는 위·수탁계약의 양도에 대한 동의를 거절할 수 없다.

㉠ 업무상 부상 또는 질병의 발생 등으로 자신이 위탁받은 경영의 일부를 수행할 수 없는 경우

㉡ 그 밖에 위·수탁차주에게 부득이한 사유가 발생하는 경우로서 대통령령으로 정하는 경우

② 위·수탁계약상의 지위를 양수한 자는 양도인의 위·수탁계약상 권리와 의무를 승계한다.

③ 위·수탁계약상의 지위를 양도하는 경우 위·수탁차주는 운송사업자에게 양도 사실을 서면으로 통지하여야 한다.

④ ③의 통지가 있은 날부터 1개월 이내에 운송사업자가 양도에 대한 동의를 거절하지 아니하는 경우에는 운송사업자가 양도에 동의한 것으로 본다.

(6) 위·수탁계약의 실태조사 등(법 제40조의5)

① 국토교통부장관 또는 시·도지사는 정기적으로 위·수탁계약서의 작성 여부에 대한 실태조사를 할 수 있다.

② 국토교통부장관 또는 시·도지사는 위·수탁계약의 당사자에게 계약과 관련된 자료를 요청할 수 있다. 이 경우 자료를 요청받은 계약의 당사자는 특별한 사정이 없으면 요청에 따라야 한다.

③ 실태조사의 시기 및 방법

㉠ 위·수탁계약서의 작성 여부에 대한 실태조사는 **매년 1회 이상** 실시한다.

㉡ 실태조사의 범위

1. 위·수탁계약서의 작성 여부에 관한 사항
2. 표준 위·수탁계약서의 사용에 관한 사항
3. 위·수탁계약 내용의 불공정성에 관한 사항
4. 위·수탁계약의 체결 절차·과정에 관한 사항
5. 그 밖에 화물운송시장의 질서 확립 및 건전한 발전을 위하여 조사가 필요한 사항

3 경영지도(법 제41조)

(1) 국토교통부장관 또는 시·도지사는 화물자동차 운수사업의 경영개선 또는 운송서비스의 향상을 위하여 다음의 어느 하나에 해당하는 경우 운수사업자를 지도할 수 있다.

① 제11조(제33조에서 준용하는 경우 포함), 제26조 등에 따른 운수사업자의 준수사항에 대한 지도가 필요한 경우

② 과로, 과속, 과적 운행의 예방 등 안전한 수송을 위한 지도가 필요한 경우

③ 그 밖에 화물자동차의 운송에 따른 안전 확보 및 운송서비스 향상에 필요한 경우

(2) 국토교통부장관 또는 시·도지사는 재무관리 및 사업관리 등 경영실태가 부실하다고 인정되는 운수사업자에게는 경영개선에 관한 권고를 할 수 있으며, 필요하면 경영개선에 관한 중·장기 또는 연차별 계획 등을 제출하게 할 수 있다.

(3) 국토교통부장관 또는 시·도지사는 운수사업자가 제출한 경영개선에 관한 계획 등이 불합리하다고 인정되면 변경할 것을 권고할 수 있다.

(4) 경영자 연수교육(법 제42조)

시·도지사는 운수사업자의 경영능력 향상을 위하여 필요하다고 인정하면 경영을 담당하는 임원(개인인 경우에는 운수사업자를 말한다)에게 경영자 연수교육을 실시할 수 있다.

4 재정지원(법 제43조)

국가는 지방자치단체, 「공공기관의 운영에 관한 법률」에 따른 공공기관 중 대통령령으로 정하는 공공기관, 「지방공기업법」에 따른 지방공사, 사업자단체 또는 운수사업자가 다음의 어느 하나에 해당하는 사업을 수행하는 경우로서 재정적 지원이 필요하다고 인정되면 대통령령으로 정하는 바에 따라 소요자금의 **일부를 보조하거나 융자**할 수 있다.

1. **공동**차고지 및 공영차고지 건설
2. **화물자동차 운수사업의 정보화**
3. 낡은 **차량**의 대체
4. 연료비가 절감되거나 **환경친화적인 화물자동차 등으로의 전환** 및 이를 위한 시설·장비의 투자
5. 화물자동차 휴게소의 건설
6. 화물자동차 운수사업의 서비스 향상을 위한 시설·장비의 확충과 개선
7. 화물자동차의 **감차**
8. 그 밖에 긴급한 공익적 목적을 위하여 일시적으로 화물운송에 대체 사용된 차량에 대한 피해의 보상

5 유가보조금의 지급 및 지급정지

(1) 보조금 지급규정(법 제43조 제2항 및 제44조)

① 특별시장·광역시장·특별자치시장·특별자치도지사·시장 또는 군수(광역시의 군수를 포함)는 운송사업자, 운송가맹사업자 및 화물자동차 운송사업을 위탁받은 자에게 유류에 부과되는 세액 등의 인상액에 상당하는 금액의 전부 또는 일부를 보조할 수 있다.

② 보조 또는 융자받은 자는 그 자금을 보조 또는 융자받은 목적 외의 용도로 사용하여서는 아니 된다.

③ 국토교통부장관·특별시장·광역시장·특별자치시장·특별자치도지사·시장 또는 군수는 거짓이나 부정한 방법으로 보조금이나 융자금을 교부받은 사업자단체 또는 운송사업자 등에게 보조금이나 융자금의 반환을 명하여야 하며, 이에 따르지 아니하면 국세 또는 지방세 체납처분의 예에 따라 회수할 수 있다.

(2) 보조금의 지급정지(법 제44조의2)

① **보조금의 지급정지사유** : 특별시장·광역시장·특별자치시장·특별자치도지사·시장 또는 군수는 운송사업자 등이 다음의 어느 하나에 해당하면 대통령령으로 정하는 바에 따라 **5년의 범위**에서 보조금의 지급을 정지하여야 한다.

1. 「석유 및 석유대체연료 사업법」에 따른 석유판매업자, 「액화석유가스의 안전관리 및 사업법」에 따른 액화석유가스 충전사업자 또는 「수소경제 육성 및 수소 안전관리에 관한 법률」에 따른 수소판매사업자(이하 "주유업자등"이라 한다)로부터 「부가가치세법」에 따른 세금계산서를 거짓으로 발급받아 보조금을 지급받은 경우
2. 주유업자등으로부터 유류 또는 수소의 구매를 가장하거나 실제 구매금액을 초과하여 「여신전문금융업법」에 따른 신용카드, 직불카드, 선불카드 등으로서 보조금의 신청에 사용되는 카드로 거래를 하거나 이를 대행하게 하여 보조금을 지급받은 경우
3. 화물자동차 운수사업이 아닌 다른 목적에 사용한 유류분 또는 수소 구매분에 대하여 보조금을 지급받은 경우
4. 다른 운송사업자 등이 구입한 유류 또는 수소 사용량을 자기가 사용한 것으로 위장하여 보조금을 지급받은 경우
5. 그 밖에 대통령령으로 정하는 사항을 위반하여 거짓이나 부정한 방법으로 보조금을 지급받은 경우
6. 소명서 및 증거자료의 제출요구에 따르지 아니하거나, 검사나 조사를 거부·기피 또는 방해한 경우

② **유류구매카드의 거래기능 정지** : 특별시장·광역시장·특별자치시장·특별자치도지사·시장 또는 군수는 주유업자등이 위 ①의 어느 하나에 해당하는 행위에 가담하였거나 이를 공모한 경우 대통령령으로 정하는 바에 따라 5년의 범위에서 해당 사업소에 대한 유류구매카드의 거래기능을 정지하여야 한다.

6 공영차고지의 설치(법 제45조)

(1) 개념(법 제2조 제9호) ★

"공영차고지"란 화물자동차 운수사업에 제공되는 차고지로서 다음의 어느 하나에 해당하는 자가 설치한 것을 말한다.

① 특별시장 · 광역시장 · 특별자치시장 · 도지사 · 특별자치도지사(이하 "시 · 도지사"라 한다)
② 시장 · 군수 · 구청장(자치구의 구청장)
③ 「공공기관의 운영에 관한 법률」에 따른 공공기관 중 대통령령으로 정하는 공공기관

> 1. 「인천국제공항공사법」에 따른 인천국제공항공사
> 2. 「한국공항공사법」에 따른 한국공항공사
> 3. 「한국도로공사법」에 따른 한국도로공사
> 4. 「한국철도공사법」에 따른 한국철도공사
> 5. 「한국토지주택공사법」에 따른 한국토지주택공사
> 6. 「항만공사법」에 따른 항만공사

④ 「지방공기업법」에 따른 지방공사

(2) 공영차고지의 운영

법에서 정한 설치권자[(1)의 시 · 도지사 등]는 공영차고지를 설치하여 직접 운영하거나 다음의 어느 하나에 해당하는 자에게 임대(운영의 위탁을 포함)할 수 있다.
① 사업자단체
② 운송사업자
③ 운송가맹사업자
④ 운송사업자로 구성된 「협동조합 기본법」에 따른 협동조합

(3) 공영차고지를 설치한 자(이하 "차고지설치자"라 한다)는 공영차고지를 설치하려면 공영차고지의 설치 · 운영에 관한 계획을 수립하여야 한다.

(4) 시 · 도지사를 제외한 차고지설치자가 설치 · 운영계획을 수립하는 경우에는 미리 **시 · 도지사의 인가**를 받아야 한다. 인가받은 계획을 변경하려는 경우에도 또한 같다.

(5) 차고지설치자가 규정에 따라 설치 · 운영계획을 수립 · 변경하는 경우 공영차고지의 설치 · 변경이 학생의 통학안전에 미치는 영향에 대하여 시 · 도의 교육감과 협의하여야 한다.

7 화물자동차 휴게소의 확충(휴게소 종합계획) ★

(1) 종합계획의 수립

국토교통부장관은 화물자동차 운전자의 근로 여건을 개선하고 화물의 원활한 운송을 도모하기 위하여 운송경로 및 주요 물류거점에 화물자동차 휴게소를 확충하기 위한 종합계획을 **5년 단위**로 수립하여야 한다.

(2) 휴게소 종합계획의 내용

1. 화물자동차 휴게소의 현황 및 장래수요에 관한 사항
2. 화물자동차 휴게소의 계획적 공급에 관한 사항
3. 화물자동차 휴게소의 연도별·지역별 배치에 관한 사항
4. 화물자동차 휴게소의 기능개선 및 효율화에 관한 사항
5. 국내 주요 물류시설의 현황 및 건설계획에 관한 사항
6. 화물자동차의 운행실태에 관한 사항
7. 화물자동차 교통량의 연구분석 및 변동예측에 관한 사항

(3) 휴게소 종합계획의 절차

① **의견청취 및 협의** : 국토교통부장관은 ㉠ 휴게소 종합계획을 수립하거나 ㉡ 화물자동차 휴게소의 계획적 공급에 관한 사항과 화물자동차 휴게소의 연도별·지역별 배치에 관한 사항을 변경하려는 경우 미리 시·도지사의 의견을 듣고 관계 중앙행정기관의 장과 협의하여야 한다.

② **종합계획의 변경 요청** : 사업시행자는 필요한 경우 국토교통부장관에게 휴게소 종합계획을 변경하도록 요청할 수 있다.

③ **자료 제출 및 협력 요청** : 국토교통부장관은 휴게소 종합계획의 수립이나 변경을 위하여 필요하다고 인정하는 경우에는 물류 관련 기관이나 단체 또는 전문가 등에 대하여 의견 및 자료 제출 또는 그 밖의 필요한 협력을 요청할 수 있다.

④ **고시** : 국토교통부장관은 휴게소 종합계획을 수립하거나 변경한 때에는 이를 관보에 고시하여야 한다.

(4) 화물자동차 휴게소 건설사업의 시행

① 화물자동차 휴게소 건설사업을 할 수 있는 자(사업시행자)

1. 국가 또는 지방자치단체
2. 「공공기관의 운영에 관한 법률」에 따른 공공기관 중 **대통령령으로 정하는 공공기관**(한국철도공사, 한국토지주택공사, 한국도로공사, 한국수자원공사, 한국농어촌공사, 항만공사, 인천국제공항공사, 한국공항공사, <u>한국교통안전공단</u>, <u>국가철도공단</u>)
3. 「지방공기업법」에 따른 지방공사
4. 대통령령으로 정하는 바에 따라 제1호부터 제3호까지의 자로부터 지정을 받은 법인

② **건설계획의 수립** : 화물자동차 휴게소 건설사업을 시행하려는 사업시행자는 사업의 명칭·목적, 사업을 시행하려는 위치와 면적 등 다음의 사항이 포함된 화물자동차 휴게소 건설계획을 수립하여야 한다.

㉠ 사업의 명칭 및 목적

㉡ 사업시행지의 위치와 면적
㉢ 사업 시행시기 및 시행방법
㉣ 사업에 대한 자금조달계획
㉤ 수용 또는 사용할 토지 또는 건물 등에 관한 사항
㉥ 설치 또는 폐지되는 공공시설 등에 관한 사항

③ **공고·열람절차** : 사업시행자는 건설계획을 수립한 때에는 이를 공고하고, 관계 서류의 사본을 **20일 이상** 일반인이 열람할 수 있도록 하여야 한다.

④ **의견 제출 및 반영** : 화물자동차 휴게소 건설사업의 이해관계인은 열람기간에 사업시행자에게 건설계획에 대한 의견서를 제출할 수 있으며, 사업시행자는 제출된 의견이 타당하다고 인정하는 경우에는 이를 건설계획에 반영하여야 한다.

⑤ **계획의 승인권자** : 사업시행자는 공고 및 열람을 마친 후 그 건설계획에 대하여 **시·도지사의 승인**을 받아야 한다. 다만, 국가, 대통령령으로 정하는 공공기관 및 국가 또는 대통령령으로 정하는 공공기관인 사업시행자로부터 지정을 받은 자는 **국토교통부장관의 승인**을 받아야 한다.

(5) 화물자동차 휴게소의 건설 대상지역

1. 「항만법」 제2조 제1호에 따른 항만 또는 「산업입지 및 개발에 관한 법률」에 따른 산업단지 등이 위치한 지역으로서 화물자동차의 일일 평균 왕복 교통량이 **1만5천대** 이상인 지역
2. 「항만법」에 따른 국가관리항이 위치한 지역
3. 「물류시설의 개발 및 운영에 관한 법률」에 따른 물류단지 중 면적이 50만제곱미터 이상인 물류단지가 위치한 지역
4. 「도로법」 제10조에 따른 고속국도, 일반국도, 지방도 또는 같은 법 제15조 제2항에 따른 국가지원지방도에 인접한 지역으로서 화물자동차의 일일 평균 편도 교통량이 3천5백대 이상인 지역

(6) 화물자동차 휴게소 운영의 위탁

사업시행자는 화물자동차 휴게소의 운영을 사업자단체 등 대통령령으로 정하는 자에게 위탁할 수 있다(연합회 또는 협회, 대통령령으로 정하는 공공기관 10개, 「지방공기업법」에 따른 지방공기업, 「민법」 또는 「상법」에 따라 설립된 법인으로서 그 설립목적이 화물운수와 관련이 있는 법인).

8 화물운송 또는 주선의 실적관리

(1) 실적 신고 및 관리(법 제47조의2)

① 운송사업자(개인 운송사업자는 제외), 운송주선사업자 및 운송가맹사업자는 국토교통부령으로 정하는 바에 따라 운송 또는 주선 실적을 관리하고 이를 국토교통부장관에게 **신고**하여야 한다.

> 운수사업자는 국토교통부장관이 정하여 고시하는 기준과 절차에 따라 다음의 형태에 따른 실적을 관리하고 이를 화물운송실적관리시스템을 통해 국토교통부장관에게 신고하여야 한다.
> 1. 운수사업자가 화주와 계약한 실적
> 2. 운수사업자가 다른 운수사업자와 계약한 실적
> 3. 운수사업자가 다른 운송사업자 소속의 위·수탁차주와 계약한 실적
> 4. 운송가맹사업자가 소속 운송가맹점과 계약한 실적
> 5. 운수사업자가 직접 운송한 실적(법 제11조의2 제1항 단서에 따른 차량으로 운송한 실적 및 법 제11조의2 제5항에 따른 정보망을 이용한 위탁운송실적을 포함)

② 직접운송의무가 있는 운송사업자는 국토교통부령으로 정하는 기준* 이상으로 화물을 운송하여야 한다. 이 경우 기준내역에 관하여는 국토교통부령으로 정한다.

> *** 국토교통부령으로 정하는 기준**
> 국토교통부장관이 매년 고시하는 연간 시장평균운송매출액(종류별·톤급별 화물자동차 1대당 연간 평균운송매출액을 말한다)에 소속 화물자동차(시행규칙 제21조의5 제2항에 따른 화물자동차로서 소속된 운송사업자의 운송 화물이 아닌 화물의 운송횟수가 연간 144회 이상인 화물자동차는 제외)의 대수를 각각 곱하여 산출한 금액의 합계액의 100분의 20 이상에 해당하는 운송매출액을 말한다.

(2) 화물운송서비스평가(법 제47조의6)

① **평가기준** : 국토교통부장관은 화물운송서비스 증진과 이용자의 권익보호를 위하여 운수사업자가 제공하는 화물운송서비스에 대한 평가를 할 수 있으며, 화물운송서비스에 대한 평가의 기준은 다음과 같다.

> 1. 화물운송서비스의 이용자 만족도
> 2. 화물운송서비스의 신속성 및 정확성
> 3. 화물운송서비스의 안전성
> 4. 그 밖에 제1호부터 제3호까지에 준하는 사항으로서 국토교통부령으로 정하는 사항

② **평가 공표** : 국토교통부장관은 화물운송서비스의 평가를 한 후 평가항목별 평가 결과, 서비스 품질 등 세부사항을 대통령령으로 정하는 바에 따라 공표하여야 한다.

③ **서비스에 대한 실지조사** : 국토교통부장관은 화물운송서비스의 평가를 할 경우 운수사업자에게 관련 자료 및 의견 제출 등을 요구하거나 서비스에 대한 실지조사를 할 수 있다.

07 사업자단체

1 협회

(1) 협회의 설립(법 제48조)

운수사업자는 화물자동차 운수사업의 건전한 발전과 운수사업자의 공동이익을 도모하기 위하여 국토교통부장관의 **인가**를 받아 화물자동차 운송사업, 화물자동차 운송주선사업 및 화물자동차 운송가맹사업의 종류별 또는 시·도별로 협회를 설립할 수 있다.

① 협회는 법인으로 한다.
② 협회는 주된 사무소의 소재지에서 설립등기를 함으로써 성립한다.
③ 협회를 설립하려면 해당 협회 회원 자격이 있는 자의 **1/5** 이상이 발기하고, 회원 자격이 있는 자의 **1/3** 이상의 동의를 받아 창립총회에서 정관을 작성한 후 국토교통부장관에게 인가를 신청하여야 한다.
④ 회원의 자격, 임원의 정수 및 선출방법, 그 밖에 협회의 운영에 필요한 사항은 정관으로 정한다.
⑤ 정관을 변경하려면 국토교통부장관의 인가를 받아야 한다.
⑥ 협회에 관하여는 이 법에 규정된 사항 외에는 「민법」 중 사단법인에 관한 규정을 준용한다.

(2) 협회의 사업(법 제49조)

① 화물자동차 운수사업의 건전한 발전과 운수사업자의 공동이익을 도모하는 사업
② 화물자동차 운수사업의 진흥 및 발전에 필요한 통계의 작성 및 관리, 외국 자료의 수집·조사 및 연구사업
③ 경영자와 운수종사자의 교육훈련
④ 화물자동차 운수사업의 경영개선을 위한 지도
⑤ 이 법에서 협회의 업무로 정한 사항
⑥ 국가나 지방자치단체로부터 위탁받은 업무

(3) 연합회(법 제50조)

운송사업자로 구성된 협회, 운송주선사업자로 구성된 협회 및 운송가맹사업자로 구성된 협회는 그 공동목적을 달성하기 위하여 국토교통부령으로 정하는 바에 따라 각각 연합회를 설립할 수 있다. 이 경우 운송사업자로 구성된 협회, 운송주선사업자로 구성된 협회 및 운송가맹사업자로 구성된 협회는 각각 그 연합회의 회원이 된다.

2 공제조합 ★

(1) 공제사업(법 제51조)

① 운수사업자가 설립한 협회의 연합회는 대통령령으로 정하는 바에 따라 국토교통부장관의 허가를 받아 운수사업자의 자동차 사고로 인한 손해배상책임의 보장사업 및 적재물배상 공제사업 등을 할 수 있다.

② 공제사업에 관한 회계는 다른 사업에 관한 회계와 구분하여 경리하여야 한다.

(2) 공제조합의 설립(법 제51조의2)

① 운수사업자는 상호 간의 협동조직을 통하여 조합원이 자주적인 경제활동을 영위할 수 있도록 지원하고 조합원의 자동차 사고로 인한 손해배상책임의 보장사업 및 적재물배상 공제사업을 하기 위하여 대통령령으로 정하는 바에 따라 국토교통부장관의 **인가**를 받아 공제조합을 설립할 수 있다.

② 공제조합은 법인으로 한다.

③ 공제조합은 주된 사무소의 소재지에 설립등기를 함으로써 성립된다.

④ 운수사업자는 정관으로 정하는 바에 따라 공제조합에 가입할 수 있다.

⑤ 공제조합의 조합원은 공제사업에 필요한 분담금을 부담하여야 한다.

(3) 공제조합의 설립인가 절차(법 제51조의3)

공제조합을 설립하려면 공제조합의 조합원 자격이 있는 자의 **10분의 1** 이상이 발기하고, 조합원 자격이 있는 자 **200인 이상**의 동의를 받아 창립총회에서 정관을 작성한 후 국토교통부장관에게 인가를 신청하여야 한다.

(4) 공제조합의 운영위원회

① 공제조합 운영위원회(법 제51조의4)

㉠ 공제조합은 공제사업에 관한 사항을 심의・의결하고 그 업무집행을 감독하기 위하여 운영위원회를 둔다.

㉡ 운영위원회 위원은 조합원, 운수사업・금융・보험・회계・법률 분야 전문가, 관계 공무원 및 그 밖에 화물자동차 운수사업 관련 이해관계자로 구성하되, 그 수는 25명 이내로 한다. 다만, 제51조에 따라 연합회가 공제사업을 하는 경우의 운영위원회 위원은 시・도별 협회의 대표 전원을 포함하여 37명 이내로 한다.

② 운영위원회 위원의 결격사유(법 제51조의5)

㉠ 미성년자, 피성년후견인 또는 피한정후견인

㉡ 파산선고를 받고 복권되지 아니한 사람

㉢ 이 법 또는 「보험업법」 등 대통령령으로 정하는 금융 관련 법률을 위반하여 금고 이상의

형의 집행유예를 선고받고 그 유예기간 중에 있는 사람
㉣ 이 법 또는 「보험업법」 등 대통령령으로 정하는 금융 관련 법률을 위반하여 벌금 이상의 형을 선고받고 그 집행이 끝나거나(집행이 끝난 것으로 보는 경우를 포함) 집행이 면제된 날부터 5년이 지나지 아니한 사람
㉤ 이 법에 따른 공제조합의 업무와 관련하여 벌금 이상의 형을 선고받고 그 집행이 끝나거나(집행이 끝난 것으로 보는 경우를 포함) 집행이 면제된 날부터 5년이 지나지 아니한 사람
㉥ 징계・해임의 요구 중에 있거나 징계・해임의 처분을 받은 후 3년이 지나지 아니한 사람

(5) 공제조합의 사업내용(법 제51조의6)

① **공제조합의 사업**
㉠ 조합원의 사업용 자동차의 사고로 생긴 배상책임 및 적재물배상에 대한 공제
㉡ 조합원이 사업용 자동차를 소유・사용・관리하는 동안 발생한 사고로 그 자동차에 생긴 손해에 대한 공제
㉢ 운수종사자가 조합원의 사업용 자동차를 소유・사용・관리하는 동안에 발생한 사고로 입은 자기 신체의 손해에 대한 공제
㉣ 공제조합에 고용된 자의 업무상 재해로 인한 손실을 보상하기 위한 공제
㉤ 공동이용시설의 설치・운영 및 관리, 그 밖에 조합원의 편의 및 복지 증진을 위한 사업
㉥ 화물자동차 운수사업의 경영개선을 위한 조사・연구사업
㉦ 위 ㉠~㉥의 사업에 딸린 사업으로서 정관으로 정하는 사업

② **공제규정의 인가** : 공제조합은 위 ㉠~㉣의 규정에 따른 공제사업을 하려면 공제규정을 정하여 국토교통부장관의 **인가**를 받아야 한다. 인가받은 사항을 변경하려는 경우에도 또한 같다.

③ 공제조합은 결산기마다 그 사업의 종류에 따라 책임준비금 및 지급준비금을 계상하고 이를 적립하여야 한다.

④ 공제사업 내용 중 위 ㉠~㉣의 규정에 따른 공제사업에는 「보험업법」을 적용하지 아니한다.

(6) 공제조합업무의 개선명령(법 제51조의8)

국토교통부장관은 공제조합의 업무 운영이 적정하지 아니하거나 자산상황이 불량하여 교통사고 피해자 및 공제 가입자 등의 권익을 해칠 우려가 있다고 인정하면 다음의 조치를 명할 수 있다.

1. 업무집행방법의 변경
2. 자산예탁기관의 변경
3. 자산의 장부가격의 변경
4. 불건전한 자산에 대한 적립금의 보유
5. 가치가 없다고 인정되는 자산의 손실처리

(7) 재무건전성의 유지(법 제51조의10)

① 공제조합은 공제금 지급능력과 경영의 건전성을 확보하기 위하여 다음 3가지 사항에 관하여 대통령령으로 정하는 재무건전성 기준을 지켜야 한다.
㉠ 자본의 적정성에 관한 사항
㉡ 자산의 건전성에 관한 사항
㉢ 유동성의 확보에 관한 사항

② 공제조합이 준수하여야 하는 재무건전성 기준은 다음과 같다.
㉠ 지급여력비율은 **100분의 100 이상**을 유지할 것
㉡ 구상채권 등 보유자산의 건전성을 정기적으로 분류하고 대손충당금을 적립할 것

08 자가용 화물자동차의 사용

1 자가용 화물자동차 사용신고 ★

(1) 화물자동차 운송사업과 화물자동차 운송가맹사업에 이용되지 아니하고 자가용으로 사용되는 화물자동차로서 대통령령으로 정하는 화물자동차(국토교통부령으로 정하는 특수자동차, 특수자동차를 제외한 화물자동차로서 최대 적재량이 **2.5톤** 이상인 화물자동차)로 사용하려는 자는 국토교통부령으로 정하는 사항을 **시·도지사에게 신고**하여야 한다. 신고한 사항을 변경하려는 때에도 또한 같다.

(2) 시·도지사는 신고 또는 변경신고를 받은 날부터 **10일** 이내에 신고수리 여부를 신고인에게 통지하여야 한다.

2 유상운송 ★

(1) 유상운송의 금지

자가용 화물자동차의 소유자 또는 사용자는 자가용 화물자동차를 유상(그 자동차의 운행에 필요한 경비를 포함)으로 화물운송용으로 제공하거나 임대하여서는 아니 된다. 다만, 국토교통부령으로 정하는 사유에 해당되는 경우로서 **시·도지사**의 **허가**를 받으면 화물운송용으로 제공하거나 임대할 수 있다.

(2) 유상운송의 허가사유 ★

1. 천재지변이나 이에 준한 비상사태로 인하여 수송력 공급을 긴급히 증가시킬 필요가 있는 경우
2. 사업용 화물자동차·철도 등 화물운송수단의 운행이 불가능하여 이를 일시적으로 대체하기 위한 수송력 공급이 긴급히 필요한 경우
3. 「농어업경영체 육성 및 지원에 관한 법률」에 따라 설립된 영농조합법인이 그 사업을 위하여 화물자동차를 직접 소유·운영하는 경우

(3) 영농조합법인에 대한 유상운송 허가조건

① 유상운송 허가조건

1. 자동차의 운행으로 사람이 사망하거나 부상한 경우의 손해배상책임을 보장하는 보험에 계속 가입할 것
2. 차량안전점검과 정비를 철저히 하고 각종 교통관련법규를 성실히 준수할 것

② 허가기간 : 유상운송 허가기간은 3년 이내로 하여야 한다.

③ 허가기간의 연장 : 시·도지사는 영농조합법인의 신청에 의하여 유상운송 허가기간의 연장을 허가할 수 있다. 이 경우 영농조합법인은 허가기간 만료일 30일 전까지 시·도지사에게 유상운송 허가기간의 연장을 신청하여야 한다.

(4) 자가용 화물자동차 사용의 제한 또는 금지 ★

시·도지사는 자가용 화물자동차의 소유자 또는 사용자가 다음의 어느 하나에 해당하면 **6개월** 이내의 기간을 정하여 그 자동차의 사용을 제한하거나 금지할 수 있다.

① 자가용 화물자동차를 사용하여 화물자동차 운송사업을 경영한 경우

② 허가를 받지 아니하고 자가용 화물자동차를 유상으로 운송에 제공하거나 임대한 경우

09 보칙 및 벌칙

1 압류금지(법 제58조)

위·수탁계약의 체결에 따른 계약으로 운송사업자에게 현물출자된 차량 및 화물자동차 운수사업의 정보화에 따라 지급된 금품과 이를 받을 권리는 압류하지 못한다. 다만, 현물출자된 차량에 대한 세금 또는 벌금·과태료 미납 및 저당권의 설정으로 인하여 해당 차량을 압류하는 경우에는 그러하지 아니하다.

2 청문(법 제22조)

1. 화물자동차 운송사업의 허가취소
2. 화물자동차 운송주선사업의 허가취소
3. 화물자동차 운송가맹사업의 허가취소
4. 화물운송 종사자격의 취소(화물자동차를 운전할 수 있는 「도로교통법」에 따른 운전면허가 취소된 경우는 제외한다)

3 행정형벌

(1) 5년 이하의 징역 또는 2천만원 이하의 벌금(법 제66조)

적재된 화물이 떨어지지 아니하도록 국토교통부령으로 정하는 기준 및 방법에 따라 덮개·포장·고정장치 등 필요한 조치를 하지 아니하여 사람을 상해 또는 사망에 이르게 한 운송사업자 또는 운수종사자

(2) 3년 이하의 징역 또는 3천만원 이하의 벌금(법 제66조의2)

① 정당한 사유 없이 업무개시명령을 위반한 자
② 거짓이나 부정한 방법으로 유가보조금 또는 수소구매비 보조금을 교부받은 자
③ 유가보조금 지급정지사유 중 어느 하나에 해당하는 행위에 가담하였거나 이를 공모한 주유업자 등

(3) 2년 이하의 징역 또는 2천만원 이하의 벌금(법 제67조)

1. 화물자동차 운송사업을 위한 허가를 받지 아니하거나 거짓이나 그 밖의 부정한 방법으로 허가를 받고 화물자동차 운송사업을 경영한 자
2. 제5조의5 제4항을 위반하여 서로 부정한 금품을 주고받은 자
3. 제11조 제4항(제33조에서 준용하는 경우를 포함한다)을 위반하여 자동차관리사업자와 부정한 금품을 주고받은 **운송사업자**
4. 제12조 제1항 제4호(제33조에서 준용하는 경우를 포함한다)를 위반하여 자동차관리사업자와 부정한 금품을 주고받은 **운수종사자**
5. 개선명령을 이행하지 아니한 자
6. 제16조 제9항(허가를 받은 운송사업자, 변경허가를 받은 운송사업자)을 위반하여 사업을 양도한 자
7. 화물자동차 운송주선사업을 위한 허가를 받지 아니하거나 거짓이나 그 밖의 부정한 방법으로 허가를 받고 화물자동차 운송주선사업을 경영한 자

8. 명의이용 금지 의무를 위반한 자
9. 화물자동차 운송가맹사업을 위한 허가를 받지 아니하거나 거짓이나 그 밖의 부정한 방법으로 허가를 받고 화물자동차 운송가맹사업을 경영한 자
10. 화물운송실적관리시스템의 정보를 변경, 삭제하거나 그 밖의 방법으로 이용할 수 없게 한 자 또는 권한 없이 정보를 검색, 복제하거나 그 밖의 방법으로 이용한 자
11. 직무와 관련하여 알게 된 화물운송실적관리자료를 다른 사람에게 제공 또는 누설하거나 그 목적 외의 용도로 사용한 자
12. 자가용 화물자동차를 유상으로 화물운송용으로 제공하거나 임대한 자

(4) 1년 이하의 징역 또는 1천만원 이하의 벌금(법 제68조)

① 다른 사람에게 자신의 화물운송 종사자격증을 빌려준 사람
② 다른 사람의 화물운송 종사자격증을 빌린 사람
③ 위 ① 또는 ②의 금지하는 행위를 알선한 사람

CHAPTER 04 기출 & 실력 다잡기

01 다음 중 화물자동차 운수사업법령에서 사용되는 용어의 정의로 옳지 않은 것은?

① 화물자동차 : 「자동차관리법」 제3조에 따른 화물자동차 및 특수자동차로서 국토교통부령이 정하는 자동차를 말한다.

② 화물자동차 운송사업 : 화물자동차 운송사업·화물자동차 운송주선사업 및 화물자동차 운송가맹사업을 말한다.

③ 화물자동차 운송주선사업 : 다른 사람의 요구에 응하여 유상으로 화물운송계약을 중개·대리하거나 화물자동차 운송사업 또는 화물자동차 운송가맹사업을 경영하는 자의 화물운송수단을 이용하여 자기 명의와 계산으로 화물을 운송하는 사업을 말한다.

④ 화물자동차 안전위탁운임 : 운수사업자가 화물차주에게 지급하여야 하는 최소한의 운임을 말한다.

⑤ 운수종사자 : 화물자동차의 운전자, 화물운송 또는 운송주선에 관한 사무를 취급하는 사무원 및 이를 보조하는 보조원, 그 밖에 화물자동차 운수사업에 종사하는 자를 말한다.

해설 "화물자동차 운수사업"이란 화물자동차 운송사업, 화물자동차 운송주선사업 및 화물자동차 운송가맹사업을 말한다.
"화물자동차 운송사업"이란 다른 사람의 요구에 응하여 화물자동차를 사용하여 화물을 유상으로 운송하는 사업을 말한다.

02 화물자동차 운수사업법령상 화주가 밴형 화물자동차에 함께 탈 때의 화물은 여객자동차 운송사업용 자동차에 싣기 부적합한 것으로서 중량, 용적, 형상 등이 일정한 기준에 해당되어야 한다. 그 기준으로 옳지 않은 것은?

① 화주 1명당 화물의 중량이 10킬로그램 이상일 것

② 화주 1명당 화물의 용적이 4만 세제곱센티미터 이상일 것

③ 불결하거나 악취가 나는 농산물·수산물 또는 축산물일 것

④ 기계·기구류 등 공산품일 것

⑤ 폭발성·인화성 또는 부식성 물품일 것

해설 ① 화주 1명당 화물의 중량이 20킬로그램 이상일 것

정답 01 ② 02 ①

화물의 기준(시행규칙 제3조의2) ➜ 대상차량 : 밴형 화물자동차

1. 화주(貨主) 1명당 화물의 중량이 20킬로그램 이상일 것
2. 화주 1명당 화물의 용적이 4만 세제곱센티미터 이상일 것(40×40×25)
3. 화물이 다음의 어느 하나에 해당하는 물품일 것
   가. 불결하거나 악취가 나는 농산물·수산물 또는 축산물
   나. 혐오감을 주는 동물 또는 식물
   다. 기계·기구류 등 공산품
   라. 합판·각목 등 건축기자재
   마. 폭발성·인화성 또는 부식성 물품

03 **화물자동차 운수사업법령상 화물자동차 운송사업의 허가에 관한 설명으로 옳은 것은?**

① 화물자동차 운송사업자가 감차 조치 명령을 받은 후 6개월이 지났다면 증차를 수반하는 허가사항을 변경할 수 있다.
② 화물자동차 운송사업자는 허가받은 날부터 3년마다 허가기준에 관한 사항을 신고하여야 한다.
③ 국토교통부장관은 운송사업자가 사업정지처분을 받은 경우 주사무소를 이전하는 변경허가를 할 수 있다.
④ 화물자동차 운송사업의 허가에는 기한을 붙일 수 없다.
⑤ 화물자동차 운송사업자가 상호를 변경하려면 국토교통부장관에게 신고하여야 한다.

해설 ① 6개월 → 1년
② 3년 → 5년
③ 국토교통부장관은 운송사업자가 사업정지처분을 받은 경우에는 주사무소를 이전하는 변경허가를 하여서는 아니 된다(법 제3조 제15항).
④ 국토교통부장관은 화물자동차 운수사업의 질서를 확립하기 위하여 화물자동차 운송사업의 허가 또는 증차를 수반하는 변경허가에 조건 또는 기한을 붙일 수 있다(법 제3조 제14항).

04 **화물자동차 운수사업법령상 화물자동차 운송사업자가 허가사항을 변경하고자 할 때 변경신고사항이 아닌 것은?**

① 화물자동차의 증차
② 화물취급소의 설치
③ 화물자동차의 대폐차
④ 법인인 경우에 대표자의 변경
⑤ 관할관청의 행정구역 내에서 주사무소의 이전

정답 **03** ⑤ **04** ①

해설 화물자동차 운송사업의 허가사항 변경신고의 대상(시행령 제3조)

1. 상호의 변경
2. 대표자의 변경(법인인 경우만 해당)
3. 화물취급소의 설치 또는 폐지
4. 화물자동차의 대폐차(代廢車)
5. 주사무소·영업소 및 화물취급소의 이전. 다만, 주사무소 이전의 경우에 관할관청의 행정구역 내에서의 이전만 해당

05 **화물자동차 운수사업법상 화물자동차 운송사업의 허가를 받을 수 없는 결격사유가 있는 자에 해당하는 것을 모두 고른 것은?**

ㄱ. 이 법을 위반하여 징역 이상의 형(刑)의 집행유예를 선고받고 그 유예기간이 지난 후 1년이 지난 자
ㄴ. 이 법을 위반하여 징역 이상의 실형(實刑)을 선고받고 그 집행이 면제된 날부터 1년이 지난 자
ㄷ. 부정한 방법으로 화물자동차 운송사업의 허가를 받아 허가가 취소된 후 3년이 지난 자
ㄹ. 화물운송 종사자격이 없는 자에게 화물을 운송하게 하여 허가가 취소된 후 3년이 지난 자

① ㄴ
② ㄱ, ㄷ
③ ㄴ, ㄷ
④ ㄱ, ㄴ, ㄹ
⑤ ㄴ, ㄷ, ㄹ

해설 결격사유(법 제4조) : 다음의 어느 하나에 해당하는 자는 화물자동차 운송사업의 허가를 받을 수 없다. 법인의 경우 그 임원 중 다음의 어느 하나에 해당하는 자가 있는 경우에도 또한 같다.

1. 피성년후견인 또는 피한정후견인
2. 파산선고를 받고 복권되지 아니한 자
3. 이 법을 위반하여 징역 이상의 실형을 선고받고 그 집행이 끝나거나(집행이 끝난 것으로 보는 경우를 포함한다) 집행이 면제된 날부터 2년이 지나지 아니한 자
4. 이 법을 위반하여 징역 이상의 형의 집행유예를 선고받고 그 유예기간 중에 있는 자
5. 제19조 제1항(제1호 및 제2호 제외)에 따라 허가가 취소(제4조 제1호 또는 제2호에 해당하여 제19조 제1항 제5호에 따라 허가가 취소된 경우는 제외)된 후 2년이 지나지 아니한 자
6. 제19조 제1항 제1호 또는 제2호에 해당하여 허가가 취소된 후 5년이 지나지 아니한 자

정답 05 ③

06 **화물자동차 운수사업법령상 화물자동차 운송사업의 양도·양수 등에 관한 설명으로 옳지 않은 것은?**

① 화물자동차 운송사업을 양도·양수하려는 경우에는 국토교통부령으로 정하는 바에 따라 양수인은 국토교통부장관에게 신고하여야 한다.

② 운송사업자인 법인이 서로 합병하려는 경우에는 국토교통부령으로 정하는 바에 따라 합병으로 존속하거나 신설되는 법인은 국토교통부장관에게 신고하여야 한다.

③ 운송사업자가 사망한 경우 상속인이 그 화물자동차 운송사업을 계속하려면 피상속인이 사망한 후 60일 이내에 국토교통부장관에게 신고하여야 한다.

④ 상속인이 신고를 하면 피상속인이 사망한 날부터 신고한 날까지 피상속인에 대한 화물자동차 운송사업의 허가는 상속인에 대한 허가로 본다.

⑤ 화물자동차 운송사업의 양도·양수를 위하여는 양도·양수 신고일로부터 2년의 기간이 지나야 한다.

해설 ③ 60일 → 90일
① 법 제16조 제1항, ② 법 제16조 제2항, ④ 법 제17조 제4항, ⑤ 시행규칙 제23조 제4항

07 **화물자동차 운수사업법상 화물자동차 운송사업의 상속 및 그 신고에 관한 설명으로 옳은 것은?**

① 운송사업자가 사망한 경우 상속인이 그 운송사업을 계속하려면 피상속인이 사망한 후 6개월 이내에 국토교통부장관에게 신고하여야 한다.

② 국토교통부장관은 신고를 받은 날부터 14일 이내에 신고수리 여부를 신고인에게 통지하여야 한다.

③ 국토교통부장관이 「화물자동차 운수사업법」에서 정한 기간 내에 신고수리 여부를 신고인에게 통지하지 아니하면 그 기간이 끝난 날에 신고를 수리한 것으로 본다.

④ 상속인이 상속신고를 하면 피상속인이 사망한 날부터 신고한 날까지 피상속인에 대한 화물자동차 운송사업의 허가는 상속인에 대한 허가로 본다.

⑤ 상속인이 피상속인의 화물자동차 운송사업을 다른 사람에게 양도하려면 국토교통부장관의 승인을 받아야 한다.

해설 ① 6개월 → 90일 이내에 국토교통부장관에게 신고하여야 한다.
② 14일 → 5일 이내에 신고수리 여부를 신고인에게 통지하여야 한다.
③ 끝난 날 → 끝난 날의 다음 날에 신고를 수리한 것으로 본다.
⑤ 승인 → 국토교통부장관에게 신고하여야 한다.

정답 06 ③ 07 ④

08 **다음 중 화물자동차 운수사업법령상 화물자동차 운송사업의 허가에 관한 내용으로 틀린 것은?**

① 화물자동차 운송사업을 경영하려는 자는 국토교통부령으로 정하는 바에 따라 국토교통부장관의 허가를 받아야 한다.
② 화물자동차 운송가맹사업의 허가를 받은 자는 화물자동차 운송사업의 허가를 받지 아니한다.
③ 화물자동차 운송사업의 허가를 받은 자가 법인의 대표자를 변경하려면 국토교통부령으로 정하는 바에 따라 국토교통부장관의 변경허가를 받아야 한다.
④ 국토교통부장관은 해지된 위·수탁계약의 위·수탁차주였던 자가 허가취소 또는 감차 조치가 있는 날로부터 3개월 내에 허가를 신청하는 경우 6개월 이내로 기간을 한정하여 임시허가를 할 수 있다.
⑤ 국토교통부장관은 화물자동차 운수사업의 질서를 확립하기 위하여 화물자동차 운송사업의 허가 또는 증차를 수반하는 변경허가에 조건 또는 기한을 붙일 수 있다.

해설 법인대표자의 변경은 변경허가사항이 아니라 신고사항에 해당한다.

09 **국토교통부장관은 운송사업자가 다음의 하나에 해당하면 그 허가를 취소하거나 6개월 이내의 기간을 정하여 그 사업의 전부 또는 일부의 정지를 명령하거나 감차 조치를 명할 수 있다. 다음 중 취소하여야 하는 사항에 해당하는 것은?**

① 직접운송의무를 위반한 경우
② 허가를 받은 후 6개월간의 운송실적이 국토교통부령으로 정하는 기준에 미달한 경우
③ 화물자동차 운송사업의 허가 또는 증차를 수반하는 변경허가의 기준을 충족하지 못한 경우
④ 법 제11조에 따른 준수사항을 위반한 경우
⑤ 화물자동차 교통사고와 관련하여 거짓이나 그 밖의 부정한 방법으로 보험금을 청구하여 금고 이상의 형을 선고받고 그 형이 확정된 경우

해설 법 제19조 제1항 규정에 따라 다음의 규정만 절대적 취소에 해당한다.

1. 부정한 방법으로 제3조 제1항에 따른 허가를 받은 경우
2. 제4조 각 호의 어느 하나에 해당하게 된 경우. 다만, 법인의 임원 중 제4조 각 호의 어느 하나에 해당하는 자가 있는 경우에 3개월 이내에 그 임원을 개임(改任)하면 허가를 취소하지 아니한다.
3. 화물자동차 교통사고와 관련하여 거짓이나 그 밖의 부정한 방법으로 보험금을 청구하여 금고 이상의 형을 선고받고 그 형이 확정된 경우

정답 08 ③ 09 ⑤

10 **다음 중 화물자동차 운수사업법령상 운송사업자에 대한 설명으로 틀린 것은?**

① 운송사업자는 운임과 요금을 미리 정하여 국토교통부장관에게 신고해야 한다.
② 운송사업자는 운송약관을 정하여 국토교통부장관에게 신고하여야 한다.
③ 운송사업자가 상호를 변경한 경우 국토교통부장관에게 변경신고를 해야 한다.
④ 운송사업을 양도·양수하려는 경우 양도인이 국토교통부장관에게 신고해야 한다.
⑤ 운송사업자가 화물자동차 운송사업의 전부 또는 일부를 휴업하거나 폐업하려면 미리 국토교통부장관에게 신고하여야 한다.

해설 운송사업을 양도·양수하려는 경우의 신고는 사업을 양수하는 자가 한다(법 제16조 제1항).

11 **화물자동차 운수사업법령상 운송사업자가 운임과 요금에 관한 설명으로 옳지 않은 것은?**

① 화주는 운수사업자 또는 화물차주에게 화물자동차 안전운송운임 이상의 운임을 지급하여야 한다.
② 운송사업자는 화물자동차 운송사업의 운임 및 요금을 변경신고하고자 하는 때에는 운송사업 운임 및 요금신고서를 국토교통부장관에게 제출하여야 한다.
③ 운송사업자는 운임 및 요금의 변경신고를 대리하게 할 수 없다.
④ 국토교통부장관은 신고 또는 변경신고를 받은 날부터 14일 이내에 신고수리 여부를 신고인에게 통지하여야 한다.
⑤ 구난형 특수자동차를 사용하여 고장차량·사고차량 등을 운송하는 운송사업자는 운임과 요금을 정하여 미리 국토교통부장관에게 신고하여야 한다.

해설 ③ 운임 및 요금의 신고 또는 변경신고는 법 제50조에 따른 연합회로 하여금 대리하게 할 수 있다(시행규칙 제15조 제3항).

12 **화물자동차 운수사업법령상 운송약관에 관한 설명으로 옳은 것은?**

① 운송약관을 신고할 때에는 신고서에 적재물배상보험계약서를 첨부하여야 한다.
② 운송사업자는 운송약관의 신고를 협회로 하여금 대리하게 할 수 없다.
③ 시·도지사가 화물자동차 운수사업법령에서 정한 기간 내에 신고수리 여부를 신고인에게 통지하지 아니하면 그 기간이 끝난 날에 신고를 수리한 것으로 본다.
④ 공정거래위원회는 표준약관을 작성하여 운송사업자에게 그 사용을 권장할 수 있다.
⑤ 운송사업자가 화물자동차 운송사업의 허가를 받는 때에 표준약관의 사용에 동의하면 운송약관을 신고한 것으로 본다.

정답 **10** ④ **11** ③ **12** ⑤

해설 ① 운송약관 신고서에는 운송약관, 운송약관의 신·구대비표(변경신고인 경우)를 첨부하여야 한다(시행규칙 제16조 제2항).
② 대리하게 할 수 없다. → 대리하게 할 수 있다.
③ 국토교통부장관이 정한 기간 내에 신고수리 여부 또는 민원 처리 관련 법령에 따른 처리기간의 연장 여부를 신고인에게 통지하지 아니하면 그 기간이 끝난 날의 다음 날에 신고를 수리한 것으로 본다(법 제6조 제3항).
④ 국토교통부장관은 협회 또는 연합회가 작성한 것으로서 「약관의 규제에 관한 법률」에 따라 공정거래위원회의 심사를 거친 화물운송에 관한 표준이 되는 약관(표준약관)이 있으면 운송사업자에게 그 사용을 권장할 수 있다(법 제6조 제4항).

13 화물자동차 운수사업법령상 운송약관에 기재하여야 하는 사항이 아닌 것은?

① 운수사업의 종류
② 운임 및 요금의 환급에 관한 사항
③ 화물의 인도·인수에 관한 사항
④ 책임보험계약에 관한 사항
⑤ 손해배상 및 면책에 관한 사항

해설 운송약관의 기재사항(시행규칙 제16조 제3항)

사업의 종류, 운임 및 요금의 수수 또는 환급에 관한 사항, 화물의 인도·인수·보관 및 취급에 관한 사항, 운송책임의 시작되는 시기 및 끝나는 시기, 손해배상 및 면책에 관한 사항, 그 밖에 화물자동차 운송사업을 경영하는 데에 필요한 사항

14 화물자동차 운수사업법령상 손해배상에 대한 운송사업자의 책임이나 분쟁에 관한 설명으로 옳지 않은 것은?

① 국토교통부장관은 손해배상에 관하여 화주가 요청하면 국토교통부령으로 정하는 바에 따라 이에 관한 분쟁을 조정할 수 있다.
② 화물이 인도기한이 지난 후 1개월 이내에 인도되지 아니하면 그 화물은 멸실된 것으로 본다.
③ 당사자 쌍방이 조정안을 수락하면 당사자 간에 조정안과 동일한 합의가 성립된 것으로 본다.
④ 국토교통부장관은 화주가 분쟁조정을 요청하면 지체 없이 그 사실을 확인하고 손해내용을 조사한 후 조정안을 작성하여야 한다.
⑤ 화물의 멸실·훼손 또는 인도의 지연으로 발생한 운송사업자의 손해배상책임에 관하여는 「상법」을 준용한다.

해설 ② 1개월 → 3개월(법 제7조 제2항)

정답 13 ④ 14 ②

15 **화물자동차 운수사업법상 화물의 멸실·훼손 또는 인도의 지연으로 발생한 운송사업자의 손해배상책임에 관한 설명으로 옳지 않은 것은?**

① 손해배상책임에 관하여 「상법」을 준용할 때 화물이 인도기한이 지난 후 1개월 이내에 인도되지 아니하면 그 화물은 멸실된 것으로 본다.

② 국토교통부장관은 화주가 요청하면 운송사업자의 손해배상책임에 관한 분쟁을 조정할 수 있다.

③ 국토교통부장관은 화주가 분쟁조정을 요청하면 지체 없이 그 사실을 확인하고 손해내용을 조사한 후 조정안을 작성하여야 한다.

④ 화주와 운송사업자 쌍방이 조정안을 수락하면 당사자 간에 조정안과 동일한 합의가 성립된 것으로 본다.

⑤ 국토교통부장관은 분쟁조정업무를 「소비자기본법」에 따라 등록한 소비자단체에 위탁할 수 있다.

해설 손해배상책임에 관하여 「상법」 제135조를 준용할 때 화물의 인도기한이 지난 후 3개월 이내에 인도되지 아니하면 그 화물은 멸실된 것으로 본다.

16 **다음 중 운송사업자의 직접운송의무 사항과 관련이 없는 것은?**

① 일반화물자동차 운송사업자는 연간 운송계약 화물의 100분의 50 이상을 직접 운송하여야 한다.

② 운송사업자가 운송주선사업을 동시에 영위하는 경우에는 연간 운송계약 및 운송주선계약 화물의 100분의 20 이상을 직접 운송하여야 한다.

③ 직접운송의 인정기준은 위탁운송 화물의 100분의 80에서 100분의 100의 범위에서 국토교통부장관이 정하여 고시하는 기준에 따른다.

④ 다른 운송사업자나 운송주선사업자로부터 화물운송을 위탁받은 운송사업자와 운송가맹사업자로부터 화물운송을 위탁받은 운송사업자(운송가맹점인 운송사업자만 해당한다)는 해당 운송사업자에게 소속된 차량으로 직접 화물을 운송하여야 한다.

⑤ 운송사업자가 국토교통부령으로 정하는 바에 따라 운송가맹사업자의 화물정보망이나 인증정보망을 이용하여 운송을 위탁하면 직접 운송한 것으로 본다.

해설 ② 100분의 20 → 100분의 30

정답 15 ① 16 ②

17 **화물자동차 운수사업법령상 운송사업자(소유대수가 2대 이상인 경우)의 직접운송의무에 관한 설명 중 (　　)에 들어갈 내용으로 옳은 것은?**

- 일반화물자동차 운송사업자는 연간 운송계약 화물의 (㉠) 이상을 해당 운송사업자에게 소속된 차량으로 직접 운송하여야 한다.
- 일반화물자동차 운송사업자가 운송주선사업을 동시에 영위하는 경우에는 연간 운송계약 및 운송주선계약 화물의 (㉡) 이상을 해당 운송사업자에게 소속된 차량으로 직접 운송하여야 한다.

① ㉠ : 100분의 30, ㉡ : 100분의 30　② ㉠ : 100분의 30, ㉡ : 100분의 50
③ ㉠ : 100분의 50, ㉡ : 100분의 30　④ ㉠ : 100분의 50, ㉡ : 100분의 50
⑤ ㉠ : 100분의 50, ㉡ : 100분의 80

해설 운송업자의 직접운송의무(법 제11조의2, 시행규칙 제21조의5)

- 일반화물자동차 운송사업자는 연간 운송계약 화물의 100분의 50 이상을 해당 운송사업자에게 소속된 차량으로 직접 운송하여야 한다. 다만, 사업기간이 1년 미만인 경우에는 신규허가를 받은 날 또는 휴업 후 사업개시일부터 그 해의 12월 31일까지의 운송계약 화물을 기준으로 한다.
- 운송사업자가 운송주선사업을 동시에 영위하는 경우에는 연간 운송계약 및 운송주선계약 화물의 100분의 30 이상을 직접 운송하여야 한다(운송 + 주선).
- 직접운송의 인정기준은 위탁운송 화물의 100분의 80에서 100분의 100의 범위에서 국토교통부장관이 정하여 고시하는 기준에 따른다.

18 **다음 중 화물자동차 운수사업법령상 운송사업자의 준수사항에 해당하지 않는 것은?**

① 운송사업자는 허가받은 사항의 범위에서 사업을 성실하게 수행하여야 하며, 부당한 운송조건을 제시하거나 정당한 사유 없이 운송계약의 인수를 거부하거나 그 밖에 화물운송질서를 현저하게 해치는 행위를 하여서는 아니 된다.
② 운송사업자는 화물자동차 운전자의 과로를 방지하고 안전운행을 확보하기 위하여 운전자를 과도하게 승차근무하게 하여서는 아니 된다.
③ 운송사업자는 화물운송의 대가로 받은 운임 및 요금의 전부 또는 일부에 해당하는 금액을 부당하게 화주, 다른 운송사업자 또는 화물자동차 운송주선사업을 경영하는 자에게 되돌려주는 행위를 하여서는 아니 된다.
④ 운송사업자는 화물자동차 운송사업을 양도·양수하는 경우에 양도·양수에 소요되는 비용을 위·수탁차주에게 부담시켜서는 아니 된다.
⑤ 운송사업자는 운임 및 요금과 운송약관을 영업소 또는 화물자동차에 갖추어 두고 의무적으로 내보여야 한다.

정답 17 ③ 18 ⑤

해설 ⑤ 운송사업자는 운임 및 요금과 운송약관을 영업소 또는 화물자동차에 갖추어 두고 이용자가 요구하면 이를 내보여야 한다.

19 화물자동차 운수사업법령상 업무개시명령에 관한 설명으로 옳지 않은 것은?

① 국토교통부장관은 운송사업자나 운수종사자가 정당한 사유 없이 집단으로 화물운송을 거부하여 화물운송에 커다란 지장을 주어 국가경제에 매우 심각한 위기를 초래하거나 초래할 우려가 있다고 인정할 만한 상당한 이유가 있으면 그 운송사업자 또는 운수종사자에게 업무개시를 명할 수 있다.

② 국토교통부장관은 운송사업자 또는 운수종사자에게 업무개시를 명하려면 국무회의의 심의를 거쳐야 한다.

③ 국토교통부장관은 화물운송 종사자격을 취득한 자가 정당한 사유 없이 업무개시명령을 거부하면 그 자격을 취소하거나 6개월 이내의 기간을 정하여 그 자격의 효력을 정지시킬 수 있다.

④ 국토교통부장관은 운송사업자가 정당한 사유 없이 업무개시명령을 거부하면 그 허가를 취소하거나 6개월 이내의 기간을 정하여 그 사업의 전부 또는 일부의 정지를 명령하거나 감차 조치를 명할 수 있다.

⑤ 운송사업자 또는 운수종사자가 정당한 사유 없이 업무개시명령을 거부하면 1년 이하의 징역 또는 1천만원 이하의 벌금에 처한다.

해설 ⑤ 운송사업자 또는 운수종사자가 정당한 사유 없이 업무개시명령을 거부하면 3년 이하의 징역 또는 3천만원 이하의 벌금에 처한다(법 제66조의2 제1호).

20 화물자동차 운수사업법령상 업무개시명령에 관한 설명으로 옳지 않은 것은?

① 국토교통부장관은 운송사업자가 정당한 사유 없이 집단으로 화물운송을 거부하여 화물운송에 커다란 지장을 주어 국가경제에 매우 심각한 위기를 초래하거나 초래할 우려가 있다고 인정할 만한 상당한 이유가 있으면 그 운송사업자에게 업무개시명령을 할 수 있다.

② 국토교통부장관은 운송사업자에게 업무개시를 명하려면 국무회의의 심의를 거쳐야 한다.

③ 국토교통부장관은 업무개시를 명한 때에는 구체적 이유 및 향후 대책을 국회의장에게 보고하여야 한다.

④ 운송사업자는 정당한 사유 없이 업무개시명령을 거부할 수 없다.

⑤ 국토교통부장관은 운송사업자가 정당한 사유 없이 업무개시명령을 이행하지 아니하는 경우 그 허가를 취소하거나 6개월 이내의 기간을 정하여 그 사업의 전부 또는 일부의 정지를 명령하거나 감차 조치를 명할 수 있다.

정답 19 ⑤ 20 ③

해설 국토교통부장관은 업무개시를 명하려면 국무회의의 심의를 거쳐야 하고, 업무개시를 명한 때에는 구체적인 이유 및 향후 대책을 국회 소관 상임위원회에 보고하여야 한다.

21 **화물자동차 운수사업법령상 운송사업자에게 징수한 과징금을 사용(보조 또는 융자를 포함)할 수 있는 용도에 해당되지 않는 것은?**

① 화물터미널의 건설과 확충
② 공동차고지의 건설과 확충
③ 경영개선이나 그 밖에 화물에 대한 정보제공사업 등 화물자동차 운수사업의 발전을 위하여 필요한 사업
④ 신고포상금의 지급
⑤ 운수종사자 영리운영사업

해설 징수한 과징금은 다음의 용도 이외에는 사용(보조 또는 융자를 포함한다)할 수 없다(법 제21조 제4항).

1. 화물터미널의 건설과 확충
2. 공동차고지(사업자단체, 운송사업자 또는 운송가맹사업자가 운송사업자 또는 운송가맹사업자에게 공동으로 제공하기 위하여 설치하거나 임차한 차고지를 말한다)의 건설과 확충
3. 경영개선이나 그 밖에 화물에 대한 정보제공사업 등 화물자동차 운수사업의 발전을 위하여 필요한 사업
4. 신고포상금의 지급

22 **화물자동차 운수사업법령상 과징금 부과에 관한 설명으로 옳지 않은 것은?**

① 국토교통부장관은 운송사업자에게 사업정지처분을 하여야 하는 경우로서 그 사업정지처분이 해당 화물자동차 운송사업의 이용자에게 심한 불편을 주거나 그 밖에 공익을 해칠 우려가 있으면 대통령령으로 정하는 바에 따라 사업정지처분을 갈음하여 2천만원 이하의 과징금을 부과·징수할 수 있다.
② 국토교통부장관 또는 관할관청은 매년 10월 31일까지 다음 해의 과징금운용계획을 수립·시행하여야 한다.
③ 국토교통부장관은 과징금 부과처분을 받은 자가 과징금을 정한 기한에 내지 아니하면 지방세 체납처분의 예에 따라 징수한다.
④ 과징금 통지를 받은 자는 국토교통부장관이 정하는 수납기관에 납부통지일부터 30일 이내에 납부하여야 한다.
⑤ 징수한 과징금은 화물터미널의 건설과 확충에 사용할 수 있다.

해설 ③ 지방세 체납처분의 예 → 국세 체납처분의 예(법 제21조 제3항)

정답 21 ⑤ 22 ③

23 **화물자동차 운수사업법상 운수종사자의 준수사항이 아닌 것은?**

① 운송사업자에게 화물의 종류·무게 및 부피 등을 거짓으로 통보하는 행위를 하여서는 아니 된다.
② 고장 및 사고차량 등 화물의 운송과 관련하여 자동차관리사업자와 부정한 금품을 주고받는 행위를 하여서는 아니 된다.
③ 일정한 장소에 오랜 시간 정차하여 화주를 호객하는 행위를 하여서는 아니 된다.
④ 문을 완전히 닫지 아니한 상태에서 자동차를 출발시키거나 운행하는 행위를 하여서는 아니 된다.
⑤ 택시 요금미터기의 장착 등 국토교통부령으로 정하는 택시 유사표시행위를 하여서는 아니 된다.

해설 ① 운송주선사업자는 운송사업자에게 화물의 종류·무게 및 부피 등을 거짓으로 통보하거나 「도로법」 또는 「도로교통법」에 따른 기준을 위반하는 화물의 운송을 주선하여서는 아니 된다(법 제26조 제4항).
운수종사자의 준수사항(법 제12조 제1항)

> 화물자동차 운송사업에 종사하는 운수종사자는 다음의 어느 하나에 해당하는 행위를 하여서는 아니 된다.
> 1. 정당한 사유 없이 화물을 중도에서 내리게 하는 행위
> 2. 정당한 사유 없이 화물의 운송을 거부하는 행위
> 3. 부당한 운임 또는 요금을 요구하거나 받는 행위
> 4. 고장 및 사고차량 등 화물의 운송과 관련하여 자동차관리사업자와 부정한 금품을 주고받는 행위
> 5. 일정한 장소에 오랜 시간 정차하여 화주를 호객(呼客)하는 행위
> 6. 문을 완전히 닫지 아니한 상태에서 자동차를 출발시키거나 운행하는 행위
> 7. 택시 요금미터기의 장착 등 국토교통부령으로 정하는 택시 유사표시행위
> 8. 제11조 제20항에 따른 조치를 하지 아니하고 화물자동차를 운행하는 행위
> 9. 「자동차관리법」 제35조를 위반하여 전기·전자장치를 무단으로 해체하거나 조작하는 행위

24 **화물자동차 운수사업법상 화물운송 종사자격을 취소하여야 하는 사유에 해당하지 않는 것은?**

① 거짓이나 그 밖의 부정한 방법으로 화물운송 종사자격을 취득한 경우
② 화물운송 종사자격 정지기간 중에 화물자동차 운수사업의 운전업무에 종사한 경우
③ 화물운송 종사자격증을 다른 사람에게 빌려준 경우
④ 국토교통부장관의 업무개시명령을 정당한 사유 없이 거부한 경우
⑤ 화물자동차를 운전할 수 있는 「도로교통법」에 따른 운전면허가 취소된 경우

해설 **화물운송 종사자격의 취소**(법 제23조 제1항) : 국토교통부장관은 화물운송 종사자격을 취득한 자가 다음의 어느 하나에 해당하면 그 자격을 취소(청문대상)하거나 6개월 이내의 기간을 정하여 그 자격의 효력을 정지시킬 수 있다. 다만, 제1·2·5·6·7·10·11호의 경우에는 그 자격을 취소하여야 한다.

정답 **23** ① **24** ④

1. 화물운수 종사자격의 결격사유에 해당하게 된 경우
2. 거짓이나 그 밖의 부정한 방법으로 화물운송 종사자격을 취득한 경우
3. 국토교통부장관의 업무개시명령을 정당한 사유 없이 거부한 경우
4. 화물운송 중에 고의나 과실로 교통사고를 일으켜 사람을 사망하게 하거나 다치게 한 경우
5. 화물운송 종사자격증을 다른 사람에게 빌려준 경우
6. 화물운송 종사자격 정지기간 중에 화물자동차 운수사업의 운전업무에 종사한 경우
7. 화물자동차를 운전할 수 있는 「도로교통법」에 따른 운전면허가 취소된 경우
8. 「도로교통법」을 위반하여 화물자동차를 운전할 수 있는 운전면허가 정지된 경우
9. 제12조 제1항(운수종사자의 준수사항)의 제3호, 제7호, 제9호를 위반한 경우
10. 화물자동차 교통사고와 관련하여 거짓이나 그 밖의 부정한 방법으로 보험금을 청구하여 금고 이상의 형을 선고받고 그 형이 확정된 경우
11. 운수사업의 운전업무 종사의 제한 의무를 위반한 경우

25 **화물자동차 운수사업법령상 화물자동차 운송주선사업의 정의로 옳은 것은?**

① 다른 사람의 요구에 응하여 자기 화물자동차를 사용하여 유상으로 화물을 운송하거나 소속 화물자동차 운송가맹점에 의뢰하여 화물을 운송하게 하는 사업을 말한다.

② 다른 사람의 요구에 응하여 유상으로 화물운송계약을 중개·대리하거나 화물자동차 운송사업 또는 화물자동차 운송가맹사업을 경영하는 자의 화물운송수단을 이용하여 자기 명의와 계산으로 화물을 운송하는 사업을 말한다.

③ 다른 사람의 요구에 응하여 유상으로 화물자동차 운송사업 또는 화물자동차 운송가맹사업을 경영하는 자의 화물운송수단을 이용하여 화주의 명의와 계산으로 화물을 운송하는 사업을 말한다.

④ 다른 사람의 요구에 응하여 유상으로 운송가맹사업자로부터 운송 화물을 배정받아 화물을 운송하거나 운송가맹사업자가 아닌 자의 요구를 받고 화물을 운송하는 사업을 말한다.

⑤ 다른 사람의 요구에 응하여 화물자동차를 사용하여 화물을 유상으로 운송하는 사업을 말한다.

해설 화물자동차 운송주선사업이란 다른 사람의 요구에 응하여 유상으로 화물운송계약을 중개·대리하거나 화물자동차 운송사업 또는 화물자동차 운송가맹사업을 경영하는 자의 화물운송수단을 이용하여 자기 명의와 계산으로 화물을 운송하는 사업을 말한다(법 제2조 제4호).

정답 25 ②

26 **화물자동차 운수사업법상 화물자동차 운송주선사업에 관한 설명으로 옳은 것은?**

① 운송주선사업자는 자기 명의로 다른 사람에게 화물자동차 운송주선사업을 경영하게 할 수 있다.

② 운송주선사업자는 화주로부터 중개 또는 대리를 의뢰받은 화물에 대하여 다른 운송주선사업자에게 수수료나 그 밖의 대가를 받고 중개 또는 대리를 의뢰할 수 있다.

③ 운송가맹사업자의 화물운송계약을 중개·대리하는 운송주선사업자는 화물자동차 운송가맹점이 될 수 있다.

④ 국토교통부장관은 운수종사자의 집단적 화물운송 거부로 국가경제에 매우 심각한 위기를 초래할 우려가 있다고 인정할 만한 상당한 이유가 있으면 운송주선사업자에게 업무개시를 명할 수 있다.

⑤ 운송주선사업자는 공영차고지를 임대받아 운영할 수 있다.

해설 ① 운송주선사업자는 자기 명의로 다른 사람에게 화물자동차 운송주선사업을 경영하게 할 수 없다(법 제25조).
② 운송주선사업자는 화주로부터 중개 또는 대리를 의뢰받은 화물에 대하여 다른 운송주선사업자에게 수수료나 그 밖의 대가를 받고 중개 또는 대리를 의뢰하여서는 아니 된다(법 제26조 제2항).
④ 국토교통부장관은 운송사업자 또는 운수종사자에게 업무개시를 명할 수 있다(법 제14조 제1항).
⑤ 사업자단체, 운송사업자, 운송가맹사업자, 운송사업자로 구성된 「협동조합 기본법」에 따른 협동조합만이 공영차고지를 임대받아 운영할 수 있다(법 제45조 제1항).

27 **화물자동차 운수사업법령상 화물자동차 운송주선사업에 대한 내용으로 맞는 것은?**

① 화물자동차 운송가맹사업의 허가를 받은 자는 화물자동차 주선사업의 허가도 받아야 한다.

② 국토교통부장관은 변경신고를 받은 날부터 7일 이내에 신고수리 여부를 신고인에게 통지하여야 한다.

③ 운송주선사업자는 주사무소 외의 장소에서 상주하여 영업하려면 국토교통부령으로 정하는 바에 따라 국토교통부장관의 인가를 받아 영업소를 설치하여야 한다.

④ 허가기준으로 사무실 면적은 20제곱미터 이상이어야 한다.

⑤ 운송주선사업자가 운송가맹사업자에게 화물의 운송을 주선하는 행위는 재계약·중개 또는 대리로 보지 아니한다.

해설 ① 허가를 받지 않아도 된다.
② 7일 → 5일
③ 인가 → 허가
④ 20제곱미터 → 영업에 필요한 면적

정답 26 ③ 27 ⑤

28 화물자동차 운수사업법령상 화물자동차 운송주선사업에 관한 설명으로 옳은 것은?

① 화물자동차 운송가맹사업의 허가를 받은 자라도 화물자동차 운송주선사업을 경영하기 위해서는 별도의 허가를 받아야 한다.

② 화물자동차 운송주선사업의 허가를 받은 자가 허가사항을 변경하려면 시·도지사에게 신고하여야 한다.

③ 운송주선사업자가 자기 명의로 다른 사람에게 화물자동차 운송주선사업을 경영하게 하려는 경우에는 국토교통부장관의 허가를 받아야 한다.

④ 운송주선사업자는 주사무소 외의 장소에서 상주하여 영업하려면 국토교통부령으로 정하는 바에 따라 국토교통부장관의 허가를 받아 영업소를 설치하여야 한다.

⑤ 화물자동차 운송주선사업을 양도·양수하려는 경우에는 양수인은 시·도지사의 인가를 받아야 한다.

해설 ① 별도의 허가가 필요 없다.
② 시·도지사 → 국토교통부장관
③ 운송주선업자는 자기 명의로 다른 사람에게 운송주선사업을 경영하게 할 수 없다.
⑤ 시·도지사의 인가 → 국토교통부장관에게 신고

29 화물자동차 운수사업법령상 국토교통부장관이 화물자동차 운송주선사업의 허가를 반드시 취소하여야 하는 사유에 해당되는 것은?

① 화물자동차 운송주선사업 허가기준을 충족하지 못하게 된 경우

② 화물자동차 운송주선사업자 준수사항을 위반한 경우

③ 화물자동차 운송주선사업자가 사업정지명령을 위반해 그 사업정지기간 중에 사업을 한 경우

④ 화물자동차 운수사업법령에 따른 명령이나 처분을 위반한 경우

⑤ 화물자동차 운수사업법령상 허가기준을 신고하지 아니하거나 거짓으로 신고한 경우

해설 절대적 허가취소사유

1. 화물자동차 운송주선사업자가 사업정지명령을 위반하여 그 사업정지기간 중에 사업을 한 경우
2. 화물자동차 운송사업의 허가결격사유에 해당하게 된 경우
3. 거짓이나 그 밖의 부정한 방법으로 허가를 받은 경우

정답 28 ④ 29 ③

30 **화물자동차 운수사업법상 화물자동차 운송주선사업의 허가를 반드시 취소하여야 하는 경우를 모두 고른 것은?**

ㄱ. 화물자동차 운송주선사업의 허가기준을 충족하지 못하게 된 경우
ㄴ. 거짓이나 그 밖의 부정한 방법으로 운송주선사업 허가를 받은 경우
ㄷ. 화물자동차 운수사업법 제27조(화물자동차 운송주선사업의 허가취소 등)에 따른 사업정지명령을 위반하여 그 사업정지기간 중에 사업을 한 경우
ㄹ. 운송주선사업자의 준수사항을 위반한 경우

① ㄱ, ㄹ ② ㄷ, ㄹ ③ ㄱ, ㄴ
④ ㄴ, ㄷ ⑤ ㄱ, ㄴ, ㄷ

해설 국토교통부장관은 운송주선사업자가 다음의 어느 하나에 해당하면 그 허가를 취소하거나 6개월 이내의 기간을 정하여 그 사업의 정지를 명할 수 있다. 다만, 제1호·제2호 및 제11호의 경우에는 그 허가를 취소하여야 한다(법 제27조 제1항).

1. 제4조(결격사유) 각 호의 어느 하나에 해당하게 된 경우. 다만, 법인의 임원 중 제4조 각 호의 어느 하나에 해당하는 자가 있는 경우 3개월 이내에 그 임원을 개임한 경우에는 취소하지 아니한다.
2. 거짓이나 그 밖의 부정한 방법으로 허가를 받은 경우
3. 허가기준을 충족하지 못하게 된 경우
4. 허가기준에 관한 사항의 신고를 하지 아니하거나 거짓으로 신고한 경우
5. 영업소 설치 허가를 받지 아니하고 주사무소 외의 장소에서 상주하여 영업한 경우
6. 운송주선사업자의 명의이용 금지규정을 위반한 경우
7. 운송주선사업자의 준수사항을 위반한 경우
8. 운송사업자의 준수사항을 위반한 경우
9. 개선명령을 이행하지 아니한 경우
10. 실적신고 및 관리규정에 따른 신고를 하지 아니하였거나 거짓으로 신고한 경우
11. 이 조에 따른 사업정지명령을 위반하여 그 사업정지기간 중에 사업을 한 경우

31 **화물자동차 운수사업법령상 운송사업자의 준수사항으로 옳지 않은 것은?**

① 개인화물자동차 운송사업자는 주사무소가 있는 특별시·광역시·특별자치시 또는 도와 이와 맞닿은 특별시·광역시·특별자치시 또는 도 외의 지역에 상주하여 화물자동차 운송사업을 경영하지 아니하여야 한다.
② 밤샘주차하는 경우에는 화물자동차 휴게소에 주차할 수 없다.
③ 최대 적재량 1.5톤 이하의 화물자동차의 경우에는 주차장, 차고지 또는 지방자치단체의 조례로 정하는 시설 및 장소에서만 밤샘주차하여야 한다.
④ 화주로부터 부당한 운임 및 요금의 환급을 요구받았을 때에는 환급하여야 한다.
⑤ 개인화물자동차 운송사업자는 자기 명의로 운송계약을 체결한 화물에 대하여 다른 운송사업자에게 수수료나 그 밖의 대가를 받고 그 운송을 위탁하거나 대행하게 할 수 없다.

정답 30 ④ 31 ②

해설 ② 운송사업자의 준수사항(시행규칙 제21조)

> 3. 밤샘주차(0시부터 4시까지 사이에 하는 1시간 이상의 주차를 말한다)하는 경우에는 다음의 어느 하나에 해당하는 시설 및 장소에서만 할 것
> 가. 해당 운송사업자의 차고지
> 나. 다른 운송사업자의 차고지
> 다. 공영차고지
> 라. 화물자동차 휴게소
> 마. 화물터미널
> 바. 그 밖에 지방자치단체의 조례로 정하는 시설 또는 장소

32 **화물자동차 운수사업법령상 운송사업자의 준수사항에 관한 설명으로 옳지 않은 것은?**

① 운송사업자는 택시 요금미터기의 장착을 하여서는 아니 된다.
② 운송사업자는 화물자동차 운송사업을 양도·양수하는 경우에 양도·양수에 소요되는 비용을 위·수탁차주에게 부담시켜서는 아니 된다.
③ 최대 적재량 1.5톤을 초과하는 화물자동차를 밤샘주차하는 경우 차고지에서만 하여야 한다.
④ 화주로부터 부당한 운임 및 요금의 환급을 요구받았을 때에는 환급하여야 한다.
⑤ 밴형 화물 자동차를 사용해서 화주와 화물을 함께 운송하는 사업자는 화물자동차 바깥쪽에 "화물"이라는 표기를 한국어 및 외국어(영어, 중국어 및 일어)로 표시하여야 한다.

해설 ③ 최대 적재량 1.5톤 이하의 화물자동차의 경우에는 주차장, 차고지 또는 지방자치단체의 조례로 정하는 시설 및 장소에서만 밤샘주차할 것(시행규칙 제21조 제4호)

33 **화물자동차 운수사업법령상 화물자동차 운송가맹사업의 허가기준으로 옳지 않은 것은?**

① 운송가맹점이 소유하는 화물자동차의 대수를 포함하여 400대 이상 화물자동차를 확보하되, 화물자동차는 6개 이상의 시·도에 각각 40대 이상 분포되어야 한다.
② 사무실 및 영업소의 크기는 영업에 필요한 면적이면 된다.
③ 최저보유차고면적은 화물자동차를 직접 소유하는 경우에 화물자동차 1대당 해당 화물자동차의 길이와 너비를 곱한 면적이다.
④ 그 밖의 운송시설로 화물정보망을 갖추어야 한다.
⑤ 화물정보망은 운송가맹사업자와 운송가맹점이 그 전산망을 통하여 물량배정 여부·공차위치 등을 확인할 수 있어야 하며, 운임 지급 등의 결제시스템이 구축되어야 한다.

해설 운송가맹점이 소유하는 화물자동차의 대수를 포함하여 50대 이상 화물자동차를 확보하되, 화물자동차는 8개 이상의 시·도에 각각 5대 이상 분포되어야 한다(시행규칙 제41조의7 관련 별표 5).

정답 32 ③ 33 ①

34 **화물자동차 운수사업법령상 화물자동차 운송가맹사업에 관한 설명으로 옳지 않은 것은?**

① 화물자동차 운송가맹사업의 허가를 받은 자가 화물자동차 운송사업을 경영하기 위해서는 화물자동차 운송사업의 허가를 받아야 한다.

② 화물자동차 운송가맹사업자가 대통령령으로 정한 경미한 사항의 허가사항을 변경하려면 국토교통부장관에게 신고하여야 한다.

③ 화물자동차를 직접 소유한 운송가맹사업자의 화물자동차 대폐차는 허가사항 변경신고 대상이다.

④ 운송가맹사업자는 주사무소 외의 장소에서 상주하여 영업하려면 국토교통부장관의 허가를 받아 영업소를 설치하여야 한다.

⑤ 화물자동차 운송가맹사업자는 화물의 원활한 운송을 위하여 화물정보망을 설치·운영하여야 한다.

해설 화물자동차 운송가맹사업의 허가를 받은 자는 화물자동차 운송사업에 따른 허가를 받지 아니한다(법 제3조 제2항).

35 **화물자동차 운수사업법령상 화물자동차 운송가맹사업 및 화물정보망에 관한 설명으로 옳지 않은 것은?**

① 허가를 받은 운송가맹사업자는 중요한 허가사항을 변경하려면 국토교통부장관에 대하여 신고하여야 한다.

② 국토교통부장관은 운송가맹사업자 또는 운송가맹점이 요청하면 분쟁을 조정할 수 있다.

③ 국토교통부장관은 안전운행의 확보, 운송질서의 확립 및 화주의 편의를 도모하기 위하여 필요하다고 인정하면 운송가맹사업자에게 운송약관의 변경을 명할 수 있다.

④ 운송사업자가 다른 운송사업자나 다른 운송사업자에게 소속된 위·수탁차주에게 화물운송을 위탁하는 경우에는 운송가맹사업자의 화물정보망이나 인증우수물류기업 규정에 따라 인증받은 화물정보망을 이용할 수 있다.

⑤ 운송주선사업자가 운송사업자나 위·수탁차주에게 화물운송을 위탁하는 경우에는 운송가맹사업자의 화물정보망이나 인증우수물류기업 규정에 따라 인증받은 화물정보망을 이용할 수 있다.

해설 허가를 받은 운송가맹사업자는 허가사항을 변경하려면 국토교통부령으로 정하는 바에 따라 국토교통부장관의 변경허가를 받아야 한다. 다만, 대통령령으로 정하는 경미한 사항을 변경하려면 국토교통부령으로 정하는 바에 따라 국토교통부장관에게 신고하여야 한다(법 제29조 제2항).

정답 34 ① 35 ①

36 **화물자동차 운수사업법령상 안전운행의 확보, 운송질서의 확립 및 화주의 편의를 도모하기 위하여 필요하다고 인정될 경우 운송가맹사업자에 대하여 발령될 수 있는 개선명령에 해당하지 않는 것은?**

① 감차 조치
② 화물자동차의 구조변경
③ 운송시설의 개선
④ 운송약관의 변경
⑤ 화물의 안전운송을 위한 조치

해설 국토교통부장관은 안전운행의 확보, 운송질서의 확립 및 화주의 편의를 도모하기 위하여 필요하다고 인정하면 운송가맹사업자에게 다음의 사항을 명할 수 있다(법 제31조).

1. 운송약관의 변경
2. 화물자동차의 구조변경 및 운송시설의 개선
3. 화물의 안전운송을 위한 조치
4. 「가맹사업거래의 공정화에 관한 법률」에 따른 정보공개서의 제공의무 등, 가맹금의 반환, 가맹계약서의 기재사항 등, 가맹계약의 갱신 등의 통지
5. 적재물배상보험등과 「자동차손해배상 보장법」에 따라 운송가맹사업자가 의무적으로 가입하여야 하는 보험·공제의 가입

37 **화물자동차 운수사업법령상 적재물배상보험등에 관한 설명으로 옳은 것은?**

① 보험등 의무가입자인 화물자동차 운송주선사업자는 각 화물자동차별로 적재물배상보험등에 가입하여야 한다.
② 이사화물운송만을 주선하는 화물자동차 운송주선사업자는 사고 건당 2천만원 이상의 금액을 지급할 책임을 지는 적재물배상보험등에 가입하여야 한다.
③ 특수용도형 화물자동차 중 「자동차관리법」에 따른 피견인자동차를 소유하고 있는 운송사업자는 적재물배상보험등에 가입하여야 하는 자에 해당하지 않는다.
④ 보험등 의무가입자 및 보험회사등은 화물자동차 운송사업의 허가가 취소된 경우 책임보험계약등을 해제하거나 해지할 수 없다.
⑤ 적재물배상보험등에 가입하지 아니한 보험등 의무가입자는 형벌 부과 대상이다.

해설 ① 각 화물자동차별로 → 각 사업자별로
② 2천만원 → 500만원
④ 보험등 의무가입자 및 보험회사등은 화물자동차 운송사업의 허가가 취소된 경우 책임보험계약등을 해제하거나 해지할 수 있다.
⑤ 형벌 부과 대상 → 500만원 이하의 과태료 부과 대상

정답 36 ① 37 ③

38 화물자동차 운수사업법령상 책임보험계약등의 해제 또는 해지의 사유가 아닌 것은?

① 화물자동차 운송사업의 허가사항의 변경(감차만을 말한다)
② 화물자동차 운송사업의 감차 조치 명령
③ 화물자동차 운송가맹사업의 허가사항의 변경(감차만을 말한다)
④ 화물자동차 운송사업의 허가취소
⑤ 화물자동차 운송주선사업의 감차 조치 명령

해설 책임보험계약등의 해제(법 제37조)

1. 화물자동차 운송사업의 허가사항이 변경(감차만을 말한다)된 경우
2. 화물자동차 운송사업을 휴업하거나 폐업한 경우
3. 화물자동차 운송사업의 허가가 취소되거나 감차 조치 명령을 받은 경우
4. 화물자동차 운송주선사업의 허가가 취소된 경우
5. 화물자동차 운송가맹사업의 허가사항이 변경(감차만을 말한다)된 경우
6. 화물자동차 운송가맹사업의 허가가 취소되거나 감차 조치 명령을 받은 경우
7. 적재물배상보험등에 이중으로 가입되어 하나의 책임보험계약등을 해제하거나 해지하려는 경우
8. 보험회사등이 파산 등의 사유로 영업을 계속할 수 없는 경우
9. 「상법」에 따른 계약해제 또는 계약해지의 사유가 발생하는 경우

39 화물자동차 운수사업법령상 적재물배상보험 또는 공제에 가입하여야 하는 자를 모두 고른 것은?

ㄱ. 건축폐기물・쓰레기 등 경제적 가치가 없는 화물을 운송하는 차량으로서 국토교통부장관이 정하여 고시하는 화물자동차를 소유하고 있는 운송사업자
ㄴ. 「대기환경보전법」에 따른 배출가스저감장치를 차체에 부착함에 따라 총중량이 10톤 이상이 된 화물자동차 중 최대 적재량이 5톤 미만인 화물자동차를 소유하고 있는 운송사업자
ㄷ. 이사화물운송주선사업자
ㄹ. 운송가맹사업자

① ㄱ, ㄴ ② ㄱ, ㄷ ③ ㄴ, ㄷ
④ ㄴ, ㄹ ⑤ ㄷ, ㄹ

해설 적재물배상보험 가입제외 대상(시행규칙 제41조의13 제1항)

1. 건축폐기물・쓰레기 등 경제적 가치가 없는 화물을 운송하는 차량으로서 국토교통부장관이 정하여 고시하는 화물자동차
2. 「대기환경보전법」 제2조 제17호에 따른 배출가스저감장치를 차체에 부착함에 따라 총중량이 10톤 이상이 된 화물자동차 중 최대 적재량이 5톤 미만인 화물자동차
3. 특수용도형 화물자동차 중 「자동차관리법」에 따른 피견인자동차

정답 38 ⑤ 39 ⑤

40 화물자동차 운수사업법상 공제조합의 사업으로 명시되지 않은 것은?

① 화물자동차 운수사업의 경영개선을 위한 조사·연구사업
② 공제조합에 고용된 자의 업무상 재해로 인한 손실을 보상하기 위한 공제
③ 공동이용시설의 설치·운영 및 관리를 위한 사업
④ 조합원의 비사업용 자동차의 사고로 생긴 배상책임에 대한 공제
⑤ 조합원의 편의 및 복지 증진을 위한 사업

해설 공제조합의 사업(법 제51조의6)

① 공제조합은 다음 각 호의 사업을 한다.
1. 조합원의 사업용 자동차의 사고로 생긴 배상책임 및 적재물배상에 대한 공제
2. 조합원이 사업용 자동차를 소유·사용·관리하는 동안 발생한 사고로 그 자동차에 생긴 손해에 대한 공제
3. 운수종사자가 조합원의 사업용 자동차를 소유·사용·관리하는 동안에 발생한 사고로 입은 자기 신체의 손해에 대한 공제
4. 공제조합에 고용된 자의 업무상 재해로 인한 손실을 보상하기 위한 공제
5. 공동이용시설의 설치·운영 및 관리, 그 밖에 조합원의 편의 및 복지 증진을 위한 사업
6. 화물자동차 운수사업의 경영개선을 위한 조사·연구사업
7. 제1호부터 제6호까지의 사업에 딸린 사업으로서 정관으로 정하는 사업

41 다음 중 위·수탁계약의 양수·양도에 관련된 사항으로 틀린 것은?

① 위·수탁차주는 운송사업자의 동의를 받아 위·수탁계약상의 지위를 타인에게 양도할 수 있다. 다만, 업무상 부상 또는 질병의 발생 등으로 자신이 위탁받은 경영의 일부를 수행할 수 없는 경우에는 운송사업자는 양수인이 화물운송 종사자격을 갖추지 못한 경우 등 대통령령으로 정하는 경우를 제외하고는 위·수탁계약의 양도에 대한 동의를 거절할 수 없다.
② 위·수탁계약상의 지위를 양수한 자는 양도인의 위·수탁계약상 권리와 의무를 승계한다.
③ 위·수탁계약상의 지위를 양도하는 경우 위·수탁차주는 운송사업자에게 양도 사실을 서면 또는 구두로 통지하여야 한다.
④ 양도 사실의 서면통지가 있은 날부터 1개월 이내에 운송사업자가 양도에 대한 동의를 거절하지 아니하는 경우에는 운송사업자가 양도에 동의한 것으로 본다.
⑤ 국토교통부장관 또는 시·도지사는 정기적으로 위·수탁계약서의 작성 여부에 대한 실태조사를 할 수 있다.

해설 ③ 위·수탁계약상의 지위 양도는 서면에 의해서만 가능하다.

정답 40 ④ 41 ③

42 **화물자동차 운수사업법상 운송사업자의 경영의 위·수탁에 관한 설명으로 옳지 않은 것은?**

① 운송사업자는 화물자동차 운송사업의 효율적인 수행을 위하여 필요하면 다른 사람(운송사업자를 제외한 개인을 말한다)에게 차량과 그 경영의 일부를 위탁할 수 있다.

② 운송사업자와 위·수탁차주는 대등한 입장에서 합의에 따라 공정하게 위·수탁계약을 체결하여야 한다.

③ 위·수탁계약을 체결하는 경우 위·수탁계약의 기간은 2년 이상으로 하여야 한다.

④ 화물운송사업분쟁조정협의회는 위·수탁계약의 체결·이행으로 발생하는 분쟁의 해결을 지원하는 조직이다.

⑤ 위·수탁계약의 내용이 계약불이행에 따른 당사자의 손해배상책임을 과도하게 가중하여 정함으로써 상대방의 정당한 이익을 침해한 경우에는 그 위·수탁계약은 전부 무효로 한다.

해설 ⑤ 전부 무효 → 그 부분에 한정하여 무효(법 제40조 제7항 제3호)

43 **다음 중 화물자동차 운수사업법령상 경영의 합리화를 위한 위·수탁계약과 관련된 내용으로 틀린 것을 모두 고른 것은?**

ㄱ. 화물자동차 운송사업자는 사업의 효율적인 수행을 위하여 필요하면 다른 사람에게 차량과 그 경영의 일부를 위탁하거나 차량을 현물출자한 사람에게 그 경영의 일부를 위탁할 수 있다.

ㄴ. 국토교통부장관은 화물운송시장의 질서유지 및 사업자의 운송서비스 향상을 유도하기 위하여 필요한 경우에도 경영의 위탁을 제한할 수 없다.

ㄷ. 위·수탁계약의 기간은 3년 이상이어야 한다.

ㄹ. 운송사업자는 위·수탁계약을 해지하려는 경우에는 위·수탁차주에게 2개월 이상의 유예기간을 두고 계약의 위반사실을 구체적으로 밝히고, 이를 시정하지 아니하면 그 계약을 해지한다는 사실을 서면으로 1회 이상 통지하여야 한다.

ㅁ. 위·수탁차주는 운송사업자의 동의를 받아 위·수탁계약상의 지위를 타인에게 양도할 수 있다.

ㅂ. 운송계약의 형태·내용 등 관련된 모든 사정에 비추어 위·수탁계약체결 당시 예상하기 어려운 내용에 대해 상대방에게 책임을 떠넘기는 경우 그 부분에 한정하여 취소로 한다.

ㅅ. 위·수탁차주가 계약기간 동안 화물운송 종사자격의 취소처분을 받은 경우는 위·수탁계약을 지속하기 어려운 중대한 사유에 해당한다.

① ㄱ, ㄴ, ㄹ
② ㄴ, ㄹ, ㅂ, ㅅ
③ ㄱ, ㄴ, ㄷ, ㅁ
④ ㄴ, ㄷ, ㄹ, ㅂ
⑤ ㄱ, ㄴ, ㄷ, ㄹ, ㅅ

정답 42 ⑤ 43 ④

해설 ㄴ. 경영의 위탁을 제한할 수 있다.
ㄷ. 위・수탁계약의 기간은 2년 이상이어야 한다.
ㄹ. 위・수탁계약 해지시 서면으로 2회 이상 통지
ㅂ. 그 부분에 한정하여 무효(無效)로 한다.

44 **화물자동차 운수사업법상 운수사업자 등이 국가로부터 재정지원을 받을 수 있는 사업에 해당하지 않는 것은?**

① 공동차고지 및 공영차고지 건설
② 화물자동차 운수사업의 정보화
③ 낡은 차량의 대체
④ 화물자동차 휴게소의 건설
⑤ 화물자동차 운수사업에 대한 홍보

해설 국가는 지방자치단체, 「공공기관의 운영에 관한 법률」에 따른 공공기관 중 대통령령으로 정하는 공공기관, 「지방공기업법」에 따른 지방공사, 사업자단체 또는 운수사업자가 다음의 어느 하나에 해당하는 사업을 수행하는 경우로서 재정적 지원이 필요하다고 인정되면 대통령령으로 정하는 바에 따라 소요자금의 일부를 보조하거나 융자할 수 있다(법 제43조 제1항).

1. 공동차고지 및 공영차고지 건설
2. 화물자동차 운수사업의 정보화
3. 낡은 차량의 대체
4. 연료비가 절감되거나 환경친화적인 화물자동차 등으로의 전환 및 이를 위한 시설・장비의 투자
5. 화물자동차 휴게소의 건설
6. 화물자동차 운수사업의 서비스 향상을 위한 시설・장비의 확충과 개선
7. 그 밖에 화물자동차 운수사업의 경영합리화를 위한 사항으로서 국토교통부령으로 정하는 사항

45 **화물자동차 운수사업법령상 재정지원에 관한 설명으로 옳은 것은?**

① 국토교통부장관은 운수사업자에게 유류에 부과되는 세액 등의 인상액에 상당하는 금액의 전부 또는 일부를 보조할 수 있다.
② 국가는 지방자치단체, 대통령령으로 정하는 공공기관, 지방공사, 사업자단체, 운수사업자 등이 낡은 차량의 대체사업을 하는 경우 재정적 지원이 필요하다고 인정되면, 소요자금의 일부를 보조 또는 융자할 수 있다.
③ 보조 또는 융자를 받으려는 사업의 목적은 신청서에 기재하여야 하는 사항이다.
④ 유류에 부과되는 세액 등의 인상액을 보조하기 위하여 지급된 금품과 이를 받을 권리는 압류할 수 있다.
⑤ 화물자동차의 감차는 소요자금의 보조 또는 융자의 대상이 아니다.

정답 44 ⑤ 45 ②

해설 ① 국토교통부장관 → 특별시장·광역시장·특별자치시장·특별자치도지사·시장·군수
③ 신청서 → 사업계획서
④ 압류할 수 있다. → 압류할 수 없다.
⑤ 융자대상에 포함된다.

46 **화물자동차 운수사업법상 국가가 그 소요자금의 일부를 보조하거나 융자할 수 있는 사업이 아닌 것은?**

① 낡은 차량의 대체
② 화물자동차 휴게소의 건설
③ 공동차고지 및 공영차고지 건설
④ 운수사업자의 자동차 사고로 인한 손해배상책임의 보장
⑤ 화물자동차 운수사업의 서비스 향상을 위한 시설·장비의 확충과 개선

해설 국가는 지방자치단체, 「공공기관의 운영에 관한 법률」에 따른 공공기관 중 대통령령으로 정하는 공공기관, 「지방공기업법」에 따른 지방공사, 사업자단체 또는 운수사업자가 다음의 하나에 해당하는 사업을 수행하는 경우로서 재정적 지원이 필요하다고 인정되면 대통령령으로 정하는 바에 따라 소요자금의 일부를 보조하거나 융자할 수 있다(법 제43조 제1항).

1. 공동차고지 및 공영차고지 건설
2. 화물자동차 운수사업의 정보화
3. 낡은 차량의 대체
4. 연료비가 절감되거나 환경친화적인 화물자동차 등으로의 전환 및 이를 위한 시설·장비의 투자
5. 화물자동차 휴게소의 건설
6. 화물자동차 운수사업의 서비스 향상을 위한 시설·장비의 확충과 개선
7. 그 밖에 화물자동차 운수사업의 경영합리화를 위한 사항으로서 국토교통부령으로 정하는 사항

47 **다음 중 화물자동차 휴게소 건설 대상지역에 해당하지 않는 것은?**

① 「항만법」에 따른 항만 또는 「산업입지 및 개발에 관한 법률」에 따른 산업단지 등이 위치한 지역으로서 화물자동차의 일일 평균 왕복 교통량이 1만5천대 이상인 지역
② 「항만법」에 따른 국가관리항이 위치한 지역
③ 「물류시설의 개발 및 운영에 관한 법률」에 따른 물류단지 중 면적이 50만제곱미터 이상인 물류단지가 위치한 지역
④ 「도로법」에 따른 고속국도 또는 일반국도에 인접한 지역으로서 화물자동차의 일일 평균 편도 교통량이 3천5백대 이상인 지역
⑤ 「공항시설법」에 따른 국가관리 공항이 위치하는 지역

정답 46 ④ 47 ⑤

해설 ⑤ 「공항시설법」에 따른 국가관리 공항이 위치하는 지역은 화물자동차 휴게소 건설 대상지역에 해당하지 않는다.

48 화물자동차 운수사업법령상 화물자동차 휴게소의 건설사업 시행에 관한 설명으로 옳지 않은 것은?

① 「국가철도공단법」에 따른 국가철도공단은 화물자동차 휴게소 건설사업을 할 수 있는 공공기관에 해당하지 않는다.
② 화물자동차 휴게소 건설사업을 시행하려는 자는 사업의 명칭·목적, 사업을 시행하려는 위치와 면적 등 대통령령으로 정하는 사항이 포함된 건설계획을 수립하여야 한다.
③ 화물자동차 휴게소의 건설 대상지역 및 시설기준은 국토교통부령으로 정한다.
④ 「도로법」 제10조에 따른 고속국도 또는 일반국도에 인접한 지역으로서 화물자동차의 일일 평균 편도 교통량이 3천5백대 이상인 지역은 화물자동차 휴게소의 건설 대상지역이다.
⑤ 사업시행자는 건설계획을 수립한 때에는 이를 공고하고, 관계 서류의 사본을 20일 이상 일반인이 열람할 수 있도록 하여야 한다.

해설 「공공기관의 운영에 관한 법률」에 따른 공공기관 중 대통령령으로 정하는 공공기관

1. 「한국철도공사법」에 따른 한국철도공사
2. 「한국토지주택공사법」에 따른 한국토지주택공사
3. 「한국도로공사법」에 따른 한국도로공사
4. 「한국수자원공사법」에 따른 한국수자원공사
5. 「한국농어촌공사 및 농지관리기금법」에 따른 한국농어촌공사
6. 「항만공사법」에 따른 항만공사
7. 「인천국제공항공사법」에 따른 인천국제공항공사
8. 「한국공항공사법」에 따른 한국공항공사
9. 「한국교통안전공단법」에 따른 한국교통안전공단
10. 「국가철도공단법」에 따른 국가철도공단

49 화물자동차 운수사업법령상 국토교통부장관에게 신고하여야 하는 사항이 아닌 것은?

① 화물자동차 운송가맹사업의 허가기준에 관한 사항
② 화물자동차 운송주선사업의 법인의 합병
③ 화물자동차 공제조합의 설립
④ 화물자동차 운송사업자의 운송약관
⑤ 화물자동차 운송가맹사업의 요금과 운임

해설 ③ 국토교통부장관의 인가사항(법 제51조의2 제1항)
① 법 제29조 제4항(준용규정, 법 제3조 제9항), ② 법 제28조(준용규정, 법 제16조 제2항), ④ 법 제6조 제1항, ⑤ 법 제33조(준용규정, 법 제5조 제1항)

정답 48 ① 49 ③

50 **화물자동차 운수사업법령상 운수사업자(개인 운송사업자는 제외)가 관리하고 신고하여야 하는 사항을 모두 고른 것은?**

ㄱ. 운수사업자가 직접 운송한 실적
ㄴ. 운수사업자가 화주와 계약한 실적
ㄷ. 운수사업자가 다른 운수사업자와 계약한 실적
ㄹ. 운송가맹사업자가 소속 운송가맹점과 계약한 실적

① ㄱ, ㄴ
② ㄷ, ㄹ
③ ㄱ, ㄴ, ㄷ
④ ㄱ, ㄴ, ㄹ
⑤ ㄱ, ㄴ, ㄷ, ㄹ

해설 운수사업자는 국토교통부장관이 정하여 고시하는 기준과 절차에 따라 다음의 형태에 따른 실적을 관리하고 이를 화물운송실적관리시스템을 통해 국토교통부장관에게 신고하여야 한다(법 제47조의2 제1항, 시행규칙 제44조의2 제1항).

1. 운수사업자가 화주와 계약한 실적
2. 운수사업자가 다른 운수사업자와 계약한 실적
3. 운수사업자가 다른 운송사업자 소속의 위·수탁차주와 계약한 실적
4. 운송가맹사업자가 소속 운송가맹점과 계약한 실적
5. 운수사업자가 직접 운송한 실적

51 **다음 중 화물운송실적관리 및 화물운송서비스평가에 관한 내용으로 틀린 것은?**

① 화물운송실적관리시스템의 관리자는 화물운송실적관리시스템에 대한 제3자의 불법적인 접근, 입력된 정보의 변경, 훼손, 파괴, 해킹, 유출 등에 대비한 기술적·물리적·관리적 보안대책을 세워야 한다.
② 국토교통부 소속 공무원 또는 화물운송실적관리와 관련한 업무를 위탁받은 자는 그 직무와 관련하여 알게 된 화물운송실적관리자료를 다른 사람에게 제공 또는 누설하거나 그 목적 외의 용도로 사용하여서는 아니 된다.
③ 국토교통부장관은 화물운송서비스 증진과 이용자의 권익보호를 위하여 운수사업자가 제공하는 화물운송서비스에 대한 평가를 해야만 한다.
④ 국토교통부장관은 화물운송서비스의 평가를 할 경우 운수사업자에게 관련 자료 및 의견 제출 등을 요구하거나 서비스에 대한 실지조사를 할 수 있다.
⑤ 자료 또는 의견 제출 등을 요구받은 운수사업자는 특별한 사유가 없으면 이에 따라야 한다.

해설 ③ 평가를 해야만 한다. → 평가를 할 수 있다(임의규정).

정답 50 ⑤ 51 ③

52 **화물자동차 운수사업자는 국토교통부령으로 정하는 바에 따라 운송 또는 주선 실적을 관리하고 이를 국토교통부장관에게 신고하여야 한다. 다음 중 그 신고대상에 해당하지 않는 것은?**

① 운수사업자가 화주와 계약한 실적
② 운수사업자가 다른 운송사업자 소속의 위・수탁차주와 계약한 실적
③ 운송가맹사업자가 소속 운송가맹점과 계약한 실적
④ 운수사업자가 직접 운송한 실적
⑤ 운수사업자가 위・수탁사업자와 계약한 실적

해설 운수사업자는 국토교통부장관이 정하여 고시하는 기준과 절차에 따라 다음의 형태에 따른 실적을 관리하고 이를 화물운송실적관리시스템을 통해 국토교통부장관에게 신고하여야 한다(법 제47조의2 제1항, 시행규칙 제44조의2 제1항).

1. 운수사업자가 화주와 계약한 실적
2. 운수사업자가 다른 운수사업자와 계약한 실적
3. 운수사업자가 다른 운송사업자 소속의 위・수탁차주와 계약한 실적
4. 운송가맹사업자가 소속 운송가맹점과 계약한 실적
5. 운수사업자가 직접 운송한 실적(법 제11조의2 제1항 단서에 따른 차량으로 운송한 실적 및 정보망을 이용한 위탁운송실적을 포함)

53 **화물자동차 운수사업법령상 사업자단체에 관한 설명으로 옳지 않은 것은?**

① 공제조합을 설립하려면 공제조합의 조합원 자격이 있는 자의 10분의 1 이상이 발기하여야 한다.
② 파산선고를 받고 복권된 사람은 공제조합의 운영위원회의 위원이 될 수 없다.
③ 운송사업자로 구성된 협회, 운송주선사업자로 구성된 협회 및 운송가맹사업자로 구성된 협회는 각각 연합회를 설립할 수 있다.
④ 협회에 관하여는 이 법에 규정된 사항 외에는 「민법」 중 사단법인에 관한 규정을 준용한다.
⑤ 공제조합이 조합에 고용된 자의 업무상 재해로 인한 손실을 보상하기 위한 공제사업을 하려면 공제규정을 정하여 국토교통부장관의 인가를 받아야 한다.

해설 다음의 어느 하나에 해당하는 사람은 공제조합의 운영위원회의 위원이 될 수 없다(법 제51조의5 제1항).

1. 미성년자, 피성년후견인 또는 피한정후견인
2. 파산선고를 받고 복권되지 아니한 사람 ➜ 복권된 경우 위원 가능함.
3. 이 법 또는 「보험업법」 등 대통령령으로 정하는 금융 관련 법률을 위반하여 금고 이상의 형의 집행유예를 선고받고 그 유예기간 중에 있는 사람

정답 52 ⑤ 53 ②

54 **화물자동차 운수사업법령상 화물운송사업분쟁조정협의회의 심의·조정사항에 해당하는 것을 모두 고른 것은?**

ㄱ. 운송사업자와 위·수탁차주 간 금전지급에 관한 분쟁
ㄴ. 운송사업자와 위·수탁차주 간 차량의 소유권에 관한 분쟁
ㄷ. 운송사업자와 위·수탁차주 간 차량의 대폐차에 관한 분쟁
ㄹ. 운송사업자와 위·수탁차주 간 화물자동차 운송사업의 양도·양수에 관한 분쟁

① ㄱ, ㄴ
② ㄴ, ㄷ
③ ㄱ, ㄴ, ㄷ
④ ㄴ, ㄷ, ㄹ
⑤ ㄱ, ㄴ, ㄷ, ㄹ

해설 시행령 제9조의9 참조 : 상기 지문 모두 옳음.

55 **화물자동차 운수사업법령상 다음의 (　　)에 들어갈 행정행위로 올바르게 연결된 것은?**

화물자동차 운수사업자가 설립한 협회의 연합회는 손해배상책임의 보장사업 및 적재물배상 공제사업을 추진하기 위하여 국토교통부장관의 (　)을/를 받아 공제사업을 할 수 있으며, 운수사업자는 공제사업을 하기 위하여 국토교통부장관의 (　)을/를 받아 공제조합을 설립할 수 있다.

① 승인 – 허가
② 허가 – 인가
③ 등록 – 승인
④ 인가 – 허가
⑤ 허가 – 허가

해설
- 운수사업자가 설립한 협회의 연합회는 국토교통부장관의 허가를 받아 손해배상책임의 보장사업 및 적재물배상 공제사업 등을 할 수 있다(법 제51조 제1항).
- 운수사업자는 공제사업 등을 하기 위하여 국토교통부장관의 인가를 받아 공제조합을 설립할 수 있다(법 제51조의2 제1항).

정답 54 ⑤ 55 ②

56 **화물자동차 운수사업법령상 자가용 화물자동차의 사용에 관한 설명으로 옳은 것은? (단, 조례는 고려하지 않음)**

① 천재지변으로 인하여 수송력 공급을 긴급히 증가시킬 필요가 있는 경우 자가용 화물자동차의 소유자는 시·도지사의 허가를 받아 자가용 화물자동차를 유상으로 화물운송용으로 제공할 수 있다.
② 자가용 화물자동차의 소유자가 자가용 화물자동차를 사용하여 화물자동차 운송사업을 경영한 경우 시·도지사는 1년 이내의 기간을 정하여 그 자동차의 사용을 제한하거나 금지할 수 있다.
③ 영농조합법인이 소유하는 자가용 화물자동차에 대한 유상운송 허가기간은 2년 이내로 한다.
④ 시·도지사는 영농조합법인의 유상운송 허가기간의 연장을 허가할 수 없다.
⑤ 시·도지사는 자가용 화물자동차 사용신고를 받은 날로부터 15일 이내에 신고수리 여부를 신고인에게 통지해야 한다.

해설 ② 1년 → 6개월(법 제56조의2 제1항)
③ 영농조합법인이 소유하는 자가용 화물자동차에 대한 유상운송 허가기간은 3년 이내로 하여야 한다(시행규칙 제51조 제2항).
④ 시·도지사는 영농조합법인의 신청에 의하여 유상운송 허가기간의 연장을 허가할 수 있다(시행규칙 제51조 제3항).
⑤ 15일 → 10일(법 제55조 제2항)

57 **화물자동차 운수사업법령상 자가용 화물자동차의 사용에 관한 설명으로 옳은 것은?**

① 특수자동차를 제외한 화물자동차로서 최대 적재량이 2.5톤 이상인 자가용 화물자동차는 사용신고대상이다.
② 자가용 화물자동차를 사용하여 화물자동차 운송사업을 경영한 경우 국토교통부장관은 6개월 이내의 기간을 정하여 그 자동차의 사용을 제한하거나 금지할 수 있다.
③ 이 법을 위반하여 자가용 화물자동차를 유상으로 화물운송용으로 제공하거나 임대한 자에게는 1천만원 이하의 과태료를 부과한다.
④ 시·도지사는 자가용 화물자동차를 무상으로 화물운송용으로 제공한 자를 수사기관에 신고한 자에 대하여 대통령령으로 정하는 바에 따라 포상금을 지급할 수 있다.
⑤ 자가용 화물자동차로서 대통령령으로 정하는 화물자동차로 사용하려는 자는 국토교통부령으로 정하는 기준에 따라 시·도지사의 허가를 받아야 한다.

해설 ② 국토교통부장관 → 시·도지사
③ 1천만원 이하의 과태료 → 2년 이하의 징역 또는 2,000만원 이하의 벌금
④ 무상 → 유상
⑤ 허가 → 신고

정답 **56** ① **57** ①

물류
관리사

CHAPTER

05

철도사업법

물류관리사

CHAPTER 05

철도사업법

01 총칙

1 법의 목적

이 법은 철도사업에 관한 질서를 확립하고 효율적인 운영 여건을 조성함으로써 철도사업의 건전한 발전과 철도 이용자의 편의를 도모하여 국민경제의 발전에 이바지함을 목적으로 한다(법 제1조).

2 「철도사업법」상 중요 용어의 정의

(1) 철도

여객 또는 화물을 운송하는 데 필요한 철도시설과 철도차량 및 이와 관련된 운영・지원체계가 유기적으로 구성된 운송체계를 말한다.

(2) 철도사업

다른 사람의 수요에 응하여 철도차량을 사용하여 유상(有償)으로 여객이나 화물을 운송하는 사업을 말한다.

(3) 철도사업자 ★

「한국철도공사법」에 따라 설립된 한국철도공사 및 철도사업 **면허**를 받은 자를 말한다.

(4) 전용철도운영자

법 제34조에 따라 전용철도 **등록**을 한 자를 말한다.

(5) 전용철도 ★

다른 사람의 수요에 따른 **영업을 목적으로 하지 아니하고** 자신의 수요에 따라 특수 목적을 수행하기 위하여 설치하거나 운영하는 철도를 말한다.

02 철도사업의 관리

1 사업용철도노선의 고시

(1) 국토교통부장관은 사업용철도노선의 노선번호, 노선명, 기점, 종점, 중요 경과지(정차역을 포함한다)와 그 밖에 필요한 사항을 국토교통부령으로 정하는 바에 따라 지정·고시하여야 한다(법 제4조).

(2) 국토교통부장관은 「철도의 건설 및 철도시설 유지관리에 관한 법률」에 따른 철도건설사업실시계획을 승인·고시한 날부터 **1월** 이내에 사업용철도노선을 지정한다. 이 경우 철도건설사업실시계획을 구간별 또는 시설별로 승인·고시하는 때에는 당해 철도건설사업실시계획을 전부 승인·고시한 날부터 1월 이내에 사업용철도노선을 지정할 수 있다(시행규칙 제2조).

(3) 국토교통부장관은 사업용철도노선을 지정·고시하는 경우 사업용철도노선을 다음의 구분에 따라 분류할 수 있다.

> 1. 운행지역과 운행거리에 따른 분류 : 간선철도, 지선철도
> 2. 운행속도에 따른 분류 : 고속철도노선, 준고속철도노선, 일반철도노선

2 철도사업의 면허 ★

(1) **면허 및 관련 서류**(법 제5조 및 시행규칙 제3조)

① 철도사업을 경영하려는 자는 법 제4조 제1항에 따라 지정·고시된 사업용철도노선을 정하여 국토교통부장관의 **면허를** 받아야 한다. 이 경우 국토교통부장관은 철도의 공공성과 안전을 강화하고 이용자 편의를 증진시키기 위하여 국토교통부령으로 정하는 바에 따라 필요한 부담을 붙일 수 있다.

② 면허를 받으려는 자는 국토교통부령으로 정하는 바에 따라 사업계획서를 첨부한 면허신청서를 국토교통부장관에게 제출하여야 한다.

> 1. 사업계획서
> 2. 법인설립계획서(설립예정법인인 경우에 한한다)
> 3. 당해 철도사업을 경영하고자 하는 취지를 설명하는 서류
> 4. 신청인이 결격사유에 해당하지 아니함을 증명하는 서류

③ 철도사업의 면허를 받을 수 있는 자는 **법인**(法人)으로 한다(법인만 가능).

(2) 면허의 기준(법 제6조)

철도사업의 면허기준은 다음과 같다.

1. 해당 사업의 시작으로 철도교통의 안전에 지장을 줄 염려가 없을 것
2. 해당 사업의 운행계획이 그 운행구간의 철도 수송 수요와 수송력 공급 및 이용자의 편의에 적합할 것
3. 신청자가 해당 사업을 수행할 수 있는 재정적 능력이 있을 것
4. 해당 사업에 사용할 철도차량의 대수, 사용연한 및 규격이 국토교통부령으로 정하는 기준에 맞을 것

(3) 철도사업 면허의 결격사유(법 제7조)

① 법인의 임원 중 다음의 어느 하나에 해당하는 사람이 있는 법인

1. 피성년후견인 또는 피한정후견인
2. 파산선고를 받고 복권되지 아니한 사람
3. 이 법 또는 대통령령으로 정하는 **철도 관계 법령***을 위반하여 금고 이상의 실형을 선고받고 그 집행이 끝나거나 면제된 날부터 2년이 지나지 아니한 사람
4. 이 법 또는 대통령령으로 정하는 철도 관계 법령을 위반하여 금고 이상의 형의 집행유예를 선고받고 그 유예기간 중에 있는 사람

* **철도 관계 법령** : 「철도산업발전기본법」, 「철도안전법」, 「도시철도법」, 「국가철도공단법」, 「한국철도공사법」

② 철도사업의 면허가 취소된 후 그 취소일부터 **2년**이 지나지 아니한 법인(다만, 위의 제1호 또는 제2호에 해당하여 철도사업의 면허가 취소된 경우는 제외)

(4) 운송 시작의 의무(법 제8조)

철도사업자는 국토교통부장관이 지정하는 날 또는 기간에 운송을 시작하여야 한다. 다만, 천재지변이나 그 밖의 불가피한 사유로 철도사업자가 국토교통부장관이 지정하는 날 또는 기간에 운송을 시작할 수 없는 경우에는 국토교통부장관의 승인을 받아 날짜를 연기하거나 기간을 연장할 수 있다.

3 철도운임 · 요금의 신고

(1) 여객 운임 · 요금의 신고(법 제9조 및 시행령 제3조)

① 운임 · 요금

㉠ 철도사업자는 여객에 대한 운임(**여객운송에 대한 직접적인 대가를 말하며, 여객운송과 관련**

된 설비·용역에 대한 대가는 제외)·요금을 **국토교통부장관에게 신고**(申告)하여야 한다. 이를 변경하려는 경우에도 같다.

㉡ 철도사업자는 여객 운임·요금의 신고 또는 변경신고를 하려는 경우에는 국토교통부령으로 정하는 여객 운임·요금신고서 또는 변경신고서에 여객 운임·요금표, 여객 운임·요금 신·구대비표 및 변경사유를 기재한 서류를 첨부하여 국토교통부장관에게 제출하여야 한다.

㉢ 철도사업자는 사업용철도를 「도시철도법」에 의한 도시철도운영자가 운영하는 도시철도와 연결하여 운행하려는 때에는 여객 운임·요금의 신고 또는 변경신고를 하기 전에 여객 운임·요금 및 그 변경시기에 관하여 미리 당해 도시철도운영자와 협의하여야 한다.

② 운임·요금의 책정 : 철도사업자는 여객 운임·요금을 정하거나 변경하는 경우에는 원가와 버스 등 다른 교통수단의 여객 운임·요금과의 형평성 등을 고려하여야 한다. 이 경우 여객에 대한 운임은 사업용철도노선의 분류, 철도차량의 유형 등을 고려하여 국토교통부장관이 지정·고시한 상한을 초과하여서는 아니 된다.

③ 여객 운임 상한의 지정

㉠ 국토교통부장관은 여객 운임의 상한을 지정하려면 미리 **기획재정부장관**과 협의하여야 한다.

㉡ 국토교통부장관은 여객 운임의 상한을 지정하기 위하여 「철도산업발전기본법」에 따른 철도산업위원회 또는 철도나 교통 관련 전문기관 및 전문가의 의견을 들을 수 있다.

㉢ 국토교통부장관이 여객 운임의 상한을 지정하려는 때에는 철도사업자로 하여금 원가계산 그 밖에 여객 운임의 산출기초를 기재한 서류를 제출하게 할 수 있다.

㉣ 국토교통부장관이 사업용철도노선과 「도시철도법」에 의한 도시철도가 연결되어 운행되는 구간에 대하여 여객 운임의 상한을 지정하는 경우에는 「도시철도법」에 따라 특별시장·광역시장·특별자치시장·도지사 또는 특별자치도지사가 정하는 도시철도 운임의 범위와 조화를 이루도록 하여야 한다.

④ 게시의무 : 철도사업자는 신고 또는 변경신고를 한 여객 운임·요금을 그 시행 **1주일** 이전에 인터넷 홈페이지, 관계 역·영업소 및 사업소 등 일반인이 잘 볼 수 있는 곳에 게시하여야 한다.

(2) 여객 운임·요금의 감면(법 제9조의2)

① 철도사업자는 재해복구를 위한 긴급지원, 여객 유치를 위한 기념행사, 그 밖에 철도사업의 경영상 필요하다고 인정되는 경우에는 일정한 기간과 대상을 정하여 신고한 여객 운임·요금을 감면할 수 있다.

② 철도사업자는 여객 운임·요금을 감면하는 경우에는 그 **시행 3일 이전**에 감면사항을 인터넷 홈페이지, 관계 역·영업소 및 사업소 등 일반인이 잘 볼 수 있는 곳에 게시하여야 한다. **다만, 긴급한 경우에는 미리 게시하지 아니할 수 있다.**

(3) **부가운임의 징수**(법 제10조) ★

① 무임승차시 **부가운임** : 철도사업자는 열차를 이용하는 여객이 정당한 운임·요금을 지급하지 아니하고 열차를 이용한 경우에는 승차구간에 해당하는 운임 외에 그의 **30배의 범위**에서 부가운임을 징수할 수 있다.

② 운송장 운임 과소기재시 **부가운임** : 철도사업자는 송하인이 운송장에 적은 화물의 품명·중량·용적 또는 개수에 따라 계산한 운임이 정당한 사유 없이 정상운임보다 적은 경우에는 송하인에게 그 부족운임 외에 그 부족운임의 **5배의 범위**에서 부가운임을 징수할 수 있다.

③ 철도사업자는 부가운임을 징수하려는 경우에는 사전에 부가운임의 징수 대상 행위, 열차의 종류 및 운행구간 등에 따른 부가운임 산정기준을 정하고 철도사업약관에 포함하여 **국토교통부장관**에게 **신고**하여야 한다.

4 철도사업약관과 신고(법 제11조)

(1) 철도사업약관

① **신고** : 철도사업자는 철도사업약관을 정하여 국토교통부장관에게 **신고**하여야 한다. 이를 변경하려는 경우에도 같다. 철도사업약관의 기재사항 등에 필요한 사항은 국토교통부령으로 정한다.

② **신고수리의 통지** : 국토교통부장관은 신고 또는 변경신고를 받은 날부터 3일 이내에 신고수리 여부를 신고인에게 통지하여야 한다.

(2) **약관의 기재사항**(시행규칙 제7조 제2항)

1. 철도사업약관의 적용범위
2. 여객 운임·요금의 수수 또는 환급에 관한 사항
3. 부가운임에 관한 사항
4. 운송책임 및 배상에 관한 사항
5. 면책에 관한 사항
6. 여객의 금지행위에 관한 사항
7. 화물의 인도·인수·보관 및 취급에 관한 사항
8. 그 밖에 이용자의 보호 등을 위하여 필요한 사항

5 철도사업계획의 변경

(1) **사업계획의 변경**(법 제12조 및 시행령 제5조) ★

철도사업자는 사업계획을 변경하려는 경우에는 국토교통부장관에게 **신고**하여야 한다. 다만, 대통령령으로 정하는 다음의 **중요 사항을 변경**하려는 경우에는 국토교통부장관의 **인가(認可)**를 받아야 한다.

1. 철도이용수요가 적어 수지균형의 확보가 극히 곤란한 벽지노선으로서 「철도산업발전기본법」에 따라 공익서비스비용의 보상에 관한 계약이 체결된 노선의 철도운송서비스(철도여객운송서비스 또는 철도화물운송서비스를 말한다)의 종류를 변경하거나 다른 종류의 철도운송서비스를 추가하는 경우
2. **운행구간의 변경**(여객열차의 경우에 한한다)
3. 사업용철도노선별로 여객열차의 **정차역**을 신설 또는 폐지하거나 **10분의 2** 이상 변경하는 경우
4. 사업용철도노선별로 **10분의 1** 이상의 **운행횟수**의 변경(여객열차의 경우에 한한다). 다만, 공휴일·방학기간 등 수송수요와 열차운행계획상의 수송력과 현저한 차이가 있는 경우로서 **3월** 이내의 기간 동안 운행횟수를 변경하는 경우를 제외한다.

(2) 사업계획의 변경제한(법 제12조 제2항) ★

국토교통부장관은 철도사업자가 다음의 어느 하나에 해당하는 경우에는 사업계획의 변경을 제한할 수 있다.

1. 국토교통부장관이 지정한 날 또는 기간에 운송을 시작하지 아니한 경우
2. 노선 운행중지, 운행제한, 감차 등을 수반하는 사업계획 변경명령을 받은 후 1년이 지나지 아니한 경우
3. **개선명령**을 받고 이행하지 아니한 경우
4. 철도사고의 규모 또는 발생 빈도가 대통령령으로 정하는 기준 이상인 경우

확인하기

▸ **철도사업법령상 철도사업자의 사업계획 변경에 관한 설명으로 옳지 않은 것은?**

① 철도사업자는 여객열차의 운행구간을 변경하려는 경우에는 국토교통부장관에게 신고하여야 한다.

② 철도사업자는 사업용철도노선별로 여객열차의 정차역을 10분의 2 이상 변경하려는 경우에는 국토교통부장관의 인가를 받아야 한다.

③ 국토교통부장관은 노선 운행중지, 감차 등을 수반하는 사업계획 변경명령을 받은 후 1년이 지나지 아니한 철도사업자의 사업계획 변경을 제한할 수 있다.

④ 국토교통부장관은 사업의 개선명령을 받고 이를 이행하지 아니한 철도사업자의 사업계획 변경을 제한할 수 있다.

⑤ 국토교통부장관이 지정한 날 또는 기간에 운송을 시작하지 아니한 철도사업자의 사업계획 변경에 대하여 국토교통부장관은 이를 제한할 수 있다.

정답 ①

6 공동운수협정과 인가(법 제13조)

(1) 공동운수협정 ➜ 인가

① 철도사업자는 다른 철도사업자와 공동경영에 관한 계약이나 그 밖의 운수에 관한 협정(이하 "공동운수협정"이라 한다)을 체결하거나 변경하려는 경우에는 국토교통부령으로 정하는 바에 따라 국토교통부장관의 **인가**를 받아야 한다. 다만, 국토교통부령으로 정하는 경미한 사항을 변경하려는 경우에는 국토교통부령으로 정하는 바에 따라 국토교통부장관에게 **신고**하여야 한다.

② 국토교통부장관은 공동운수협정을 인가하려면 미리 **공정거래위원회와 협의**하여야 한다.

(2) 신고수리의 통지

국토교통부장관은 다음의 경미한 사항 변경에 따른 신고를 받은 날부터 **3일** 이내에 신고수리 여부를 신고인에게 통지하여야 한다.

1. 철도사업자가 여객 운임·요금의 변경신고를 한 경우 이를 반영하기 위한 사항
2. 철도사업자가 사업계획변경을 신고하거나 사업계획변경의 인가를 받은 때에는 이를 반영하기 위한 사항
3. 공동운수협정에 따른 운행구간별 열차운행횟수의 **10분의 1** 이내에서의 변경
4. 그 밖에 법에 의하여 신고 또는 인가·허가 등을 받은 사항을 반영하기 위한 사항

7 사업의 양도·양수 등(권리·의무의 승계, 법 제14조)

(1) 사업의 양도·양수

① **양도·양수의 인가** : 철도사업자는 그 철도사업을 양도·양수하려는 경우에는 국토교통부장관의 **인가**를 받아야 한다.

② **지위의 승계** : 인가를 받은 경우 철도사업을 양수한 자는 철도사업을 양도한 자의 철도사업자로서의 지위를 승계한다.

③ **신청서의 제출** : 철도사업을 양도·양수하고자 하는 양도인 및 양수인은 철도사업 양도·양수 인가신청서에 양도·양수계약서 사본 및 법인설립계획서 등을 첨부하여 양도·양수계약을 체결한 날부터 **1월** 이내에 국토교통부장관에게 제출하여야 한다.

(2) 사업의 합병

① **합병의 인가** : 철도사업자는 다른 철도사업자 또는 철도사업 외의 사업을 경영하는 자와 합병하려는 경우에는 국토교통부장관의 **인가**를 받아야 한다.

② **지위의 승계** : 합병으로 설립되거나 존속하는 법인은 합병으로 소멸되는 법인의 철도사업자로서의 지위를 승계한다.

③ **신청서의 제출** : 법인의 합병을 하고자 하는 자는 합병인가신청서에 합병계약서 사본 및 합병의 방법과 조건에 관한 서류 등을 첨부하여 합병계약을 체결한 날부터 **1개월** 이내에 국토교통부장관에게 제출하여야 한다.

8 사업의 휴업 · 폐업(법 제15조)

(1) 휴 · 폐업의 허가

① 휴 · 폐업의 요건 ★

㉠ 철도사업자가 그 사업의 전부 또는 일부를 휴업 또는 폐업하려는 경우에는 국토교통부령으로 정하는 바에 따라 국토교통부장관의 **허가**를 받아야 한다. 다만, 선로 또는 교량의 파괴, 철도시설의 개량, 그 밖의 정당한 사유로 휴업하는 경우에는 국토교통부령으로 정하는 바에 따라 국토교통부장관에게 **신고**하여야 한다.

㉡ **휴업기간** : 휴업기간은 **6개월**을 넘을 수 없다.

② **신청서 제출** : 철도사업자는 철도사업의 전부 또는 일부에 대하여 휴업 또는 폐업의 허가를 받으려면 휴업 또는 폐업 예정일 3개월 전에 철도사업휴업(폐업)허가신청서에 다음의 서류를 첨부하여 국토교통부장관에게 제출하여야 한다.

> 1. 사업의 휴업 또는 폐업에 관한 총회 또는 이사회의 의결서 사본
> 2. 휴업 또는 폐업하려는 철도노선, 정거장, 열차의 종별 등에 관한 사항을 적은 서류
> 3. 철도사업의 휴업 또는 폐업을 하는 경우 대체교통수단의 이용에 관한 사항을 적은 서류

③ **허가 통지** : 국토교통부장관은 철도사업의 휴업 또는 폐업 허가의 신청을 받은 경우에는 허가 신청을 받은 날부터 **2개월** 이내에 신청인에게 허가 여부를 통지하여야 한다.

(2) 휴업 · 폐업 내용의 게시의무(시행령 제7조)

철도사업자는 철도사업의 휴업 또는 폐업의 허가를 받은 때에는 그 허가를 받은 날부터 7일 이내에 휴업 · 폐업의 내용을 철도사업자의 인터넷 홈페이지, 관계 역 · 영업소 및 사업소 등 일반인이 잘 볼 수 있는 곳에 게시하여야 한다. 다만, 휴업을 신고하는 경우에는 해당 사유가 발생한 때에 즉시 게시하여야 한다.

9 면허취소 등 행정처분(법 제16조) ★

국토교통부장관은 철도사업자가 다음의 어느 하나에 해당하는 경우에는 면허를 취소하거나, 6개월 이내의 기간을 정하여 사업의 전부 또는 일부의 정지를 명하거나, 노선 운행중지 · 운행제한 · 감차 등을 수반하는 사업계획의 변경을 명할 수 있다.

1. 면허받은 사항을 정당한 사유 없이 시행하지 아니한 경우
2. 사업 경영의 불확실 또는 자산상태의 현저한 불량이나 그 밖의 사유로 사업을 계속하는 것이 적합하지 아니할 경우
3. 고의 또는 중대한 과실에 의한 철도사고로 대통령령으로 정하는 다수의 사상자가 발생한 경우
4. 거짓이나 그 밖의 부정한 방법으로 철도사업의 면허를 받은 경우 ➜ **절대적 취소**
5. 면허에 붙인 부담을 위반한 경우
6. 철도사업의 면허기준에 미달하게 된 경우. 다만, 3개월 이내에 그 기준을 충족시킨 경우에는 예외로 한다.
7. 철도사업자의 임원 중 제7조 제1호 각 목의 어느 하나의 결격사유에 해당하게 된 사람이 있는 경우. 다만, 3개월 내에 그 임원을 바꾸어 임명한 경우에는 예외로 한다. ➜ **절대적 취소**
8. 제8조를 위반하여 국토교통부장관이 지정한 날 또는 기간에 운송을 시작하지 아니한 경우
9. 휴업 또는 폐업의 허가를 받지 아니하거나 신고를 하지 아니하고 영업을 하지 아니한 경우
10. 준수사항을 1년 이내에 3회 이상 위반한 경우
11. **개선명령**을 위반한 경우
12. 명의 대여 금지를 위반한 경우

10 과징금(법 제17조) ★

(1) 국토교통부장관은 철도사업자에게 사업정지처분을 하여야 하는 경우로서 그 사업정지처분이 그 철도사업자가 제공하는 철도서비스의 이용자에게 심한 불편을 주거나 그 밖에 공익을 해칠 우려가 있을 때에는 그 사업정지처분을 갈음하여 **1억원** 이하의 과징금을 부과·징수할 수 있다.

(2) 과징금 처분(시행령 제10조)

① 위반행위의 종별과 해당 과징금의 금액 등을 명시하여 이를 납부할 것을 서면으로 통지하여야 한다.

② 과징금 통지를 받은 자는 **20일** 이내에 과징금을 국토교통부장관이 지정한 수납기관에 납부하여야 한다.

(3) 국토교통부장관은 과징금 부과처분을 받은 자가 납부기한까지 과징금을 내지 아니하면 **국세 체납처분의 예**에 따라 징수한다.

(4) 징수한 과징금의 용도 ★

① 철도사업 종사자의 양성·교육훈련이나 그 밖의 자질향상을 위한 시설 및 철도사업 종사자에 대한 지도업무의 수행을 위한 시설의 건설·운영

② 철도사업의 경영개선이나 그 밖에 철도사업의 발전을 위하여 필요한 사업

③ 위 ① 및 ②의 목적을 위한 보조 또는 융자

(5) 국토교통부장관은 과징금으로 징수한 금액의 운용계획을 수립하여 시행하여야 한다. 이 경우 국토교통부장관은 매년 10월 31일까지 다음 연도의 과징금 운용계획을 수립하여 시행하여야 한다.

11 철도사업자 및 철도운수종사자의 준수사항 ★

(1) 철도사업자의 준수사항(법 제20조)

① **명의 대여 금지의무** : 철도사업자는 타인에게 자신의 성명 또는 상호를 사용하여 철도사업을 경영하게 하여서는 아니 된다(법 제23조).

② **준수사항**

㉠ 철도사업자는 「철도안전법」에 따른 요건을 갖추지 아니한 사람을 운전업무에 종사하게 하여서는 아니 된다.

㉡ 철도사업자는 사업계획을 성실하게 이행하여야 하며, 부당한 운송조건을 제시하거나 정당한 사유 없이 운송계약의 체결을 거부하는 등 철도운송질서를 해치는 행위를 하여서는 아니 된다.

㉢ 철도사업자는 여객 운임표, 여객 요금표, 감면사항 및 철도사업약관을 인터넷 홈페이지에 게시하고 관계 역·영업소 및 사업소 등에 갖추어 두어야 하며, 이용자가 요구하는 경우에는 제시하여야 한다.

㉣ 그 밖에 운송의 안전과 여객 및 화주의 편의를 위하여 철도사업자가 준수하여야 할 사항(별표 3)은 국토교통부령으로 한다.

[별표 3] 철도사업자의 준수사항(시행규칙 제15조 관련)

1. 철도사업자는 노약자·장애인 등에 대하여 특별한 편의를 제공해야 한다.
2. 철도사업자는 철도차량을 항상 깨끗이 유지해야 한다.
3. 철도사업자는 회사명, 철도차량번호 및 불편사항이 발생할 경우의 연락처 등을 적은 표지판을 철도차량 내에 게시해야 한다.
4. 철도사업자는 다음의 사항을 일반 공중이 보기 쉬운 영업소 등의 장소에 게시해야 한다.
   가. 사업자 및 영업소의 명칭
   나. 운행시간표(운행횟수가 빈번한 운행계통의 경우에는 첫차 및 마지막차의 출발시각과 운행 간격)
   다. 정차역 및 목적지별 도착시각
   라. 사업을 휴업하거나 폐업하려는 경우에는 그 내용의 예고
   마. 영업소를 이전하려는 경우에는 그 이전의 예고
5. 철도사업자는 위험물을 철도로 운송하려는 경우에는 운송 중의 위험방지 및 인명의 안전에 적합하도록 포장·적재 등의 안전조치를 취한 후 운송하여야 한다.
6. 철도사업자는 철도운수종사자로 하여금 여객과 화물을 운송할 때에 다음의 사항을 성실하게 지키도록 하고, 항상 이를 지도·감독해야 한다.

가. 정비·점검이 불량한 철도차량을 운행하지 않도록 할 것
나. 관계 공무원, 관제업무종사자 또는 철도특별사법경찰관리 등의 위험방지를 위한 조치에 따르도록 할 것
다. 철도사고를 일으킨 경우에는 긴급조치 및 신고의 의무를 충실하게 이행하도록 할 것

7. 철도사업자는 여객을 운송하는 과정에서 철도사고 또는 장애로 장시간 열차가 정차·지연되는 상황이 발생할 경우 철도운수종사자가 다음에 따라 성실하게 지키도록 하고, 항상 지도·감독해야 한다.
가. 원칙적으로 1시간 이상 열차가 정차·지연될 것으로 예상되는 경우 열차 내 승객에게 지체 없이 대피 등 구호조치를 시행하도록 함. 다만, 안전상, 그 밖에 열차운행상 문제점이 발생할 가능성이 있거나 사고발생 지점과 인근 역 등과의 거리가 멀어 단시간 내 구호조치가 어려운 경우는 제외한다.
나. 열차 내 여객에게 지연사유와 진행상황을 여객이 쉽게 접할 수 있는 안내방송, 영상장치 등을 활용하여 매 20분 간격으로 안내하도록 함.
다. 열차 내 여객의 대기시간이 1시간 이상일 경우 식수 등 적절한 음식물을 제공하도록 함.
라. 열차 지연에 대한 비상계획을 이행할 수 있는 인적·물적 자원을 신속히 투입하도록 함.

8. 철도사업자는 열차 운행 또는 정차 상황에서 호흡곤란 등에 따른 응급환자가 발생한 경우 응급환자가 119구조대나 의료기관 등의 응급조치를 신속하게 받을 수 있도록 해야 한다.

(2) 철도운수종사자의 준수사항(법 제22조) ★

철도사업에 종사하는 철도운수종사자는 다음의 어느 하나에 해당하는 행위를 하여서는 아니 된다.

① 정당한 사유 없이 여객 또는 화물의 운송을 거부하거나 여객 또는 화물을 중도에서 내리게 하는 행위
② 부당한 운임 또는 요금을 요구하거나 받는 행위
③ 그 밖에 안전운행과 여객 및 화주의 편의를 위하여 철도운수종사자가 준수하여야 할 사항으로서 국토교통부령으로 정하는 사항을 위반하는 행위

12 개선명령(법 제21조) ★★

국토교통부장관은 원활한 철도운송, 서비스의 개선 및 운송의 안전과 그 밖에 공공복리의 증진을 위하여 필요하다고 인정하는 경우에는 철도사업자에게 다음의 사항을 명할 수 있다.

1. 사업계획의 변경
2. 철도차량 및 운송 관련 장비·시설의 개선
3. 운임·요금 징수 방식의 개선
4. 철도사업약관의 변경
5. 공동운수협정의 체결
6. 철도차량 및 철도사고에 관한 손해배상을 위한 보험에의 가입
7. 안전운송의 확보 및 서비스의 향상을 위하여 필요한 조치
8. 철도운수종사자의 양성 및 자질향상을 위한 교육

13 철도화물운송에 관한 책임(법 제24조)

철도사업자의 화물의 멸실·훼손 또는 인도의 지연에 대한 손해배상책임에 관하여는 「상법」 제135조를 준용한다. 화물이 인도 기한을 지난 후 **3개월 이내**에 인도되지 아니한 경우에는 그 화물은 멸실된 것으로 본다.

03 민자철도 운영의 감독·관리

1 민자철도의 유지·관리 및 운영에 관한 기준(법 제25조)

① **국토교통부장관**은 「철도의 건설 및 철도시설 유지관리에 관한 법률」에 따른 고속철도, 광역철도 및 일반철도로서 「사회기반시설에 대한 민간투자법」에 따른 민자철도의 관리운영권을 설정받은 민자철도사업자가 해당 민자철도를 안전하고 효율적으로 유지·관리할 수 있도록 민자철도의 유지·관리 및 운영에 관한 기준을 정하여 고시하여야 한다.

② 민자철도사업자는 민자철도의 안전하고 효율적인 유지·관리와 이용자 편의를 도모하기 위하여 고시된 기준을 준수하여야 한다.

③ **국토교통부장관**은 민자철도의 유지·관리 및 운영에 관한 기준에 따라 **매년** 소관 민자철도에 대하여 운영평가를 실시하여야 한다.

④ **민자철도의 운영평가 방법**(시행규칙 제17조)

㉠ 국토교통부장관은 소관 민자철도의 전년도 1월 1일부터 12월 31일까지의 운영에 대하여 철도의 안전성, 이용자의 편의성, 민자철도 운영의 효율성을 포함하여 국토교통부장관이 정하여 고시한 운영평가 기준에 따라 운영평가를 실시해야 한다.

㉡ 국토교통부장관은 ㉠에 따른 운영평가를 실시하려면 매년 3월 31일까지 소관 민자철도에 대한 평가일정, 평가방법 등을 포함한 운영평가계획을 수립한 후 평가를 실시하기 2주 전까지 민자철도사업자에게 통보해야 한다.

⑤ 국토교통부장관은 운영평가를 위하여 필요한 경우에는 관계 공무원, 철도 관련 전문가 등으로 민자철도 운영 평가단을 구성·운영할 수 있다.

⑥ 국토교통부장관은 운영평가 결과에 따라 민자철도에 관한 유지·관리 및 체계 개선 등 필요한 조치를 민자철도사업자에게 명할 수 있다.

⑦ 국토교통부장관이 민자철도사업자에게 필요한 조치를 명한 경우 해당 민자철도사업자는 **30일** 이내에 조치계획을 마련하여 국토교통부장관에게 제출해야 한다.

2 민자철도사업자에 대한 과징금 처분(법 제25조의2) ★

① 국토교통부장관은 민자철도사업자가 다음의 어느 하나에 해당하는 경우에는 **1억원 이하의 과징금**을 부과·징수할 수 있다.

1. 제25조 제2항을 위반하여 민자철도의 유지·관리 및 운영에 관한 기준을 준수하지 아니한 경우
2. 제25조 제5항을 위반하여 명령을 이행하지 아니하거나 그 결과를 보고하지 아니한 경우

② 과징금을 부과하는 위반행위의 종류와 위반 정도 등에 따른 과징금의 금액 및 징수방법 등에 필요한 사항은 대통령령으로 정한다.

③ 국토교통부장관은 과징금 부과처분을 받은 자가 납부기한까지 과징금을 내지 아니하면 **국세 강제징수의 예**에 따라 징수한다.

3 사정변경 등에 따른 실시협약의 변경 요구(법 제25조의3)

① 국토교통부장관은 중대한 사정변경 또는 민자철도사업자의 위법한 행위 등 다음의 어느 하나에 해당하는 사유가 발생한 경우 민자철도사업자에게 그 사유를 소명하거나 해소 대책을 수립할 것을 요구할 수 있다.

1. 민자철도사업자가 「사회기반시설에 대한 민간투자법」에 따른 실시협약에서 정한 자기자본의 비율을 대통령령으로 정하는 기준 미만으로 변경한 경우(다만, 주무관청의 승인을 받아 변경한 경우는 제외)
2. 민자철도사업자가 대통령령으로 정하는 기준을 초과한 이자율로 자금을 차입한 경우
3. 교통여건이 현저히 변화되는 등 실시협약의 기초가 되는 사실 또는 상황에 중대한 변경이 생긴 경우로서 대통령령으로 정하는 경우

② ①에 따른 요구를 받은 민자철도사업자는 국토교통부장관이 요구한 날부터 **30일** 이내에 그 사유를 소명하거나 해소 대책을 수립하여야 한다.

③ 국토교통부장관은 다음의 어느 하나에 해당하는 경우 민자철도 관리지원센터의 자문을 거쳐 실시협약의 변경 등을 요구할 수 있다.

> 1. 민자철도사업자가 소명을 하지 아니하거나 그 소명이 충분하지 아니한 경우
> 2. 민자철도사업자가 해소 대책을 수립하지 아니한 경우
> 3. 해소 대책으로는 사유를 해소할 수 없거나 해소하기 곤란하다고 판단되는 경우

④ 국토교통부장관은 민자철도사업자가 ③에 따른 요구에 따르지 아니하는 경우 정부지급금, 실시협약에 따른 보조금 및 재정지원금의 전부 또는 일부를 지급하지 아니할 수 있다.

4 민자철도사업자에 대한 지원(법 제25조의4)

국토교통부장관은 정책의 변경 또는 법령의 개정 등으로 인하여 민자철도사업자가 부담하여야 하는 비용이 추가로 발생하는 경우 그 비용의 전부 또는 일부를 지원할 수 있다.

5 민자철도 관리지원센터의 지정 및 보고(법 제25조의5 및 제25조의6)

① 국토교통부장관은 민자철도에 대한 감독 업무를 효율적으로 수행하기 위하여 정부출연연구기관, 「공공기관의 운영에 관한 법률」에 따른 공공기관을 민자철도에 대한 전문성을 고려하여 민자철도 관리지원센터로 지정할 수 있다.

② 국토교통부장관은 관리지원센터가 업무를 수행하는 데에 필요한 비용을 예산의 범위에서 지원할 수 있다.

③ 관리지원센터의 업무

> 1. 민자철도의 교통수요 예측, 적정요금 또는 운임 및 운영비 산출과 관련한 자문 및 지원
> 2. 민자철도의 유지·관리 및 운영에 관한 기준과 관련한 자문 및 지원
> 3. 운영평가와 관련한 자문 및 지원
> 4. 실시협약 변경 등의 요구와 관련한 자문 및 지원
> 5. 국토교통부장관이 위탁하는 업무
> 6. 그 밖에 민자철도 관련 연구의 수행, 민자철도 관련 전자정보 수집 및 관리 시스템의 구축, 민자철도 관련 정책 수립·조정에 대한 지원, 민자철도 관련 지표의 개발

④ 국토교통부장관은 민자철도와 관련하여 이 법과 「사회기반시설에 대한 민간투자법」에 따른 업무로서 국토교통부령으로 정하는 업무를 관리지원센터에 위탁할 수 있다.

⑤ 국토교통부장관은 「사회기반시설에 대한 민간투자법」에 따라 국가가 재정을 지원한 민자철도의 건설 및 유지·관리 현황에 관한 보고서를 작성하여 매년 5월 31일까지 국회 소관 상임위원회에 제출하여야 한다.

04 철도서비스의 향상

1 철도서비스의 품질평가(법 제26조)

(1) 내용

국토교통부장관은 공공복리의 증진과 철도서비스 이용자의 권익보호를 위하여 철도사업자가 제공하는 철도서비스에 대하여 적정한 철도서비스 기준을 정하고, 그에 따라 철도사업자가 제공하는 철도서비스의 품질을 평가하여야 한다.

(2) 철도서비스의 기준 ★★

1. 철도의 시설・환경관리 등이 이용자의 편의와 **공익적** 목적에 부합할 것
2. 열차가 정시에 목적지까지 도착하도록 하는 등 철도이용자의 편의를 도모할 수 있도록 할 것
3. 예・매표의 이용편리성, 역 시설의 이용편리성, 고객을 상대로 승무 또는 역무서비스를 제공하는 종사원의 친절도, 열차의 쾌적성 등을 제고하여 철도이용자의 만족도를 높일 수 있을 것
4. 철도사고와 운행장애를 최소화하는 등 철도에서의 안전이 확보되도록 할 것

(3) 품질평가

① 국토교통부장관은 철도사업자에 대하여 **2년마다** 철도서비스의 품질평가를 실시하여야 한다. 다만, 국토교통부장관이 필요하다고 인정하는 경우에는 수시로 품질평가를 실시할 수 있다.

② 국토교통부장관은 철도서비스의 품질을 평가한 경우에는 그 평가 결과를 대통령령으로 정하는 바에 따라 신문 등 대중매체를 통하여 공표하여야 한다.

(4) 지원사항

국토교통부장관은 철도서비스의 품질평가 결과가 우수한 철도사업자 및 그 소속 종사자에게 예산의 범위 안에서 포상 등 지원시책을 시행할 수 있다.

2 우수철도서비스 인증(법 제28조)

(1) 인증의 내용

① 국토교통부장관은 **공정거래위원회와 협의**하여 철도사업자 간 경쟁을 제한하지 아니하는 범위에서 철도서비스의 질적 향상을 촉진하기 위하여 우수철도서비스에 대한 인증을 할 수 있다.

② 인증을 받은 철도사업자는 그 인증의 내용을 나타내는 우수서비스마크를 철도차량, 역 시설 또는 철도용품 등에 붙이거나 인증사실을 홍보할 수 있다.

③ 인증을 받은 자가 아니면 우수서비스마크 또는 이와 유사한 표지를 철도차량, 역 시설 또는 철도용품 등에 붙이거나 인증사실을 홍보하여서는 아니 된다.

④ 철도사업자의 신청에 의하여 우수철도서비스 인증을 하는 경우에는 그에 소요되는 비용은 당해 철도사업자가 부담한다.

(2) 인증기준 ★

우수철도서비스의 인증기준은 다음과 같다.

1. 당해 철도서비스의 종류와 내용이 철도이용자의 이용편의를 제고하는 것일 것
2. 당해 철도서비스의 종류와 내용이 공익적 목적에 부합될 것
3. 당해 철도서비스로 인하여 철도의 안전확보에 지장을 주지 아니할 것
4. 그 밖에 국토교통부장관이 정하는 인증기준에 적합할 것

3 철도시설의 공동활용(법 제31조)

공공교통을 목적으로 하는 선로 및 다음의 공동 사용시설을 관리하는 자는 철도사업자가 그 시설의 공동활용에 관한 요청을 하는 경우 협정을 체결하여 이용할 수 있게 하여야 한다.

1. 철도역 및 역 시설(물류시설, 환승시설 및 편의시설 등을 포함한다)
2. 철도차량의 정비·검사·점검·보관 등 유지관리를 위한 시설
3. 사고의 복구 및 구조·피난을 위한 설비
4. 열차의 조성 또는 분리 등을 위한 시설
5. 철도운영에 필요한 정보통신 설비

4 회계의 구분 경리(법 제32조)

① 철도사업자는 철도사업 외의 사업을 경영하는 경우에는 철도사업에 관한 회계와 철도사업 외의 사업에 관한 회계를 구분하여 경리하여야 한다.

② 철도사업자는 철도운영의 효율화와 회계처리의 투명성을 제고하기 위하여 국토교통부령으로 정하는 바에 따라 철도사업의 종류별·노선별로 회계를 구분하여 경리하여야 한다.

05 전용철도

1 전용철도 운영의 등록(법 제34조) ★

(1) 등록 및 변경등록

① 전용철도를 운영하려는 자는 국토교통부령으로 정하는 바에 따라 전용철도의 건설·운전·보안 및 운송에 관한 사항이 포함된 운영계획서를 첨부하여 국토교통부장관에게 **등록**을 하여야 한다. 등록사항을 변경하려는 경우에도 같다.

② 국토교통부장관은 등록기준을 적용할 때에 환경오염, 주변 여건 등 지역적 특성을 고려할 필요가 있거나 그 밖에 공익상 필요하다고 인정하는 경우에는 등록을 **제한하거나 부담을 붙일 수 있다.**

TIP 「철도사업법」에 규정된 행정행위

- 면허 : 철도사업의 경영요건
- 허가 : 철도사업의 전부 또는 일부의 휴·폐업
- 등록 : 전용철도의 운영
- 인가 : 철도사업자의 사업계획의 중요 사항의 변경, 공동운수협정, 철도사업의 양도·양수 및 합병 등
- 신고 : 철도 운임·요금, 공동운수협정의 경미한 사항의 변경, 선로 또는 교량의 파괴 등으로 인한 휴업, 전용철도 운영의 양도·양수, 합병, 상속, 전용철도 운영의 휴·폐업 등

(2) 변경등록의 예외(시행령 제12조 제1항) ★

다음의 경미한 사항을 변경하는 경우에는 변경등록을 필요로 하지 않는다.

1. 운행시간을 연장 또는 단축한 경우
2. 배차간격 또는 운행횟수를 단축 또는 연장한 경우
3. 10분의 1의 범위 안에서 철도차량 대수를 변경한 경우
4. 주사무소·철도차량기지를 제외한 운송관련 부대시설을 변경한 경우
5. 임원을 변경한 경우(법인에 한한다)
6. 6월의 범위 안에서 전용철도 건설기간을 조정한 경우

2 등록의 결격사유(법 제35조)

① 피성년후견인 또는 피한정후견인

② 파산선고를 받고 복권되지 아니한 사람

③ 이 법 또는 대통령령으로 정하는 철도 관계 법령을 위반하여 금고 이상의 실형을 선고받고 그 집행이 끝나거나(집행이 끝난 것으로 보는 경우를 포함한다) 면제된 날부터 2년이 지나지 아니한 사람

④ 이 법 또는 대통령령으로 정하는 철도 관계 법령을 위반하여 금고 이상의 형의 집행유예를 선고받고 그 유예기간 중에 있는 사람
⑤ 이 법에 따라 전용철도의 등록이 취소된 후 그 취소일부터 1년이 지나지 아니한 자

3 전용철도 운영의 승계(법 제36조 내지 제37조) ★

(1) 전용철도 운영의 양도·양수 등

① 전용철도 운영의 양도·양수
㉠ 양도·양수 신고 : 전용철도의 운영을 **양도·양수**하려는 자는 국토교통부령으로 정하는 바에 따라 **국토교통부장관**에게 **신고**하여야 한다.
cf 철도사업의 양도·양수 및 합병 : 국토교통부장관의 '인가'사항
㉡ 신고서 제출 : 전용철도의 운영을 양도·양수하고자 하는 자는 전용철도운영양도·양수신고서에 양도·양수계약서 사본, 양도·양수에 관한 총회 또는 이사회의 의결서 사본 등을 첨부하여 국토교통부장관에게 제출하여야 한다.
② 전용철도 운영의 합병
㉠ 합병 신고 : **전용철도의 등록을 한 법인이 합병**하려는 경우에는 국토교통부령으로 정하는 바에 따라 **국토교통부장관**에게 **신고**하여야 한다.
㉡ 신고서 제출 : 합병하고자 하는 법인은 전용철도운영법인합병신고서에 합병계약서 사본 등을 첨부하여 국토교통부장관에게 제출하여야 한다.
③ 지위의 승계 : 전용철도 운영의 양도·양수 또는 합병에 따른 신고가 수리된 경우 전용철도의 운영을 양수한 자는 전용철도의 운영을 양도한 자의 전용철도운영자로서의 지위를 승계하며, 합병으로 설립되거나 존속하는 법인은 합병으로 소멸되는 법인의 전용철도운영자로서의 지위를 승계한다.

(2) 전용철도 운영의 상속

① 전용철도운영자가 사망한 경우 상속인이 그 전용철도의 운영을 계속하려는 경우에는 피상속인이 사망한 날부터 **3개월** 이내에 국토교통부장관에게 신고하여야 한다.
cf 화물자동차 운수사업법상 상속 : 사망일로부터 90일 내 신고
② 국토교통부장관은 신고를 받은 날부터 **10일** 이내에 신고수리 여부를 신고인에게 통지하여야 한다.
③ 신고가 수리된 경우 상속인은 피상속인의 전용철도운영자로서의 지위를 승계하며, 피상속인이 사망한 날부터 신고가 수리된 날까지의 기간 동안은 피상속인의 전용철도 등록은 상속인의 등록으로 본다.
④ 상속신고에 관하여는 제35조(결격사유)를 준용한다. 다만, 제35조 각 호의 어느 하나에 해당하는 상속인이 피상속인이 사망한 날부터 3개월 이내에 그 전용철도의 운영을 다른 사람에게

양도한 경우 피상속인의 사망일부터 양도일까지의 기간에 있어서 피상속인의 전용철도 등록은 상속인의 등록으로 본다.

4 전용철도 운영의 휴업 · 폐업(법 제38조)

(1) 전용철도운영자가 그 운영의 전부 또는 일부를 휴업 또는 폐업한 경우에는 **1개월** 이내에 국토교통부장관에게 **신고**하여야 한다.

(2) 휴업 또는 폐업시의 조치(시행령 제12조 제2항)

전용철도운영자는 전용철도 운영의 전부 또는 일부를 휴업 또는 폐업하는 경우 다음의 조치를 하여야 한다.

1. 휴업 또는 폐업으로 인하여 철도운행 및 철도운행의 안전에 지장을 초래하지 아니하도록 하는 조치
2. 휴업 또는 폐업으로 인하여 자연재해 · 환경오염 등이 가중되지 아니하도록 하는 조치

5 전용철도 운영의 개선명령(법 제39조)

국토교통부장관은 전용철도 운영의 건전한 발전을 위하여 필요하다고 인정하는 경우에는 전용철도운영자에게 다음의 사항을 명할 수 있다.

1. 사업장의 이전
2. 시설 또는 운영의 개선

6 등록취소 · 정지(법 제40조)

국토교통부장관은 전용철도운영자가 다음의 어느 하나에 해당하는 경우에는 그 등록을 취소하거나 1년 이내의 기간을 정하여 그 운영의 전부 또는 일부의 정지를 명할 수 있다. 다만, 제1호에 해당하는 경우에는 등록을 취소하여야 한다.

1. 거짓이나 그 밖의 부정한 방법으로 등록을 한 경우 ➜ **절대적 취소**
2. 등록기준에 미달하거나 부담을 이행하지 아니한 경우
3. 휴업신고나 폐업신고를 하지 아니하고 3개월 이상 전용철도를 운영하지 아니한 경우

06 국유철도시설의 활용 · 지원

1 점용허가 및 허가신청

(1) 점용허가(법 제42조)

① 국토교통부장관은 국가가 소유 · 관리하는 철도시설에 건물이나 그 밖의 시설물(이하 "시설물"이라 한다)을 설치하려는 자에게 「국유재산법」 제18조에도 불구하고 대통령령으로 정하는 바에 따라 시설물의 종류 및 기간 등을 정하여 점용허가를 할 수 있다.

② 위 ①에 따른 점용허가는 **철도사업자**와 **철도사업자가 출자 · 보조 또는 출연한 사업을 경영하는 자에게만** 하며, 시설물의 종류와 경영하려는 사업이 철도사업에 지장을 주지 아니하여야 한다.

(2) 점용허가의 신청 및 허가기간 ★

① **점용허가의 신청** : 국가가 소유 · 관리하는 철도시설의 점용허가를 받고자 하는 자는 국토교통부령이 정하는 점용허가신청서에 사업개요에 관한 서류 등을 첨부하여 국토교통부장관에게 제출하여야 한다.

② **점용허가기간**

㉠ 국토교통부장관은 국가가 소유 · 관리하는 철도시설에 대한 점용허가를 하고자 하는 때에는 다음의 기간을 초과하여서는 아니 된다. 다만, 건물 그 밖의 시설물을 설치하는 경우 그 공사에 소요되는 기간은 이를 **산입하지 아니한다.**

> 1. 철골조 · 철근콘크리트조 · 석조 또는 이와 유사한 견고한 건물의 축조를 목적으로 하는 경우 : **50년**
> 2. 제1호 외의 건물의 축조를 목적으로 하는 경우 : **15년**
> 3. 건물 외의 공작물의 축조를 목적으로 하는 경우 : **5년**

㉡ 점용허가를 받은 자가 점용허가**기간의 연장**을 받기 위하여 다시 점용허가를 신청하고자 하는 때에는 종전의 점용허가기간 **만료예정일 3월 전**까지 점용허가신청서를 국토교통부장관에게 제출하여야 한다.

③ **점용허가의 취소**(법 제42조의2) : 국토교통부장관은 점용허가를 받은 자가 다음의 어느 하나에 해당하면 그 점용허가를 취소할 수 있다.

> 1. 점용허가 목적과 다른 목적으로 철도시설을 점용한 경우
> 2. 제42조 제2항을 위반하여 시설물의 종류와 경영하는 사업이 철도사업에 지장을 주게 된 경우

3. 점용허가를 받은 날부터 1년 이내에 해당 점용허가의 목적이 된 공사에 착수하지 아니한 경우. 다만, 정당한 사유가 있는 경우에는 1년의 범위에서 공사의 착수기간을 연장할 수 있다.
4. 점용료를 납부하지 아니하는 경우
5. 점용허가를 받은 자가 스스로 점용허가의 취소를 신청하는 경우

2 시설물 설치의 대행과 점용료

(1) 시설물 설치의 대행(법 제43조)

국토교통부장관은 점용허가를 받은 자가 설치하려는 시설물의 전부 또는 일부가 철도시설 관리에 관계되는 경우에는 점용허가를 받은 자의 부담으로 그의 위탁을 받아 시설물을 직접 설치하거나 「국가철도공단법」에 따라 설립된 국가철도공단으로 하여금 설치하게 할 수 있다.

(2) 점용료(법 제44조)

① 국토교통부장관은 대통령령으로 정하는 바에 따라 점용허가를 받은 자에게 점용료를 부과한다.
② **점용료의 감면** : 점용허가를 받은 자가 다음에 해당하는 경우에는 점용료를 감면할 수 있다.
   ㉠ 국가에 무상으로 양도하거나 제공하기 위한 시설물을 설치하기 위하여 점용허가를 받은 경우
   ㉡ ㉠의 시설물을 설치하기 위한 경우로서 공사기간 중에 점용허가를 받거나 임시 시설물을 설치하기 위하여 점용허가를 받은 경우
   ㉢ 「공공주택 특별법」에 따른 공공주택을 건설하기 위하여 점용허가를 받은 경우
   ㉣ 재해, 그 밖의 특별한 사정으로 본래의 철도 점용 목적을 달성할 수 없는 경우
   ㉤ 국민경제에 중대한 영향을 미치는 공익사업으로서 대통령령으로 정하는 사업을 위하여 점용허가를 받은 경우
③ 국토교통부장관은 점용허가를 받은 자가 점용료를 내지 아니하면 국세 체납처분의 예에 따라 징수한다.
④ 점용료는 점용허가를 할 철도시설의 가액과 점용허가를 받아 행하는 사업의 매출액을 기준하여 산출하되, 구체적인 점용료 산정기준에 대하여는 국토교통부장관이 정한다.
   ➜ 철도시설의 가액은 「국유재산법 시행령」을 준용하여 산출하되, 당해 철도시설의 가액은 산출 후 **3년 이내**에 한하여 적용한다.
⑤ 점용료는 매년 **1월 말까지** 당해연도 해당분을 **선납**하여야 한다. 다만, 국토교통부장관은 부득이한 사유로 선납이 곤란하다고 인정하는 경우에는 그 납부기한을 따로 정할 수 있다.
⑥ **변상금의 징수**(법 제44조의2) : 국토교통부장관은 점용허가를 받지 아니하고 철도시설을 점용한 자에 대하여 점용료의 **100분의 120**에 해당하는 금액을 변상금으로 징수할 수 있다.

3 권리와 의무의 이전(법 제45조)

점용허가로 인하여 발생한 권리와 의무를 이전하려는 경우에는 대통령령으로 정하는 바에 따라 국토교통부장관의 **인가**를 받아야 한다. 인가를 받고자 하는 때에는 국토교통부령이 정하는 신청서에 이전계약서 사본, 이전가격의 명세서를 첨부하여 권리와 의무를 이전하고자 하는 날 3월 전까지 국토교통부장관에게 제출하여야 한다.

4 원상회복의무(법 제46조)

(1) 점용허가를 받은 자는 점용허가기간이 만료되거나 점용허가가 취소된 경우에는 점용허가된 철도 재산을 원상으로 회복하여야 한다. 다만, 국토교통부장관은 원상으로 회복할 수 없거나 원상회복이 부적당하다고 인정하는 경우에는 원상회복의무를 면제할 수 있다.

(2) 국토교통부장관은 점용허가를 받은 자가 원상회복을 하지 아니하는 경우에는 **「행정대집행법」**에 따라 시설물을 철거하거나 그 밖에 필요한 조치를 할 수 있다.

(3) 국토교통부장관은 원상회복의무를 면제하는 경우에는 해당 철도 재산에 설치된 시설물 등의 무상 국가귀속을 조건으로 할 수 있다.

(4) 철도시설의 점용허가를 받은 자는 점용허가기간이 만료되거나 점용을 폐지한 날부터 3월 이내에 점용허가받은 철도시설을 원상으로 회복하여야 한다. 다만, 국토교통부장관은 불가피하다고 인정하는 경우에는 원상회복기간을 연장할 수 있다.

07 벌칙

1 행정형벌

(1) 2년 이하의 징역 또는 2천만원 이하의 벌금

① 면허를 받지 아니하고 철도사업을 경영한 자
② 거짓이나 그 밖의 부정한 방법으로 철도사업의 면허를 받은 자
③ 사업정지처분기간 중에 철도사업을 경영한 자
④ 사업계획의 변경명령을 위반한 자
⑤ 타인에게 자기의 성명 또는 상호를 대여하여 철도사업을 경영하게 한 자
⑥ 철도사업자의 공동활용에 관한 요청을 정당한 사유 없이 거부한 자

(2) 1년 이하의 징역 또는 1천만원 이하의 벌금

① 등록을 하지 아니하고 전용철도를 운영한 자
② 거짓이나 그 밖의 부정한 방법으로 전용철도의 등록을 한 자

(3) 1천만원 이하의 벌금

① 국토교통부장관의 인가를 받지 아니하고 공동운수협정을 체결하거나 변경한 자
② 우수서비스마크 또는 이와 유사한 표지를 철도차량 등에 붙이거나 인증사실을 홍보한 자

2 행정질서벌(과태료)

(1) 1천만원 이하의 과태료

① 여객 운임・요금의 신고를 하지 아니한 자
② 철도사업약관을 신고하지 아니하거나 신고한 철도사업약관을 이행하지 아니한 자
③ 인가를 받지 아니하거나 신고를 하지 아니하고 사업계획을 변경한 자
④ 상습 또는 영업으로 승차권 또는 이에 준하는 증서를 자신이 구입한 가격을 초과한 금액으로 다른 사람에게 판매하거나 알선한 자

(2) 500만원 이하의 과태료

① 사업용철도차량의 표시를 하지 아니한 철도사업자
② 철도사업에 관한 회계와 철도사업 외의 사업에 관한 회계를 구분하여 경리하지 아니한 자
③ 정당한 사유 없이 명령을 이행하지 아니하거나 검사를 거부・방해 또는 기피한 자

(3) 100만원 이하의 과태료

법 제20조(철도사업자의 준수사항) 제2항부터 제4항까지에 따른 준수사항을 위반한 자

(4) 50만원 이하의 과태료

철도운수종사자의 준수사항을 위반한 철도운수종사자 및 그가 소속된 철도사업자에게는 50만원 이하의 과태료를 부과한다.

CHAPTER 05 기출 & 실력 다잡기

01 **다음 중 철도사업법령상 그 규정이 옳지 않은 것은?**

① 이 법은 철도사업에 관한 질서를 확립하고 효율적인 운영 여건을 조성함으로써 철도사업의 건전한 발전과 철도 이용자의 편의를 도모하여 국민경제의 발전에 이바지함을 목적으로 한다.
② 철도사업을 경영하려는 자는 지정・고시된 사업용철도노선을 정하여 국토교통부장관의 면허를 받아야 한다.
③ 법인의 임원 중 「철도사업법」 또는 철도 관계 법령을 위반하여 금고 이상의 형의 집행유예를 선고받고 그 유예기간 중에 있는 사람이 있는 법인은 철도사업의 면허를 받을 수 없다.
④ 국토교통부장관은 철도서비스의 품질평가 결과에 따라 사업 개선명령 등 필요한 조치를 할 수 있다.
⑤ 철도사업자는 사업계획을 변경하려는 경우에는 국토교통부장관에게 인가를 받아야 한다. 다만, 대통령령으로 정하는 중요 사항을 변경하려는 경우에는 국토교통부장관의 허가를 받아야 한다.

해설 철도사업자는 사업계획을 변경하려는 경우에는 국토교통부장관에게 신고해야 한다. 다만, 대통령령으로 정하는 중요 사항을 변경하려는 경우에는 국토교통부장관에게 인가를 받아야 한다(법 제12조 제1항).

02 **철도사업법령상 철도사업의 면허 등에 관한 설명으로 옳지 않은 것은?**

① 철도사업을 경영하려는 자는 국토교통부장관의 면허를 받아야 한다.
② 면허를 받기 위해서는 사업계획서를 첨부한 면허신청서를 국토교통부장관에게 제출하여야 한다.
③ 법인이 아닌 자도 철도사업의 면허를 받을 수 있다.
④ 「철도사업법」 또는 철도 관계 법령을 위반하여 금고 이상의 실형을 선고받고 그 집행이 종료된 날부터 2년이 경과되지 아니한 자는 철도사업 면허를 받을 수 없다.
⑤ 「철도사업법」에 따라 철도사업의 면허가 취소된 후 그 취소일로부터 2년이 경과되지 아니한 자는 철도사업 면허를 받을 수 없다.

해설 철도사업의 면허를 받을 수 있는 자는 법인(法人)만 가능하다.

정답 01 ⑤ 02 ③

03 다음 중 철도사업 면허의 결격사유가 아닌 것은?

① 법인의 임원 중 피성년후견인에 해당하는 사람이 있는 법인
② 법인의 임원 중 미성년자에 해당하는 사람이 있는 법인
③ 법인의 임원 중 파산선고를 받고 복권되지 아니한 사람이 있는 법인
④ 법인의 임원 중 이 법 또는 대통령령으로 정하는 철도 관계 법령을 위반하여 금고 이상의 실형을 선고받고 그 집행이 끝나거나 면제된 날부터 2년이 지나지 아니한 사람
⑤ 철도사업의 면허가 취소된 후 그 취소일부터 2년이 지나지 아니한 법인

해설 철도사업 면허의 결격사유(법 제7조)

1. 법인의 임원 중 다음의 어느 하나에 해당하는 사람이 있는 법인
   가. 피성년후견인 또는 피한정후견인
   나. 파산선고를 받고 복권되지 아니한 사람
   다. 이 법 또는 대통령령으로 정하는 철도 관계 법령을 위반하여 금고 이상의 실형을 선고받고 그 집행이 끝나거나 면제된 날부터 2년이 지나지 아니한 사람
   라. 이 법 또는 대통령령으로 정하는 철도 관계 법령을 위반하여 금고 이상의 형의 집행유예를 선고받고 그 유예기간 중에 있는 사람
2. 철도사업의 면허가 취소된 후 그 취소일부터 2년이 지나지 아니한 법인

04 다음의 행정처분 중에서 면허를 취소해야 하는 면허취소사유에 해당하는 것은?

① 면허받은 사항을 정당한 사유 없이 시행하지 아니한 경우
② 사업 경영의 불확실 또는 자산상태의 현저한 불량이나 기타 사유로 사업을 계속하는 것이 부적합한 경우
③ 고의 또는 중대한 과실에 의한 철도사고로 대통령령으로 정하는 다수의 사상자가 발생한 경우
④ 거짓이나 그 밖의 부정한 방법으로 제5조에 따른 철도사업의 면허를 받은 경우
⑤ 면허에 붙인 부담을 위반한 경우

해설 절대적 면허취소사유(법 제16조 제1항)

1. 거짓이나 그 밖의 부정한 방법으로 제5조에 따른 철도사업의 면허를 받은 경우
2. 철도사업자의 임원 중 결격사유에 해당하게 된 사람이 있는 경우. 다만, 3개월 이내에 그 임원을 바꾸어 임명한 경우에는 예외로 한다.

정답 03 ② 04 ④

05 **철도사업법령상 여객 운임 및 요금에 관한 설명 중 옳지 않은 것은?**

① 철도사업자는 여객에 대한 운임(여객운송에 대한 직접적인 대가를 말하며, 여객운송과 관련된 설비·용역에 대한 대가는 제외)·요금을 국토교통부장관에게 신고하여야 한다.
② 국토교통부장관은 철도여객 운임의 상한을 지정함에 있어 「철도산업발전기본법」에 따른 철도산업위원회 또는 철도교통전문가 등의 의견을 들을 수 있다.
③ 국토교통부장관은 여객 운임의 상한을 지정하려면 미리 기획재정부장관과 협의하여야 한다.
④ 국토교통부장관은 재해복구를 위한 긴급지원, 여객 유치를 위한 기념행사 등의 경우 일정한 기간과 대상을 정하여 신고한 여객 운임·요금을 감면할 수 있다.
⑤ 철도사업자는 사업용철도를 「도시철도법」에 의한 도시철도와 연결하여 운행하려는 때에는 여객 운임·요금의 신고 또는 변경신고 전에 여객 운임·요금 및 그 변경시기에 관하여 미리 당해 도시철도운영자와 협의하여야 한다.

해설 ④ 국토교통부장관 → 철도사업자(법 제9조의2 제1항)

06 **철도사업법령상 부가운임의 징수에 관한 설명이다. 다음 ( )에 들어갈 내용이 올바르게 나열된 것은?**

철도사업자는 열차를 이용하는 여객이 정당한 운임·요금을 지급하지 아니하고 열차를 이용한 경우에는 승차구간에 해당하는 운임 외에 그의 ( )배의 범위에서 부가운임을 징수할 수 있으며, 송하인이 운송장에 적은 화물의 품명·중량·용적 또는 개수에 따라 계산한 운임이 정당한 사유 없이 정상운임보다 적은 경우에는 송하인에게 그 부족운임 외에 그 부족운임의 ( )배의 범위에서 부가운임을 징수할 수 있다.

① 20, 10
② 30, 5
③ 30, 15
④ 50, 15
⑤ 50, 20

해설 부가운임의 징수(법 제10조)

① 철도사업자는 열차를 이용하는 여객이 정당한 운임·요금을 지급하지 아니하고 열차를 이용한 경우에는 승차구간에 해당하는 운임 외에 그의 30배의 범위에서 부가운임을 징수할 수 있다.
② 철도사업자는 송하인(送荷人)이 운송장에 적은 화물의 품명·중량·용적 또는 개수에 따라 계산한 운임이 정당한 사유 없이 정상운임보다 적은 경우에는 송하인에게 그 부족운임 외에 그 부족운임의 5배의 범위에서 부가운임을 징수할 수 있다.

정답 05 ④ 06 ②

07 철도사업법상 여객 운임에 관한 설명으로 옳지 않은 것은?

① 철도사업자는 재해복구를 위한 긴급지원이 필요하다고 인정되는 경우에는 일정한 기간과 대상을 정하여 여객 운임·요금을 감면할 수 있다.

② 철도사업자는 여객 운임·요금을 감면하는 경우에는 그 시행 3일 이전에 감면사항을 인터넷 홈페이지 등 일반인이 잘 볼 수 있는 곳에 게시하여야 하며, 긴급한 경우에는 미리 게시하지 아니할 수 있다.

③ 철도사업자는 열차를 이용하는 여객이 정당한 운임·요금을 지급하지 아니하고 열차를 이용한 경우에는 승차구간에 해당하는 운임 외에 그의 50배의 범위에서 부가운임을 징수할 수 있다.

④ 철도사업자는 송하인(送荷人)이 운송장에 적은 화물의 품명·중량·용적 또는 개수에 따라 계산한 운임이 정당한 사유 없이 정상운임보다 적은 경우에는 송하인에게 그 부족운임 외에 그 부족운임의 5배의 범위에서 부가운임을 징수할 수 있다.

⑤ 철도사업자는 부가운임을 징수하려는 경우에는 사전에 부가운임의 징수 대상 행위, 열차의 종류 및 운행구간 등에 따른 부가운임 산정기준을 정하고 철도사업약관에 포함하여 국토교통부장관에게 신고하여야 한다.

해설 철도사업자는 열차를 이용하는 여객이 정당한 운임·요금을 지급하지 아니하고 열차를 이용한 경우에는 승차구간에 해당하는 운임 외에 그의 30배의 범위에서 부가운임을 징수할 수 있다(법 제10조 제1항).

08 다음 중 철도사업법령상 철도사업의 약관 기재사항이 아닌 것은?

① 철도사업약관의 적용범위

② 여객 운임·요금의 수수 또는 환급에 관한 사항

③ 부가운임에 관한 사항

④ 운송책임 및 배상에 관한 사항

⑤ 철도의 구간별 운임변동에 관한 사항

해설 **철도사업약관의 기재사항**(시행규칙 제7조 제2항)

1. 철도사업약관의 적용범위
2. 여객 운임·요금의 수수 또는 환급에 관한 사항
3. 부가운임에 관한 사항
4. 운송책임 및 배상에 관한 사항
5. 면책에 관한 사항
6. 여객의 금지행위에 관한 사항
7. 화물의 인도·인수·보관 및 취급에 관한 사항
8. 그 밖에 이용자의 보호 등을 위하여 필요한 사항

정답 07 ③ 08 ⑤

09 철도사업법령상 사업계획의 변경에 관한 설명으로 옳은 것은?

① 철도사업자의 여객열차 운행구간의 변경은 국토교통부장관에 대한 신고로 가능하다.
② 국토교통부장관은 지정한 날 또는 기간에 운송을 시작하지 아니한 철도사업자의 사업계획 변경을 제한해야 한다.
③ 사업용철도노선별로 여객열차의 정차역을 신설 또는 폐지하는 경우에는 국토교통부장관의 인가를 받아야 한다.
④ 철도사업자는 변경된 사업계획을 관보에 고시하거나 이용자가 이를 열람할 수 있게 하여야 한다.
⑤ 사업계획의 변경이 인가사항일 경우 사업계획을 변경하려는 날 1개월 전까지 필요한 서류를 첨부하여 국토교통부장관에게 제출하여야 한다.

해설 ① 신고로 가능 → 국토교통부장관의 인가(법 제12조 및 시행령 제5조)
② 제한해야 한다. → 제한할 수 있다.
④ 열람규정 없음.
cf 열람규정 : 철도사업자가 철도사업약관을 신고하거나 변경신고를 한 때(시행규칙 제7조)
⑤ 1개월 → 2개월

10 철도사업법령상 철도사업자의 사업계획 변경에 관한 설명으로 옳지 않은 것은?

① 철도사업자는 여객열차의 운행구간을 변경하려는 경우에는 국토교통부장관에게 신고하여야 한다.
② 철도사업자는 사업용철도노선별로 여객열차의 정차역을 10분의 2 이상 변경하려는 경우에는 국토교통부장관의 인가를 받아야 한다.
③ 국토교통부장관은 노선 운행중지, 감차 등을 수반하는 사업계획 변경명령을 받은 후 1년이 지나지 아니한 철도사업자의 사업계획 변경을 제한할 수 있다.
④ 국토교통부장관은 사업의 개선명령을 받고 이를 이행하지 아니한 철도사업자의 사업계획 변경을 제한할 수 있다.
⑤ 국토교통부장관이 지정한 날 또는 기간에 운송을 시작하지 아니한 철도사업자의 사업계획 변경에 대하여 국토교통부장관은 이를 제한할 수 있다.

해설 ① 신고 → 인가(법 제12조 제1항 단서)

정답 09 ③ 10 ①

11 **철도사업법령상 공동운수협정에 관한 설명으로 옳은 것은?**

① 철도사업자가 공동운수협정을 체결하고자 하는 경우에는 국토교통부장관의 인가를 받아야 한다.

② 철도사업자는 공동운수협정을 체결하려는 경우에는 미리 공정거래위원회와의 협의를 거쳐야 한다.

③ 공동운수협정을 체결하고자 하는 철도사업자들은 개별적으로 필요한 서류를 국토교통부장관에게 제출하여야 한다.

④ 공동운수협정에 따른 운행구간별 열차운행횟수의 10분의 1 이내에서의 변경은 국토교통부장관의 인가를 받아야 한다.

⑤ 철도사업자로부터 인가신청을 받은 국토교통부장관이 인가 여부를 결정하기 위해서 철도사업자 간 수입·비용의 배분이 적정한지를 검토할 필요는 없다.

해설 ② 국토교통부장관은 공동운수협정을 인가하려면 미리 공정거래위원회와의 협의를 거쳐야 한다.
③ 개별적으로 → 공동으로
④ 국토교통부장관의 인가가 아니라 신고사항에 해당한다.
⑤ 철도사업자 간 수입·비용의 배분 적정성 여부는 검토사항에 해당한다.

12 **철도사업법령상 철도사업자에 관한 설명으로 옳지 않은 것은?**

① 철도사업을 경영하려는 자는 지정·고시된 사업용철도노선을 정하여 국토교통부장관의 면허를 받아야 한다.

② 천재지변으로 철도사업자가 국토교통부장관이 지정하는 날에 운송을 시작할 수 없는 경우에는 국토교통부장관의 승인을 받아 날짜를 연기할 수 있다.

③ 철도사업의 면허를 받을 수 있는 자는 법인으로 한다.

④ 철도사업자는 여객에 대한 운임을 변경하려는 경우 국토교통부장관의 허가를 받아야 한다.

⑤ 철도사업자는 사업계획 중 여객열차의 운행구간을 변경하려는 경우 국토교통부장관의 인가를 받아야 한다.

해설 ④ 철도사업자는 여객에 대한 운임·요금을 국토교통부장관에게 신고하여야 한다. 이를 변경하려는 경우에도 같다(법 제9조 제1항).

정답 11 ① 12 ④

13 철도사업법상 철도사업자에 관한 설명으로 옳지 않은 것은?

① 철도사업자는 여객에 대한 운임을 변경하려는 경우 국토교통부장관에게 신고하여야 한다.
② 철도사업자는 철도사업을 양도·양수하려는 경우에는 국토교통부장관의 인가를 받아야 한다.
③ 철도사업자가 국토교통부장관의 허가를 받아 그 사업의 전부 또는 일부를 휴업하는 경우 휴업기간은 6개월을 넘을 수 없다.
④ 철도사업자의 화물의 멸실·훼손에 대한 손해배상책임에 관하여는 「상법」 제135조(손해배상책임)를 준용하지 않는다.
⑤ 철도사업자는 타인에게 자기의 성명 또는 상호를 사용하여 철도사업을 경영하게 하여서는 아니 된다.

해설 ④ 철도사업자의 화물의 멸실·훼손 또는 인도(引導)의 지연에 대한 손해배상책임에 관하여는 「상법」 제135조를 준용한다(법 제24조).

14 철도사업법령상 철도사업자에 대한 사업 개선명령의 사항에 해당하지 않는 것은?

① 운임·요금의 인하
② 철도사업약관의 변경
③ 철도차량 및 철도사고에 관한 손해배상을 위한 보험에의 가입
④ 사업계획의 변경
⑤ 공동운수협정의 체결

해설 **철도사업자에 대한 사업 개선명령**(법 제21조)

1. 사업계획의 변경
2. 철도차량 및 운송 관련 장비·시설의 개선
3. 운임·요금 징수 방식의 개선
4. 철도사업약관의 변경
5. 공동운수협정의 체결
6. 철도차량 및 철도사고에 관한 손해배상을 위한 보험에의 가입
7. 안전운송의 확보 및 서비스의 향상을 위하여 필요한 조치
8. 철도운수종사자의 양성 및 자질 향상을 위한 교육

정답 13 ④ 14 ①

15 **철도사업법령상 민자철도의 운영평가 방법 등에 관한 설명으로 옳지 않은 것은?**

① 국토교통부장관이 민자철도사업자에게 필요한 조치를 명한 경우 해당 민자철도사업자는 15일 이내에 조치계획을 마련하여 국토교통부장관에게 제출해야 한다.
② 국토교통부장관은 운영평가를 실시하려면 매년 3월 31일까지 소관 민자철도에 대한 평가일정, 평가방법 등을 포함한 운영평가계획을 수립한 후 평가를 실시하기 2주 전까지 민자철도사업자에게 통보해야 한다.
③ 국토교통부장관은 운영평가 결과에 따라 민자철도에 관한 유지·관리 및 체계 개선 등 필요한 조치를 민자철도사업자에게 명할 수 있다.
④ 국토교통부장관은 운영평가를 위하여 필요한 경우에는 관계 공무원, 철도 관련 전문가 등으로 민자철도 운영 평가단을 구성·운영할 수 있다.
⑤ 국토교통부장관이 정하여 고시하는 민자철도 운영평가 기준에는 민자철도 운영의 효율성이 포함되어야 한다.

해설 ① 국토교통부장관이 민자철도사업자에게 필요한 조치를 명한 경우 해당 민자철도사업자는 30일 이내에 조치계획을 마련하여 국토교통부장관에게 제출해야 한다(시행규칙 제17조 제4항).

16 **철도사업법령상 공동운수협정 및 양도·양수 또는 합병에 관한 설명으로 옳지 않은 것은?**

① 철도사업자는 다른 철도사업자와 공동경영에 관한 계약이나 그 밖의 운수에 관한 협정을 체결하려는 경우에는 국토교통부령으로 정하는 바에 따라 국토교통부장관에게 신고하여야 한다.
② 철도사업자는 그 철도사업을 양도·양수하려는 경우에는 국토교통부장관의 인가를 받아야 한다.
③ 철도사업자는 다른 철도사업자 또는 철도사업 외의 사업을 경영하려는 자와 합병하려는 경우에는 국토교통부장관의 인가를 받아야 한다.
④ 전용철도의 운영을 양도·양수하려는 자는 국토교통부령으로 정하는 바에 따라 국토교통부장관에게 신고하여야 한다.
⑤ 전용철도의 등록을 한 법인이 합병하려는 경우에는 국토교통부령으로 정하는 바에 따라 국토교통부장관에게 신고하여야 한다.

해설 ① 신고 → 인가사항(법 제13조)

정답 15 ① 16 ①

17 **철도사업법령상 철도사업의 휴업 또는 폐업에 관한 설명으로 옳지 않은 것은?**

① 철도사업자가 그 사업의 전부를 폐업하려는 경우에는 국토교통부장관의 허가를 받아야 한다.

② 철도사업자가 선로 또는 교량의 파괴, 철도시설의 개량, 그 밖의 정당한 사유로 휴업하는 경우에는 국토교통부장관에게 신고하여야 한다.

③ 철도사업자의 휴업기간은 선로 또는 교량의 파괴, 철도시설의 개량, 그 밖의 정당한 사유로 휴업하는 경우를 제외하고는 3개월을 넘을 수 없다.

④ 철도사업자는 그 사업의 일부를 휴업하려는 경우에는 휴업하는 사업의 내용과 그 기간 등을 인터넷 홈페이지, 관계 역·영업소 및 사업소 등 일반인이 잘 볼 수 있는 곳에 게시하여야 한다.

⑤ 철도사업자가 휴업에 대하여 허가를 받거나 신고한 휴업기간 중이라도 휴업사유가 소멸된 경우에는 국토교통부장관에게 신고하고 사업을 재개할 수 있다.

해설 **사업의 휴업·폐업**(법 제15조)

① 철도사업자가 그 사업의 전부 또는 일부를 휴업 또는 폐업하려는 경우에는 국토교통부령으로 정하는 바에 따라 국토교통부장관의 허가를 받아야 한다. 다만, 선로 또는 교량의 파괴, 철도시설의 개량, 그 밖의 정당한 사유로 휴업하는 경우에는 국토교통부령으로 정하는 바에 따라 국토교통부장관에게 신고하여야 한다.

② 제1항에 따른 휴업기간은 6개월을 넘을 수 없다. 다만, 제1항 단서에 따른 휴업의 경우에는 예외로 한다.

18 **철도사업법령상 철도사업에 관한 설명으로 옳지 않은 것은?**

① 철도사업자가 운임·요금을 변경하려는 경우에는 국토교통부장관에게 신고하여야 한다.

② 철도사업자가 여객열차의 운행구간을 변경하려는 경우에는 국토교통부장관의 인가를 받아야 한다.

③ 철도사업자가 다른 철도사업자와 합병하려는 경우에는 국토교통부장관의 인가를 받아야 한다.

④ 철도사업자가 그 사업의 일부를 폐업하려는 경우에는 국토교통부장관의 허가를 받아야 한다.

⑤ 철도사업자가 철도사업약관을 변경하려는 경우에는 국토교통부장관의 인가를 받아야 한다.

해설 철도사업자는 철도사업약관을 정하여 국토교통부장관에게 신고하여야 한다. 이를 변경하려는 경우에도 같다(법 제11조).

정답 **17** ③ **18** ⑤

19 **철도사업법령상 국토교통부장관은 원활한 철도운송, 서비스의 개선 및 운송의 안전과 그 밖에 공공복리의 증진을 위하여 필요하다고 인정하는 경우에는 철도사업자에게 다음의 사항을 명할 수 있다. 이에 해당하지 않는 것은?**

① 운임·요금수준의 변경
② 사업계획의 변경
③ 철도차량 및 철도사고에 관한 손해배상을 위한 보험에의 가입
④ 안전운송의 확보 및 서비스 향상을 위해 필요한 조치
⑤ 철도운수종사자의 양성 및 자질 향상 교육

해설 사업의 개선명령(법 제21조)

1. 사업계획의 변경
2. 철도차량 및 운송 관련 장비·시설의 개선
3. 운임·요금 징수 방식의 개선
4. 철도사업약관의 변경
5. 공동운수협정의 체결
6. 철도차량 및 철도사고에 관한 손해배상을 위한 보험에의 가입
7. 안전운송의 확보 및 서비스의 향상을 위하여 필요한 조치
8. 철도운수종사자의 양성 및 자질 향상을 위한 교육

20 **철도사업법상 철도서비스 향상 등에 관한 설명으로 옳지 않은 것은?**

① 국토교통부장관은 공정거래위원회와 협의하여 철도사업자 간 경쟁을 제한하지 아니하는 범위에서 철도서비스의 질적 향상을 촉진하기 위하여 우수철도서비스에 대한 인증을 할 수 있다.
② 철도사업자의 신청에 의하여 우수철도서비스 인증을 하는 경우에 그에 소요되는 비용은 예산의 범위 안에서 국토교통부가 부담한다.
③ 국토교통부장관은 철도서비스의 품질평가 결과에 따라 사업 개선명령 등 필요한 조치를 할 수 있다.
④ 철도사업자는 철도사업 외의 사업을 경영하는 경우에는 철도사업에 관한 회계와 철도사업 외의 사업에 관한 회계를 구분하여 경리하여야 한다.
⑤ 국토교통부장관은 철도사업자에 대하여 2년마다 철도서비스의 품질평가를 실시하여야 한다.

해설 ② 철도사업자의 신청에 의하여 우수철도서비스 인증을 하는 경우에는 그에 소요되는 비용은 당해 철도사업자가 부담한다(시행규칙 제20조 제3항).

정답 19 ① 20 ②

21 **철도사업법령상 철도서비스 향상 등에 관한 설명으로 옳지 않은 것은?**

① 국토교통부장관은 공정거래위원회와 협의하여 철도사업자 간 경쟁을 제한하지 아니하는 범위에서 우수철도서비스에 대한 인증을 할 수 있다.

② 철도사업자의 신청에 의하여 우수철도서비스 인증을 하는 경우에 그에 소요되는 비용은 예산의 범위 안에서 국토교통부가 부담한다.

③ 철도서비스 평가업무 등을 위탁받은 자는 철도서비스의 평가 등을 할 때 철도사업자에게 관련 자료 또는 의견 제출 등을 요구할 수 있다.

④ 철도사업자는 철도사업 외의 사업을 경영하는 경우에는 철도사업에 관한 회계와 철도사업 외의 사업에 관한 회계를 구분하여 경리하여야 한다.

⑤ 철도사업자는 관련 법령에 따라 산출된 영업수익 및 비용의 결과를 회계법인의 확인을 거쳐 회계연도 종료 후 4개월 이내에 국토교통부장관에게 제출하여야 한다.

해설 ② 철도사업자의 신청에 의하여 우수철도서비스 인증을 하는 경우에는 그에 소요되는 비용은 당해 철도사업자가 부담한다(시행규칙 제20조 제3항).

22 **철도사업법령상 철도사업자의 준수사항에 관한 설명으로 옳지 않은 것은?**

① 철도사업자는 「철도안전법」 제21조에 따른 요건을 갖추지 아니한 사람을 운전업무에 종사하게 하여서는 아니 된다.

② 철도사업자는 사업계획을 성실하게 이행하여야 하며, 부당한 운송조건을 제시하거나 정당한 사유 없이 운송계약의 체결을 거부하는 등 철도운송질서를 해치는 행위를 하여서는 아니 된다.

③ 철도사업자는 철도사업 외의 사업을 경영하는 경우에는 철도사업에 관한 회계와 철도사업 외의 사업에 관한 회계를 통합하여 경리하여야 한다.

④ 철도사업자는 여객 운임표, 여객 요금표, 감면사항 및 철도사업약관을 인터넷 홈페이지에 게시해야 한다.

⑤ 철도사업자는 타인에게 자기의 성명 또는 상호를 사용하여 철도사업을 경영하게 하여서는 아니 된다.

해설 ③ 회계를 통합 → 회계를 구분(법 제32조)

정답 21 ② 22 ③

23 **다음 중 철도사업자의 준수사항에 해당하지 않는 것은?**

① 철도사업자는 타인에게 자신의 성명·상호를 사용하여 철도사업을 경영하게 해서는 아니 된다.
② 철도사업자는 「철도안전법」에 따른 요건을 갖추지 아니한 사람을 운전업무에 종사하게 하여서는 아니 된다.
③ 철도사업자는 여객 운임표, 여객 요금표, 감면사항 및 철도사업약관을 인터넷 홈페이지에 게시하고 관계 역·영업소 및 사업소 등에 갖추어 두어야 하며, 이용자가 요구하는 경우에는 제시하여야 한다.
④ 철도사업자는 위험물을 철도로 운송하고자 할 때에는 운송 중의 위험방지 및 인명의 안전에 적합하도록 포장·적재 등의 안전조치를 취한 후 운송하여야 한다.
⑤ 철도사업자는 정당한 사유 없이 여객 또는 화물의 운송을 거부하거나 여객 또는 화물을 중도에서 내리게 하는 행위를 해서는 아니 된다.

해설 ⑤는 철도사업자가 아니라 철도운수종사자의 준수사항에 해당한다.

24 **철도사업법령상 전용철도에 관한 사항 중 옳지 않은 것은?**

① 전용철도운영자가 그 운영의 전부 또는 일부를 휴업 또는 폐업한 때에는 1개월 이내에 국토교통부장관에게 신고하여야 한다.
② 국토교통부장관은 전용철도운영자에게 사업장의 이전과 시설 또는 운영의 개선을 명할 수 있다.
③ 거짓 그 밖의 부정한 방법으로 전용철도운영자의 등록을 한 경우 국토교통부장관은 전용철도운영자 등록을 취소하여야 한다.
④ 전용철도운영자가 등록기준에 미달하거나 부담을 이행하지 아니한 때에는 국토교통부장관은 그 등록을 취소하거나 1년 이내의 기간을 정하여 그 운영의 전부 또는 일부의 정지를 명할 수 있다.
⑤ 전용철도운영자가 휴업 또는 폐업신고를 하지 아니하고 6개월 이상 전용철도를 운영하지 아니한 때에는 국토교통부장관은 그 등록을 취소하거나 1년 이내의 기간을 정하여 그 운영의 전부 또는 일부의 정지를 명할 수 있다.

해설 ⑤ 6개월 → 3개월(법 제40조)

정답 **23** ⑤ **24** ⑤

25 **다음 중 전용철도와 관련된 사항으로 틀린 것은?**

① 전용철도란 다른 사람의 수요에 따른 영업을 목적으로 하지 아니하고 자신의 수요에 따라 특수 목적을 수행하기 위하여 설치하거나 운영하는 철도를 말한다.
② 전용철도의 등록이 취소된 후 그 취소일부터 1년이 지나지 아니한 자는 국토교통부장관에게 등록을 할 수 없다.
③ 전용철도운영자가 그 운영의 전부 또는 일부를 휴업 또는 폐업한 경우에는 1개월 이내에 국토교통부장관에게 신고하여야 한다.
④ 거짓이나 그 밖의 부정한 방법으로 전용철도 등록을 한 경우 등록을 취소해야만 한다.
⑤ 휴업신고나 폐업신고를 하지 아니하고 3개월 이상 전용철도를 운영하지 아니한 경우에는 등록을 취소해야만 한다.

해설 ⑤ 취소해야만 한다. → 취소할 수 있다(법 제40조).

26 **철도사업법령상 전용철도에 관한 설명이다. (　　)에 들어갈 내용을 바르게 나열한 것은?**

• 전용철도를 운영하려는 자는 전용철도 건설기간을 1년 연장한 경우 국토교통부장관에게 (ㄱ)을/를 하여야 한다.
• 전용철도운영자가 그 운영의 일부를 폐업한 경우에는 (ㄴ) 이내에 국토교통부장관에게 (ㄷ)하여야 한다.

① ㄱ : 신고, ㄴ : 15일, ㄷ : 등록
② ㄱ : 신고, ㄴ : 1개월, ㄷ : 등록
③ ㄱ : 등록, ㄴ : 15일, ㄷ : 신고
④ ㄱ : 등록, ㄴ : 1개월, ㄷ : 신고
⑤ ㄱ : 등록, ㄴ : 3개월, ㄷ : 신고

해설 • 전용철도를 운영하려는 자는 국토교통부령으로 정하는 바에 따라 전용철도의 건설·운전·보안 및 운송에 관한 사항이 포함된 운영계획서를 첨부하여 국토교통부장관에게 등록을 하여야 한다. 등록사항을 변경하려는 경우에도 같다(법 제34조 제1항).
• 전용철도운영자가 그 운영의 전부 또는 일부를 휴업 또는 폐업한 경우에는 1개월 이내에 국토교통부장관에게 신고하여야 한다(법 제38조).

정답 25 ⑤ 26 ④

27 **철도사업법상 철도사업자와 전용철도운영자에 관한 설명으로 옳지 않은 것은?**

① 철도사업자는 여객에 대한 운임을 변경하려는 경우 국토교통부장관에게 신고하여야 한다.
② 전용철도운영자가 철도운영을 양도·양수하려는 경우에는 국토교통부장관의 인가를 받아야 한다.
③ 전용철도운영자가 그 운영의 전부 또는 일부를 휴업 또는 폐업한 경우에는 1개월 이내에 국토교통부장관에게 신고하여야 한다.
④ 철도사업자가 국토교통부장관의 허가를 받아 그 사업의 전부 또는 일부를 휴업하는 경우 휴업기간은 6개월을 넘을 수 없다.
⑤ 철도사업자는 타인에게 자기의 성명 또는 상호를 사용하여 철도사업을 경영하게 하여서는 아니 된다.

해설 ② 전용철도의 운영을 양도·양수하려는 자는 국토교통부령으로 정하는 바에 따라 국토교통부장관에게 신고하여야 한다(법 제36조 제1항).

28 **철도사업법령상 전용철도에 대한 설명으로 틀린 것은?**

① 전용철도를 운영하려는 자는 전용철도의 건설·운전·보안 및 운송에 관한 사항이 포함된 운영계획서를 첨부하여 국토교통부장관에게 등록을 하여야 한다.
② 이 법에 따라 전용철도의 등록이 취소된 후 그 취소일부터 1년이 지나지 아니한 자는 전용철도 등록을 할 수 없다.
③ 전용철도의 운영을 양도·양수하려는 자는 국토교통부령으로 정하는 바에 따라 국토교통부장관에게 등록하여야 한다.
④ 전용철도운영자가 사망한 경우 상속인이 그 전용철도의 운영을 계속하려는 경우에는 피상속인이 사망한 날부터 3개월 이내에 국토교통부장관에게 신고하여야 한다.
⑤ 전용철도운영자가 그 운영의 전부 또는 일부를 휴업 또는 폐업한 경우에는 1개월 이내에 국토교통부장관에게 신고하여야 한다.

해설 ③ 국토교통부장관에게 등록 → 신고

정답 27 ② 28 ③

29 **철도사업법령상 과징금 처분에 관한 설명으로 옳지 않은 것은?**

① 국토교통부장관은 철도사업자에게 사업정지처분을 하여야 하는 경우로서 그 사업정지처분이 해당 철도사업자가 제공하는 철도서비스의 이용자에게 심한 불편을 주거나 그 밖에 공익을 해할 우려가 있는 때에는 그 사업정지처분에 갈음하여 과징금을 부과·징수할 수 있다.
② 과징금의 총액은 1억원을 초과할 수 없다.
③ 국토교통부장관은 과징금 부과처분을 받은 자가 납부기한까지 과징금을 내지 아니하면 「지방행정제재·부과금의 징수 등에 관한 법률」에 따라 징수한다.
④ 국토교통부장관은 매년 10월 31일까지 다음 연도의 과징금 운용계획을 수립하여 시행하여야 한다.
⑤ 징수한 과징금은 철도사업의 경영개선 그 밖에 철도사업의 발전을 위하여 필요한 사업에 사용할 수 있다.

해설 ③ 「지방행정제재·부과금의 징수 등에 관한 법률」 → 국세 체납처분의 예

30 **철도사업법상 제재수단에 관한 설명이다. (　　)에 들어갈 내용을 바르게 나열한 것은?**

국토교통부장관이 철도사업자에게 (ㄱ)처분을 하여야 하는 경우로서 그 (ㄱ)처분이 그 철도사업자가 제공하는 철도서비스의 이용자에게 심한 불편을 주거나 그 밖에 공익을 해칠 우려가 있을 때에는 그 (ㄱ)처분을 갈음하여 1억원 이하의 (ㄴ)을/를 부과·징수할 수 있다.

① ㄱ : 사업정지　　ㄴ : 과태료
② ㄱ : 사업정지　　ㄴ : 과징금
③ ㄱ : 면허취소　　ㄴ : 과태료
④ ㄱ : 면허취소　　ㄴ : 과징금
⑤ ㄱ : 사업정지 또는 면허취소　　ㄴ : 벌금

해설 국토교통부장관은 철도사업자에게 사업정지처분을 하여야 하는 경우로서 그 사업정지처분이 그 철도사업자가 제공하는 철도서비스의 이용자에게 심한 불편을 주거나 그 밖에 공익을 해칠 우려가 있을 때에는 그 사업정지처분을 갈음하여 1억원 이하의 과징금을 부과·징수할 수 있다(법 제17조 제1항).

정답 29 ③ 30 ②

31 **철도사업법상 철도사업의 관리에 관한 설명으로 옳지 않은 것은?**

① 철도사업자는 그 철도사업을 양도·양수하려는 경우에는 국토교통부장관의 인가를 받아야 한다.

② 철도시설의 개량을 사유로 하는 경우 휴업기간은 6개월을 넘을 수 없다.

③ 철도사업자가 선로 또는 교량의 파괴로 휴업하는 경우에는 국토교통부장관에게 신고하여야 한다.

④ 국토교통부장관은 철도사업자가 거짓이나 그 밖의 부정한 방법으로 철도사업의 면허를 받은 경우에는 면허를 취소하여야 한다.

⑤ 국토교통부장관은 과징금으로 징수한 금액의 운용계획을 수립하여 시행하여야 한다.

해설 ② 철도사업의 휴업기간은 6개월을 넘을 수 없다. 다만, 선로 또는 교량의 파괴, 철도시설의 개량, 그 밖의 정당한 사유로 휴업하는 경우에는 예외로 한다.

사업의 휴업·폐업(법 제15조)

① 철도사업자가 그 사업의 전부 또는 일부를 휴업 또는 폐업하려는 경우에는 국토교통부령으로 정하는 바에 따라 국토교통부장관의 허가를 받아야 한다. 다만, 선로 또는 교량의 파괴, 철도시설의 개량, 그 밖의 정당한 사유로 휴업하는 경우에는 국토교통부령으로 정하는 바에 따라 국토교통부장관에게 신고하여야 한다.

② 제1항에 따른 휴업기간은 6개월을 넘을 수 없다. 다만, 제1항 단서에 따른 휴업의 경우에는 예외로 한다.

32 **다음 중 철도사업법령상 시설물 설치의 대행과 점용료에 대한 설명으로 틀린 것은?**

① 점용료는 점용허가를 할 철도시설의 가액과 점용허가를 받아 행하는 사업의 매출액을 기준으로 하여 산출하되, 구체적인 점용료 산정기준에 대하여는 국토교통부장관이 정한다.

② 국가에 무상으로 양도하거나 제공하기 위한 시설물을 설치하기 위하여 점용허가를 받은 경우 점용료를 감면할 수 있다.

③ 국토교통부장관은 점용허가를 받은 자가 점용료를 내지 아니하면 국세 체납처분의 예에 따라 징수한다.

④ 국토교통부장관은 점용허가를 받지 아니하고 철도시설을 점용한 자에 대하여 점용료의 130/100에 해당하는 금액을 변상금으로 징수할 수 있다.

⑤ 국토교통부장관은 점용허가 목적과 다른 목적으로 철도시설을 점용한 경우 그 점용허가를 취소할 수 있다.

해설 **변상금 징수비율** : 점용료의 120/100

정답 **31** ② **32** ④

33 **다음 중 철도사업법령상 벌칙규정의 내용이 다른 하나는?**

① 면허를 받지 아니하고 철도사업을 경영한 자
② 거짓이나 그 밖의 부정한 방법으로 철도사업의 면허를 받은 자
③ 사업정지처분기간 중에 철도사업을 경영한 자
④ 사업계획의 변경명령을 위반한 자
⑤ 거짓이나 그 밖의 부정한 방법으로 전용철도의 등록을 한 자

해설 ⑤ 1년 이하의 징역 또는 1,000만원 이하의 벌금
①~④ 2년 이하의 징역 또는 2,000만원 이하의 벌금

정답 33 ⑤

CHAPTER

06

항만운송사업법

물류관리사

CHAPTER 06

항만운송사업법

01 총칙

1 법의 목적

이 법은 항만운송에 관한 질서를 확립하고, 항만운송사업의 건전한 발전을 도모하여 공공의 복리를 증진함을 목적으로 한다(법 제1조).

2 「항만운송사업법」상 중요 용어의 정의

(1) 항만

"항만"이란 다음의 어느 하나에 해당하는 것을 말한다.

① 「항만법」에 따른 항만 중 해양수산부령으로 지정하는 항만(항만시설을 포함한다)
② 「항만법」에 따른 항만 외의 항만으로서 해양수산부령으로 수역(水域)을 정하여 지정하는 항만(항만시설을 포함한다)
③ 「항만법」에 따라 해양수산부장관이 지정・고시한 항만시설

(2) 항만운송 ★

"항만운송"이란 타인의 수요에 응하여 하는 행위로서 다음의 어느 하나에 해당하는 것을 말한다(법 제2조 제1항).

① 선박을 이용하여 운송된 화물을 화물주 또는 선박운항업자의 위탁을 받아 항만에서 선박으로부터 인수하거나 화물주에게 인도하는 행위
② 선박을 이용하여 운송될 화물을 화물주 또는 선박운항업자의 위탁을 받아 항만에서 화물주로부터 인수하거나 선박에 인도하는 행위
③ ① 또는 ②의 행위에 선행하거나 후속하여 ④부터 ⑬까지의 행위를 하나로 연결하여 하는 행위
④ 항만에서 화물을 선박에 싣거나 선박으로부터 내리는 일
⑤ 항만에서 선박 또는 부선을 이용하여 화물을 운송하는 행위, 해양수산부령으로 정하는 항만과 항만 외의 장소와의 사이(이하 "지정구간"이라 한다)에서 부선 또는 범선을 이용하여 화물을 운송하는 행위와 항만 또는 지정구간에서 부선 또는 뗏목을 예인선으로 끌고 항해하는 행위. **다만, 다음의 어느 하나에 해당하는 운송은 제외한다.**

> 1. 「해운법」에 따른 해상화물운송사업자가 하는 운송
> 2. 「해운법」에 따른 **해상여객운송사업자가 여객선을 이용하여 하는 여객운송에 수반되는 화물운송**
> 3. 선박에서 사용하는 물품을 공급하기 위한 운송
> 4. 선박에서 발생하는 분뇨 및 폐기물의 운송
> 5. 탱커선 또는 어획물운반선(어업장에서부터 양륙지까지 어획물 또는 그 제품을 운반하는 선박을 말한다)에 의한 운송

⑥ 항만에서 선박 또는 부선을 이용하여 운송된 **화물을 창고 또는 하역장**(수면목재저장소는 제외)에 들여놓는 행위
⑦ 항만에서 선박 또는 부선을 이용하여 운송될 화물을 하역장에서 내가는 행위
⑧ 항만에서 화물을 하역장에서 싣거나 내리거나 보관하는 행위
⑨ 항만에서 화물을 부선에 싣거나 부선으로부터 내리는 행위
⑩ 항만이나 지정구간에서 목재를 뗏목으로 편성하여 운송하는 행위
⑪ 항만에서 뗏목으로 편성하여 운송된 목재를 **수면목재저장소**에 들여놓는 행위나, 선박 또는 부선을 이용하여 운송된 목재를 수면목재저장소에 들여놓는 행위
⑫ 항만에서 뗏목으로 편성하여 운송될 목재를 수면목재저장소로부터 내가는 행위나, 선박 또는 부선을 이용하여 운송될 목재를 수면목재저장소로부터 내가는 행위
⑬ 항만에서 목재를 수면목재저장소에서 싣거나 내리거나 보관하는 행위
⑭ 검수 : 선적화물을 싣거나 내릴 때 그 화물의 개수를 계산하거나 그 화물의 인도·인수를 증명하는 일
⑮ 감정 : 선적화물 및 선박(**부선을 포함**한다)에 관련된 증명·조사·감정을 하는 일
⑯ 검량 : **선적화물을 싣거나 내릴 때 그 화물의 용적 또는 중량을 계산하거나 증명하는 일**

(3) 관리청

"관리청"이란 항만운송사업·항만운송관련사업 및 항만종합서비스업의 등록, 신고 및 관리 등에 관한 행정업무를 수행하는 다음의 구분에 따른 행정관청을 말한다.

> 1. 「항만법」 제3조 제2항 제1호 및 제3항 제1호에 따른 국가관리무역항 및 국가관리연안항 : 해양수산부장관
> 2. 「항만법」 제3조 제2항 제2호 및 제3항 제2호에 따른 지방관리무역항 및 지방관리연안항 : 특별시장·광역시장·도지사 또는 특별자치도지사(이하 "시·도지사"라 한다)

(4) 항만종합서비스업

"항만종합서비스업"이란 항만용역업(이안 및 접안을 보조하기 위하여 줄잡이 역무를 제공하는

행위 및 화물 고정 행위가 포함되어야 한다)과 검수사업·감정사업 및 검량사업 중 1개 이상의 사업을 포함하는 내용의 사업을 말한다.

02 항만운송사업

1 개념 ★

"항만운송사업"이란 **영리를 목적으로 하는지 여부에 관계없이** 항만운송을 하는 사업을 말한다(법 제2조 제2항).

1. 항만하역사업(제2조 제1항 제1호부터 제13호까지의 행위를 하는 사업)
2. 검수사업(제2조 제1항 제14호의 행위를 하는 사업)
3. 감정사업(제2조 제1항 제15호의 행위를 하는 사업)
4. 검량사업(제2조 제1항 제16호의 행위를 하는 사업)

2 항만운송사업의 등록

(1) 사업의 경영요건(법 제4조)

① 사업 종류별 등록 : 항만운송사업을 하려는 자는 **사업의 종류별**로 관리청에 **등록**하여야 한다.

② 항만별 등록 : **항만하역사업**과 **검수사업**은 **항만별로 등록**한다.

(2) 항만하역사업 등록의 구분(법 제4조 제3항)

항만하역사업의 등록은 이용자별·취급화물별 또는 「항만법」 제2조 제5호의 항만시설별로 등록하는 한정하역사업과 그 외의 일반하역사업으로 구분하여 행한다.

3 항만하역사업의 등록기준(법 제6조) ★

등록에 필요한 시설·자본금·노동력 등에 관한 기준은 다음과 같다. 다만, 관리청은 한정하역사업에 대하여는 이용자·취급화물 또는 항만시설의 특성을 고려하여 그 등록기준을 완화할 수 있다.

[별표 1] 항만하역사업의 등록기준(시행령 제4조 관련)

구분	사업종류 / 항만별 / 내용	일반하역사업			한정하역사업
		1급지 (부산항, 인천항, 울산항, 포항항, 광양항)	2급지 (여수항, 마산항, 동해·묵호항, 군산항, 평택·당진항)	3급지 (1급지와 2급지를 제외한 항)	
1. 시설	시설평가액 (해양수산부령으로 정하는 하역장비의 평가액이 총시설평가액의 3분의 2 이상이어야 한다)	10억원 이상	5억원 이상	1억원 이상	일반하역사업의 등록기준을 적용하되, 관리청은 이용자, 취급화물 또는 항만시설의 특성을 고려하여 그 등록기준을 완화할 수 있다.
2. 자본금		2억원 이상	1억원 이상	5천만원 이상	

4 등록절차(법 제5조)

(1) 등록신청서의 제출

항만운송사업의 등록을 신청하려는 자는 해양수산부령으로 정하는 바에 따라 **사업계획**을 첨부한 등록신청서를 관리청에 제출하여야 한다.

(2) 등록증의 발급

① 관리청은 등록신청을 받으면 사업계획과 등록기준을 검토한 후 등록요건을 모두 갖추었다고 인정하는 경우에는 해양수산부령으로 정하는 바에 따라 등록증을 발급하여야 한다.

② 항만하역사업의 사업계획에는 다음의 사항이 포함되어야 한다.

◀ 사업계획 포함사항 ▶

항만하역사업의 사업계획 포함사항	검수사업, 감정사업, 검량사업의 사업계획 포함사항
1. 사업의 개요 2. 사업소의 수, 명칭 및 위치 3. 사업개시 예정일 4. 다음에 해당하는 종사자(일일고용된 사람 등 제외)의 수 : 현장직원, 현장감독자, 선내 종사자, 선박의 승무원, 부선의 승무원, 보관직원, 건설기계 조종사	1. 사업의 개요 2. 사업소의 수, 명칭 및 위치 3. 각 사업소별 검수사, 감정사 또는 검량사의 수 4. 각 사업소별 검수사등 대기소의 위치 및 면적 5. 연간 취급화물량의 추정치(검수사업과 검량사업) 6. 연간 취급 건수 추정치(감정사업만 해당)

5. 사업에 제공될 시설 및 장비에 관한 다음의 사항 ㉠ 하역장비의 종류별 대수 및 대별 능력 ㉡ 선박, 부선의 척 수 및 척별 적재 톤수 ㉢ 예인선의 척 수 및 척별 주기관의 마력 수 ㉣ 통선의 척 수 및 척별 총톤수 ㉤ 상옥 및 창고의 동 수와 동별 위치 및 면적 ㉥ 하역장 및 수면목재저장소의 수, 위치 및 면적 ㉦ 종사자 대기소의 위치 및 면적 6. 수행하려는 사업의 구체적인 내용 7. 연간 취급화물량의 추정치	

5 검수사등의 자격 및 등록 ★

(1) 자격의 등록(법 제7조)

① 검수사 · 감정사 또는 검량사(이하 "검수사등"이라 한다)가 되려는 자는 해양수산부장관이 실시하는 자격시험에 합격한 후 해양수산부령으로 정하는 바에 따라 **해양수산부장관에게 등록**하여야 한다.

② 자격시험의 응시자격, 시험과목 및 시험방법 등에 관하여 필요한 사항은 대통령령으로 정한다.

[별표 2] 검수사업 · 감정사업 및 검량사업의 등록기준(시행령 제4조 관련)

구분	검수사업			감정사업	검량사업
	1급지 (부산항, 인천항, 울산항, 포항항, 광양항)	2급지 (마산항, 군산항)	3급지 (1급지와 2급지를 제외한 항)		
1. 자본금	5천만원 이상	5천만원 이상	5천만원 이상	5천만원 이상	5천만원 이상
2. 검수사	가. 부산항 : 40명 이상 나. 인천항 : 25명 이상 다. 울산항, 포항항, 광양항 : 7명 이상	3명 이상	2명 이상		
3. 감정사				6명 이상	
4. 검량사					6명 이상

③ 자격의 등록

㉠ 검수사등의 등록을 하려는 사람은 검수사등 등록신청서에 주민등록증 사본, 검수사등 자격증 사본, 사진을 첨부하여 **한국검수검정협회장**에게 제출하여야 한다.

㉡ 한국검수검정협회장은 검수사등의 등록신청서를 받았을 때에는 신청인에게 검수사등 수첩을 발급하여야 한다.

④ **부정행위자에 대한 제재**(법 제7조의2)

㉠ 해양수산부장관은 검수사등의 자격시험에서 부정행위를 한 응시자에 대하여 그 시험을 정지 또는 무효로 하고, 그 시험을 정지하거나 무효로 한 날부터 **3년간** 같은 종류의 자격시험 응시자격을 정지한다.

㉡ 해양수산부장관은 처분을 하려는 경우에는 미리 그 처분 내용과 사유를 부정행위를 한 응시자에게 통지하여 소명할 기회를 주어야 한다.

(2) 결격사유(법 제8조)

다음의 어느 하나에 해당하는 사람은 검수사등의 자격을 취득할 수 없다.

① 미성년자

② 피성년후견인 또는 피한정후견인

③ 이 법 또는 「관세법」에 따른 죄를 범하여 금고 이상의 형의 선고를 받고 그 집행이 끝나거나 집행이 면제된 날부터 3년이 지나지 아니한 사람

④ 이 법 또는 「관세법」에 따른 죄를 범하여 금고 이상의 형의 집행유예를 선고받고 그 유예기간 중에 있는 사람

⑤ 검수사등의 자격이 취소된 날부터 2년이 지나지 아니한 사람

(3) 자격증 대여 등의 금지(법 제8조의2)

① 검수사등은 다른 사람에게 자기의 성명을 사용하여 검수사등의 업무를 하게 하거나 자기의 검수사등의 자격증을 양도 또는 대여하여서는 아니 된다.

② 누구든지 다른 사람의 검수사등의 자격증을 양수하거나 대여받아 사용하여서는 아니 된다.

③ 누구든지 다른 사람의 검수사등의 자격증의 양도·양수 또는 대여를 알선해서는 아니 된다.

(4) 자격의 취소(법 제8조의3)

① **취소권자** : 해양수산부장관

해양수산부장관은 다음의 어느 하나에 해당하는 경우에는 검수사등의 자격을 취소하여야 한다.

㉠ 거짓이나 그 밖의 부정한 방법으로 검수사등의 자격을 취득한 경우

㉡ 다른 사람에게 자기의 성명을 사용하여 검수사등의 업무를 하게 하거나 검수사등의 자격증을 다른 사람에게 양도 또는 대여한 경우

② 해양수산부장관은 검수사등의 자격을 취소한 때에는 해양수산부령으로 정하는 바에 따라 이를 공고하여야 한다.

(5) 등록의 말소(법 제9조)

① 말소권자 : 해양수산부장관
해양수산부장관은 검수사등이 다음의 어느 하나에 해당하면 그 등록을 말소하여야 한다.

② 등록의 말소사유
㉠ 업무를 폐지한 경우
㉡ 사망한 경우

6 운임 및 요금(법 제10조)

(1) 사업별 운임 및 요금 ★

① 항만하역사업
㉠ 인가 : 항만하역사업의 등록을 한 자는 해양수산부령으로 정하는 바에 따라 운임과 요금을 정하여 관리청의 **인가**를 받아야 한다. 이를 변경할 때에도 또한 같다.
㉡ 신고 : ㉠ 규정에도 불구하고 해양수산부령으로 정하는 항만시설(아래 ⓐ, ⓑ)에서 하역하는 화물 또는 해양수산부령으로 정하는 품목(아래 ⓒ)에 해당하는 화물에 대하여는 그 운임과 요금을 정하여 관리청에 **신고**하여야 한다. 이를 변경할 때에도 또한 같다

ⓐ 특정 화물주의 화물만을 취급하는 항만시설
ⓑ 「항만법」에 따라 항만개발사업 시행허가를 받은 비관리청이나 「신항만건설촉진법」 또는 「사회기반시설에 대한 민간투자법」에 따라 지정된 사업시행자가 설치한 항만시설
ⓒ 컨테이너 전용 부두에서 취급하는 컨테이너 화물

② 검수 · 감정 · 검량사업 : 해양수산부령으로 정하는 바에 따라 요금을 정하여 관리청에 미리 신고하여야 한다. 이를 변경할 때에도 또한 같다.
③ 신고수리의 통지 : 관리청은 위 ㉡에 따른 신고를 받은 경우 신고를 받은 날부터 **30일** 이내에, ②에 따른 신고를 받은 경우 신고를 받은 날부터 **14일** 이내에 신고수리 여부를 신고인에게 통지하여야 한다.
④ 신고수리의 의제 : 관리청이 ③에서 정한 기간 내에 신고수리 여부 또는 민원 처리 관련 법령에 따른 처리기간의 연장을 신고인에게 통지하지 아니하면 그 기간이 끝난 날의 다음 날에 신고를 수리한 것으로 본다.
⑤ 관리청은 인가에 필요한 경우 표준운임 산출 및 표준요금의 산정을 위하여 선박운항업자, 부두운영회사 등 이해관계자들이 참여하는 협의체를 구성 · 운영할 수 있다.

(2) 사업별 제출내용

① 항만하역사업 : 항만하역사업의 등록을 한 자가 운임 및 요금의 설정 또는 변경의 인가신청이나 신고를 할 때에는 항만하역운임 및 요금 인가(변경인가) 신청서 또는 항만하역운임 및 요

금 신고(변경신고)서를 지방해양수산청장 또는 시・도지사에게 제출하여야 한다.

② **검량・검수・감정사업** : 검수사업・감정사업 또는 검량사업의 등록을 한 자는 요금의 설정신고 또는 변경신고를 할 때에는 다음의 사항을 기재한 서류(전자문서를 포함한다)를 해양수산부장관, 지방해양수산청장 또는 시・도지사에게 제출하여야 한다(시행규칙 제15조 제3항).

㉠ 상호
㉡ 성명 및 주소
㉢ 사업의 종류
㉣ 취급화물의 종류
㉤ 항만명(검수사업만 해당한다)
㉥ 변경 전후의 요금 비교, 변경 사유와 변경 예정일(요금을 변경하는 경우만 해당한다)
㉦ 설정하거나 변경하려는 요금의 적용방법

7 항만운송사업의 권리・의무 승계(법 제23조)

(1) 항만운송사업의 등록을 한 자의 등록에 따른 권리・의무의 승계인

다음의 어느 하나에 해당하는 자는 항만운송사업자의 등록에 따른 권리・의무를 승계한다.

① 항만운송사업자가 사망한 경우 그 **상속인**
② 항만운송사업자가 그 사업을 양도한 경우 그 **양수인**
③ 법인인 항만운송사업자가 합병한 경우 합병 후 **존속**하는 법인이나 합병으로 **설립**되는 법인

(2) 항만운송사업 시설・장비 전부를 인수한 자의 권리・의무 승계

다음의 어느 하나에 해당하는 절차에 따라 항만운송사업의 시설・장비 전부를 인수한 자는 종전의 항만운송사업자의 권리・의무를 승계한다.

① 「민사집행법」에 따른 경매
② 「채무자 회생 및 파산에 관한 법률」에 따른 환가
③ 「국세징수법」, 「관세법」 또는 「지방세징수법」에 따른 압류재산의 매각
④ 그 밖에 ①부터 ③까지의 규정에 준하는 절차

8 행정처분

(1) 사업의 정지 및 등록의 취소(법 제26조) ★

관리청은 항만운송사업자가 다음의 어느 하나에 해당하면 그 등록을 취소하거나 **6개월** 이내의 기간을 정하여 그 항만운송사업의 정지를 명할 수 있다. 다만, **제5호 또는 제6호에 해당하는 경우에는 반드시 취소**하여야 한다.

1. 정당한 사유 없이 운임 및 요금을 인가·신고된 운임 및 요금과 다르게 받은 경우
2. 등록기준에 미달하게 된 경우
3. 항만운송사업자 또는 그 대표자가 「관세법」에 규정된 죄 중 어느 하나의 죄를 범하여 공소가 제기되거나 통고처분을 받은 경우
4. 사업수행실적이 **1년** 이상 없는 경우
5. 부정한 방법으로 사업을 등록한 경우
6. 사업정지명령을 위반하여 그 정지기간에 사업을 계속한 경우

9 항만종합서비스업의 등록(법 제26조의2)

① 항만종합서비스업을 하려는 자는 대통령령으로 정하는 자본금, 노동력 등에 관한 기준을 갖추어 관리청에 등록하여야 한다.

② 항만종합서비스업의 등록을 신청하려는 자는 해양수산부령으로 정하는 바에 따라 사업계획을 첨부한 등록신청서를 관리청에 제출하여야 한다. 이 경우 등록증 발급에 관하여는 제5조 제2항을 준용한다.

③ 항만종합서비스업의 등록을 한 자는 항만용역업(이안 및 접안을 보조하기 위하여 줄잡이 역무를 제공하는 행위 및 화물 고정 행위가 포함되어야 함)과 검수사업·감정사업 및 검량사업의 등록을 한 자로 본다.

④ 항만종합서비스업자의 권리·의무의 승계, 사업의 정지 및 등록의 취소 등에 대하여는 법 제23조 및 제26조를 준용한다.

⑤ 항만종합서비스업의 등록기준

구분		1급지 (부산항, 인천항, 울산항, 포항항, 광양항)	2급지 (여수항, 마산항, 군산항)	3급지 (1급지와 2급지를 제외한 항)
1. 필수 기준	가. 자본금	1.5억 원 이상	1.5억 원 이상	1억 원 이상
	나. 노동력	검수사업·감정사업 및 검량사업 중 수행하려는 사업에 대한 별표 2에 따른 등록기준 중 같은 표 제2호에 따른 검수사, 제3호에 따른 감정사 또는 제4호에 따른 검량사의 기준을 갖출 것		

03 항만운송관련사업

1 항만운송관련사업

(1) 정의

"항만운송관련사업"이란 항만에서 선박에 물품이나 역무를 제공하는 항만용역업 · 선용품공급업 · 선박연료공급업 · 선박수리업 및 컨테이너수리업을 말하며, 업종별 사업의 내용은 대통령령으로 정한다. 이 경우 선용품공급업은 건조 중인 선박 또는 해상구조물 등에 선용품을 공급하는 경우를 포함한다(법 제2조 제4항).

(2) 사업의 종류 ★

항만운송관련사업의 업종별 사업의 내용은 다음과 같다.

① **항만용역업** : 다음의 행위를 하는 사업
  ㉠ 통선으로 본선과 육지 사이에서 사람이나 문서 등을 운송하는 행위
  ㉡ 본선을 경비하는 행위나 본선의 이안 및 접안을 보조하기 위하여 줄잡이 역무를 제공하는 행위
  ㉢ 선박의 청소(유창 청소는 제외한다), 오물 제거, 소독, 폐기물의 수집 · 운반, 화물 고정, 칠 등을 하는 행위
  ㉣ 선박에서 사용하는 맑은 물을 공급하는 행위

② **선용품공급업** : 선박(건조 중인 선박 및 해양구조물 등을 포함)에 음료, 식품, 소모품, 밧줄, 수리용 예비부분품 및 부속품, 집기, 그 밖에 이와 유사한 선용품을 공급하는 사업

③ **선박연료공급업** : 선박용 연료를 공급하는 사업

④ **선박수리업** : 선체, 기관 등 선박시설 및 설비를 수리, 교체 또는 도색하는 사업

⑤ **컨테이너수리업** : 컨테이너를 수리하는 사업

2 사업의 등록과 신고

(1) 사업 요건(법 제26조의3) ★

① 항만운송관련사업을 하려는 자는 항만별 · 업종별로 해양수산부령으로 정하는 바에 따라 **관리청**에 **등록**하여야 한다. 다만, **선용품공급업**을 하려는 자는 해양수산부령으로 정하는 바에 따라 **해양수산부장관**에게 **신고**하여야 한다.

② 항만운송관련사업 중 선박연료공급업을 등록한 자는 **사용하려는 장비를 추가**하거나 그 밖에 사업계획 중 해양수산부령으로 정하는 사항을 변경하려는 경우 해양수산부령으로 정하는 바에 따라 관리청에 사업계획 변경신고를 하여야 한다.

③ 관리청은 선용품공급업의 신고를 받은 경우 신고를 받은 날부터 6일 이내에, ②에 따른 신고를 받은 경우 신고를 받은 날부터 **5일** 이내에 신고수리 여부를 신고인에게 통지하여야 한다.

④ 선박수리업과 선용품공급업의 영업구역은 이 법에서 정한 항만의 항만시설로 하고, 내항 화물운송사업 등록을 한 선박연료공급선(운항구간의 제한을 받지 아니하는 선박에 한정)은 영업구역의 제한을 받지 아니한다.

3 권리 · 의무의 승계(법 제26조의4)

다음의 어느 하나에 해당하는 자는 항만운송관련사업자의 등록 또는 신고에 따른 권리 · 의무를 승계한다.

1. 항만운송관련사업자가 사망한 경우 그 **상속인**
2. 항만운송관련사업자가 그 사업을 양도한 경우 그 **양수인**
3. 법인인 항만운송관련사업자가 합병한 경우 합병 후 **존속하는 법인**이나 합병으로 **설립되는 법인**

4 사업의 정지 및 등록의 취소(법 제26조의5)

관리청은 항만운송관련사업자가 다음의 어느 하나에 해당하면 그 등록을 취소하거나 6개월 이내의 기간을 정하여 그 사업의 전부 또는 일부의 정지를 명할 수 있다. 다만, 제4호 또는 제6호에 해당하는 경우에는 그 등록을 취소하여야 한다.

1. 항만운송관련사업자 또는 그 대표자가 「관세법」 제269조부터 제271조까지에 규정된 죄 중 어느 하나의 죄를 범하여 공소가 제기되거나 통고처분을 받은 경우
2. 선박연료공급업의 등록에 따른 변경신고를 하지 아니하고 장비를 추가하거나 그 밖에 사업계획 중 해양수산부령으로 정하는 사항을 변경한 경우
3. 등록 또는 신고의 기준에 미달하게 된 경우
4. 부정한 방법으로 사업의 등록 또는 신고를 한 경우
5. 사업수행실적이 1년 이상 없는 경우
6. 사업정지명령을 위반하여 그 정지기간에 사업을 계속한 경우

5 부두운영회사

(1) 부두운영계약의 체결(법 제26조의6)

① **계약체결 당사자** : 항만시설운영자 등은 항만 운영의 효율성 및 항만운송사업의 생산성 향상을 위하여 필요한 경우에는 해양수산부령으로 정하는 기준에 적합한 자를 선정하여 부두운영계약을 체결할 수 있다.

② 부두운영계약 포함 내용

1. 부두운영회사가 부두운영계약으로 임차·사용하려는 항만시설 등의 범위
2. 부두운영회사가 부두운영계약 기간 동안 항만시설 등의 임차·사용을 통하여 달성하려는 화물유치·투자 계획과 해당 화물유치·투자 계획을 이행하지 못하는 경우에 부두운영회사가 부담하여야 하는 위약금에 관한 사항
3. 해양수산부령으로 정하는 기준에 따른 항만시설 등의 임대료에 관한 사항
4. 계약기간
5. 그 밖에 부두운영회사의 항만시설 등의 사용 및 운영 등과 관련하여 해양수산부령으로 정하는 사항

(2) 화물유치 계획의 미이행에 따른 위약금 부과(법 제26조의7)

① **부과사유** : 항만시설운영자 등은 화물유치 또는 투자 계획을 이행하지 못한 부두운영회사에 대하여 위약금을 부과할 수 있다. 다만, 부두운영회사가 화물유치 또는 투자 계획을 이행하지 못하는 데 귀책사유가 없는 경우에는 위약금을 부과하지 아니한다.

② **위약금 부과** : 항만시설운영자 등은 ①에도 불구하고 다음의 어느 하나에 해당하는 경우에는 해양수산부장관과 미리 협의하여 위약금의 전부 또는 일부를 감면할 수 있다.

㉠ 정부의 항만 개발에 관한 계획 등이 미이행되거나 연기되어 부두운영회사가 화물유치 또는 투자 계획을 이행하지 못하게 된 경우

㉡ 천재지변 등 부두운영회사에게 책임이 없는 불가항력적인 사유로 정상적인 경영이 불가능하다고 항만시설운영자 등이 인정하는 경우

(3) 부두운영계약의 갱신(시행규칙 제29조의3)

① 부두운영회사가 계약기간을 연장하려는 경우에는 그 계약기간이 만료되기 6개월 전까지 항만시설운영자 등에게 부두운영계약의 갱신을 신청하여야 한다.

② 항만시설운영자 등은 부두운영회사로부터 부두운영계약의 갱신 신청을 받은 경우에는 ㉠ 부두운영회사의 선정기준에 적합한지 여부 및 ㉡ 임대료의 연체 여부, ㉢ 화물유치 또는 투자 계획의 이행 여부, ㉣ 부두운영회사의 항만시설 등의 분할 운영 여부 등 금지행위 위반 여부, ㉤ 그 밖의 부두운영계약의 이행 여부를 검토하여야 한다.

③ 항만시설운영자 등은 검토 결과 부두운영계약을 갱신하려는 경우에는 갱신 계약기간이 시작되기 7일 전까지 해당 부두운영회사와 갱신계약을 체결하여야 한다.

(4) 부두운영회사 운영성과의 평가 및 계약의 해지

① **평가의 실시**(법 제26조의8) : 해양수산부장관은 항만 운영의 효율성을 높이기 위하여 매년 부두운영회사의 운영성과에 대하여 평가를 실시할 수 있다. 항만시설운영자 등은 평가 결과에

따라 부두운영회사에 대하여 항만시설 등의 임대료를 감면하거나 그 밖에 필요한 조치를 할 수 있다.

② **부두운영계약의 해지**(법 제26조의9)

㉠ **해지사유** : 항만시설운영자 등은 다음의 어느 하나에 해당하는 사유가 있으면 부두운영계약을 해지할 수 있다.

> 1. 「항만 재개발 및 주변지역 발전에 관한 법률」에 따른 항만재개발사업의 시행 등 공공의 목적을 위하여 항만시설 등을 부두운영회사에 계속 임대하기 어려운 경우
> 2. 부두운영회사가 항만시설 등의 임대료를 3개월 이상 연체한 경우
> 3. 항만시설 등이 멸실되거나 그 밖에 해양수산부령으로 정하는 사유로 부두운영계약을 계속 유지할 수 없는 경우

㉡ 항만시설운영자 등은 부두운영계약을 해지하려면 서면으로 그 뜻을 부두운영회사에 통지하여야 한다.

(5) 부두운영회사의 항만시설 사용(법 제26조의10)

이 법에서 정한 것 외에 부두운영회사의 항만시설 사용에 대해서는 「항만법」 또는 「항만공사법」에 따른다.

04 보칙 및 벌칙

1 미등록 항만에서의 일시적 영업행위(법 제27조의2) ★★

① 항만운송사업자 또는 항만운송관련사업자는 아래와 같은 **부득이한 사유**로 등록을 하지 아니한 항만에서 일시적으로 영업행위를 하려는 경우에는 **미리 관리청에 신고**하여야 한다.

㉠ 같은 사업을 하는 사업자가 해당 항만에 없거나 행정처분 등으로 일시적으로 사업을 할 수 없게 된 경우

㉡ 사업의 성질상 해당 항만의 사업자가 그 사업을 할 수 없는 경우

② 관리청은 신고를 받은 날부터 **3일** 이내에 신고수리 여부를 신고인에게 통지하여야 한다.

③ 항만운송사업자 또는 항만운송관련사업자가 등록하지 아니한 항만에서 일시적 영업행위의 신고를 할 때에는 해양수산부령으로 정하는 바에 따라 영업기간 등을 구체적으로 밝힌 서면으로 하여야 한다.

④ 등록을 하지 아니한 항만에서 일시적으로 영업행위를 하기 위하여 신고한 항만운송사업자 또는 항만운송관련사업자는 그 신고한 내용에 맞게 영업행위를 하여야 한다.

⑤ 관리청이 ②에서 정한 기간 내에 신고수리 여부 또는 민원 처리 관련 법령에 따른 처리기간의 연장을 신고인에게 통지하지 아니하면 그 기간(민원 처리 관련 법령에 따라 처리기간이 연장 또는 재연장된 경우에는 해당 처리기간을 말한다)이 끝난 날의 다음 날에 신고를 수리한 것으로 본다.

2 항만운송 종사자 등에 대한 교육훈련(법 제27조의3)

① 항만운송사업 또는 항만운송관련사업에 종사하는 사람 중 안전사고가 발생할 우려가 높은* 항만하역사업이나 항만용역업에 종사하는 사람은 해양수산부장관이 실시하는 교육훈련을 받아야 한다.

> *** 안전사고 발생 우려가 높은 작업**
> 1. 법 제3조 제1호의 항만하역사업
> 2. 영 제2조 제1호 나목 중 줄잡이 항만용역업
> 3. 영 제2조 제1호 다목 중 화물 고정 항만용역업

② 해양수산부장관은 교육훈련을 받지 아니한 사람에 대하여 해양수산부령으로 정하는 바에 따라 항만운송사업 또는 항만운송관련사업 중 해양수산부령으로 정하는 작업(항만하역사업, 항만용역업, 화물 고정 항만용역업)에 종사하는 것을 제한하여야 한다. 다만, 다음의 정당한 사유로 교육훈련을 받지 못한 경우에는 그러하지 아니하다.
㉠ 교육훈련 수요의 급격한 증가에 따라 교육훈련기관이 그 수요를 충족하지 못하는 경우
㉡ 그 밖에 작업에 종사하는 사람의 귀책사유 없이 교육훈련을 받지 못한 경우

③ 안전사고 발생 우려가 높은 작업에 종사하는 사람은 교육훈련기관이 실시하는 교육훈련을 다음의 구분에 따라 받아야 한다.

> 1. **신규자 교육훈련** : 작업에 채용된 날부터 6개월 이내에 실시하는 교육훈련
> 2. **재직자 교육훈련** : 신규자 교육훈련을 받은 연도의 다음 연도 및 그 후 매 2년마다 실시하는 교육훈련

3 교육훈련기관의 설립(법 제27조의4)

① 항만운송사업자 또는 항만운송관련사업자에게 고용되거나 역무를 제공하는 자에 대하여 항만운송·항만안전 등에 관한 교육훈련을 하기 위하여 대통령령으로 정하는 바에 따라 교육훈련기관을 설립할 수 있다.

② 교육훈련기관은 **법인**으로 한다.

③ 교육훈련기관은 해양수산부장관의 **설립인가**를 받아 그 주된 사무소의 소재지에서 설립**등기**를 함으로써 성립한다.

④ 교육훈련기관의 운영에 필요한 경비는 대통령령으로 정하는 바에 따라 항만운송사업자, 항만운송관련사업자 및 해당 교육훈련을 받는 자가 부담한다.

⑤ 교육훈련기관에 관하여 이 법에 규정된 것을 제외하고는 **「민법」 중 사단법인**에 관한 규정을 준용한다.

⑥ 해양수산부장관은 교육훈련기관의 업무·재산 또는 회계관리에 관하여 위법하거나 부당한 사항을 발견하였을 때에는 그 시정을 명할 수 있다.

4 표준계약서의 보급(법 제27조의5)

해양수산부장관은 항만운송사업·항만운송관련사업 및 항만종합서비스업의 공정한 거래질서 확립을 위하여 표준계약서를 작성·보급하고, 그 사용을 권장할 수 있다.

5 과징금(법 제27조의6)

① 관리청은 항만운송사업자 또는 항만운송관련사업자가 사업의 정지 및 등록취소의 어느 하나에 해당하여 사업정지처분을 하여야 하는 경우로서 그 사업의 정지가 그 사업의 이용자 등에게 심한 불편을 주거나 공익을 해칠 우려가 있는 경우에는 사업정지처분을 갈음하여 **500만원** 이하의 과징금을 부과할 수 있다.

② 과징금을 부과하는 위반행위의 종류, 위반 정도에 따른 과징금의 금액, 그 밖에 필요한 사항은 대통령령으로 정한다.

③ 관리청은 과징금을 내야 할 자가 납부기한까지 과징금을 내지 아니하면 **국세 체납처분의 예** 또는 **「지방행정제재·부과금의 징수 등에 관한 법률」**에 따라 징수한다.

④ 통지를 받은 자는 통지를 받은 날부터 **20일** 이내에 과징금을 관리청이 정하는 수납기관에 내야 한다.

TIP 법령별 과징금 비교

과징금 규정 법령	관련사업자	과징금액
물류정책기본법	국제물류주선업자	1,000만원 이하
물류시설의 개발 및 운영에 관한 법률	• 복합물류터미널사업자 • 물류창고업자	5,000만원 이하 1,000만원 이하
화물자동차 운수사업법	화물자동차 운송사업자, 운송주선사업자, 운송가맹사업자	2,000만원 이하
철도사업법	철도사업자	1억원 이하
항만운송사업법	항만운송사업자, 항만운송관련사업자	500만원 이하

6 항만인력 수급관리협의회 및 항만운송 분쟁협의회

(1) 항만인력 수급관리협의회의 구성(법 제27조의7)

① **수급관리협의회의 구성 및 운영** : 항만운송사업자 또는 항만운송관련사업자가 구성한 단체(이하 "항만운송사업자 단체"라 한다), 항만운송사업자 또는 항만운송관련사업자에게 고용되거나 역무를 제공하는 자가 구성한 단체(이하 "항만운송근로자 단체"라 한다) 및 그 밖에 **대통령령으로 정하는 자**는 항만운송사업 또는 항만운송관련사업에 필요한 적정한 근로자의 수 산정, 근로자의 채용 및 교육훈련에 관한 사항 등 항만운송사업 또는 항만운송관련사업에 종사하는 인력의 원활한 수급과 투명하고 효율적인 관리에 필요한 사항을 협의하기 위하여 항만별로 항만인력 수급관리협의회를 구성·운영할 수 있다.

② **수급관리협의회의 구성** : 항만인력 수급관리협의회는 위원장 1명을 포함하여 **7명**의 위원으로 구성하되, 수급관리협의회의 위원장은 위원 중에서 **호선**한다.

③ **수급관리협의회의 소집 및 의결** : 수급관리협의회의 회의는 수급관리협의회의 위원장이 필요하다고 인정하거나 재적위원 과반수의 요청이 있는 경우에 소집한다. 회의는 재적위원 **2/3** 이상의 출석으로 개의하고, 출석위원 **2/3** 이상의 찬성으로 의결한다.

④ **수급관리협의회의 협의사항** : 수급관리협의회는 다음의 사항을 심의·의결한다.

㉠ 항만운송사업에 필요한 적정한 근로자의 수 산정에 관한 사항

㉡ 항만운송사업에 종사하는 인력의 채용기준 및 교육훈련 등 인사관리에 관한 사항

㉢ 그 밖에 수급관리협의회의 위원장이 항만운송사업에 종사하는 인력의 원활한 수급 및 효율적인 관리 등에 필요하다고 인정하여 회의에 부치는 사항

(2) 항만운송 분쟁협의회(법 제27조의8)

① **분쟁협의회의 구성 및 운영**

㉠ 항만운송사업자 단체, 항만운송근로자 단체 및 그 밖에 대통령령으로 정하는 자는 항만운송과 관련된 분쟁의 해소 등에 필요한 사항을 협의하기 위하여 **항만별로** 항만운송 분쟁협의회를 구성·운영할 수 있다.

㉡ "대통령령으로 정하는 자"란 항만운송사업의 분쟁 관련 업무를 담당하는 공무원 중에서 해당 항만을 관할하는 지방해양수산청장 또는 시·도지사가 지명하는 사람을 말한다.

㉢ 항만운송 분쟁협의회는 위원장 1명을 포함하여 **7명**의 위원으로 구성하되, 분쟁협의회의 위원장은 위원 중에서 호선한다.

② **분쟁협의회의 기능** : 항만운송사업자 단체와 항만운송근로자 단체는 항만운송과 관련된 분쟁이 발생한 경우 항만운송 분쟁협의회를 통하여 분쟁이 원만하게 해결되고, 분쟁기간 동안 항만운송이 원활하게 이루어질 수 있도록 노력하여야 한다.

③ 분쟁협의회의 운영
㉠ 위원장 : 분쟁협의회의 위원장은 분쟁협의회를 대표하고, 그 업무를 총괄한다.
㉡ 소집 : 분쟁협의회의 회의는 분쟁협의회의 위원장이 필요하다고 인정하거나 재적위원 과반수의 요청이 있는 경우에 소집한다.
㉢ 의결 : 분쟁협의회의 회의는 재적위원 2/3 이상의 출석으로 개의하고, 출석위원 2/3 이상의 찬성으로 의결한다.

④ 분쟁협의회의 협의사항 : 분쟁협의회는 다음의 사항을 심의·의결한다.
㉠ 항만운송과 관련된 노사 간 분쟁의 해소에 관한 사항
㉡ 그 밖에 분쟁협의회의 위원장이 항만운송과 관련된 분쟁의 예방 등에 필요하다고 인정하여 회의에 부치는 사항

7 항만운송사업 등에 대한 지원(법 제27조의9)

국가 및 지방자치단체는 항만운송사업·항만운송관련사업 및 항만종합서비스업의 육성을 위하여 항만운송사업자·항만운송관련사업자 및 항만종합서비스업자에게 필요한 지원을 할 수 있다.

8 벌칙(법 제30조 내지 제32조)

(1) 1년 이하의 징역 또는 1천만원 이하의 벌금

1. 제4조 제1항에 따른 등록을 하지 아니하고 항만운송사업을 한 자
2. 다른 사람에게 자기의 성명을 사용하여 검수사등의 업무를 하게 하거나 검수사등의 자격증을 양도·대여한 사람, 다른 사람의 검수사등의 자격증을 양수·대여받은 사람 또는 다른 사람의 검수사등의 자격증의 양도·양수 또는 대여를 알선한 사람
3. 제26조의3 제1항에 따른 등록 또는 신고를 하지 아니하고 항만운송관련사업을 한 자

(2) 500만원 이하의 벌금

1. 제4조 또는 제26조의3 제1항에 따라 등록 또는 신고한 사항을 위반하여 항만운송사업 또는 항만운송관련사업을 한 자
2. 제26조의3 제3항에 따른 변경신고를 하지 아니하고 장비를 추가하거나 그 밖에 사업계획 중 해양수산부령으로 정하는 사항을 변경하여 선박연료공급업을 한 자
3. 제27조의2에 따른 신고를 하지 아니하고 일시적 영업행위를 한 자

(3) 300만원 이하의 벌금

1. 등록을 하지 아니하고 검수·감정 또는 검량업무에 종사한 자
2. 거짓이나 그 밖의 부정한 방법으로 제7조에 따른 검수사등의 자격시험에 합격한 사람
3. 운임 및 요금의 인가나 변경인가를 받지 아니한 자 또는 신고나 변경신고를 하지 아니하거나 거짓으로 신고를 한 자
4. 제26조(항만운송사업) 또는 제26조의5(항만운송관련사업)에 따른 사업정지처분을 위반한 자

9 청문

관리청은 다음의 어느 하나에 해당하는 처분을 하려면 청문을 하여야 한다.

① 법 제8조의3 제1항에 따른 자격의 취소(검수사등의 결격사유에 따른 자격의 취소)

② 법 제26조에 따른 등록의 취소(항만운송사업자의 등록의 취소)

③ 법 제26조의5 제1항에 따른 등록의 취소(항만운송관련사업자의 등록의 취소)

CHAPTER 05 기출 & 실력 다잡기

01 **항만운송사업법령상 용어에 관한 설명으로 옳지 않은 것은?**

① 항만운송사업이란 영리를 목적으로 항만운송을 하는 사업을 말한다.
② 검수란 선적화물을 싣거나 내릴 때 그 화물의 개수를 계산하거나 그 화물의 인도·인수를 증명하는 일을 말한다.
③ 감정이란 선적화물 및 선박(부선을 포함한다)에 관련된 증명·조사·감정을 하는 일을 말한다.
④ 검량이란 선적화물을 싣거나 내릴 때 그 화물의 용적 또는 중량을 계산하거나 증명하는 일을 말한다.
⑤ 항만운송관련사업이란 항만에서 선박에 물품이나 역무를 제공하는 항만용역업·선용품공급업·선박연료공급업·선박수리업 및 컨테이너수리업을 말한다.

해설 '항만운송사업'이란 영리를 목적으로 하는지 여부에 관계없이 항만운송을 하는 사업을 말한다(법 제2조 제2항).

02 **항만운송사업법령상 항만운송에 해당되지 않는 것은?**

① 항만 안에서 화물을 선박에 싣거나 선박으로부터 내리는 일
② 선박에서 사용하는 물품의 공급을 위해 운송하는 일
③ 선적화물을 싣거나 내리는 경우에 그 화물의 용적 또는 중량의 계산 또는 증명을 행하는 일
④ 항만에서 선박 또는 부선에 의하여 운송된 화물을 창고 또는 하역장에 들여놓는 행위
⑤ 항만이나 지정구간에서 목재를 뗏목으로 편성하여 운송하는 행위

해설 **항만운송에서 제외되는 운송**(시행규칙 제2조) : 「항만운송사업법」 제2조 제1항 제5호 다목에서 "해양수산부령으로 정하는 운송"이란 다음의 운송을 말한다.

1. 선박에서 사용하는 물품을 공급하기 위한 운송
2. 선박에서 발생하는 분뇨 및 폐기물의 운송
3. 탱커선 또는 어획물운반선[어업장에서부터 양륙지(揚陸地)까지 어획물 또는 그 제품을 운반하는 선박을 말한다]에 의한 운송

정답 01 ① 02 ②

03 **항만운송사업법령상 선적화물을 싣거나 내릴 때 그 화물의 용적 또는 중량을 계산하거나 증명하는 일은?**

① 검수 ② 감정 ③ 검량
④ 보증 ⑤ 확인

해설 법 제2조 제1항

> 14. 검수 : 선적화물을 싣거나 내릴 때 그 화물의 개수를 계산하거나 그 화물의 인도·인수를 증명하는 일
> 15. 감정 : 선적화물 및 선박(부선을 포함한다)에 관련된 증명·조사·감정을 하는 일
> 16. 검량 : 선적화물을 싣거나 내릴 때 그 화물의 용적 또는 중량을 계산하거나 증명하는 일

04 **다음 중 항만운송사업과 관련된 내용으로 틀린 것은?**

① 항만운송사업이란 영리를 목적으로 하는지 여부에 관계없이 항만운송을 하는 사업을 말한다.
② 항만하역사업과 검수사업은 항만별로 등록한다.
③ 항만하역사업의 등록은 이용자별·취급화물별 또는 「항만법」 제2조 제5호의 항만시설별로 등록하는 한정하역사업과 그 외의 일반하역사업으로 구분하여 행한다.
④ 항만운송사업을 하려는 자는 사업의 종류별로 지방해양수산청장에게 등록하여야 한다.
⑤ 등록을 하지 아니하고 항만운송사업을 한 자는 1년 이하의 징역 또는 1,000만원 이하의 벌금에 처한다.

해설 ④ 지방해양수산청장 → 관리청

05 **항만운송사업법령상 항만운송사업에 관한 설명으로 옳은 것은?**

① 항만운송사업의 종류는 항만하역사업, 검수사업, 감정사업, 검량사업으로 구분된다.
② 항만운송사업의 등록신청인이 법인인 경우 그 법인의 정관은 등록신청시 제출하여야 하는 서류에 포함되지 않는다.
③ 검수사등의 자격이 취소된 날부터 3년이 지난 사람은 검수사등의 자격을 취득할 수 없다.
④ 항만운송사업을 하려는 자는 항만별로 관리청에 등록하여야 한다.
⑤ 항만운송사업자가 사업정지명령을 위반하여 그 정지기간에 사업을 계속한 경우는 항만운송사업의 정지사유에 해당한다.

해설 ② 항만운송사업의 등록을 신청하려는 법인은 항만운송사업 등록신청서에 사업계획서와 정관과 직전 사업연도의 재무제표를 첨부하여 해양수산부장관, 지방해양수산청장 또는 시·도지사에게 제출하여야 한다(법 제5조 및 시행규칙 제4조).

정답 03 ③ 04 ④ 05 ①

③ 3년 → 2년
④ 항만별로 → 사업의 종류별로
⑤ 항만운송사업자가 사업정지명령을 위반하여 그 정지기간에 사업을 계속한 경우는 항만운송사업의 등록을 취소하여야 한다.

06 항만운송사업법령상 항만용역업에 속하지 않는 것은?

① 본선을 경비하는 사업
② 선박을 소독하는 사업
③ 선박용 연료를 공급하는 사업
④ 선박에서 사용하는 맑은 물을 공급하는 사업
⑤ 통선으로 본선과 육지 사이에서 사람이나 문서 등을 운송하는 사업

해설 ③은 선박연료공급업이다.
항만용역업(시행령 제2조 제1호)

- 통선으로 본선과 육지 사이에서 사람이나 문서 등을 운송하는 행위
- 본선을 경비하는 행위나 본선의 이안 및 접안을 보조하기 위하여 줄잡이 역무를 제공하는 행위
- 선박의 청소(유창 청소는 제외), 오물 제거, 소독, 폐기물의 수집・운반, 화물 고정, 칠 등을 하는 행위
- 선박에서 사용하는 맑은 물을 공급하는 행위

07 항만운송사업법상 검수사등의 자격취득에 관한 결격사유가 있는 사람으로 옳지 않은 것은?

① 미성년자
② 「관세법」에 따른 죄를 범하여 금고 이상의 형의 선고를 받고 그 집행이 면제된 날부터 3년이 지나지 아니한 사람
③ 「항만운송사업법」에 따른 죄를 범하여 금고 이상의 형의 집행유예를 선고받고 그 유예기간 중에 있는 사람
④ 파산선고를 받은 사람
⑤ 검수사등의 자격이 취소된 날부터 2년이 지나지 아니한 사람

해설 **검수사등의 자격취득에 관한 결격사유**(법 제8조)

1. 미성년자
2. 피성년후견인 또는 피한정후견인
3. 이 법 또는 「관세법」에 따른 죄를 범하여 금고 이상의 형의 선고를 받고 그 집행이 끝나거나(집행이 끝난 것으로 보는 경우를 포함) 집행이 면제된 날부터 3년이 지나지 아니한 사람
4. 이 법 또는 「관세법」에 따른 죄를 범하여 금고 이상의 형의 집행유예를 선고받고 그 유예기간 중에 있는 사람
5. 검수사등의 자격이 취소된 날부터 2년이 지나지 아니한 사람

정답 06 ③ 07 ④

08 **항만운송사업법령상 항만운송사업자의 등록취소 또는 정지사유 중 등록을 취소하여야 하는 경우는?**

① 정당한 사유 없이 운임 및 요금을 인가·신고된 운임 및 요금과 다르게 받은 경우
② 부정한 방법으로 사업을 등록한 경우
③ 등록기준에 미달하게 된 경우
④ 사업수행실적이 1년 이상 없는 경우
⑤ 항만운송사업자 또는 그 대표자가 「관세법」 제269조부터 제271조까지에 규정된 죄 중 어느 하나의 죄를 범하여 공소가 제기되거나 통고처분을 받은 경우

해설 관리청은 항만운송사업자가 다음의 어느 하나에 해당하면 그 등록을 취소하거나 6개월 이내의 기간을 정하여 그 항만운송사업의 정지를 명할 수 있다. 다만, 제5호 또는 제6호에 해당하는 경우에는 그 등록을 취소하여야 한다(법 제26조 제1항).

1. 정당한 사유 없이 운임·요금을 인가·신고된 운임·요금과 다르게 받은 경우
2. 등록기준에 미달하게 된 경우
3. 항만운송사업자 또는 그 대표자가 「관세법」 제269조부터 제271조까지에 규정된 죄 중 어느 하나의 죄를 범하여 공소가 제기되거나 통고처분을 받은 경우
4. 사업수행실적이 1년 이상 없는 경우
5. 부정한 방법으로 사업을 등록한 경우
6. 사업정지명령을 위반하여 그 정지기간에 사업을 계속한 경우

09 **항만운송사업법령상 사업의 정지 및 등록의 취소에 관한 설명으로 옳지 않은 것은?**

① 사업정지명령을 위반하여 그 정지기간에 사업을 계속한 경우, 사업의 재정지를 명하여야 한다.
② 정당한 사유 없이 운임 및 요금을 인가·신고된 운임 및 요금과 다르게 받은 경우에는 사업의 정지 및 등록을 취소할 수 있다.
③ 항만운송사업의 등록을 취소할 수 있는 자는 관리청이다.
④ 사업의 정지 및 등록의 취소권자가 항만운송사업의 정지를 명할 수 있는 기간은 6개월 이내이다.
⑤ 사업수행실적이 1년 이상 없는 경우에는 사업의 정지 및 등록을 취소할 수 있다.

해설 ①은 반드시 취소가 옳으며, ③에서 항만운송사업의 취소권자는 관리청이며, 항만운송관련사업의 취소권자도 관리청이다.

정답 **08** ② **09** ①

10 **항만운송사업법령상 항만운송관련사업의 등록 또는 신고를 한 자의 등록 또는 신고에 따른 권리 · 의무를 승계하는 자가 아닌 것은?**

① 법인인 항만운송관련사업자가 합병한 경우 합병으로 설립되는 법인
② 법인인 항만운송관련사업자가 합병한 경우 합병 후 존속하는 법인
③ 항만운송관련사업자가 그 사업을 양도한 경우 그 양수인
④ 자연인인 항만운송관련사업자가 폐업한 후 그의 직계비속
⑤ 항만운송관련사업자가 사망한 경우 그 상속인

해설 다음의 어느 하나에 해당하는 자는 항만운송관련사업의 등록 또는 신고를 한 자의 등록 또는 신고에 따른 권리 · 의무를 승계한다(법 제26조의4).

1. 항만운송관련사업자가 사망한 경우 : 그 상속인
2. 항만운송관련사업자가 그 사업을 양도한 경우 : 그 양수인
3. 법인인 항만운송관련사업자가 합병한 경우 : 합병 후 존속하는 법인이나 합병으로 설립되는 법인

11 **항만운송사업법령상 항만운송사업의 양도 · 양수에 대한 설명 중 옳지 않은 것은?**

① 사업의 양도 · 양수, 법인의 합병 등이 있는 때에는 그 권리 · 의무를 승계한 자가 해당 사실을 지체 없이 해양수산부장관에게 신고하여야 한다.
② 항만운송사업자가 그 사업을 양도한 때에는 양수인은 등록에 따른 권리 · 의무를 승계한다.
③ 항만운송사업자가 사망한 때에는 상속인은 등록에 따른 권리 · 의무를 승계한다.
④ 법인의 합병이 있는 때에는 합병에 의하여 설립되는 법인은 등록에 따른 권리 · 의무를 승계한다.
⑤ 「민사집행법」에 의한 경매, 「채무자 회생 및 파산에 관한 법률」에 의한 환가, 「국세징수법」 · 「관세법」 또는 「지방세징수법」에 의한 압류재산의 매각 기타 이에 준하는 절차에 따라 해당 사업의 시설 · 장비의 전부를 인수한 자는 종전 사업자의 권리 · 의무를 승계한다.

해설 ① 권리 · 의무를 승계한 자의 신고의무는 법률상 규정되어 있지 않다.

12 **항만운송사업법령상 항만운송사업을 영위하고자 하는 자가 관리청에 등록함에 있어 항만별로 등록하는 사업내용으로 옳은 것은?**

① 검수사업, 감정사업
② 감정사업, 검량사업
③ 항만하역사업, 검량사업
④ 항만하역사업, 검수사업
⑤ 항만하역사업, 감정사업

정답 10 ④ 11 ① 12 ④

해설 사업의 등록(법 제4조)

① 항만운송사업을 하려는 자는 사업의 종류별로 관리청에 등록해야 한다.
② 항만하역사업과 검수사업은 항만별로 등록한다.
③ 항만하역사업의 등록은 이용자별 · 취급화물별 또는 「항만법」 제2조 제5호의 항만시설별로 등록하는 한정하역사업과 그 외의 일반하역사업으로 구분하여 행한다.

13 **항만운송사업법상 항만운송사업에 관한 설명으로 옳지 않은 것은?**

① 항만하역사업과 검수사업은 항만별로 등록한다.
② 항만운송사업의 등록을 신청하려는 자는 해양수산부령으로 정하는 바에 따라 사업계획을 첨부한 등록신청서를 관리청에 제출하여야 한다.
③ 검수사업의 등록을 한 자는 해양수산부령으로 정하는 바에 따라 요금을 정하여 해양수산부장관의 인가를 받아야 한다.
④ 「민사집행법」에 따른 경매절차에 따라 항만운송사업의 시설 · 장비 전부를 인수한 자는 종전의 항만운송사업자의 권리 · 의무를 승계한다.
⑤ 관리청은 항만운송사업자가 사업정지명령을 위반하여 그 정지기간에 사업을 계속한 경우에는 그 등록을 취소하여야 한다.

해설 ③ 검수사업 · 감정사업 또는 검량사업의 등록을 한 자는 해양수산부령으로 정하는 바에 따라 요금을 정하여 관리청에 미리 신고하여야 한다. 이를 변경할 때에도 또한 같다(법 제10조 제3항).

14 **항만운송사업법령상 항만하역사업의 등록기준에 맞지 않는 것은?**

① 시설평가액은 해양수산부령으로 정하는 하역장비의 총시설평가액의 2/3 이상이어야 한다.
② 1급지인 인천항의 시설평가액은 10억원 이상이어야 한다.
③ 관리청은 물동량 감소, 항만 조건 등의 특수한 사정이 있다고 인정되는 3급지 항만에 대해서는 항만별로 그 사정이 존속하는 기간 동안 해당 등록기준에서 정한 시설기준을 1/2 범위에서 완화할 수 있다.
④ 2급지인 여수항의 시설평가액은 5억원 이상, 자본금은 1억원 이상이어야 한다.
⑤ 해당 업종에 필요한 시설은 전부 본인의 소유이어야 한다.

해설 급지별 최저 시설평가액의 2/3 이상은 본인이 소유한 것이어야 한다.

정답 13 ③ 14 ⑤

15 **항만운송사업법령상 운임 및 요금에 관한 설명으로 옳지 않은 것은?**

① 항만하역사업의 등록을 한 자는 해양수산부령으로 정하는 바에 따라 운임과 요금을 정하여 관리청의 인가를 받아야 한다.

② 항만하역사업의 등록을 한 자가 인가를 받은 운임과 요금을 변경하고자 할 때에는 해양수산부령으로 정하는 바에 따라 운임과 요금을 정하여 관리청의 인가를 받아야 한다.

③ 컨테이너 전용 부두에서 취급하는 컨테이너 화물에 대하여는 해양수산부령으로 정하는 바에 따라 그 운임과 요금을 정하여 해양수산부장관의 인가를 받아야 한다.

④ 특정 화물주의 화물을 전용으로 취급하는 항만시설에서 하역하는 화물에 대하여는 해양수산부령으로 정하는 바에 따라 그 운임과 요금을 정하여 관리청에 신고하여야 한다.

⑤ 검수사업·감정사업 또는 검량사업의 등록을 한 자는 해양수산부령으로 정하는 바에 따라 요금을 정하여 관리청에 미리 신고하여야 한다.

해설 법 제10조 제2항 및 시행규칙 제15조의2 제2항 관련
③ 해양수산부장관의 인가 → 관리청에 신고

16 **항만운송사업법령상 항만운송사업의 운임 및 요금에 관한 설명으로 옳지 않은 것은?**

① 검량사업의 등록을 한 자는 해양수산부령으로 정하는 바에 따라 요금을 정하여 관리청에 미리 신고하여야 한다.

② 항만하역사업의 등록을 한 자는 해양수산부령으로 정하는 항만시설에서 하역하는 화물에 대하여 해양수산부령으로 정하는 바에 따라 그 운임과 요금을 정하여 신고하여야 한다.

③ 항만하역사업의 등록을 한 자는 해양수산부령으로 정하는 항만시설에서 해양수산부령으로 정하는 품목에 해당하는 화물에 대하여 신고한 운임과 요금을 변경할 때에는 변경신고를 하여야 한다.

④ 관리청으로부터 적법하게 권한을 위임받은 시·도지사는 해양수산부령으로 정하는 품목에 해당하는 화물에 대하여 항만하역사업을 등록한 자로부터 운임 및 요금의 설정 신고를 받은 경우 신고를 받은 날부터 30일 이내에 신고수리 여부를 신고인에게 통지하여야 한다.

⑤ 관리청이 운임 및 요금의 신고인에게 신고수리 여부 통지기간 내에 신고수리 여부를 통지하지 아니하면 그 기간이 끝난 날에 신고를 수리한 것으로 본다.

해설 ⑤ 관리청이 제4항에서 정한 기간 내에 신고수리 여부 또는 민원 처리 관련 법령에 따른 처리기간의 연장을 신고인에게 통지하지 아니하면 그 기간(민원 처리 관련 법령에 따라 처리기간이 연장 또는 재연장된 경우에는 해당 처리기간을 말한다)이 <u>끝난 날의 다음 날</u>에 신고를 수리한 것으로 본다(법 제10조 제5항).

정답 15 ③ 16 ⑤

17 **항만운송사업법령상 항만운송관련사업이 아닌 것은?**

① 통선(通船)으로 본선(本船)과 육지 사이에서 사람이나 문서 등을 운송하는 행위를 하는 사업
② 본선을 경비(警備)하는 행위나 본선의 이안(離岸) 및 접안(接岸)을 보조하기 위하여 줄잡이 역무(役務)를 제공하는 행위를 하는 사업
③ 선박의 오물 제거, 소독, 폐기물의 수집・운반, 화물 고정, 칠 등을 하는 행위를 하는 사업
④ 선박의 유창(油艙) 청소를 하는 사업
⑤ 선박용 연료를 공급하는 사업

해설 항만운송관련사업은 업종별로 항만용역업, 선용품공급업, 선박연료공급업(위 지문 ⑤), 컨테이너수리업이 있다.
항만용역업(시행령 제2조 제1호)

- 통선(通船)으로 본선(本船)과 육지 사이에서 사람이나 문서 등을 운송하는 행위
- 본선을 경비하는 행위나 본선의 이안 및 접안을 보조하기 위하여 줄잡이 역무를 제공하는 행위
- 선박의 청소[유창(油艙) 청소는 제외한다], 오물 제거, 소독, 폐기물의 수집・운반, 화물 고정, 칠 등을 하는 행위
- 선박에서 사용하는 맑은 물을 공급하는 행위

18 **항만운송사업법령상 항만운송사업 및 항만운송관련사업에 관한 설명으로 옳지 않은 것은?**

① 항만운송사업의 종류에는 항만하역사업, 검수사업, 감정사업, 검량사업이 있다.
② 선박에서 사용하는 맑은 물을 공급하는 행위를 하는 사업은 항만용역업에 해당한다.
③ 항만하역사업의 등록을 한 자는 해양수산부령으로 정하는 바에 따라 운임과 요금을 정하여 관리청의 인가를 받아야 한다.
④ 항만하역사업의 사업계획에는 연간 취급 건수 추정치가 포함되어야 한다.
⑤ 항만운송사업 중 검수사업은 항만별로 등록한다.

해설 ④ 연간 취급 건수 추정치 → 연간 취급화물량의 추정치(시행규칙 제5조)

19 **항만운송사업법상 항만운송사업 또는 관련사업을 영위하고자 하는 자는 사업의 종류별, 항만별 및 업종별로 관리청에 등록하도록 규정되어 있으나 다음 중 해양수산부장관에게 신고로 가능한 사업은?**

① 선박연료공급업　② 검수・감정사업
③ 선용품공급업　④ 컨테이너수리업
⑤ 항만용역업

정답 17 ④ 18 ④ 19 ③

해설 항만운송관련사업을 하려는 자는 항만별·업종별로 해양수산부령으로 정하는 바에 따라 관리청에 등록하여야 한다. 다만, 선용품공급업을 하려는 자는 해양수산부령으로 정하는 바에 따라 해양수산부장관에게 신고하여야 한다(법 제26조의3 제1항).

20 **항만운송사업법상 등록 또는 신고에 관한 설명으로 옳지 않은 것은?**

① 항만운송관련사업 중 선용품공급업은 신고대상이다.
② 항만하역사업과 검수사업의 등록은 항만별로 한다.
③ 한정하역사업에 대하여 관리청은 이용자·취급화물 또는 항만시설의 특성을 고려하여 그 등록기준을 완화할 수 있다.
④ 선박연료공급업을 등록한 자가 사용 장비를 추가하려는 경우에는 사업계획 변경신고를 하지 않아도 된다.
⑤ 등록한 항만운송사업자가 그 사업을 양도한 경우 양수인은 등록에 따른 권리·의무를 승계한다.

해설 ④ 항만운송관련사업 중 선박연료공급업을 등록한 자는 사용하려는 장비를 추가하거나 그 밖에 사업계획 중 해양수산부령으로 정하는 사항을 변경하려는 경우 해양수산부령으로 정하는 바에 따라 관리청에 사업계획 변경신고를 하여야 한다(법 제26조의3 제3항).

21 **항만운송사업법령상 ( )에 들어갈 내용이 알맞게 나열된 것은?**

항만운송관련사업 중 항만용역업, 선박연료공급업, 선박수리업 및 컨테이너수리업을 하려는 자는 항만별, 업종별로 (㉠)에게 (㉡)하여야 하며, 선용품공급업을 하려는 자는 해양수산부장관에게 (㉢)하여야 한다.

	㉠	㉡	㉢
①	관리청	등록	신고
②	해양수산부장관	신고	등록
③	지방해양수산청장	등록	신고
④	관리청	신고	등록
⑤	국토교통부장관	신고	등록

해설 항만운송관련사업을 하려는 자는 항만별·업종별로 해양수산부령으로 정하는 바에 따라 관리청에 등록하여야 한다. 다만, 선용품공급업을 하려는 자는 해양수산부령으로 정하는 바에 따라 해양수산부장관에게 신고하여야 한다(법 제26조의3 제1항).

정답 20 ④ 21 ①

22 항만운송관련사업의 등록신청시 사업계획서에 기재하여야 할 사항이 아닌 것은?

① 사업목적
② 사업의 개요
③ 사업개시 예정일
④ 보유시설의 현황
⑤ 종사자의 현황

해설 사업계획서에는 사업의 개요, 종사자의 현황, 보유 시설 및 장비의 목록과 현황, 사업개시 예정일이 포함하여야 한다(시행규칙 제26조 제3항).

23 다음 중 부두운영계약에 포함되는 내용이 아닌 것은?

① 부두운영회사가 부두운영계약으로 임차·사용하려는 항만시설 등의 범위
② 부두운영회사가 부두운영계약 기간 동안 항만시설 등의 임차·사용을 통하여 달성하려는 화물유치·투자 계획
③ 화물유치·투자 계획을 이행하지 못하는 경우에 부두운영회사가 부담하여야 하는 위약금에 관한 사항
④ 계약기간
⑤ 항만사업자의 등록취소에 관한 사항

해설 ⑤는 규정에 없음.
①~④ 외에 해양수산부령으로 정하는 기준에 따른 항만시설 등의 임대료에 관한 사항이 부두운영계약에 포함된다(법 제26조의6).

24 항만운송사업법령상 부두운영회사의 운영 등에 관한 설명으로 옳은 것은?

① 항만시설운영자 등은 항만시설 등의 효율적인 사용 및 운영 등을 위하여 필요하다고 인정하는 경우에는 부두운영회사 선정계획의 공고 없이 부두운영계약을 체결할 수 있다.
② 부두운영회사의 금지행위 위반시 책임에 관한 사항은 부두운영계약에 포함되지 않아도 된다.
③ 부두운영회사가 부두운영 계약기간을 연장하려는 경우에는 그 계약기간이 만료되기 3개월 전까지 부두운영계약의 갱신을 신청하여야 한다.
④ 화물유치 또는 투자 계획을 이행하지 못한 부두운영회사에 대하여 부과하는 위약금은 분기별로 산정하여 합산한다.
⑤ 「항만운송사업법」에서 정한 것 외에 부두운영회사의 항만시설 사용에 대해서는 「국유재산법」 또는 「지방재정법」에 따른다.

정답 22 ① 23 ⑤ 24 ①

해설 ② 부두운영회사의 금지행위 위반시 책임에 관한 사항은 부두운영계약에 포함되어야 한다(시행규칙 제29조 제2호).
③ 부두운영회사가 계약기간을 연장하려는 경우에는 그 계약기간이 만료되기 6개월 전까지 항만시설운영자 등에게 부두운영계약의 갱신을 신청하여야 한다(시행규칙 제29조의3 제1항).
④ 부두운영계약 기간 동안의 총 화물유치 또는 투자 계획을 이행하지 못한 경우에 부과하는 위약금은 연도별로 산정하여 합산한다(시행규칙 제29조의4 제1항).
⑤ 이 법에서 정한 것 외에 부두운영회사의 항만시설 사용에 대해서는 「항만법」 또는 「항만공사법」에 따른다(법 제26조의10).

25 **항만운송사업법령상 항만운송관련사업자의 미등록 항만에서의 일시적 영업에 관한 설명으로 옳은 것은?**

① 항만운송관련사업자가 관련 법령에서 정하는 부득이한 사유로 미등록 항만에서 일시적 영업행위의 신고를 할 때에는 영업기간 등을 서면 또는 구두로 밝혀야 한다.
② 미등록 항만에서 일시적으로 영업행위를 하기 위하여 신고한 항만운송관련사업자는 등록된 항만에서 기존 수행하는 영업행위 전부를 할 수 있다.
③ 항만운송관련사업자는 관련 법령에서 정하는 부득이한 사유로 미등록 항만에서 일시적으로 영업행위를 하려는 경우에는 미리 관리청에 신고하여야 한다.
④ 관리청은 미등록 항만에서의 일시적 영업에 대한 신고를 받은 날부터 5일 이내에 신고수리 여부를 신고인에게 통지하여야 한다.
⑤ 항만운송관련사업자는 같은 사업을 하는 사업자가 해당 항만에 없는 경우 관리청의 허가를 받아 미등록 항만에서 일시적으로 영업을 할 수 있다.

해설 ① 구두로는 안 되고, 서면으로 제출해야 한다.
② 그 신고한 내용에 맞게 영업행위를 하여야 한다.
④ 5일 → 3일
⑤ 허가 → 신고

26 **다음 중 항만운송사업법령상 벌칙규정이 다른 하나는?**

① 등록을 하지 아니하고 검수·감정 또는 검량업무에 종사한 자
② 거짓이나 그 밖의 부정한 방법으로 제7조에 따른 검수사등의 자격시험에 합격한 사람
③ 사업정지명령을 위반하여 그 정지기간에 사업을 계속한 자
④ 운임 및 요금의 인가나 변경인가를 받지 아니한 자 또는 신고나 변경신고를 하지 아니하거나 거짓으로 신고를 한 자
⑤ 등록 또는 신고를 하지 아니하고 항만운송관련사업을 한 자

정답 25 ③ 26 ⑤

해설 ⑤ 1년 이하의 징역 또는 1,000만원 이하의 벌금에 해당한다.
①~④ 300만원 이하의 벌금에 해당한다.

27 **항만운송사업법령상 항만운송 분쟁협의회에 관한 설명으로 옳은 것은?**

① 항만운송 분쟁협의회는 사업의 종류별로 구성한다.
② 항만운송근로자 단체는 항만운송 분쟁협의회 구성에 참여할 수 있다.
③ 항만운송 분쟁협의회의 회의는 분쟁협의회의 위원장이 필요하다고 인정하거나 재적위원 3분의 1 이상의 요청이 있는 경우에 소집한다.
④ 항만운송 분쟁협의회의 회의는 재적위원 과반수의 출석으로 개의하고, 출석위원 과반수의 찬성으로 의결한다.
⑤ 항만운송과 관련된 노사 간 분쟁의 해소에 관한 사항은 항만운송 분쟁협의회의 심의·의결 사항에 포함되지 않는다.

해설 ① 항만별로 구성한다.
③ 항만운송 분쟁협의회의 회의는 분쟁협의회의 위원장이 필요하다고 인정하거나 재적위원 과반수의 요청이 있는 경우에 소집한다.
④ 항만운송 분쟁협의회의 회의는 재적위원 3분의 2 이상의 출석으로 개의하고, 출석위원 3분의 2 이상의 찬성으로 의결한다.
⑤ 분쟁협의회는 다음의 사항을 심의·의결한다.

> 1. 항만운송과 관련된 노사 간 분쟁의 해소에 관한 사항
> 2. 그 밖에 분쟁협의회의 위원장이 항만운송과 관련된 분쟁의 예방 등에 필요하다고 인정하여 회의에 부치는 사항

28 **항만운송사업법령상 항만운송 분쟁협의회에 관한 설명으로 옳지 않은 것은?**

① 분쟁협의회는 취급화물별로 구성·운영된다.
② 분쟁협의회는 위원장 1명을 포함하여 7명의 위원으로 구성한다.
③ 분쟁협의회의 위원장은 위원 중에서 호선한다.
④ 분쟁협의회의 위원에는 항만운송사업의 분쟁 관련 업무를 담당하는 공무원 중에서 해당 항만을 관할하는 지방해양수산청장 또는 시·도지사가 지명하는 사람이 포함된다.
⑤ 분쟁협의회는 항만운송과 관련된 노사 간 분쟁의 해소에 관한 사항을 심의·의결한다.

해설 ① 취급화물별 → 항만별(법 제27조의8 제1항)

정답 27 ② 28 ①

29 **항만운송사업법령상 항만운송종사자 등에 대한 교육훈련기관에 관한 설명으로 옳지 않은 것은?**

① 교육훈련기관은 매 사업연도의 세입·세출결산서를 다음 해 3월 31일까지 해양수산부장관에게 제출하여야 한다.
② 교육훈련기관은 법인으로 한다.
③ 교육훈련기관은 다음 해의 사업계획 및 예산안을 매년 11월 30일까지 해양수산부장관에게 제출하여야 한다.
④ 교육훈련기관의 운영에 필요한 경비는 대통령령으로 정하는 바에 따라 국가가 부담한다.
⑤ 교육훈련기관을 설립하려는 자는 해양수산부장관의 설립인가를 받아야 한다.

해설 ④ 교육훈련기관의 운영에 필요한 경비는 대통령령으로 정하는 바에 따라 항만운송사업자, 항만운송관련사업자 및 해당 교육훈련을 받는 자가 부담한다(법 제27조의4 제5항).

30 **항만운송사업법령상 2020년 6월 화물 고정 항만용역업에 채용된 甲이 받아야 하는 교육훈련에 관한 설명으로 옳은 것은?**

① 화물 고정 항만용역작업은 안전사고가 발생할 우려가 높은 작업에 해당되지 않으므로 甲은 교육훈련의 대상이 아니다.
② 甲은 채용된 날부터 6개월 이내에 실시하는 신규자 교육훈련을 받아야 한다.
③ 甲이 2020년 9월에 실시하는 신규자 교육훈련을 받는다면, 2021년에 실시하는 재직자 교육훈련은 면제된다.
④ 甲이 최초의 재직자 교육훈련을 받는다면, 그 후 매 3년마다 실시하는 재직자 교육훈련을 받아야 한다.
⑤ 甲의 귀책사유 없이 교육훈련을 받지 못한 경우에도 甲은 화물 고정 항만용역작업에 종사하는 것이 제한되어야 한다.

해설 ① "해양수산부령으로 정하는 안전사고가 발생할 우려가 높은 작업"이란 다음의 작업을 말한다(시행규칙 제30조의2 제1항).

1. 법 제3조 제1호의 항만하역사업
2. 영 제2조 제1호 나목 중 줄잡이 항만용역업
3. 영 제2조 제1호 다목 중 <u>화물 고정 항만용역업</u>

③, ④ 재직자 교육훈련은 신규자 교육훈련을 받은 연도의 <u>다음 연도</u> 및 그 후 매 <u>2년</u>마다 실시한다(시행규칙 제30조의2 제2항 제2호).
⑤ 귀책사유 없는 경우는 화물 고정 항만용역작업에 종사하는 것이 제한되지 않는다(시행규칙 제30조의2 제6항 제2호).

정답 29 ④ 30 ②

물류
관리사

CHAPTER

07

농수산물 유통 및 가격안정에 관한 법률

물류관리사

CHAPTER 07

농수산물 유통 및 가격안정에 관한 법률

01 총칙

1 법의 목적

이 법은 농수산물의 유통을 원활하게 하고 적정한 가격을 유지하게 함으로써 생산자와 소비자의 이익을 보호하고 국민생활의 안정에 이바지함을 목적으로 한다(법 제1조).

2 「농수산물 유통 및 가격안정에 관한 법률」상 중요 용어의 정의 ★

(1) 농수산물도매시장

특별시·광역시·특별자치시·특별자치도 또는 시가 양곡류·청과류·화훼류·조수육류·어류·조개류·갑각류·해조류 및 임산물 등 대통령령으로 정하는 품목의 전부 또는 일부를 도매하게 하기 위하여 법 제17조에 따라 관할구역에 개설하는 시장을 말한다.

(2) 중앙도매시장

특별시·광역시·특별자치시 또는 특별자치도가 개설한 농수산물도매시장 중 해당 관할구역 및 그 인접지역에서 도매의 중심이 되는 농수산물도매시장으로서 농림축산식품부령 또는 해양수산부령으로 정하는 다음을 말한다.

1. 서울특별시 가락동 농수산물도매시장, 서울특별시 노량진 수산물도매시장
2. 부산광역시 엄궁동 농산물도매시장, 부산광역시 국제 수산물도매시장
3. 인천광역시 구월동 농산물도매시장, 인천광역시 삼산 농산물도매시장
4. 대구광역시 북부 농수산물도매시장, 광주광역시 각화동 농산물도매시장
5. 대전광역시 오정 농수산물도매시장, 대전광역시 노은 농산물도매시장
6. 울산광역시 농수산물도매시장

(3) 농수산물공판장

지역농업협동조합, 지역축산업협동조합, 품목별·업종별협동조합, 조합공동사업법인, 품목조합연합회, 산림조합 및 수산업협동조합과 그 중앙회(농협경제지주회사를 포함. 이하 "농림수협등"이라 한다), 그 밖에 대통령령으로 정하는 생산자 관련 단체와 공익상 필요하다고 인정되는 법인으로서 대통령령으로 정하는 법인이 농수산물을 도매하기 위하여 **시·도지사**의 **승인**을 받아 개설·운영하는 사업장을 말한다.

(4) 민영농수산물도매시장

국가, 지방자치단체 및 농수산물공판장을 개설할 수 있는 자 외의 자(이하 "민간인등"이라 한다)가 농수산물을 도매하기 위하여 **시·도지사**의 **허가**를 받아 특별시·광역시·특별자치시·특별자치도 또는 시 지역에 개설하는 시장을 말한다.

(5) 농수산물종합유통센터

국가 또는 지방자치단체가 설치하거나 국가 또는 지방자치단체의 지원을 받아 설치된 것으로서 농수산물의 **출하 경로를 다원화하고 물류비용을 절감**하기 위하여 농수산물의 수집·포장·가공·보관·수송·판매 및 그 정보처리 등 농수산물의 물류활동에 필요한 시설과 이와 관련된 업무시설을 갖춘 사업장을 말한다.

(6) 농수산물 전자거래

농수산물의 유통단계를 단축하고 유통비용을 절감하기 위하여 「전자문서 및 전자거래 기본법」에 따른 전자거래의 방식으로 농수산물을 거래하는 것을 말한다.

3 다른 법률의 적용 배제

이 법에 따른 농수산물도매시장, 농수산물공판장, 민영농수산물도매시장 및 농수산물종합유통센터에 대하여는 「유통산업발전법」의 규정을 적용하지 아니한다.

02 농수산물의 생산조정 및 출하조절제도

1 농수산물의 수급조절과 가격안정을 위해 취할 수 있는 조치

주요 농수산물 주산지의 지정, 계약생산, 과잉생산시의 생산자 보호, 유통협약 및 유통조절명령, 가격예시(하한가격), 농림업관측, 비축사업, 농수산물의 수입 추천, 농수산물 유통 관련 통계작성, 종합정보시스템의 구축·운영

2 주산지의 지정절차 ★

(1) 주산지의 지정

① 주산지의 지정권자 : 시·도지사

㉠ **시·도지사**는 농수산물의 경쟁력 제고 또는 수급을 조절하기 위하여 생산 및 출하를 촉진 또는 조절할 필요가 있다고 인정할 때에는 주요 농수산물의 생산지역이나 생산수면(이하

"주산지"라 한다)을 지정하고 그 주산지에서 주요 농수산물을 생산하는 자에 대하여 생산 자금의 융자 및 기술지도 등 필요한 지원을 할 수 있다.

㉡ 주요 농수산물은 국내 농수산물의 생산에서 차지하는 비중이 크거나 생산·출하의 조절이 필요한 것으로서 농림축산식품부장관 또는 해양수산부장관이 지정하는 품목으로 한다.

② 지정단위

㉠ 주산지의 지정은 **읍·면·동 또는 시·군·구** 단위로 한다.

㉡ 주산지는 다음의 요건을 갖춘 지역 또는 수면 중에서 구역을 정하여 지정한다.

> 1. 주요 농수산물의 재배면적 또는 양식면적이 농림축산식품부장관 또는 해양수산부장관이 고시하는 면적 이상일 것
> 2. 주요 농수산물의 출하량이 농림축산식품부장관 또는 해양수산부장관이 고시하는 수량 이상일 것

③ 시·도지사의 통지의무 : **시·도지사**는 주산지를 지정하였을 때에는 이를 고시하고 농림축산식품부장관 또는 해양수산부장관에게 통지하여야 한다.

(2) 주산지의 변경 또는 해제

시·도지사는 지정된 주산지가 지정요건에 적합하지 아니하게 되었을 때에는 그 지정을 변경하거나 해제할 수 있다.

(3) 주산지협의체의 구성(법 제4조의2)

① 지정된 주산지의 시·도지사는 주산지의 지정목적 달성 및 주요 농수산물 경영체 육성을 위하여 생산자 등으로 구성된 주산지협의체를 설치할 수 있다.

② 협의체는 주산지 간 정보 교환 및 농수산물 수급조절 과정에의 참여 등을 위하여 공동으로 품목별 중앙주산지협의회를 구성·운영할 수 있다.

③ 협의체의 설치 및 중앙협의회의 구성·운영 등에 관하여 필요한 사항은 대통령령으로 정한다.

3 농림업관측

(1) 농림업관측의 목적

농림축산식품부장관은 농산물의 수급안정을 위하여 가격의 등락 폭이 큰 주요 농산물에 대하여 매년 기상정보, 생산면적, 작황, 재고물량, 소비동향, 해외시장 정보 등을 조사하여 이를 분석하는 농림업관측을 실시하고 그 결과를 공표하여야 한다.

(2) 국제곡물관측의 실시 및 공표

농림업관측에도 불구하고 농림축산식품부장관은 주요 곡물의 수급안정을 위하여 농림축산식품부장관이 정하는 주요 곡물에 대한 상시 관측체계의 구축과 국제 곡물수급모형의 개발을 통하여 매년 주요 곡물 생산 및 수출 국가들의 작황 및 수급 상황 등을 조사·분석하는 국제곡물관측을 별도로 실시하고 그 결과를 공표하여야 한다.

(3) 농림업관측·국제곡물관측 실시기관

농림축산식품부장관은 효율적인 농림업관측 또는 국제곡물관측을 위하여 필요하다고 인정하는 경우에는 품목을 지정하여 지역농업협동조합, 지역축산업협동조합, 품목별·업종별협동조합, 산림조합, 농업협동조합중앙회 및 산림조합중앙회, 한국농수산식품유통공사로 하여금 농림업관측 또는 국제곡물관측을 실시하게 할 수 있다.

(4) 전담기관의 지정

농림축산식품부장관은 농림업관측업무 또는 국제곡물관측업무를 효율적으로 실시하기 위하여 농림업 관련 연구기관 또는 단체를 농림업관측 **전담기관(농림업관측 : 한국농촌경제연구원)**으로 지정하고, 그 운영에 필요한 경비를 충당하기 위하여 예산의 범위에서 출연금 또는 보조금을 지급할 수 있다.

4 농수산물의 수급안정을 위한 농수산물 유통 관련 통계작성 등

(1) 농수산물 유통 관련 통계작성(법 제5조의2)

① **농림축산식품부장관 또는 해양수산부장관**은 농수산물의 수급안정을 위하여 가격의 등락 폭이 큰 주요 농수산물의 유통에 관한 통계를 작성·관리하고 공표하되, 필요한 경우 통계청장과 협의할 수 있다.

② 농림축산식품부장관 또는 해양수산부장관은 통계작성을 위하여 필요한 경우 관계 중앙행정기관의 장 또는 지방자치단체의 장 등에게 자료의 제공을 요청할 수 있다. 이 경우 자료제공을 요청받은 관계 중앙행정기관의 장 또는 지방자치단체의 장 등은 특별한 사유가 없으면 자료를 제공하여야 한다.

(2) 종합정보시스템의 구축·운영(법 제5조의3)

① 농림축산식품부장관 및 해양수산부장관은 농수산물의 원활한 수급과 적정한 가격 유지를 위하여 농수산물유통 종합정보시스템을 구축하여 운영할 수 있다.

② 농림축산식품부장관 및 해양수산부장관은 농수산물유통 종합정보시스템의 구축·운영을 대통령령으로 정하는 전문기관에 위탁할 수 있다.

5 계약생산(법 제6조)

(1) 계약생산의 목적

농림축산식품부장관은 주요 농산물의 원활한 수급과 적정한 가격 유지를 위하여 지역농업협동조합, 지역축산업협동조합, 품목별·업종별협동조합, 조합공동사업법인, 품목조합연합회, 산림조합과 그 중앙회(농협경제지주회사를 포함)나 생산자단체 또는 농산물 수요자와 생산자 간에 계약생산 또는 계약출하를 하도록 장려할 수 있다.

(2) 지원규정

농림축산식품부장관은 생산계약 또는 출하계약을 체결하는 생산자단체 또는 농산물 수요자에 대하여 농산물가격안정기금으로 계약금의 대출 등 필요한 지원을 할 수 있다.

6 가격예시(법 제8조) ★

(1) 가격예시제도의 목적

농림축산식품부장관 또는 해양수산부장관은 농림축산식품부령 또는 해양수산부령으로 정하는 주요 농수산물의 수급조절과 가격안정을 위하여 필요하다고 인정할 때에는 해당 농산물의 파종기 또는 수산물의 종자입식 시기 이전에 생산자를 보호하기 위한 하한가격(이하 "예시가격"이라 한다)을 예시할 수 있다.

(2) 예시가격의 결정

농림축산식품부장관 또는 해양수산부장관은 예시가격을 결정할 때에는 ① 해당 농산물의 농림업관측, ② 주요 곡물의 국제곡물관측 또는 수산업관측 결과, ③ 예상 경영비, ④ 지역별 예상 생산량 및 예상 수급상황 등을 고려하여야 한다.

(3) 예시가격의 결정

농림축산식품부장관 또는 해양수산부장관은 예시가격을 결정할 때에는 미리 **기획재정부장관과 협의**하여야 한다.

(4) 예시가격 지지를 위한 시책

농림축산식품부장관 또는 해양수산부장관은 가격을 예시한 경우에는 예시가격을 지지하기 위하여 다음의 사항 등을 연계하여 적절한 시책을 추진하여야 한다.

① 농림업관측·국제곡물관측 또는 수산업관측의 지속적 실시
② 계약생산 또는 계약출하의 장려
③ 수매 및 처분

④ 유통협약 및 유통조절명령
⑤ 비축사업

7 과잉생산시의 생산자 보호

(1) 가격안정을 위한 수매

① **농산물 수매의 목적 : 농림축산식품부장관**은 채소류 등 저장성이 없는 농산물의 가격안정을 위하여 필요하다고 인정할 때에는 그 생산자 또는 생산자단체로부터 농산물가격안정기금으로 해당 농산물을 수매할 수 있다. 다만, 가격안정을 위하여 특히 필요하다고 인정할 때에는 도매시장 또는 공판장에서 해당 농산물을 수매할 수 있다.
② **수매농산물의 처분** : 수매한 농산물은 판매 또는 수출하거나 사회복지단체에 기증하거나 그 밖에 필요한 처분을 할 수 있다.

(2) 우선 수매대상

저장성이 없는 농산물을 수매하는 경우에는 ① 생산계약 또는 출하계약을 체결한 생산자가 생산한 농산물과 ② 출하를 약정한 생산자가 생산한 농산물을 우선적으로 수매하여야 한다.

(3) 수매 및 처분의 위탁

농림축산식품부장관은 수매 및 처분에 관한 업무를 농림협중앙회 또는 한국농수산식품유통공사에 위탁할 수 있다.

(4) 사업손실의 처리

농림축산식품부장관은 수매와 비축사업의 시행에 따라 생기는 감모, 가격 하락, 판매・수출・기증과 그 밖의 처분으로 인한 원가 손실 및 수송・포장・방제 등 사업실시에 필요한 관리비를 대통령령으로 정하는 바에 따라 그 사업의 비용으로 처리한다.

8 몰수농산물 등의 이관

(1) 몰수농산물 이관의 목적

농림축산식품부장관은 국내 농산물 시장의 수급안정 및 거래질서 확립을 위하여 몰수되거나 국고에 귀속된 농산물을 이관받을 수 있다.

(2) 몰수농산물의 처분

농림축산식품부장관은 이관받은 몰수농산물 등을 매각・공매・기부 또는 소각하거나 그 밖의 방법으로 처분할 수 있다.

(3) 몰수농산물의 처분비용의 충당

몰수농산물 등의 처분으로 발생하는 비용 또는 매각·공매 대금은 농산물가격안정기금으로 지출 또는 납입하여야 한다.

(4) 처분업무의 대행

농림축산식품부장관은 몰수농산물 등의 처분업무를 농업협동조합중앙회 또는 한국농수산식품유통공사 중에서 지정하여 대행하게 할 수 있다.

9 유통협약 및 유통조절명령(법 제10조) ★

(1) 유통협약의 체결

주요 농수산물의 생산자, 산지유통인, 저장업자, 도매업자·소매업자 및 소비자 등(이하 "생산자 등"이라 한다)의 대표는 해당 농수산물의 **자율적인 수급조절**과 **품질향상**을 위하여 **생산조정 또는 출하조절**을 위한 협약(이하 "유통협약"이라 한다)을 체결할 수 있다.

(2) 유통조절명령

① 유통조절명령의 개념 : **농림축산식품부장관 또는 해양수산부장관**은 부패하거나 변질되기 쉬운 농수산물로서 농림축산식품부령 또는 해양수산부령으로 정하는 농수산물에 대하여 현저한 수급 불안정을 해소하기 위하여 특히 필요하다고 인정되고 농림축산식품부령 또는 해양수산부령으로 정하는 생산자등 또는 생산자단체가 요청할 때에는 공정거래위원회와 협의를 거쳐 일정 기간 동안 일정 지역의 해당 농수산물의 생산자등에게 생산조정 또는 출하조절을 하도록 하는 유통조절명령(이하 "유통명령"이라 한다)을 할 수 있다.

② 유통명령에 포함될 사항 : 유통조절명령에는 다음의 사항이 포함되어야 한다.

1. 유통조절명령의 이유(수급·가격·소득의 분석자료를 포함한다)
2. 대상 품목
3. 기간
4. 지역
5. 대상자
6. 생산조정 또는 출하조절의 방안
7. 명령이행 확인의 방법 및 명령 위반자에 대한 제재조치
8. 사후관리와 그 밖에 농림축산식품부장관 또는 해양수산부장관이 유통조절에 관하여 필요하다고 인정하는 사항

③ 유통명령의 요청 : 생산자등 또는 생산자단체가 유통명령을 요청하려는 경우에는 상기에 따른 내용이 포함된 요청서를 작성하여 이해관계인·유통전문가의 의견수렴 절차를 거치고 해당

농수산물의 생산자등의 대표나 해당 생산자단체의 재적회원 **3분의 2 이상**의 찬성을 받아야 한다.

④ 유통명령 이행자 등에 대한 지원

㉠ 농림축산식품부장관 또는 해양수산부장관은 유통협약 또는 유통명령을 이행한 생산자등이 그 유통협약이나 유통명령을 이행함에 따라 발생하는 손실에 대하여는 농산물가격안정기금 또는 수산발전기금으로 그 손실을 보전(補塡)하게 할 수 있다.

㉡ 농림축산식품부장관 또는 해양수산부장관은 유통명령 집행업무의 일부를 수행하는 생산자등의 조직이나 생산자단체에 필요한 지원을 할 수 있다.

㉢ 농림축산식품부장관 또는 해양수산부장관은 유통조절추진위원회의 생산·출하조절 등 수급안정을 위한 활동을 지원할 수 있다.

10 비축사업 등(법 제13조)

(1) 비축사업 등의 개념

농림축산식품부장관은 농산물(쌀과 보리는 제외)의 수급조절과 가격안정을 위하여 필요하다고 인정할 때에는 농산물가격안정기금으로 농산물을 비축하거나 농산물의 출하를 약정하는 생산자에게 그 대금의 일부를 미리 지급하여 출하를 조절할 수 있다.

(2) 비축사업 등의 내용

① 비축용 농산물은 생산자 및 생산자단체로부터 수매하여야 한다. 다만, 가격안정을 위하여 특히 필요하다고 인정할 때에는 도매시장 또는 공판장에서 수매하거나 수입할 수 있다.

② 농림축산식품부장관은 비축용 농산물을 수입하는 경우 국제가격의 급격한 변동에 대비하여야 할 필요가 있다고 인정할 때에는 선물거래를 할 수 있다.

③ 농림축산식품부장관은 위 (1)에 따른 사업을 농림협중앙회 또는 한국농수산식품유통공사에 위탁할 수 있다.

(3) 비축사업 등의 위탁

① 농림축산식품부장관은 다음의 농산물의 비축사업 등을 농업협동조합중앙회·농협경제지주회사·산림조합중앙회 또는 한국농수산식품유통공사에 위탁하여 실시한다.

> 1. 비축용 농산물의 수매·수입·포장·수송·보관 및 판매
> 2. 비축용 농산물을 확보하기 위한 재배·양식·선매 계약의 체결
> 3. 농산물의 출하약정 및 선급금의 지급
> 4. 제1호부터 제3호까지의 규정에 따른 사업의 정산

② 농림축산식품부장관은 농산물의 비축사업 등을 위탁할 때에는 다음의 사항을 정하여 위탁하여야 한다.

1. 대상농산물의 품목 및 수량
2. 대상농산물의 품질·규격 및 가격
3. 대상농산물의 안전성 확인 방법
4. 대상농산물의 판매방법·수매 또는 수입시기 등 사업실시에 필요한 사항

11 농산물의 수입 추천(법 제15조)

① 「세계무역기구 설립을 위한 마라케쉬협정」에 따른 대한민국 양허표상의 시장접근물량에 적용되는 양허세율로 수입하는 농산물 중 다른 법률에서 달리 정하지 아니한 농산물을 수입하려는 자는 농림축산식품부장관의 추천을 받아야 한다.

② 농림축산식품부장관은 농산물의 수입에 대한 추천업무를 농림축산식품부장관이 지정하는 **비영리법인**으로 하여금 대행하게 할 수 있다. 이 경우 품목별 추천물량 및 추천기준과 그 밖에 필요한 사항은 농림축산식품부장관이 정한다.

③ 농산물을 수입하려는 자는 사용용도와 그 밖에 농림축산식품부령으로 정하는 사항을 적어 수입 추천신청을 하여야 한다.

④ 농림축산식품부장관은 필요하다고 인정할 때에는 추천 대상 농산물 중 농림축산식품부령으로 정하는 품목의 농산물을 비축용 농산물로 수입하거나 생산자단체를 지정하여 수입하여 판매하게 할 수 있다.

12 수입이익금의 징수 등(법 제16조)

① **농림축산식품부장관**은 추천을 받아 농산물을 수입하는 자 중 농림축산식품부령으로 정하는 품목의 농산물을 수입하는 자에 대하여 농림축산식품부령으로 정하는 바에 따라 국내가격과 수입가격 간의 차액의 범위에서 수입이익금을 부과·징수할 수 있다.

② 수입이익금은 농림축산식품부령으로 정하는 바에 따라 농산물가격안정기금에 납입하여야 한다.

③ 수입이익금을 정하여진 기한까지 내지 아니하면 국세 체납처분의 예에 따라 징수할 수 있다.

03 농수산물도매시장의 개설

1 도매시장 개설(법 제17조)

도매시장은 대통령령으로 정하는 바에 따라 부류별로 또는 둘 이상의 부류를 종합하여 **중앙도매시장**의 경우에는 특별시·광역시·특별자치시 또는 특별자치도가 개설하고, **지방도매시장**의 경우에는 특별시·광역시·특별자치시·특별자치도 또는 시(市)가 개설한다.

2 도매시장 개설 및 시장의 폐쇄 ★

(1) 도매시장의 개설

① **중앙도매시장의 개설** : 특별시·광역시·특별자치시 또는 특별자치도가 도매시장을 개설하려면 미리 업무규정과 운영관리계획서를 작성하여야 하며, 중앙도매시장의 업무규정은 농림축산식품부장관 또는 해양수산부장관의 **승인**을 받아야 한다.

② **시(市)의 지방도매시장 개설** : 시(市)가 지방도매시장을 개설하려면 도지사의 **허가(許可)**를 받아야 한다. 시(市)가 지방도매시장의 개설허가를 받으려면 농림축산식품부령 또는 해양수산부령으로 정하는 바에 따라 지방도매시장 개설허가 신청서에 업무규정과 운영관리계획서를 첨부하여 도지사에게 제출하여야 한다.

(2) 도매시장의 폐쇄 절차

① 시(市)가 지방도매시장을 폐쇄하려면 그 3개월 전에 도지사의 허가를 받아야 한다.

② 특별시·광역시·특별자치시 및 특별자치도가 도매시장을 폐쇄하는 경우에는 그 3개월 전에 이를 공고하여야 한다.

3 도매시장 개설자의 의무(법 제20조)

(1) 도매시장 개설자는 거래 관계자의 편익과 소비자 보호를 위하여 다음의 사항을 이행하여야 한다.

> 1. 도매시장 시설의 정비·개선과 합리적인 관리
> 2. 경쟁 촉진과 공정한 거래질서의 확립 및 환경 개선
> 3. 상품성 향상을 위한 규격화, 포장 개선 및 선도 유지의 촉진

(2) 도매시장 개설자는 상기의 사항을 효과적으로 이행하기 위하여 이에 대한 투자계획 및 거래제도 개선방안 등을 포함한 대책을 수립·시행하여야 한다.

04 농수산물도매시장의 운영

1 도매시장운영자의 지정(법 제22조)

도매시장 개설자는 도매시장에 그 시설규모·거래액 등을 고려하여 적정 수의 **도매시장법인·시장도매인** 또는 **중도매인**을 두어 이를 운영하게 하여야 한다. 다만, 중앙도매시장의 개설자는 청과부류와 수산부류에 대하여는 도매시장법인을 두어야 한다.

2 도매시장법인 ★

(1) 도매시장법인의 개념

농수산물도매시장의 개설자로부터 지정을 받고 농수산물을 위탁받아 상장하여 도매하거나 이를 매수하여 도매하는 법인을 말한다.

(2) 도매시장법인의 지정

도매시장법인은 **도매시장 개설자**가 부류별로 지정하되, 중앙도매시장에 두는 도매시장법인의 경우에는 농림축산식품부장관 또는 해양수산부장관과 협의하여 지정한다. 이 경우 **5년 이상 10년 이하**의 범위에서 지정 유효기간을 설정할 수 있다.

(3) 경업금지 규정

도매시장법인의 주주 및 임직원은 해당 도매시장법인의 업무와 경합되는 도매업 또는 중도매업을 하여서는 아니 된다. 다만, 도매시장법인이 다른 도매시장법인의 주식 또는 지분을 과반수 이상 양수하고 양수법인의 주주 또는 임직원이 양도법인의 주주 또는 임직원의 지위를 겸하게 된 경우에는 그러하지 아니하다.

(4) 도매시장법인의 영업제한

① 도매시장법인은 도매시장 외의 장소에서 농수산물의 판매업무를 하지 못한다.

② 거래물품의 도매시장으로의 반입 제외사유

㉠ 도매시장 개설자의 사전승인을 받아 「전자문서 및 전자거래 기본법」에 따른 전자거래 방식으로 하는 경우(온라인에서 경매 방식으로 거래하는 경우를 포함)

㉡ 농림축산식품부령 또는 해양수산부령으로 정하는 일정 기준 이상의 시설에 보관·저장 중인 거래 대상 농수산물의 견본을 도매시장에 반입하여 거래하는 것에 대하여 도매시장 개설자가 승인한 경우

③ 전자거래방식에 의한 거래 : 도매시장법인이 「전자문서 및 전자거래 기본법」에 따른 전자거래방식으로 전자거래를 하려면 전자거래시스템을 구축하여 도매시장 개설자의 승인을 받아야 한다.

④ 겸영금지

㉠ **원칙** : 도매시장법인은 농수산물 판매업무 외의 사업을 겸영하지 못한다.

㉡ **예외**(겸영 가능한 경우) : 다만, 농수산물의 선별・포장・가공・제빙・보관・후숙・저장・수출입 등의 사업은 농림축산식품부령 또는 해양수산부령으로 정하는 바에 따라 겸영할 수 있다.

⑤ **겸영사업의 제한** : 도매시장 개설자는 산지 출하자와의 업무 경합 또는 과도한 겸영사업으로 인하여 도매시장법인의 도매업무가 약화될 우려가 있는 경우에는 겸영사업을 1년 이내의 범위에서 제한할 수 있다.

3 공공출자법인

(1) 법인의 설립 : 도매시장 개설자는 도매시장을 효율적으로 관리・운영하기 위하여 필요하다고 인정하는 경우에는 도매시장법인을 갈음하여 그 업무를 수행하게 할 공공출자법인을 설립할 수 있다.

(2) 출자의 제한

공공출자법인에 대한 출자는 한정하되, 이 경우 지방자치단체, 관리공사, 농림수협등에 의한 출자액의 합계가 총출자액의 100분의 50을 초과하여야 한다.

(3) 공공출자법인에 관하여 이 법에서 규정한 사항을 제외하고는 「상법」의 주식회사에 관한 규정을 적용한다.

(4) 공공출자법인은 「상법」 제317조에 따른 설립등기를 한 날에 도매시장법인의 지정을 받은 것으로 본다.

4 중도매인

(1) 중도매인의 개념

농수산물도매시장・농수산물공판장 또는 민영농수산물도매시장의 개설자의 **허가** 또는 **지정**을 받아 다음의 영업을 하는 자를 말한다.

1. 농수산물도매시장・농수산물공판장 또는 민영농수산물도매시장에 상장된 농수산물을 매수하여 도매하거나 매매를 중개하는 영업
2. 농수산물도매시장・농수산물공판장 또는 민영농수산물도매시장의 개설자로부터 허가를 받은 비상장 농수산물을 매수 또는 위탁받아 도매 또는 매매를 중개하는 영업

(2) 사업의 효력요건 : 개설자의 허가(許可)

중도매인의 업무를 하려는 자는 부류별로 해당 도매시장 개설자의 허가를 받아야 한다.

(3) 허가의 결격사유

1. 파산선고를 받고 복권되지 아니한 사람이나 피성년후견인
2. 이 법을 위반하여 금고 이상의 실형을 선고받고 그 형의 집행이 끝나거나(집행이 끝난 것으로 보는 경우 포함) 면제되지 아니한 사람
3. 중도매업의 허가가 취소(파산자, 피성년후견인 제외)된 날부터 2년이 지나지 아니한 자
4. 도매시장법인의 주주 및 임직원으로서 해당 도매시장법인의 업무와 경합되는 중도매업을 하려는 자
5. 임원 중에 제1호부터 제4호까지의 어느 하나에 해당하는 사람이 있는 법인
6. 최저거래금액 및 거래대금의 지급보증을 위한 보증금 등 도매시장 개설자가 업무규정으로 정한 허가조건을 갖추지 못한 자

(4) 중도매인의 금지행위

① 다른 중도매인 또는 매매참가인의 거래 참가를 방해하는 행위를 하거나 집단적으로 농수산물의 경매 또는 입찰에 불참하는 행위

② 다른 사람에게 자기의 성명이나 상호를 사용하여 중도매업을 하게 하거나 그 허가증을 빌려주는 행위

(5) 유효기간의 설정

도매시장 개설자는 중도매업의 허가를 하는 경우 **5년 이상 10년 이하**의 범위에서 허가 유효기간을 설정할 수 있다. 다만, **법인이 아닌 중도매인은 3년 이상 10년 이하**의 범위에서 허가 유효기간을 설정할 수 있다.

5 매매참가인

(1) 매매참가인의 개념

농수산물도매시장·농수산물공판장 또는 민영농수산물도매시장의 개설자에게 신고를 하고, 농수산물도매시장·농수산물공판장 또는 민영농수산물도매시장에 상장된 농수산물을 직접 매수하는 자로서 중도매인이 아닌 가공업자·소매업자·수출업자 및 소비자단체 등 농수산물의 수요자를 말한다.

(2) 업무개시 요건

매매참가인의 업무를 하려는 자는 농림축산식품부령 또는 해양수산부령으로 정하는 바에 따라 도매시장·공판장 또는 민영도매시장의 개설자에게 매매참가인으로 **신고**하여야 한다.

6 시장도매인

(1) 시장도매인의 개념

농수산물도매시장 또는 민영농수산물도매시장의 개설자로부터 지정을 받고 농수산물을 매수 또는 위탁받아 도매하거나 매매를 중개하는 영업을 하는 법인을 말한다.

(2) 시장도매인의 지정

시장도매인은 도매시장 개설자가 부류별로 지정한다. 이 경우 **5년 이상 10년 이하**의 범위에서 지정 유효기간을 설정할 수 있다.

(3) 시장도매인의 요건

시장도매인이 될 수 있는 자는 다음의 요건을 갖춘 법인이어야 한다.
→ 법인(法人)만 가능

1. 임원 중 이 법을 위반하여 금고 이상의 실형을 선고받고 그 형의 집행이 끝나거나(집행이 끝난 것으로 보는 경우 포함) 집행이 면제된 후 2년이 지나지 아니한 사람이 없을 것
2. 임원 중 해당 도매시장에서 시장도매인의 업무와 경합되는 도매업 또는 중도매업을 하는 사람이 없을 것
3. 임원 중 파산선고를 받고 복권되지 아니한 사람이나 피성년후견인 또는 피한정후견인이 없을 것
4. 임원 중 시장도매인의 지정취소처분의 원인이 되는 사항에 관련된 사람이 없을 것
5. 거래규모, 순자산액 비율 및 거래보증금 등 도매시장 개설자가 업무규정으로 정하는 일정 요건을 갖출 것

(4) 시장도매인의 영업 및 영업제한

① 시장도매인은 해당 도매시장의 도매시장법인・중도매인에게 농수산물을 판매하지 못한다.
② 도매시장 개설자는 시장도매인의 거래를 제한하거나 금지하려는 경우에는 그 대상자, 거래제한 또는 거래금지의 사유, 해당 농수산물의 품목 및 기간을 정하여 공고하여야 한다.

7 경매사의 임면

(1) 경매사의 배정

도매시장법인은 도매시장에서의 공정하고 신속한 거래를 위하여 농림축산식품부령 또는 해양수산부령으로 정하는 바에 따라 **2명 이상**의 경매사를 두어야 하며, 도매시장법인별 연간 거래물량 등을 고려하여 업무규정으로 그 수를 정한다.

(2) 경매사의 임명 및 면직

경매사는 경매사 자격시험에 합격한 사람으로서 다음의 어느 하나에 해당하지 아니한 사람 중에서 임명하여야 한다. 다만, 도매시장법인은 경매사가 제1호부터 제4호까지의 어느 하나에 해당하는 경우에는 그 경매사를 면직하여야 한다.

1. 피성년후견인 또는 피한정후견인
2. 이 법 또는 「형법」 제129조부터 제132조까지의 죄 중 어느 하나에 해당하는 죄를 범하여 금고 이상의 실형을 선고받고 그 형의 집행이 끝나거나(집행이 끝난 것으로 보는 경우를 포함) 집행이 면제된 후 2년이 지나지 아니한 사람
3. 이 법 또는 「형법」 제129조부터 제132조까지의 죄 중 어느 하나에 해당하는 죄를 범하여 금고 이상의 형의 집행유예를 선고받거나 선고유예를 받고 그 유예기간 중에 있는 사람
4. 해당 도매시장의 시장도매인, 중도매인, 산지유통인 또는 그 임직원
5. 면직된 후 2년이 지나지 아니한 사람
6. 업무정지기간 중에 있는 사람

8 산지유통인

(1) 산지유통인의 개념

농수산물도매시장·농수산물공판장 또는 민영농수산물도매시장의 개설자에게 등록하고, 농수산물을 수집하여 농수산물도매시장·농수산물공판장 또는 민영농수산물도매시장에 출하하는 영업을 하는 자(법인 포함)를 말한다.

(2) 영업요건 : 등록 ➜ 도매시장 개설자

① 농림축산식품부령 또는 해양수산부령으로 정하는 바에 따라 부류별로 도매시장 개설자에게 **등록**하여야 한다.

② 등록의 예외

㉠ 생산자단체가 구성원의 생산물을 출하하는 경우

㉡ 도매시장법인이 매수한 농수산물을 상장하는 경우

㉢ 중도매인이 비상장 농수산물을 매매하는 경우

㉣ 시장도매인이 그 영업에 따라 매매하는 경우

㉤ 종합유통센터·수출업자 등이 남은 농수산물을 도매시장에 상장하는 경우

㉥ 도매시장법인이 다른 도매시장법인 또는 시장도매인으로부터 매수하여 판매하는 경우

㉦ 시장도매인이 도매시장법인으로부터 매수하여 판매하는 경우

(3) 산지유통인 관련 규제사항

① 도매시장법인, 중도매인 및 이들의 주주 또는 임직원은 해당 도매시장에서 산지유통인의 업무를 하여서는 아니 된다.

② 도매시장 개설자는 이 법 또는 다른 법령에 따른 제한에 위반되는 경우를 제외하고는 산지유통인의 등록을 하여 주어야 한다.

③ 산지유통인은 등록된 도매시장에서 농수산물의 출하업무 외의 판매·매수 또는 중개업무를 하여서는 아니 된다.

④ 도매시장 개설자는 등록을 하여야 하는 자가 등록을 하지 않고 산지유통인의 업무를 하는 경우에는 도매시장에의 출입을 금지·제한하거나 그 밖에 필요한 조치를 할 수 있다.

05 매매 등

1 매매의 원칙(수탁판매의 원칙)

(1) 수탁판매의 원칙(법 제31조)

도매시장에서 도매시장법인이 하는 도매는 출하자로부터 위탁을 받아 하여야 한다. 다만, 농림축산식품부령 또는 해양수산부령으로 정하는 **특별한 사유**가 있는 경우에는 매수하여 도매할 수 있다.

(2) 수탁판매의 예외(도매시장법인이 농수산물을 직접 매수하여 도매할 수 있는 경우)

1. 농림축산식품부장관 또는 해양수산부장관의 수매에 응하기 위하여 필요한 경우
2. 거래의 특례에 따라 다른 도매시장법인 또는 시장도매인으로부터 매수하여 도매하는 경우
3. 해당 도매시장에서 주로 취급하지 않는 농수산물의 품목을 갖추기 위하여 대상 품목과 기간을 정하여 도매시장 개설자의 승인을 받아 다른 도매시장으로부터 이를 매수하는 경우
4. 물품의 특성상 외형을 변형하는 등 가공하여 도매하여야 하는 경우로서 도매시장 개설자가 업무규정으로 정하는 경우
5. 도매시장법인이 법 제35조 제4항 단서에 따른 겸영사업에 필요한 농수산물을 매수하는 경우
6. 수탁판매의 방법으로는 적정한 거래물량의 확보가 어려운 경우로서 농림축산식품부장관 또는 해양수산부장관이 고시하는 범위에서 중도매인 또는 매매참가인의 요청으로 그 중도매인 또는 매매참가인에게 정가·수의매매로 도매하기 위하여 필요한 물량을 매수하는 경우

2 매매방법

(1) 매매방법(법 제32조)

도매시장법인은 도매시장에서 농수산물을 **경매 · 입찰 · 정가매매 또는 수의매매**의 방법으로 매매하여야 한다. 다만, 출하자가 매매방법을 지정하여 요청하는 경우 등 농림축산식품부령 또는 해양수산부령으로 매매방법을 정한 경우에는 그에 따라 매매할 수 있다.

(2) 농림축산식품부령 또는 해양수산부령으로 매매방법을 정한 경우

① 경매 또는 입찰
② 정가매매 또는 수의매매

3 수탁의 거부금지(법 제38조)

도매시장법인 또는 시장도매인은 그 업무를 수행할 때에 다음의 어느 하나에 해당하는 경우를 제외하고는 입하된 농수산물의 수탁을 거부 · 기피하거나 위탁받은 농수산물의 판매를 거부 · 기피하거나, 거래 관계인에게 부당한 차별대우를 하여서는 아니 된다.
① 유통명령을 위반하여 출하하는 경우
② 출하자 신고를 하지 아니하고 출하하는 경우
③ 안전성 검사 결과 그 기준에 미달되는 경우
④ 도매시장 개설자가 업무규정으로 정하는 최소출하량의 기준에 미달되는 경우
⑤ 그 밖에 환경 개선 및 규격출하 촉진 등을 위하여 대통령령으로 정하는 경우

4 출하농수산물의 안전성 검사(법 제38조의2)

(1) 개설자의 안전성 검사

도매시장 개설자는 해당 도매시장에 반입되는 농수산물에 대하여 유해물질의 잔류허용기준 등의 초과 여부에 관한 안전성 검사를 하여야 한다. 이 경우 도매시장 개설자 중 시(市)는 해당 도매시장의 개설을 허가한 도지사 소속의 검사기관에 안전성 검사를 의뢰할 수 있다.

(2) 농수산물 출하제한

도매시장 개설자는 안전성 검사 결과 그 기준에 못 미치는 농수산물을 출하하는 자에 대하여 1년 이내의 범위에서 해당 농수산물과 같은 품목의 농수산물을 해당 도매시장에 출하하는 것을 제한할 수 있다.
① 최근 1년 이내에 1회 적발시 : 1개월
② 최근 1년 이내에 2회 적발시 : 3개월

③ 최근 1년 이내에 3회 적발시 : 6개월

(3) 안전성 검사 결과의 고지

출하제한을 하는 경우에 도매시장 개설자는 안전성 검사 결과 기준 미달품 발생사항과 출하제한 기간 등을 해당 출하자와 다른 도매시장 개설자에게 서면 또는 전자적 방법 등으로 알려야 한다.

06 농수산물공판장 및 민영농수산물도매시장 등

1 농수산물공판장(법 제43조)

(1) 공판장의 개설요건

① 농림수협등, 생산자단체 또는 공익법인이 공판장을 개설하려면 **시·도지사의 승인**을 받아야 한다.

② **승인 제외사항** : 시·도지사는 신청이 다음의 어느 하나에 해당하는 경우를 제외하고는 승인을 하여야 한다.

㉠ 공판장을 개설하려는 장소가 교통체증을 유발할 수 있는 위치에 있는 경우
㉡ 공판장의 시설이 부류별 시설기준에 따른 기준에 적합하지 아니한 경우
㉢ 운영관리계획서의 내용이 실현 가능하지 아니한 경우
㉣ 그 밖에 이 법 또는 다른 법령에 따른 제한에 위반되는 경우

(2) 공판장의 거래 관계자

공판장에는 중도매인, 매매참가인, 산지유통인, 경매사를 둘 수 있다.

① **중도매인** : 공판장의 개설자가 지정
② **경매사** : 공판장의 개설자가 임면
③ **농수산물을 수집하여 공판장에 출하하려는 자** : 공판장의 개설자에게 산지유통인으로 등록

2 민영도매시장(법 제47조) ★

(1) 민영도매시장의 개설 : 시·도지사의 허가

① 민간인등이 특별시·광역시·특별자치시·특별자치도 또는 시 지역에 민영도매시장을 개설하려면 **시·도지사의 허가**를 받아야 한다.

② 민간인등이 민영도매시장의 개설허가를 받으려면 농림축산식품부령 또는 해양수산부령으로 정하는 바에 따라 민영도매시장 개설허가 신청서에 업무규정과 운영관리계획서를 첨부하여 시·도지사에게 제출하여야 한다.

③ 시·도지사는 다음의 어느 하나에 해당하는 경우를 제외하고는 허가하여야 한다.
㉠ 민영도매시장을 개설하려는 장소가 교통체증을 유발할 수 있는 위치에 있는 경우
㉡ 민영도매시장의 시설이 제67조 제2항에 따른 기준에 적합하지 아니한 경우
㉢ 운영관리계획서의 내용이 실현 가능하지 아니한 경우
㉣ 그 밖에 이 법 또는 다른 법령에 따른 제한에 위반되는 경우
④ 시·도지사는 민영도매시장 개설허가의 신청을 받은 경우 신청서를 받은 날부터 30일 이내에 허가 여부 또는 허가처리 지연 사유를 신청인에게 통보하여야 한다. 이 경우 허가 처리기간에 허가 여부 또는 허가처리 지연 사유를 통보하지 아니하면 허가 처리기간의 마지막 날의 다음 날에 허가를 한 것으로 본다.
⑤ 시·도지사는 허가처리 지연 사유를 통보하는 경우에는 허가 처리기간을 10일 범위에서 한 번만 연장할 수 있다.

(2) 민영도매시장의 운영(법 제48조)

① 민영도매시장의 개설자는 중도매인, 매매참가인, 산지유통인 및 경매사를 두어 직접 운영하거나 시장도매인을 두어 이를 운영하게 할 수 있다.
② 민영도매시장의 중도매인은 민영도매시장의 개설자가 지정한다.
③ 농수산물을 수집하여 민영도매시장에 출하하려는 자는 민영도매시장의 개설자에게 산지유통인으로 등록하여야 한다.
④ 민영도매시장의 경매사는 민영도매시장의 개설자가 임면한다.
⑤ 민영도매시장의 시장도매인은 민영도매시장의 개설자가 지정한다.

3 농수산물산지유통센터

(1) 산지판매제도의 확립(법 제49조)

① **산지 유통대책** : 농림수협등 또는 공익법인은 생산지에서 출하되는 주요 품목의 농수산물에 대하여 산지경매제를 실시하거나 계통출하를 확대하는 등 생산자 보호를 위한 판매대책 및 선별·포장·저장 시설의 확충 등 산지 유통대책을 수립·시행하여야 한다.
② **판매방법**
㉠ 농림수협등 또는 공익법인은 경매 또는 입찰의 방법으로 창고경매, 포전경매 또는 선상경매 등을 할 수 있다.
㉡ 창고경매나 포전경매를 하려는 경우 생산농가로부터 위임을 받아 창고 또는 포전상태로 상장하되, 품목의 작황·품질·생산량 및 시중가격 등을 고려하여 미리 예정가격을 정할 수 있다.

(2) 농수산물집하장의 설치 · 운영(법 제50조)

① 설치 · 운영 목적

㉠ 생산자단체 또는 공익법인은 농수산물을 대량 소비지에 직접 출하할 수 있는 유통체제를 확립하기 위하여 필요한 경우에는 농수산물집하장을 설치 · 운영할 수 있다.

㉡ 국가와 지방자치단체는 농수산물집하장의 효과적인 운영과 생산자의 출하편의를 도모할 수 있도록 그 입지 선정과 도로망의 개설에 협조하여야 한다.

② **공판장으로의 전용 :** 생산자단체 또는 공익법인은 운영하고 있는 농수산물집하장 중 공판장의 시설기준을 갖춘 집하장을 **시 · 도지사의 승인**을 받아 공판장으로 운영할 수 있다.

(3) 농수산물산지유통센터의 설치 · 운영(법 제51조)

① 국가나 지방자치단체는 농수산물의 선별 · 포장 · 규격출하 · 가공 · 판매 등을 촉진하기 위하여 농수산물산지유통센터를 설치하여 운영하거나 이를 설치하려는 자에게 부지 확보 또는 시설물 설치 등에 필요한 지원을 할 수 있다.

② 국가나 지방자치단체는 농수산물산지유통센터의 운영을 생산자단체 또는 전문유통업체에 위탁할 수 있다.

4 포전매매 계약(법 제53조)

(1) 개념 및 계약방법

농림축산식품부장관이 정하는 채소류 등 저장성이 없는 농산물에 대하여 생산자가 수확하기 이전의 경작상태에서 면적단위 또는 수량단위로 매매하는 것을 말한다. 포전매매의 계약은 **서면에 의한 방식**으로 하여야 한다.

(2) 계약의 해제

농산물의 포전매매의 계약은 특약이 없으면 매수인이 그 농산물을 계약서에 적힌 **반출 약정일부터 10일 이내**에 반출하지 아니한 경우에는 그 기간이 지난 날에 계약이 해제된 것으로 본다. 다만, 매수인이 반출 약정일이 지나기 전에 반출 지연 사유와 반출 예정일을 서면으로 통지한 경우에는 그러하지 아니하다.

(3) 표준계약서

농림축산식품부장관은 포전매매의 계약에 필요한 표준계약서를 정하여 보급하고 그 사용을 권장할 수 있으며, 계약당사자는 표준계약서에 준하여 계약하여야 한다.

(4) 계약의 신고

농림축산식품부장관과 지방자치단체의 장은 생산자 및 소비자의 보호나 농산물의 가격 및 수급의 안정을 위하여 필요하다고 인정할 때에는 대상 품목, 대상 지역 및 신고기간 등을 정하여 계약 당사자에게 포전매매 계약의 내용을 **신고하도록 할 수 있다.**

07 농산물가격안정기금 ★

1 농산물가격안정기금의 설치(법 제54조)

정부는 농산물(축산물 및 임산물을 포함)의 원활한 수급과 가격안정을 도모하고 유통구조의 개선을 촉진하기 위한 재원을 확보하기 위하여 농산물가격안정기금(이하 "기금"이라 한다)을 설치한다.

2 기금의 조성(법 제55조) ★

(1) 기금의 조성 재원

1. 정부의 출연금
2. 기금 운용에 따른 수익금
3. 제9조의2 제3항, 제16조 제2항 및 다른 법률의 규정에 따라 납입되는 금액
4. 다른 기금으로부터의 출연금

(2) 기금의 차입

농림축산식품부장관은 기금의 운영에 필요하다고 인정할 때에는 기금의 부담으로 **한국은행** 또는 다른 기금으로부터 자금을 차입할 수 있다.

(3) 기금의 운용 · 관리(법 제56조)

① 기금은 국가회계원칙에 따라 농림축산식품부장관이 운용 · 관리한다.
② 기금의 운용 · 관리에 관한 농림축산식품부장관의 업무는 대통령령으로 정하는 바에 따라 그 일부를 국립종자원장과 한국농수산식품유통공사의 장에게 위임 또는 위탁할 수 있다.

3 기금의 용도(법 제57조)

(1) 기금을 융자 또는 대출할 수 있는 사업 ★

1. 농산물의 가격조절과 생산·출하의 장려 또는 조절
2. 농산물의 수출 촉진
3. 농산물의 보관·관리 및 가공
4. 도매시장, 공판장, 민영도매시장 및 경매식 집하장(제50조에 따른 농수산물집하장 중 제33조에 따른 경매 또는 입찰의 방법으로 농수산물을 판매하는 집하장을 말한다)의 출하촉진·거래대금정산·운영 및 시설설치
5. 농산물의 상품성 향상
6. 그 밖에 농림축산식품부장관이 농산물의 유통구조 개선, 가격안정 및 종자산업의 진흥을 위하여 필요하다고 인정하는 사업

(2) 기금의 지출 대상사업

1. 「농수산자조금의 조성 및 운용에 관한 법률」에 따른 농수산자조금에 대한 출연 및 지원
2. 과잉생산시 생산자보호, 몰수농산물 등의 이관, 비축사업 및 「종자산업법」에 따른 사업 및 그 사업의 관리
3. 제12조에 따른 유통명령 이행자에 대한 지원
4. 기금이 관리하는 유통시설의 설치·취득 및 운영
5. 도매시장 시설현대화 사업 지원
6. 농산물의 가공·포장 및 저장기술의 개발, 브랜드 육성, 저온유통, 유통정보화 및 물류표준화의 촉진
7. 농산물의 유통구조 개선 및 가격안정사업과 관련된 조사·연구·홍보·지도·교육훈련 및 해외시장개척
8. 종자산업의 진흥과 관련된 우수 종자의 품종육성·개발, 우수 유전자원의 수집 및 조사·연구
9. 식량작물과 축산물을 제외한 농산물의 유통구조 개선을 위한 생산자의 공동이용시설에 대한 지원
10. 농산물 가격안정을 위한 안전성 강화와 관련된 조사·연구·홍보·지도·교육훈련 및 검사·분석시설 지원

(3) 기금의 위탁

① 기금의 대출에 관한 농림축산식품부장관의 업무는 기금의 융자를 받을 수 있는 자에게 위탁할 수 있다.

② 기금을 융자받거나 대출받은 자는 융자 또는 대출을 할 때에 지정한 목적 외의 목적에 그 융자금 또는 대출금을 사용할 수 없다.

(4) 여유자금의 운용

농림축산식품부장관은 기금의 여유자금을 다음의 방법으로 운용할 수 있다.

① 「은행법」에 따른 은행에 예치

② 국채·공채, 그 밖에 「자본시장과 금융투자업에 관한 법률」 제4조에 따른 증권의 매입

08 농수산물 유통기구의 정비

1 정비기본방침(법 제62조)

농림축산식품부장관 또는 해양수산부장관은 농수산물의 원활한 수급과 유통질서를 확립하기 위하여 필요한 경우에는 다음의 사항을 포함한 농수산물 유통기구 정비기본방침을 수립하여 고시할 수 있다.

1. 유통시설의 개선 등 시설기준에 미달하거나 거래물량에 비하여 시설이 부족하다고 인정되는 도매시장·공판장 및 민영도매시장의 시설 정비에 관한 사항
2. 도매시장·공판장 및 민영도매시장 시설의 바꿈 및 이전에 관한 사항
3. 중도매인 및 경매사의 가격조작 방지에 관한 사항
4. 생산자와 소비자 보호를 위한 유통기구의 봉사 경쟁체제의 확립과 유통경로의 단축에 관한 사항
5. 운영실적이 부진하거나 휴업 중인 도매시장의 정비 및 **도매시장법인**이나 **시장도매인**의 교체에 관한 사항
6. **소매상**의 시설 개선에 관한 사항

2 농수산물종합유통센터의 설치(법 제69조) ★

(1) 국가나 지방자치단체는 종합유통센터를 설치하여 생산자단체 또는 전문유통업체에 그 운영을 위탁할 수 있다.

(2) 농림축산식품부장관, 해양수산부장관 또는 지방자치단체의 장은 종합유통센터가 효율적으로 그 기능을 수행할 수 있도록 종합유통센터를 운영하는 자 또는 이를 이용하는 자에게 그 운영방법 및 출하 농어가에 대한 서비스의 개선 또는 이용방법의 준수 등 필요한 권고를 할 수 있다.

(3) 농림축산식품부장관, 해양수산부장관 또는 지방자치단체의 장은 종합유통센터를 운영하는 자 및 지원을 받아 종합유통센터를 운영하는 자가 권고를 이행하지 아니하는 경우에는 일정한 기간을 정하여 운영방법 및 출하 농어가에 대한 서비스의 개선 등 필요한 조치를 할 것을 명할 수 있다.

(4) 종합유통센터 건설사업계획서에 포함될 사항

1. 신청지역의 농수산물유통시설현황, 종합유통센터의 건설 필요성 및 기대효과
2. 운영자의 선정계획, 세부적인 운영방법과 물량처리계획이 포함된 운영계획서 및 운영수지분석
3. 부지·시설 및 물류장비의 확보와 운영에 필요한 자금조달계획
4. 그 밖에 농림축산식품부장관, 해양수산부장관 또는 지방자치단체의 장이 종합유통센터 건설의 타당성 검토를 위하여 필요하다고 판단하여 정하는 사항

3 농수산물종합유통센터의 시설기준(시행규칙 제46조 제3항 관련 별표 3) ★

구분	기준
부지	20,000m^2 이상
건물	10,000m^2 이상
시설	1. 필수시설 가. 농수산물의 처리를 위한 집하·배송시설 나. 포장·가공시설 다. 저온저장고 라. 사무실·전산실 마. 농산물품질관리실 바. 거래처주재원실 및 출하주대기실 사. 오수·폐수시설 아. 주차시설 2. 편의시설 가. 직판장 나. 수출지원실 다. 휴게실 라. 식당 마. 금융기관 등의 점포 바. 그 밖에 이용자의 편의를 위하여 필요한 시설

4 농수산물 전자거래의 촉진(법 제70조의2) ★

(1) 농림축산식품부장관 또는 해양수산부장관은 농수산물 전자거래를 촉진하기 위하여 한국농수산식품유통공사 및 농수산물 거래와 관련된 업무경험 및 전문성을 갖춘 기관으로서 대통령령으로 정하는 기관에 다음의 업무를 수행하게 할 수 있다.

1. 농수산물 전자거래소(농수산물 전자거래장치와 그에 수반되는 물류센터 등의 부대시설을 포함한다)의 설치 및 운영·관리
2. 농수산물 전자거래 참여 판매자 및 구매자의 등록·심사 및 관리
3. 농수산물 전자거래 분쟁조정위원회에 대한 운영 지원
4. 대금결제 지원을 위한 정산소의 운영·관리
5. 농수산물 전자거래에 관한 유통정보 서비스 제공
6. 그 밖에 농수산물 전자거래에 필요한 업무

(2) 지원사항

농림축산식품부장관 또는 해양수산부장관은 농수산물 전자거래를 활성화하기 위하여 예산의 범위에서 필요한 지원을 할 수 있다.

(3) 농수산물 전자거래 분쟁조정위원회의 설치

① **설치** : 농수산물 전자거래에 관한 분쟁을 조정하기 위하여 농수산물 전자거래 분쟁조정위원회를 둔다.

② **위원의 임명** : 분쟁조정위원회는 위원장 1명을 포함하여 9명 이내의 위원으로 구성하고, 위원은 농림축산식품부장관 또는 해양수산부장관이 임명하거나 위촉하며, 위원장은 위원 중에서 호선한다.

③ **분쟁의 조정**

㉠ 농수산물 전자거래와 관련한 분쟁의 조정을 받으려는 자는 분쟁조정위원회에 분쟁의 조정을 신청할 수 있다.

㉡ 분쟁조정위원회는 분쟁조정 신청을 받은 날부터 **20일** 이내에 조정안을 작성하여 분쟁 당사자에게 이를 권고하여야 한다. 다만, 부득이한 사정으로 그 기한을 연장하려는 경우에는 그 사유와 기한을 명시하고 분쟁 당사자에게 통보하여야 한다.

㉢ 분쟁조정위원회는 권고를 하기 전에 분쟁 당사자 간의 합의를 권고할 수 있다.

㉣ 분쟁 당사자가 조정안에 동의하면 분쟁조정위원회는 조정서를 작성하여야 하며, 분쟁 당사자로 하여금 이에 기명·날인하도록 한다.

5 유통정보화의 촉진 및 거래질서 유지(법 제72조)

(1) 유통정보화의 촉진

① **유통정보화사업의 지원** : 농림축산식품부장관 또는 해양수산부장관은 유통정보의 원활한 수집·처리 및 전파를 통하여 농수산물의 유통효율 향상에 이바지할 수 있도록 농수산물 유통정보화와 관련한 사업을 지원하여야 한다.

② **교육 및 홍보 지원** : 농림축산식품부장관 또는 해양수산부장관은 정보화사업을 추진하기 위하여 정보기반의 정비, 정보화를 위한 교육 및 홍보사업을 직접 수행하거나 이에 필요한 지원을 할 수 있다.

(2) 유통구조 개선 등을 위한 재정 지원

정부는 농수산물 유통구조 개선과 유통기구의 육성을 위하여 도매시장·공판장 및 민영도매시장의 개설자에 대하여 예산의 범위에서 융자하거나 보조금을 지급할 수 있다.

(3) 거래질서의 유지

① 누구든지 도매시장에서의 정상적인 거래와 도매시장 개설자가 정하여 고시하는 시설물의 사용기준을 위반하거나 적절한 위생·환경의 유지를 저해하여서는 아니 된다. 이 경우 도매시장 개설자는 도매시장에서의 거래질서가 유지되도록 필요한 조치를 하여야 한다.

② 농림축산식품부장관, 해양수산부장관, 도지사 또는 도매시장 개설자는 대통령령으로 정하는 바에 따라 소속 공무원으로 하여금 이 법을 위반하는 자를 단속하게 할 수 있다.

6 도매시장거래 분쟁조정위원회의 설치(법 제78조의2)

(1) 조정위원회의 설치

① 도매시장 내 농수산물의 거래 당사자 간의 분쟁에 관한 사항을 조정하기 위하여 도매시장 개설자 소속으로 도매시장거래 분쟁조정위원회를 두어야 한다.

② 조정위원회의 구성

㉠ 도매시장거래 분쟁조정위원회는 위원장 1명을 포함하여 **9명** 이내의 위원으로 구성한다.

㉡ 조정위원회의 위원장은 위원 중에서 도매시장 개설자가 지정하는 사람으로 한다.

③ 조정위원회의 심의·조정사항

1. 낙찰자 결정에 관한 분쟁
2. 낙찰가격에 관한 분쟁
3. 거래대금의 지급에 관한 분쟁
4. 그 밖에 도매시장 개설자가 특히 필요하다고 인정하는 분쟁

④ 분쟁조정을 신청받은 조정위원회는 신청을 받은 날부터 **30일** 이내에 분쟁 사항을 심의·조정하여야 한다. 이 경우 조정위원회는 필요하다고 인정하는 경우 분쟁 당사자의 의견을 들을 수 있다(시행령 제36조의3).

⑤ 중앙도매시장 개설자 소속 조정위원회 위원 중 **3분의 1** 이상은 농림축산식품부장관 또는 해양수산부장관이 추천하는 위원이어야 한다.

⑥ 조정위원회는 분쟁에 대한 심의·조정 전 책임 소재의 판단, 손실지원의 수준 권고·제시 등을 위하여 분쟁조정관을 둘 수 있다.

⑦ 도매시장 개설자는 조정위원회의 차년도 운영계획, 전년도 개최실적, 전년도 분쟁 조정 사항 등을 농림축산식품부장관 또는 해양수산부장관에게 매년 보고하여야 한다.

(2) 분쟁조정관의 임명·위촉자격·운영

① 도매시장개설자는 변호사 또는 경매사 자격을 취득한 후 해당 분야에서 3년 이상 근무한 경력이 있는 사람 등에 해당하는 사람을 분쟁조정관으로 임명하거나 위촉할 수 있다.

② 분쟁 당사자는 분쟁조정 신청을 하기 전에 분쟁조정관에게 책임 소재의 판단, 손실 지원의 수준 권고·제시 등의 조치를 요청할 수 있다.

③ ②에 따라 요청을 받은 분쟁조정관은 그 요청을 받은 날부터 **15일** 이내에 관련 조치를 해야 한다.

09 보칙

1 과징금(법 제83조)

(1) 농림축산식품부장관, 해양수산부장관, 시·도지사 또는 도매시장 개설자는 도매시장법인등이 허가 취소 등에 해당하거나 중도매인이 허가 취소 등에 해당하여 업무정지를 명하려는 경우, 그 업무의 정지가 해당 업무의 이용자 등에게 심한 불편을 주거나 공익을 해칠 우려가 있을 때에는 업무의 정지를 갈음하여 **도매시장법인등에는 1억원** 이하, **중도매인에게는 1천만원** 이하의 과징금을 부과할 수 있다.

(2) 농림축산식품부장관, 해양수산부장관, 시·도지사 또는 도매시장 개설자는 과징금을 내야 할 자가 납부기한까지 내지 아니하면 납부기한이 지난 후 15일 이내에 10일 이상 15일 이내의 납부기한을 정하여 독촉장을 발부하여야 한다.

(3) 농림축산식품부장관, 해양수산부장관, 시·도지사 또는 도매시장 개설자는 독촉을 받은 자가 그 납부기한까지 과징금을 내지 아니하면 과징금 부과처분을 취소하고 업무정지처분을 하거나 국세 체납처분의 예 또는 「지방행정제재·부과금의 징수 등에 관한 법률」에 따라 과징금을 징수한다.

2 청문(법 제84조)

농림축산식품부장관, 해양수산부장관, 시·도지사 또는 도매시장 개설자는 다음의 어느 하나에 해당하는 처분을 하려면 청문을 하여야 한다.

1. 도매시장법인등의 지정취소 또는 승인취소
2. 중도매업의 허가취소 또는 산지유통인의 등록취소

CHAPTER 07 기출 & 실력 다잡기

01 **농수산물 유통 및 가격안정에 관한 법령상 「유통산업발전법」의 규정이 적용되지 않는 시장 또는 사업장이 아닌 것은?**

① 중앙도매시장
② 농수산물공판장
③ 민영농수산물도매시장
④ 총매출액 중 농수산물의 매출액 비중이 51퍼센트 이상인 임시시장
⑤ 농수산물종합유통센터

해설 **다른 법률의 적용 배제**(법 제3조) : 이 법에 따른 농수산물도매시장, 농수산물공판장, 민영농수산물도매시장 및 농수산물종합유통센터에 대하여는 「유통산업발전법」의 규정을 적용하지 아니한다.

02 **다음 중 유통조절명령에 포함되어야 하는 사항이 아닌 것은?**

① 유통조절명령의 이유(수급・가격・소득의 분석자료를 포함한다)
② 대상 품목의 가격
③ 기간 및 지역
④ 생산조정 또는 출하조절의 방안
⑤ 명령이행 확인의 방법 및 명령 위반자에 대한 제재조치

해설 유통조절명령에는 다음의 사항이 포함되어야 한다(시행령 제11조).

1. 유통조절명령의 이유(수급・가격・소득의 분석자료를 포함한다)
2. 대상 품목
3. 기간
4. 지역
5. 대상자
6. 생산조정 또는 출하조절의 방안
7. 명령이행 확인의 방법 및 명령 위반자에 대한 제재조치
8. 사후관리와 그 밖에 농림축산식품부장관 또는 해양수산부장관이 유통조절에 관하여 필요하다고 인정하는 사항

정답 01 ④ 02 ②

03 **농산물의 원활한 수급과 가격안정을 도모하고 유통구조의 개선을 촉진하기 위하여 설치한 농산물가격안정기금에서 지출할 수 있는 대상사업에 해당하지 않는 것은?**

① 식량작물과 축산물의 유통구조 개선을 위한 생산자의 공동이용시설에 대한 지원
② 종자산업의 진흥과 관련된 우수 종자의 품종육성・개발, 우수 유전자원의 수집 및 조사
③ 농산물의 가공・포장 및 저장기술의 개발, 브랜드 육성, 저온유통, 유통정보화 및 물류표준화의 촉진
④ 농산물의 유통구조 개선 및 가격안정사업과 관련된 조사・연구・홍보・지도・교육훈련 및 해외시장개척
⑤ 농산물 가격안정을 위한 안전성 강화와 관련된 조사・연구・홍보・지도・교육훈련 및 검사・분석시설 지원

해설 **농산물가격안정기금의 지출 대상사업**(시행령 제23조) : 법 제57조 제2항 제5호에 따라 기금에서 지출할 수 있는 사업은 다음과 같다.

1. 농산물의 가공・포장 및 저장기술의 개발, 브랜드 육성, 저온유통, 유통정보화 및 물류표준화의 촉진
2. 농산물의 유통구조 개선 및 가격안정사업과 관련된 조사・연구・홍보・지도・교육훈련 및 해외시장개척
3. 종자산업의 진흥과 관련된 우수 종자의 품종육성・개발, 우수 유전자원의 수집 및 조사・연구
4. 식량작물과 축산물을 제외한 농산물의 유통구조 개선을 위한 생산자의 공동이용시설에 대한 지원
5. 농산물 가격안정을 위한 안전성 강화와 관련된 조사・연구・홍보・지도・교육훈련 및 검사・분석시설 지원

04 **농수산물 유통 및 가격안정에 관한 법령상 농수산물의 생산조정 및 출하조절에 관한 설명으로 옳지 않은 것은?**

① 주산지의 지정은 시・도 단위로 한다.
② 시・도지사는 지정된 주산지가 지정요건에 적합하지 아니하게 되었을 때에는 그 지정을 변경하거나 해제할 수 있다.
③ 농림축산식품부장관 또는 해양수산부장관은 예시가격을 결정할 때에는 미리 기획재정부장관과 협의하여야 한다.
④ 농림축산식품부장관은 몰수농산물 등의 처분업무를 농업협동조합중앙회 또는 한국농수산식품유통공사 중에서 지정하여 대행하게 할 수 있다.
⑤ 농림축산식품부장관 또는 해양수산부장관은 유통명령이 이행될 수 있도록 유통명령의 내용에 관한 홍보, 유통명령 위반자에 대한 제재 등 필요한 조치를 하여야 한다.

해설 주산지의 지정은 읍・면・동 또는 시・군・구 단위로 한다(시행령 제4조).

정답 03 ① 04 ①

05 **농수산물 유통 및 가격안정에 관한 법령상 주산지의 지정 및 해제 등에 관한 설명으로 옳지 않은 것은?**

① 주산지의 지정은 읍·면·동 또는 시·군·구 단위로 한다.
② 농림축산식품부장관이 주산지를 지정할 경우 시·도지사에게 이를 통지하여야 한다.
③ 시·도지사는 지정된 주산지가 지정요건에 적합하지 아니하게 되었을 때에는 그 지정을 변경하거나 해제할 수 있다.
④ 시·도지사는 지정된 주산지에서 주요 농수산물을 생산하는 자에 대하여 생산자금의 융자 및 기술지도 등 필요한 지원을 할 수 있다.
⑤ 주산지는 주요 농수산물 재배면적 또는 양식면적이 농림축산식품부장관 또는 해양수산부장관이 고시하는 면적 이상이어야 한다.

해설 ② 주산지의 지정은 농림축산식품부장관이 아니라 시·도지사가 한다.

06 **농수산물 유통 및 가격안정에 관한 법령상 농림축산식품부장관의 권한에 해당하는 것은?**

① 양곡부류와 청과부류를 종합한 중앙도매시장의 개설
② 중앙도매시장 개설자의 업무규정 변경
③ 경매사의 임면
④ 수입이익금의 부과·징수
⑤ 시의 도매시장 폐쇄

해설 ④ 농림축산식품부장관은 제15조 제1항에 따른 추천을 받아 농산물을 수입하는 자 중 농림축산식품부령으로 정하는 품목의 농산물을 수입하는 자에 대하여 농림축산식품부령으로 정하는 바에 따라 국내가격과 수입가격 간의 차액의 범위에서 수입이익금을 부과·징수할 수 있다(법 제16조 제1항).
① 특별시·광역시·특별자치시 또는 특별자치도가 개설
② 중앙도매시장의 개설자가 업무규정을 변경하는 때에는 농림축산식품부장관 또는 해양수산부장관의 승인을 받아야 하며, 지방도매시장의 개설자(시가 개설자인 경우만 해당한다)가 업무규정을 변경하는 때에는 도지사의 승인을 받아야 한다.
③ 경매사는 도매시장법인이 임면한다.
⑤ 도지사의 허가

정답 05 ② 06 ④

07 **농수산물 유통 및 가격안정에 관한 법령상 농수산물도매시장의 개설·폐쇄에 관한 설명으로 옳지 않은 것은?**

① 시가 지방도매시장을 개설하려면 도지사에게 신고하여야 한다.
② 특별시·광역시·특별자치시 및 특별자치도가 도매시장을 폐쇄하는 경우 그 3개월 전에 이를 공고하여야 한다.
③ 특별시·광역시·특별자치시 또는 특별자치도가 도매시장을 개설하려면 미리 업무규정과 운영관리계획서를 작성하여야 한다.
④ 도매시장은 양곡부류·청과부류·축산부류·수산부류·화훼부류 및 약용작물부류별로 개설하거나 둘 이상의 부류를 종합하여 개설한다.
⑤ 도매시장의 명칭에는 그 도매시장을 개설한 지방자치단체의 명칭이 포함되어야 한다.

해설 ① 도지사에게 신고 → 도지사의 허가

08 **다음 중 도매시장에 관한 설명으로 옳지 않은 것은?**

① 시가 개설하는 지방도매시장의 개설구역에 인접한 구역으로서 그 지방도매시장이 속한 도의 일정 구역에 대하여는 해당 도지사가 그 지방도매시장의 개설구역으로 편입하게 할 수 있다.
② 도매시장 개설자는 관리사무소 또는 시장관리자로 하여금 시설물관리, 거래질서 유지, 유통 종사자에 대한 지도·감독 등에 관한 업무범위를 정하여 해당 도매시장 또는 그 개설구역에 있는 도매시장의 관리업무를 수행하게 할 수 있다.
③ 도매시장 개설자는 소속 공무원으로 구성된 도매시장 관리사무소를 두거나 농림수협중앙회를 시장관리자로 지정하여야 한다.
④ 도매시장법인은 도매시장 개설자가 부류(部類)별로 지정하되, 중앙도매시장에 두는 도매시장법인의 경우에는 농림축산식품부장관 또는 해양수산부장관과 협의하여 지정한다.
⑤ 도매시장법인이 다른 도매시장법인을 인수하거나 합병하는 경우에는 해당 도매시장 개설자의 승인을 받아야 한다.

해설 ③ 도매시장 개설자는 소속 공무원으로 구성된 도매시장 관리사무소를 두거나 「지방공기업법」에 따른 지방공사, 제24조의 공공출자법인 또는 한국농수산식품유통공사 중에서 시장관리자를 지정할 수 있다(법 제21조 제1항).
① 법 제18조 제2항 단서, ② 법 제21조 제2항, ④ 법 제23조 제1항, ⑤ 법 제23조의2 제1항

정답 07 ① 08 ③

09 **농수산물 유통 및 가격안정에 관한 법률상 농수산물도매시장에 관한 설명으로 옳은 것은?**

① 도매시장은 중앙도매시장의 경우에는 시·도가 개설하고, 지방도매시장의 경우에는 시·군·구가 개설한다.

② 중앙도매시장의 개설자가 업무규정을 변경하는 때에는 농림축산식품부장관 또는 산업통상자원부장관의 승인을 받아야 한다.

③ 도매시장법인은 도매시장 개설자가 부류별로 지정하되, 3년 이상 10년 이하의 범위에서 지정 유효기간을 설정할 수 있다.

④ 상품성 향상을 위한 규격화는 도매시장 개설자의 의무사항에 포함된다.

⑤ 도매시장법인이 다른 도매시장법인을 인수하거나 합병하는 경우에는 해당 도매시장 개설자에게 신고하여야 한다.

해설 ① 도매시장은 중앙도매시장의 경우에는 특별시·광역시·특별자치시 또는 특별자치도가 개설하고, 지방도매시장의 경우에는 특별시·광역시·특별자치시·특별자치도 또는 시가 개설한다(법 제17조 제1항).
② 중앙도매시장의 개설자가 업무규정을 변경하는 때에는 농림축산식품부장관 또는 해양수산부장관의 승인을 받아야 하며, 지방도매시장의 개설자(시가 개설자인 경우)가 업무규정을 변경하는 때에는 도지사의 승인을 받아야 한다(법 제17조 제5항).
③ 3년 이상 10년 이하 → 5년 이상 10년 이하(법 제23조 제1항)
⑤ 신고하여야 한다. → 승인을 받아야 한다(법 제23조의2 제1항).

10 **농수산물 유통 및 가격안정에 관한 법령상 농수산물도매시장의 개설 등에 관한 설명으로 옳지 않은 것은?**

① 중앙도매시장의 경우는 특별시·광역시·특별자치시 또는 특별자치도가 개설하고, 지방도매시장의 경우는 특별시·광역시·특별자치시·특별자치도 또는 시가 개설한다.

② 특별시·광역시·특별자치도 또는 시가 도매시장을 개설하려는 경우에는 미리 농림축산식품부장관의 허가를 받아야 한다.

③ 중앙도매시장에는 부류마다 도매시장 개설자가 부류별로 지정한 도매시장법인을 두어야 한다.

④ 특별시는 중앙도매시장 및 지방도매시장 모두 개설 가능하다.

⑤ 시가 지방도매시장을 폐쇄하고자 하는 때에는 그 3개월 전에 도지사의 허가를 받아야 하며, 특별시·광역시·특별자치시 및 특별자치도가 도매시장을 폐쇄하는 경우에는 그 3개월 전에 이를 공고하여야 한다.

해설 특별시·광역시·특별자치시·특별자치도 또는 시가 개설하되, 다만 시가 지방도매시장을 개설하려면 도지사의 허가를 받아야 한다(법 제17조 제1항).

정답 09 ④ 10 ②

11 **농수산물 유통 및 가격안정에 관한 법령상 도매시장 개설자가 거래 관계자의 편익과 소비자 보호를 위해 이행하여야 하는 사항이 아닌 것은?**

① 도매시장 시설의 정비·개선
② 농수산물의 가격안정을 위한 비축용 농수산물의 수매
③ 경쟁 촉진과 공정한 거래질서의 확립 및 환경 개선
④ 상품성 향상을 위한 규격화, 포장 개선 및 선도 유지의 촉진
⑤ 도매시장 시설의 합리적인 관리

해설 도매시장 개설자는 거래 관계자의 편익과 소비자 보호를 위하여 다음의 사항을 이행하여야 한다(법 제20조).

1. 도매시장 시설의 정비·개선과 합리적인 관리
2. 경쟁 촉진과 공정한 거래질서의 확립 및 환경 개선
3. 상품성 향상을 위한 규격화, 포장 개선 및 선도 유지의 촉진

12 **농수산물 유통 및 가격안정에 관한 법령상 도매시장법인이 입하된 농산물의 수탁을 거부할 수 있는 사유가 아닌 것은?**

① 산지유통인이 도매시장법인에 거래보증금을 납부하지 않은 경우
② 도매시장 개설자가 업무규정으로 정하는 최소출하량의 기준에 미달되는 경우
③ 유통명령을 위반하여 출하하는 경우
④ 출하자 신고를 하지 아니하고 출하하는 경우
⑤ 안전성 검사 결과 기준에 미달한 경우

해설 **수탁의 거부금지**(법 제38조) : 도매시장법인 또는 시장도매인은 그 업무를 수행할 때에 다음의 어느 하나에 해당하는 경우를 제외하고는 입하된 농수산물의 수탁을 거부·기피하거나 위탁받은 농수산물의 판매를 거부·기피하거나, 거래 관계인에게 부당한 차별대우를 하여서는 아니 된다.

1. 유통명령을 위반하여 출하하는 경우
2. 출하자 신고를 하지 아니하고 출하하는 경우
3. 안전성 검사 결과 그 기준에 미달되는 경우
4. 도매시장 개설자가 업무규정으로 정하는 최소출하량의 기준에 미달되는 경우
5. 그 밖에 환경 개선 및 규격출하 촉진 등을 위하여 대통령령으로 정하는 경우

정답 **11** ② **12** ①

13 **농수산물 유통 및 가격안정에 관한 법령상 도매시장법인이 농산물을 매수하여 도매할 수 있는 경우에 해당하지 않는 것은?**

① 농림축산식품부장관 또는 해양수산부장관의 수매에 응하기 위하여 필요한 경우
② 거래의 특례에 따라 다른 도매시장법인 또는 시장도매인으로부터 매수하여 도매하는 경우
③ 물품의 특성상 외형을 변형하는 등 가공하여 도매하여야 하는 경우로서 도매시장 개설자가 업무규정으로 정하는 경우
④ 해당 도매시장에서 주로 취급하지 아니하는 농산물의 품목을 갖추기 위하여 대상 품목과 기간을 정하여 도매시장 개설자의 승인을 받아 다른 도매시장으로부터 이를 매수하는 경우
⑤ 수탁판매의 방법으로는 적정한 거래물량의 확보가 어려운 경우로서 농림축산식품부장관이 고시하는 범위에서 시장도매인의 요청으로 그 시장도매인에게 정가・수의매매로 도매하기 위하여 필요한 물량을 매수하는 경우

해설 ⑤ 시장도매인 → 중도매인 또는 매매참가인

14 **농수산물 유통 및 가격안정에 관한 법령상 산지유통인에 대한 설명으로 틀린 것은?**

① 도매시장법인, 중도매인 및 이들의 주주 또는 임직원은 해당 도매시장에서 산지유통인의 업무를 하여서는 아니 된다.
② 도매시장 개설자는 이 법 또는 다른 법령에 따른 제한에 위배되는 경우를 제외하고는 산지유통인의 등록을 하여 주어야 한다.
③ 산지유통인은 등록된 도매시장에서 농수산물의 출하업무 외의 판매・매수 또는 중개업무를 하여서는 아니 된다.
④ 산지유통인이 출하업무 외의 행위를 한 경우에는 2년 이하의 징역 또는 2천만원 이하의 벌금에 처한다.
⑤ 도매시장 개설자는 등록을 하여야 하는 자가 등록을 하지 아니하고 산지유통인의 업무를 하는 경우에는 도매시장에의 출입을 금지・제한하거나 그 밖에 필요한 조치를 할 수 있다.

해설 ④ 1년 이하의 징역 또는 1천만원 이하의 벌금

정답 13 ⑤ 14 ④

15 농수산물 유통 및 가격안정에 관한 법률상 민영도매시장에 관한 설명으로 옳은 것은?

① 민간인등이 광역시 지역에 민영도매시장을 개설하려면 농림축산식품부장관의 허가를 받아야 한다.

② 민영도매시장 개설허가 신청에 대하여 시·도지사가 허가처리 지연 사유를 통보하는 경우에는 허가 처리기간을 10일 범위에서 한 번만 연장할 수 있다.

③ 시·도지사가 민영도매시장 개설 허가 처리기간에 허가 여부를 통보하지 아니하면 허가 처리기간의 마지막 날에 허가를 한 것으로 본다.

④ 민영도매시장의 개설자는 시장도매인을 두어 민영도매시장을 운영하게 할 수 없다.

⑤ 민영도매시장의 중도매인은 해당 민영도매시장을 관할하는 시·도지사가 지정한다.

해설 ① 민간인등이 특별시·광역시·특별자치시·특별자치도 또는 시 지역에 민영도매시장을 개설하려면 시·도지사의 허가를 받아야 한다(법 제47조 제1항).

③ 시·도지사가 민영도매시장 개설 허가 처리기간에 허가 여부를 통보하지 아니하면 허가 처리기간의 마지막 날의 다음 날에 허가를 한 것으로 본다(법 제47조 제5항).

④ 민영도매시장의 개설자는 중도매인, 매매참가인, 산지유통인 및 경매사를 두어 직접 운영하거나 시장도매인을 두어 이를 운영하게 할 수 있다(법 제48조 제1항).

⑤ 민영도매시장의 중도매인은 민영도매시장의 개설자가 지정한다(법 제48조 제2항).

16 농수산물 유통 및 가격안정에 관한 법령상 농수산물공판장(이하 '공판장'이라 함)에 관한 설명으로 옳지 않은 것은?

① 농림수협등, 생산자단체 또는 공익법인이 공판장의 개설승인을 받으려면 공판장 개설승인 신청서에 업무규정과 운영관리계획서 등 승인에 필요한 서류를 첨부하여 시·도지사에게 제출하여야 한다.

② 공판장 개설자가 업무규정을 변경한 경우에는 이를 시·도지사에게 보고하여야 한다.

③ 생산자단체가 구성원의 농수산물을 공판장에 출하하는 경우 공판장의 개설자에게 산지유통인으로 등록하여야 한다.

④ 공판장의 경매사는 공판장의 개설자가 임면한다.

⑤ 공판장의 중도매인은 공판장의 개설자가 지정한다.

해설 ③ 농수산물을 수집하여 공판장에 출하하려는 자는 공판장의 개설자에게 산지유통인으로 등록하여야 한다(법 제44조 제3항).

정답 15 ② 16 ③

17 **농수산물 유통 및 가격안정에 관한 법령상 농수산물공판장에 관한 설명으로 옳지 않은 것은?**

① 농림수협등, 생산자단체 또는 공익법인이 공판장을 개설하려면 시・도지사의 승인을 받아야 한다.

② 공판장에는 중도매인, 매매참가인, 산지유통인 및 경매사를 둘 수 있다.

③ 공판장의 경매사는 공판장의 개설자가 임면한다.

④ 공판장의 중도매인은 공판장의 개설자가 지정한다.

⑤ 공익법인이 운영하는 공판장의 개설승인 신청서에는 해당 공판장의 소재지를 관할하는 시장 또는 자치구의 구청장의 의견서를 첨부하여야 한다.

해설 공판장 개설승인 신청서에는 다음의 서류를 첨부하여야 한다(시행규칙 제40조).

1. 공판장의 업무규정. 다만, 도매시장의 업무규정에서 이를 정하는 도매시장공판장의 경우는 제외한다.
2. 운영관리계획서

18 **농수산물 유통 및 가격안정에 관한 법령상 중도매인(仲都賣人)에 관한 설명으로 옳지 않은 것은?**

① 중도매인의 업무를 하려는 자는 부류별로 해당 도매시장 개설자의 허가를 받아야 한다.

② 도매시장 개설자는 법인이 아닌 중도매인에게 중도매업의 허가를 하는 경우 3년 이상 10년 이하의 범위에서 허가 유효기간을 설정할 수 있다.

③ 중도매업의 허가를 받은 중도매인은 도매시장에 설치된 공판장에서는 그 업무를 할 수 없다.

④ 해당 도매시장의 다른 중도매인과 농수산물을 거래한 중도매인은 농림축산식품부령 또는 해양수산부령으로 정하는 바에 따라 그 거래 내역을 도매시장 개설자에게 통보하여야 한다.

⑤ 부류를 기준으로 연간 반입물량 누적비율이 하위 3퍼센트 미만에 해당하는 소량 품목의 경우 중도매인은 도매시장 개설자의 허가를 받아 도매시장법인이 상장하지 아니한 농수산물을 거래할 수 있다.

해설 ③ 중도매업의 허가를 받은 중도매인은 도매시장에 설치된 공판장에서도 그 업무를 할 수 있다(법 제26조).

19 **농수산물 유통 및 가격안정에 관한 법령상 농수산물종합유통센터의 시설기준에서 필수시설에 해당되지 않는 것은?**

① 농산물품질관리실

② 포장・가공시설

③ 직판장

④ 저온저장고

⑤ 농수산물의 처리를 위한 집하・배송시설

정답 17 ⑤ 18 ③ 19 ③

해설 농수산물종합유통센터의 시설기준(시행규칙 제46조 제3항 관련 별표 3)

필수시설	편의시설
가. 농수산물 처리를 위한 집하·배송시설 나. 포장·가공시설 다. 저온저장고 라. 사무실·전산실 마. 농산물품질관리실 바. 거래처주재원실 및 출하주대기실 사. 오수·폐수시설 아. 주차시설	가. 직판장 나. 수출지원실 다. 휴게실 라. 식당 마. 금융회사 등의 점포 바. 그 밖에 이용자의 편의를 위하여 필요한 시설

20 **다음 중 경매사의 임면 관련 결격사유에 해당하지 않는 것은?**

① 피성년후견인 또는 피한정후견인
② 금고 이상의 실형을 선고받고 그 형의 집행이 끝나거나 집행이 면제된 후 2년이 지나지 아니한 사람
③ 금고 이상의 형의 집행유예를 선고받거나 선고유예를 받고 그 유예기간 중에 있는 사람
④ 해당 도매시장의 시장도매인, 중도매인, 산지유통인 또는 그 임직원
⑤ 면직된 후 1년이 지나지 아니한 사람

해설 ⑤ 1년 → 2년

21 **농수산물 유통 및 가격안정에 관한 법령상 유통기구 정비기본방침에 포함되어야 하는 사항이 아닌 것은?**

① 도매시장·공판장 및 민영도매시장 시설의 바꿈 및 이전에 관한 사항
② 중도매인 및 경매사의 가격조작 방지에 관한 사항
③ 생산자와 소비자 보호를 위한 유통기구의 봉사 경쟁체제의 확립과 유통경로의 단축에 관한 사항
④ 운영실적이 부진하거나 휴업 중인 도매시장의 정비 및 도매시장법인이나 시장도매인의 교체에 관한 사항
⑤ 도매상의 시설 개선에 관한 사항

해설 ⑤ 소매상의 시설 개선에 관한 사항(법 제62조 제6호)

정답 20 ⑤ 21 ⑤

22 **다음 중 농수산물 전자거래와 관련된 내용으로 틀린 것은?**

① 분쟁조정위원회 위원이 해당 사건에 관하여 당사자의 대리인으로서 관여하거나 관여하였던 경우에는 위원 제척사항에 해당한다.

② 농수산물 전자거래와 관련한 분쟁의 조정을 받으려는 자는 분쟁조정위원회에 분쟁의 조정을 신청할 수 있다.

③ 분쟁조정위원회는 분쟁조정 신청을 받은 날부터 30일 이내에 조정안을 작성하여 분쟁 당사자에게 이를 권고하여야 한다. 다만, 부득이한 사정으로 그 기한을 연장하려는 경우에는 그 사유와 기한을 명시하고 분쟁 당사자에게 통보하여야 한다.

④ 분쟁조정위원회는 위 ③에 따른 권고를 하기 전에 분쟁 당사자 간의 합의를 권고할 수 있다.

⑤ 분쟁 당사자가 조정안에 동의하면 분쟁조정위원회는 조정서를 작성하여야 하며, 분쟁 당사자로 하여금 이에 기명·날인하도록 한다.

해설 분쟁조정위원회의 조정안 작성일은 신청받은 날부터 20일 이내에 작성하여 권고하여야 한다.

23 **농수산물 유통 및 가격안정에 관한 법령상 농산물가격안정기금에 관한 설명으로 옳은 것은?**

① 다른 기금으로부터의 출연금은 농산물가격안정기금의 재원으로 할 수 없다.

② 농산물의 수출 촉진사업을 위하여 농산물가격안정기금을 대출할 수 없다.

③ 농산물가격안정기금의 여유자금은 「자본시장과 금융투자업에 관한 법률」 제4조에 따른 증권의 매입의 방법으로 운용할 수 있다.

④ 농림축산식품부장관은 농산물가격안정기금의 여유자금의 운용에 관한 업무를 농업정책보험금융원의 장에게 위탁한다.

⑤ 농림축산식품부장관은 농산물가격안정기금의 수입과 지출을 명확히 하기 위하여 농협은행에 기금계정을 설치하여야 한다.

해설 ① **기금의 재원** : 정부의 출연금, 기금 운용에 따른 수익금, 몰수농산물 등의 처분으로 발생하는 비용 또는 매각·공매 대금, 수입이익금의 징수액 및 다른 법률의 규정에 따라 납입되는 금액, 다른 기금으로부터의 출연금

② 농산물의 수출 촉진사업을 위하여 기금을 대출할 수 있다.

④ 농업정책보험금융원의 장 → 한국농수산식품유통공사의 장

⑤ 농협은행 → 한국은행(시행령 제21조)

정답 22 ③ 23 ③

24 **다음 중 농수산물 전자거래의 촉진을 위해 농림축산식품부장관 또는 해양수산부장관이 한국농수산식품유통공사에 수행하게 할 수 있는 업무가 아닌 것은?**

① 농수산물 전자거래소의 설치 및 운영·관리
② 농수산물 전자거래 참여 판매자 및 구매자의 등록·심사 및 관리
③ 농수산물 전자거래 분쟁조정위원회에 대한 운영 지원
④ 대금결제 지원을 위한 정산소의 운영·관리
⑤ 농수산물 전자거래에 관한 물류정보설비의 제공

해설 ⑤ 농수산물 전자거래에 관한 물류정보설비의 제공 → 농수산물 전자거래에 관한 유통정보 서비스 제공(법 제70조의2 제1항)

25 **다음 중 농수산물 유통 및 가격안정에 관한 법률상 과징금에 대한 내용으로 틀린 것은?**

① 농림축산식품부장관, 해양수산부장관, 시·도지사 또는 도매시장 개설자는 도매시장법인 등에는 1억원 이하, 중도매인에게는 2천만원 이하의 과징금을 부과할 수 있다.
② 과징금을 부과하는 경우에는 위반행위의 내용 및 정도, 기간 및 횟수 등을 고려해야 한다.
③ 과징금을 내야 할 자가 납부기한까지 내지 아니하면 납부기한이 지난 후 15일 이내에 10일 이상 15일 이내의 납부기한을 정하여 독촉장을 발부하여야 한다.
④ 독촉을 받은 자가 그 납부기한까지 과징금을 내지 아니하면 과징금 부과처분을 취소하고 업무정지처분을 하거나 국세 체납처분의 예 또는 「지방행정제재·부과금의 징수 등에 관한 법률」에 따라 과징금을 징수한다.
⑤ 도매시장법인의 경우 연간 거래액이 100억원 미만인 경우 1일당 과징금액은 40,000원에 해당한다.

해설 ① 중도매인에게는 1,000만원 이하의 과징금을 부과할 수 있다(법 제83조 제1항).

정답 24 ⑤ 25 ①

물류
관리사

부록

물류관련법규

28회 기출문제

물류관리사

제 28회 물류관련법규

01 **물류정책기본법령상 물류정책위원회에 관한 설명으로 옳지 않은 것은?**

① 물류보안에 관한 중요 정책 사항은 국가물류정책위원회의 심의·조정 사항에 포함된다.
② 국가물류정책위원회의 분과위원회가 국가물류정책위원회에서 위임한 사항을 심의·조정한 때에는 분과위원회의 심의·조정을 국가물류정책위원회의 심의·조정으로 본다.
③ 국가물류정책위원회에 둘 수 있는 전문위원회는 녹색물류전문위원회와 생활물류전문위원회이다.
④ 지역물류정책에 관한 주요 사항을 심의하기 위하여 국토교통부장관 소속으로 지역물류정책위원회를 둘 수 있다.
⑤ 지역물류정책위원회는 위원장을 포함한 20명 이내의 위원으로 구성한다.

해설 지역물류정책에 관한 주요 사항을 심의하기 위하여 시·도지사 소속으로 지역물류정책위원회를 둔다.

02 **물류정책기본법상 물류체계의 효율화에 관한 설명으로 옳지 않은 것은?**

① 국토교통부장관·해양수산부장관 또는 산업통상자원부장관은 효율적인 물류활동을 위하여 필요한 물류시설 및 장비를 확충할 것을 물류기업에 권고할 수 있다.
② 국토교통부장관·해양수산부장관·산업통상자원부장관 또는 시·도지사는 물류공동화를 추진하는 물류기업이나 화주기업 또는 물류 관련 단체에 대하여 예산의 범위에서 필요한 자금을 지원할 수 있다.
③ 국토교통부장관·해양수산부장관 또는 산업통상자원부장관은 물류기업이 물류자동화를 위하여 물류시설 및 장비를 확충하거나 교체하려는 경우에는 필요한 자금을 지원할 수 있다.
④ 국토교통부장관 또는 해양수산부장관은 물류표준화에 관한 업무를 효과적으로 추진하기 위하여 필요하다고 인정하는 경우에는 통계청장에게 「산업표준화법」에 따른 한국산업표준의 제정·개정 또는 폐지를 요청하여야 한다.
⑤ 국토교통부장관·해양수산부장관·산업통상자원부장관 또는 관세청장은 물류정보화를 통한 물류체계의 효율화를 위하여 필요한 시책을 강구하여야 한다.

해설 국토교통부장관 또는 해양수산부장관은 물류표준화에 관한 업무를 효과적으로 추진하기 위하여 필요하다고 인정하는 경우에는 산업통상자원부장관에게 「산업표준화법」에 따른 한국산업표준의 제정·개정 또는 폐지를 요청할 수 있다.

정답 01 ④ 02 ④

03 **물류정책기본법령상 우수물류기업의 인증에 관한 설명으로 옳지 않은 것은?**

① 국토교통부장관 및 해양수산부장관은 물류기업의 육성과 물류산업 발전을 위하여 소관 물류기업을 각각 우수물류기업으로 인증할 수 있다.
② 우수물류기업의 인증은 물류사업별로 운영할 수 있다.
③ 국토교통부장관 또는 해양수산부장관은 인증우수물류기업이 해당 요건을 유지하는지에 대하여 국토교통부와 해양수산부의 공동부령으로 정하는 바에 따라 2년마다 점검하여야 한다.
④ 국토교통부장관 또는 해양수산부장관은 소관 인증우수물류기업이 물류사업으로 인하여 공정거래위원회로부터 시정조치를 받은 경우에는 그 인증을 취소할 수 있다.
⑤ 국토교통부장관 및 해양수산부장관은 우수물류기업의 인증과 관련하여 우수물류기업 인증심사 대행기관을 공동으로 지정하여 인증신청의 접수를 하게 할 수 있다.

해설 국토교통부장관 또는 해양수산부장관은 인증우수물류기업이 해당 요건을 유지하는지에 대하여 국토교통부와 해양수산부의 공동부령으로 정하는 바에 따라 3년마다 점검하여야 한다.

04 **물류정책기본법상 국제물류주선업의 등록에 관한 설명이다. (   )에 들어갈 내용을 바르게 나열한 것은?**

- 국제물류주선업을 경영하려는 자는 국토교통부령으로 정하는 바에 따라 (ㄱ)에게 등록하여야 한다.
- 국제물류주선업의 등록을 하려는 자는 (ㄴ) 이상의 자본금(법인이 아닌 경우에는 6억 원 이상의 자산평가액을 말한다)을 보유하고 그 밖에 대통령령으로 정하는 기준을 충족하여야 한다.

① ㄱ : 시・도지사, ㄴ : 3억 원
② ㄱ : 시・도지사, ㄴ : 4억 원
③ ㄱ : 국토교통부장관, ㄴ : 3억 원
④ ㄱ : 국토교통부장관, ㄴ : 4억 원
⑤ ㄱ : 국토교통부장관, ㄴ : 5억 원

해설
- 국제물류주선업을 경영하려는 자는 국토교통부령으로 정하는 바에 따라 시・도지사에게 등록하여야 한다.
- 국제물류주선업의 등록을 하려는 자는 3억 원 이상의 자본금(법인이 아닌 경우에는 6억 원 이상의 자산평가액을 말한다)을 보유하고 그 밖에 대통령령으로 정하는 기준을 충족하여야 한다.

정답 03 ③ 04 ①

05 **물류정책기본법령상 물류관련협회 및 민·관 합동 물류지원센터에 관한 설명으로 옳지 않은 것은?**

① 국토교통부장관 또는 해양수산부장관은 물류관련협회 설립의 인가권자이다.
② 물류관련협회는 법인으로 한다.
③ 물류관련협회는 해당 사업의 진흥·발전에 필요한 통계의 작성·관리와 외국자료의 수집·조사·연구사업을 수행한다.
④ 국토교통부장관·해양수산부장관·산업통상자원부장관 및 대통령령으로 정하는 물류관련협회 및 물류관련 전문기관·단체는 공동으로 물류지원센터를 설치·운영할 수 있다.
⑤ 민·관 합동 물류지원센터의 장은 3년마다 사업계획을 수립한다.

해설 물류지원센터의 장은 매 연도별로 사업계획을 수립하고, 물류지원센터의 조직·인사·복무·보수·회계·물품·문서의 처리에 관한 규정을 정한 후, 이에 따라 사무를 처리하여야 한다(시행령 제46조).

06 **물류정책기본법령상 국가물류통합정보센터에 관한 설명으로 옳지 않은 것은?**

① 국토교통부장관은 국가물류통합정보센터를 설치·운영할 수 있다.
② 국토교통부장관은 자본금 2억 원 이상, 업무능력 등 대통령령으로 정하는 기준과 자격을 갖춘 「상법」상의 주식회사를 국가물류통합정보센터의 운영자로 지정할 수 있다.
③ 국토교통부장관은 국가물류통합정보센터운영자를 지정하려는 경우에는 미리 물류정책분과위원회의 심의를 거쳐 신청방법 등을 정하여 30일 이상 관보 또는 인터넷 홈페이지에 이를 공고하여야 한다.
④ 국토교통부장관은 국가물류통합정보센터운영자가 국가물류통합데이터베이스의 물류정보를 영리를 목적으로 사용한 경우에는 그 지정을 취소할 수 있다.
⑤ 국토교통부장관은 해양수산부장관·산업통상자원부장관 및 관세청장과 협의하여 국가물류통합정보센터운영자에게 필요한 지원을 할 수 있다.

해설 국토교통부장관은 국가물류통합정보센터운영자를 지정하려는 경우에는 미리 물류시설분과위원회의 심의를 거쳐 신청방법 등을 정하여 30일 이상 관보 또는 인터넷 홈페이지에 이를 공고하여야 한다.

정답 05 ⑤ 06 ③

07 **물류정책기본법상 환경친화적 물류의 촉진에 관한 설명으로 옳지 않은 것은?**

① 국토교통부장관·해양수산부장관 또는 시·도지사는 물류활동이 환경친화적으로 추진될 수 있도록 관련 시책을 마련하여야 한다.
② 국토교통부장관·해양수산부장관 또는 시·도지사는 물류기업 및 화주기업에 대하여 환경친화적인 운송수단으로의 전환을 권고하고 지원할 수 있다.
③ 국토교통부장관은 환경친화적 물류활동을 모범적으로 하는 물류기업과 화주기업을 우수기업으로 지정할 수 있다.
④ 국토교통부장관은 우수녹색물류실천기업 지정심사대행기관이 고의 또는 중대한 과실로 지정 기준 및 절차를 위반한 경우에는 그 지정을 취소하여야 한다.
⑤ 우수녹색물류실천기업 지정심사대행기관은 공공기관 또는 정부출연연구기관 중에서 지정한다.

해설 국토교통부장관은 우수녹색물류실천기업 지정심사대행기관이 고의 또는 중대한 과실로 지정 기준 및 절차를 위반한 경우에는 그 지정을 취소할 수 있다.

08 **물류정책기본법령상 국가물류통합정보센터운영자 또는 단위물류정보망 전담기관이 보관하는 전자문서 및 정보처리장치의 파일에 기록되어 있는 물류정보의 보관기간은?**

① 1년 ② 2년
③ 3년 ④ 4년
⑤ 5년

해설 국가물류통합정보센터운영자 또는 단위물류정보망 전담기관은 전자문서 및 정보처리장치의 파일에 기록되어 있는 물류정보를 대통령령으로 정하는 기간(2년) 동안 보관하여야 한다(법 제33조 제3항).

09 **물류시설의 개발 및 운영에 관한 법률상 복합물류터미널사업의 등록을 할 수 없는 결격사유에 해당하는 것은?**

① 「물류시설의 개발 및 운영에 관한 법률」을 위반하여 벌금형을 선고받은 후 3년이 된 자
② 「물류시설의 개발 및 운영에 관한 법률」을 위반하여 금고형을 선고받은 후 1년이 된 자
③ 「물류시설의 개발 및 운영에 관한 법률」을 위반하여 징역형을 선고받은 후 2년 6개월이 된 자
④ 법인으로서 그 임원이 아닌 직원 중에 파산선고를 받고 복권되지 아니한 자가 있는 경우
⑤ 법인으로서 그 임원 중에 「물류시설의 개발 및 운영에 관한 법률」을 위반하여 금고형의 집행유예를 선고받고 그 유예기간 종료 후 1년이 된 자가 있는 경우

정답 07 ④ 08 ② 09 ②

해설 **복합물류터미널사업 등록의 결격사유**(법 제8조) : 다음 각 호의 어느 하나에 해당하는 자는 복합물류터미널사업의 등록을 할 수 없다.

1. 이 법을 위반하여 벌금형 이상을 선고받은 후 2년이 지나지 아니한 자
2. 복합물류터미널사업 등록이 취소(제3호 가목에 해당하여 제17조 제1항 제4호에 따라 등록이 취소된 경우는 제외한다)된 후 2년이 지나지 아니한 자
3. 법인으로서 그 임원 중에 제1호 또는 다음 각 목의 어느 하나에 해당하는 자가 있는 경우
   가. 피성년후견인 또는 파산선고를 받고 복권되지 아니한 자
   나. 이 법을 위반하여 금고 이상의 실형을 선고받고 그 집행이 종료(집행이 종료된 것으로 보는 경우를 포함한다)되거나 집행이 면제된 날부터 2년이 지나지 아니한 자
   다. 이 법을 위반하여 금고 이상의 형의 집행유예를 선고받고 그 유예기간 중에 있는 자

10 물류시설의 개발 및 운영에 관한 법률상 물류시설개발종합계획의 수립에 관한 설명으로 옳지 않은 것은?

① 국토교통부장관은 물류시설개발종합계획을 5년 단위로 수립하여야 한다.
② 연계물류시설은 물류터미널 및 물류단지 등 둘 이상의 단위물류시설 등이 함께 설치된 물류시설이다.
③ 물류시설의 기능개선 및 효율화에 관한 사항은 물류시설개발종합계획에 포함되어야 한다.
④ 물류시설개발종합계획의 수립은 「물류정책기본법」에 따른 물류시설분과위원회의 심의를 거쳐야 한다.
⑤ 국토교통부장관은 물류시설개발종합계획을 수립한 때에는 이를 관보에 고시하여야 한다.

해설 물류시설개발종합계획은 물류시설을 다음의 기능별 분류에 따라 체계적으로 수립한다(법 제4조 제2항).

1. **단위물류시설** : 창고 및 집배송센터 등 물류활동을 개별적으로 수행하는 최소 단위의 물류시설
2. **집적[클러스터(Cluster)]물류시설** : 물류터미널 및 물류단지 등 둘 이상의 단위물류시설 등이 함께 설치된 물류시설
3. **연계물류시설** : 물류시설 상호 간의 화물운송이 원활히 이루어지도록 제공되는 도로 및 철도 등 교통시설

정답 **10** ②

11 **물류시설의 개발 및 운영에 관한 법률상 다음 신청을 하려고 할 때 국토교통부령으로 정하는 바에 따라 수수료를 내야 하는 사항이 아닌 것은?**

① 도시첨단물류단지의 지정의 신청
② 물류터미널의 구조 및 설비 등에 관한 공사시행인가의 신청
③ 물류창고업의 등록
④ 스마트물류센터 인증의 신청
⑤ 복합물류터미널사업의 등록신청

해설 **수수료**(법 제63조) : 다음의 어느 하나에 해당하는 신청을 하려는 자는 국토교통부령으로 정하는 바에 따라 수수료를 내야 한다.
1. 복합물류터미널사업의 등록신청 및 변경등록의 신청
2. 물류터미널의 구조 및 설비 등에 관한 공사시행인가와 변경인가의 신청
3. 물류창고업의 등록 및 변경등록
4. 스마트물류센터 인증의 신청

12 **물류시설의 개발 및 운영에 관한 법률상 형사벌의 대상이 되는 경우를 모두 고른 것은?**

ㄱ. 공사시행인가를 받지 아니하고 공사를 시행한 복합물류터미널사업자
ㄴ. 인증을 받지 않고 스마트물류센터임을 사칭한 자
ㄷ. 등록을 하지 아니하고 복합물류터미널사업을 경영한 자
ㄹ. 다른 사람에게 등록증을 대여한 복합물류터미널사업자

① ㄱ, ㄴ
② ㄴ, ㄷ
③ ㄷ, ㄹ
④ ㄱ, ㄴ, ㄹ
⑤ ㄱ, ㄴ, ㄷ, ㄹ

해설 ㄱ. 공사시행인가를 받지 아니하고 공사를 시행한 복합물류터미널사업자(1년 이하의 징역 또는 1천만 원 이하의 벌금형)
ㄴ. 인증을 받지 않고 스마트물류센터임을 사칭한 자(3천만 원 이하의 벌금형)
ㄷ. 등록을 하지 아니하고 복합물류터미널사업을 경영한 자(1년 이하의 징역 또는 1천만 원 이하의 벌금형)
ㄹ. 다른 사람에게 등록증을 대여한 복합물류터미널사업자(1년 이하의 징역 또는 1천만 원 이하의 벌금형)

정답 **11** ① **12** ⑤

13 **물류시설의 개발 및 운영에 관한 법령상 이행강제금에 관한 설명으로 옳지 않은 것은?**

① 이행강제금은 해당 토지・시설 등 재산가액(「감정평가 및 감정평가사에 관한 법률」에 따른 감정평가법인등의 감정평가액을 말함)의 100분의 20에 해당하는 금액으로 한다.
② 물류단지지정권자는 이행강제금을 부과하기 전에 이행강제금을 부과하고 징수한다는 뜻을 미리 문서로 알려야 한다.
③ 물류단지지정권자는 의무가 있는 자가 그 의무를 이행한 경우에는 이미 부과된 이행강제금 처분을 취소하여야 한다.
④ 물류단지지정권자는 이행기간이 만료한 다음 날을 기준으로 하여 매년 1회 그 의무가 이행될 때까지 반복하여 이행강제금을 부과하고 징수할 수 있다.
⑤ 물류단지지정권자는 의무를 이행하지 아니한 자에 대하여 의무이행기간이 끝난 날부터 6개월이 경과한 날까지 그 의무를 이행할 것을 명하여야 한다.

해설 물류단지지정권자는 의무가 있는 자가 그 의무를 이행한 경우에는 새로운 이행강제금의 부과를 중지하되, 이미 부과된 이행강제금은 징수하여야 한다(법 제50조의3).

14 **물류시설의 개발 및 운영에 관한 법령상 스마트물류센터의 인증에 관한 설명으로 옳은 것은?**

① 스마트물류센터 인증은 국토교통부장관과 해양수산부장관이 공동으로 한다.
② 스마트물류센터 인증의 유효기간은 인증을 받은 날부터 5년으로 한다.
③ 인증받은 자가 인증서를 반납하는 경우는 인증을 취소할 수 있는 사유에 해당한다.
④ 스마트물류센터 인증에 대한 정기 점검은 인증한 날을 기준으로 5년마다 한다.
⑤ 인증기관의 장은 점검 결과 스마트물류센터가 인증기준을 유지하고 있다고 판단하는 경우에는 인증의 유효기간을 5년의 범위 내에서 연장할 수 있다.

해설 ① 스마트물류센터 인증은 국토교통부장관이 할 수 있다.
② 스마트물류센터 인증의 유효기간은 인증을 받은 날부터 3년으로 한다.
④ 인증기관의 장은 인증한 날을 기준으로 3년마다 정기 점검을 실시해야 한다.
⑤ 인증기관의 장은 점검 결과 스마트물류센터가 인증기준을 유지하고 있다고 판단하는 경우에는 인증의 유효기간을 3년의 범위 내에서 연장할 수 있다.

정답 **13** ③ **14** ③

15 **물류시설의 개발 및 운영에 관한 법률상 물류단지의 개발 및 운영에 관한 설명으로 옳은 것은?**

① 일반물류단지는 물류단지 개발사업의 대상지역이 2개 이상의 시・도에 걸쳐 있는 경우 시・도지사가 협의하여 지정한다.

② 시・도지사는 일반물류단지를 지정하려는 때에는 「물류정책기본법」에 따른 물류시설분과위원회의 심의를 거쳐야 한다.

③ 국토교통부장관은 시장・군수・구청장의 신청을 받아 도시첨단물류단지를 지정한다.

④ 「민법」에 따라 설립된 법인은 물류단지개발사업의 시행자로 지정받을 수 없다.

⑤ 물류단지 안에서 토지분할을 하려는 자는 시장・군수・구청장의 허가를 받아야 한다.

해설 ① 일반물류단지는 물류단지 개발사업의 대상지역이 2개 이상의 시・도에 걸쳐 있는 경우 국토교통부장관이 지정한다.

② 시・도지사는 일반물류단지를 지정하려는 때에는 「물류정책기본법」에 따른 지역물류정책위원회의 심의를 거쳐야 한다.

③ 국토교통부장관 또는 시・도지사는 시장・군수・구청장의 신청을 받아 도시첨단물류단지를 지정할 수 있다.

④ 「민법」에 따라 설립된 법인은 물류단지개발사업의 시행자로 지정받을 수 있다.

16 **물류시설의 개발 및 운영에 관한 법령상 물류단지 관리기구에 해당하지 않는 것은?**

① 지방자치단체

② 「한국토지주택공사법」에 따른 한국토지주택공사

③ 「한국도로공사법」에 따른 한국도로공사

④ 「한국농어촌공사 및 농지관리기금법」에 따른 한국농어촌공사

⑤ 「지방공기업법」에 따른 지방공사

해설 **관리기구의 범위**(시행령 제43조) : 법 제53조 제1항에서 "대통령령으로 정하는 관리기구"란 다음의 어느 하나에 해당하는 자를 말한다.

1. 「한국토지주택공사법」에 따른 한국토지주택공사
2. 「한국도로공사법」에 따른 한국도로공사
3. 「한국수자원공사법」에 따른 한국수자원공사
4. 「한국농어촌공사 및 농지관리기금법」에 따른 한국농어촌공사
5. 「항만공사법」에 따른 항만공사
6. 「지방공기업법」에 따른 지방공사

정답 **15** ⑤ **16** ①

17 **화물자동차 운수사업법상 운수사업자 등이 국가로부터 재정지원을 받을 수 있는 사업에 해당하지 않는 것은?**

① 공동차고지 및 공영차고지 건설
② 화물자동차 운수사업의 정보화
③ 낡은 차량의 대체
④ 화물자동차 휴게소의 건설
⑤ 화물자동차 운수사업에 대한 홍보

해설 국가는 지방자치단체, 「공공기관의 운영에 관한 법률」에 따른 공공기관 중 대통령령으로 정하는 공공기관, 「지방공기업법」에 따른 지방공사, 사업자단체 또는 운수사업자가 다음의 어느 하나에 해당하는 사업을 수행하는 경우로서 재정적 지원이 필요하다고 인정되면 대통령령으로 정하는 바에 따라 소요자금의 일부를 보조하거나 융자할 수 있다(법 제43조).

1. 공동차고지 및 공영차고지 건설
2. 화물자동차 운수사업의 정보화
3. 낡은 차량의 대체
4. 연료비가 절감되거나 환경친화적인 화물자동차 등으로의 전환 및 이를 위한 시설·장비의 투자
5. 화물자동차 휴게소의 건설
6. 화물자동차 운수사업의 서비스 향상을 위한 시설·장비의 확충과 개선
7. 그 밖에 화물자동차 운수사업의 경영합리화를 위한 사항으로서 국토교통부령으로 정하는 사항

18 **화물자동차 운수사업법령상 화물자동차 운송주선사업에 관한 설명으로 옳지 않은 것은?**

① 국토교통부장관은 화물자동차 운송주선사업의 허가사항 변경신고를 받은 경우 그 신고를 받은 날부터 7일 이내에 신고수리 여부를 신고인에게 통지하여야 한다.
② 운송주선사업자는 자기 명의로 다른 사람에게 화물자동차 운송주선사업을 경영하게 할 수 없다.
③ 관할관청은 화물자동차 운송주선사업 허가증을 발급하였을 때에는 그 사실을 협회에 통지하고 화물자동차 운송주선사업 허가대장에 기록하여 관리하여야 한다.
④ 화물자동차 운송주선사업 허가대장은 전자적 처리가 불가능한 특별한 사유가 없으면 전자적 처리가 가능한 방법으로 작성하여 관리하여야 한다.
⑤ 관할관청은 운송주선사업자가 허가기준을 충족하지 못한 사실을 적발하였을 때에는 특별한 사유가 없으면 적발한 날부터 30일 이내에 처분을 하여야 한다.

해설 국토교통부장관은 화물자동차 운송주선사업의 허가사항 변경신고를 받은 경우 그 신고를 받은 날부터 5일 이내에 신고수리 여부를 신고인에게 통지하여야 한다.

정답 17 ⑤ 18 ①

19 **화물자동차 운수사업법령상 공제조합에 관한 설명으로 옳지 않은 것은?**

① 공제조합을 설립하려면 공제조합의 조합원 자격이 있는 자의 10분의 1 이상이 발기하고, 조합원 자격이 있는 자 200인 이상의 동의를 받아 창립총회에서 정관을 작성한 후 국토교통부장관에게 인가를 신청하여야 한다.

② 공제조합은 공제사업에 관한 사항을 심의・의결하고 그 업무집행을 감독하기 위하여 운영위원회를 둔다.

③ 국토교통부장관은 운송사업자로 구성된 협회 등이 각각 연합회를 설립하는 경우, 연합회(연합회가 설립되지 아니한 경우에는 그 업종을 말함)별로 하나의 공제조합만을 인가하여야 한다.

④ 연합회가 공제사업을 하는 경우의 운영위원회 위원은 시・도별 협회의 대표 전원을 포함하여 25명 이내로 한다.

⑤ 공제조합은 결산기마다 그 사업의 종류에 따라 공제금에 충당하기 위한 책임준비금 및 지급준비금을 계상하고 이를 적립하여야 한다.

해설 법 제51조에 따라 연합회가 공제사업을 하는 경우의 운영위원회 위원은 시・도별 협회의 대표 전원을 포함하여 37명 이내로 한다(법 제51조의4 제2항).

20 **화물자동차 운수사업법령상 화물자동차 운송가맹사업 등에 관한 설명으로 옳지 않은 것은?**

① 운송사업자가 국토교통부령으로 정하는 바에 따라 운송가맹사업자의 화물정보망을 이용하여 운송을 위탁하면 직접 운송한 것으로 본다.

② 국토교통부장관은 운송가맹사업자가 거짓이나 그 밖의 부정한 방법으로 화물자동차 운송가맹사업 허가를 받은 경우 6개월 이내의 기간을 정하여 그 사업의 전부 또는 일부의 정지를 명할 수 있다.

③ 화물취급소의 설치 및 폐지는 운송가맹사업자의 허가사항 변경신고의 대상이다.

④ 운송사업자가 다른 운송사업자나 다른 운송사업자에게 소속된 위・수탁차주에게 화물운송을 위탁하는 경우에는 운송가맹 사업자의 화물정보망을 이용할 수 있다.

⑤ 감차 조치, 사업 전부정지 또는 사업 일부정지의 대상이 되는 화물자동차가 2대 이상인 경우에는 화물운송에 미치는 영향을 고려하여 해당 처분을 분할하여 집행할 수 있다.

해설 국토교통부장관은 운송가맹사업자가 거짓이나 그 밖의 부정한 방법으로 화물자동차 운송가맹사업 허가를 받은 경우 그 허가를 취소하여야 한다.

정답 19 ④ 20 ②

21 **화물자동차 운수사업법상 적재물배상보험등의 의무 가입에 관한 설명이다. (   )에 들어갈 내용을 바르게 나열한 것은?**

최대 적재량이 (ㄱ)톤 이상이거나 총중량이 (ㄴ)톤 이상인 화물자동차 중 국토교통부령으로 정하는 화물자동차를 소유하고 있는 운송사업자는 적재물사고로 발생한 손해배상 책임을 이행하기 위하여 대통령령으로 정하는 바에 따라 적재물배상 책임보험 또는 공제에 가입하여야 한다.

① ㄱ : 2.5, ㄴ : 2.5
② ㄱ : 2.5, ㄴ : 5
③ ㄱ : 2.5, ㄴ : 7
④ ㄱ : 3, ㄴ : 5
⑤ ㄱ : 5, ㄴ : 10

해설 다음의 어느 하나에 해당하는 자는 손해배상 책임을 이행하기 위하여 대통령령으로 정하는 바에 따라 적재물배상보험등에 가입하여야 한다(법 제35조).

1. 최대 적재량이 5톤 이상이거나 총중량이 10톤 이상인 화물자동차 중 국토교통부령으로 정하는 화물자동차를 소유하고 있는 운송사업자
2. 국토교통부령으로 정하는 화물을 취급하는 운송주선사업자
3. 운송가맹사업자

22 **화물자동차 운수사업법상 위·수탁계약의 갱신에 관한 설명이다. (   )에 들어갈 내용을 바르게 나열한 것은?**

운송사업자가 위·수탁계약기간 만료 전 (ㄱ)일부터 (ㄴ)일까지 사이에 위·수탁차주에게 계약 조건의 변경에 대한 통지나 위·수탁계약을 갱신하지 아니한다는 사실의 통지를 서면으로 하지 아니한 경우에는 계약 만료 전의 위·수탁계약과 같은 조건으로 다시 위·수탁계약을 체결한 것으로 본다. 다만, 위·수탁차주가 계약이 만료되는 날부터 30일 전까지 이의를 제기하거나 운송사업자나 위·수탁차주에게 천재지변이나 그 밖에 대통령령으로 정하는 부득이한 사유가 있는 경우에는 그러하지 아니하다.

① ㄱ : 150, ㄴ : 20
② ㄱ : 150, ㄴ : 30
③ ㄱ : 150, ㄴ : 60
④ ㄱ : 180, ㄴ : 60
⑤ ㄱ : 180, ㄴ : 90

정답 21 ⑤ 22 ③

해설 위・수탁계약의 갱신 등(법 제40조의2 제3항) : 운송사업자가 거절통지를 하지 아니하거나 위・수탁계약기간 만료 전 15일부터 60일까지 사이에 위・수탁차주에게 계약 조건의 변경에 대한 통지나 위・수탁계약을 갱신하지 아니한다는 사실의 통지를 서면으로 하지 아니한 경우에는 계약 만료 전의 위・수탁계약과 같은 조건으로 다시 위・수탁계약을 체결한 것으로 본다. 다만, 위・수탁차주가 계약이 만료되는 날부터 30일 전까지 이의를 제기하거나 운송사업자나 위・수탁차주에게 천재지변이나 그 밖에 대통령령으로 정하는 부득이한 사유가 있는 경우에는 그러하지 아니하다.

23 화물자동차 운수사업법령상 운수종사자 교육에 관한 설명으로 옳지 않은 것은?

① 관할관청은 운수종사자 교육을 실시하는 때에는 운수종사자 교육계획을 수립하여 운수사업자에게 교육을 시작하기 1개월 전까지 통지하여야 한다.
② 운전적성정밀검사 중 특별검사 대상자인 운수종사자 교육의 교육시간은 8시간으로 한다.
③ 「물류정책기본법」에 따라 이동통신단말장치를 장착해야 하는 위험물질 운송차량을 운전하는 사람에 대한 교육시간은 8시간으로 한다.
④ 운수종사자 교육을 실시할 때에 교육방법 및 절차 등 교육 실시에 필요한 사항은 한국교통안전공단 이사장이 정한다.
⑤ 지정된 운수종사자 연수기관은 운수종사자 교육 현황을 매달 20일까지 시・도지사에게 제출하여야 한다.

해설 운송종사자 교육을 실시할 때에 교육방법 및 절차 등 교육 실시에 필요한 사항은 관할관청이 정한다(시행규칙 제53조 제4항).

24 화물자동차 운수사업법령상 공영차고지 설치 대상 공공기관에 해당하지 않는 것은?

① 「인천국제공항공사법」에 따른 인천국제공항공사
② 「한국도로공사법」에 따른 한국도로공사
③ 「한국철도공사법」에 따른 한국철도공사
④ 「한국토지주택공사법」에 따른 한국토지주택공사
⑤ 「한국가스공사법」에 따른 한국가스공사

정답 **23** ④ **24** ⑤

해설 "공영차고지"란 화물자동차 운수사업에 제공되는 차고지로서 다음의 하나에 해당하는 자가 설치한 것을 말한다.

가. 특별시장·광역시장·특별자치시장·도지사·특별자치도지사(이하 "시·도지사"라 한다)

나. 시장·군수·구청장(자치구의 구청장을 말한다. 이하 같다)

다. 「공공기관의 운영에 관한 법률」에 따른 공공기관 중 대통령령으로 정하는 공공기관

> 1. 「인천국제공항공사법」에 따른 인천국제공항공사
> 2. 「한국공항공사법」에 따른 한국공항공사
> 3. 「한국도로공사법」에 따른 한국도로공사
> 4. 「한국철도공사법」에 따른 한국철도공사
> 5. 「한국토지주택공사법」에 따른 한국토지주택공사
> 6. 「항만공사법」에 따른 항만공사

라. 「지방공기업법」에 따른 지방공사

25 화물자동차 운수사업법령상 운송사업자의 준수사항으로 옳지 않은 것은?

① 개인화물자동차 운송사업자는 주사무소가 있는 특별시·광역시·특별자치시 또는 도와 이와 맞닿은 특별시·광역시·특별자치시 또는 도 외의 지역에 상주하여 화물자동차 운송사업을 경영하지 아니하여야 한다.

② 밤샘주차하는 경우에는 화물자동차 휴게소에 주차할 수 없다.

③ 최대 적재량 1.5톤 이하의 화물자동차의 경우에는 주차장, 차고지 또는 지방자치 단체의 조례로 정하는 시설 및 장소에서만 밤샘주차하여야 한다.

④ 화주로부터 부당한 운임 및 요금의 환급을 요구받았을 때에는 환급하여야 한다.

⑤ 개인화물자동차 운송사업자는 자기 명의로 운송계약을 체결한 화물에 대하여 다른 운송사업자에게 수수료나 그 밖의 대가를 받고 그 운송을 위탁하거나 대행하게 할 수 없다.

해설 운송사업자의 준수사항(시행규칙 제21조 제3호) : 밤샘주차(0시부터 4시까지 사이에 하는 1시간 이상의 주차를 말한다)하는 경우에는 다음의 하나에 해당하는 시설 및 장소에서만 할 것

> 가. 해당 운송사업자의 차고지
> 나. 다른 운송사업자의 차고지
> 다. 공영차고지
> 라. 화물자동차 휴게소
> 마. 화물터미널
> 바. 그 밖에 지방자치단체의 조례로 정하는 시설 또는 장소

정답 25 ②

26 화물자동차 운수사업법령상 관할관청이 화물자동차 운송사업의 임시허가 신청을 받았을 때 확인해야 하는 사항이 아닌 것은?

① 화물자동차의 등록 여부
② 차고지 설치 여부 등 허가기준에 맞는지 여부
③ 화물운송 종사자격 보유 여부
④ 화물운송사업자의 채권·채무 여부
⑤ 적재물배상보험등의 가입 여부

해설 **허가절차**(시행규칙 제7조 제2항) : 관할관청은 제1항에 따라 화물자동차 운송사업 예비허가증을 발급하였을 때에는 신청일부터 20일 이내에 다음의 사항을 확인한 후 별지 제4호서식의 화물자동차 운송사업 허가증을 발급하여야 한다.

1. 법 제4조 각 호의 결격사유의 유무
2. 화물자동차의 등록 여부
3. 차고지 설치 여부 등 제13조에 따른 허가기준에 맞는지 여부
4. 법 제35조에 따른 적재물배상보험 등의 가입 여부
5. 화물자동차 운전업무에 종사하는 자의 화물운송 종사자격 보유 여부

27 항만운송사업법령상 항만운송 분쟁협의회에 관한 설명이다. ( )에 들어갈 내용을 바르게 나열한 것은?

- 항만운송사업자 단체, 항만운송근로자 단체 및 그 밖에 대통령령으로 정하는 자는 항만운송과 관련된 분쟁의 해소 등에 필요한 사항을 협의하기 위하여 (ㄱ)로 항만운송 분쟁협의회를 구성·운영할 수 있다.
- 항만운송 분쟁협의회의 회의는 재적위원 (ㄴ)의 출석으로 개의하고, 출석위원 (ㄷ)의 찬성으로 의결한다.

① ㄱ : 업종별, ㄴ : 과반수, ㄷ : 과반수
② ㄱ : 업종별, ㄴ : 과반수, ㄷ : 3분의 2 이상
③ ㄱ : 업종별, ㄴ : 3분의 2 이상, ㄷ : 3분의 2 이상
④ ㄱ : 항만별, ㄴ : 과반수, ㄷ : 3분의 2 이상
⑤ ㄱ : 항만별, ㄴ : 3분의 2 이상, ㄷ : 3분의 2 이상

해설
- 항만운송사업자 단체, 항만운송근로자 단체 및 그 밖에 대통령령으로 정하는 자는 항만운송과 관련된 분쟁의 해소 등에 필요한 사항을 협의하기 위하여 항만별로 항만운송 분쟁협의회를 구성·운영할 수 있다.
- 항만운송 분쟁협의회의 회의는 재적위원 2/3 이상의 출석으로 개의하고, 출석위원 2/3 이상의 찬성으로 의결한다.

정답 **26** ④ **27** ⑤

28 항만운송사업법상 과태료 부과 대상은?

① 항만운송사업자로서 관리청의 자료 제출 요구에 거짓으로 자료를 제출한 자
② 선박연료공급업을 등록한 자로서 사업계획 변경신고를 하지 아니하고 장비를 추가한 자
③ 해양수산부장관에게 신고하지 아니하고 선용품공급업을 한 자
④ 항만운송사업자로서 대통령령으로 정하는 부득이한 사유로 등록을 하지 아니한 항만에서 미리 신고를 하지 아니하고 일시적 영업행위를 한 자
⑤ 관리청으로부터 사업정지처분을 받았음에도 해당 기간 동안 사업을 영위한 항만운송사업자

해설 ① 항만운송사업자로서 관리청의 자료 제출 요구에 거짓으로 자료를 제출한 자(200만 원 이하의 과태료처분)
② 선박연료공급업을 등록한 자로서 사업계획 변경신고를 하지 아니하고 장비를 추가한 자(1년 이하의 징역 또는 1천만 원 이하의 벌금형)
③ 해양수산부장관에게 신고하지 아니하고 선용품공급업을 한 자(1년 이하의 징역 또는 1천만 원 이하의 벌금형)
④ 항만운송사업자로서 대통령령으로 정하는 부득이한 사유로 등록을 하지 아니한 항만에서 미리 신고를 하지 아니하고 일시적 영업행위를 한 자(500만 원 이하의 벌금형)
⑤ 관리청으로부터 사업정지처분을 받았음에도 해당 기간 동안 사업을 영위한 항만운송사업자(300만 원 이하의 벌금형)

29 항만운송사업법령상 항만운송종사자 등에 대한 교육훈련기관에 관한 설명으로 옳지 않은 것은?

① 교육훈련기관은 매 사업연도의 세입·세출결산서를 다음 해 3월 31일까지 해양수산부장관에게 제출하여야 한다.
② 교육훈련기관은 법인으로 한다.
③ 교육훈련기관은 다음 해의 사업계획 및 예산안을 매년 11월 30일까지 해양수산부장관에게 제출하여야 한다.
④ 교육훈련기관의 운영에 필요한 경비는 대통령령으로 정하는 바에 따라 국가가 부담한다.
⑤ 교육훈련기관을 설립하려는 자는 해양수산부장관의 설립인가를 받아야 한다.

해설 교육훈련기관의 운영에 필요한 경비는 대통령령으로 정하는 바에 따라 항만운송사업자, 항만운송관련사업자 및 해당 교육훈련을 받는 자가 부담한다(법 제27조의4 제5항).

정답 28 ① 29 ④

30 **유통산업발전법령상 유통업상생발전협의회(이하 '협의회'라 함)에 관한 설명으로 옳지 않은 것은?**

① 대규모점포 및 준대규모점포와 지역중소유통기업의 균형발전을 협의하기 위하여 특별자치시장·시장·군수·구청장 소속으로 협의회를 둔다.

② 협의회의 회의는 재적위원 과반수의 출석으로 개의하고, 출석위원 3분의 2 이상의 찬성으로 의결한다.

③ 회장은 회의를 소집하려는 경우에는 긴급한 경우나 부득이한 사유가 있는 경우를 제외하고 회의 개최일 5일 전까지 회의의 날짜·시간·장소 및 심의 안건을 각 위원에게 통지하여야 한다.

④ 협의회의 사무를 처리하기 위하여 간사 1명을 두되, 간사는 유통업무를 담당하는 공무원으로 한다.

⑤ 협의회는 대형유통기업과 지역중소유통기업의 균형발전을 촉진하기 위하여 대규모점포 및 준대규모점포에 대한 영업시간의 제한 등에 관한 사항에 대해 특별자치시장·시장·군수·구청장에게 의견을 제시할 수 있다.

해설 협의회의 회의는 재적위원 3분의 2 이상의 출석으로 개의하고, 출석위원 3분의 2 이상의 찬성으로 의결한다.

31 **유통산업발전법상 대규모점포등을 등록하는 경우 의제되는 허가등에 해당하지 않는 것은?**

①「담배사업법」에 따른 소매인의 지정

②「식품위생법」에 따른 집단급식소 설치·운영의 신고

③「대기환경보전법」에 따른 배출시설 설치의 허가 또는 신고

④「평생교육법」에 따른 평생교육시설 설치의 신고

⑤「외국환거래법」에 따른 외국환업무의 등록

해설 허가 등의 의제사항(법 제9조)

1. 「영화 및 비디오물의 진흥에 관한 법률」에 따른 비디오물제작업·비디오물배급업, 「게임산업진흥에 관한 법률」에 따른 게임제작업·게임배급업·게임제공업 또는 「음악산업진흥에 관한 법률」에 따른 음반·음악영상물제작업 및 음반·음악영상물배급업의 신고 또는 등록
2. 「담배사업법」 제16조 제1항에 따른 소매인의 지정
3. 「식품위생법」 제37조 제1항 또는 제4항에 따른 식품의 제조업·가공업·판매업 또는 식품접객업의 허가 또는 신고로서 대통령령으로 정하는 것
4. 「식품위생법」 제88조 제1항에 따른 집단급식소 설치·운영의 신고
5. 「관광진흥법」 제5조 제4항에 따른 유원시설업(遊園施設業)의 신고
6. 「평생교육법」 제35조 제2항 전단에 따른 평생교육시설 설치의 신고
7. 「체육시설의 설치·이용에 관한 법률」 제20조에 따른 체육시설업의 신고

정답 30 ② 31 ③

8. 「전자상거래 등에서의 소비자보호에 관한 법률」 제12조 제1항에 따른 통신판매업자의 신고
9. 「공연법」 제9조 제1항에 따른 공연장의 등록
10. 「옥외광고물 등의 관리와 옥외광고산업 진흥에 관한 법률」 제3조에 따른 광고물 또는 게시시설의 허가 또는 신고
11. 「외국환거래법」 제8조에 따른 외국환업무의 등록
12. 「주류 면허 등에 관한 법률」 제9조에 따른 주류 판매업면허 승계의 신고
13. 「축산물 위생관리법」 제24조에 따른 축산물판매업의 신고
14. 「물환경보전법」 제33조에 따른 배출시설 설치의 허가 또는 신고
15. 「폐기물관리법」 제17조 제2항에 따른 사업장폐기물배출자의 신고
16. 「약사법」 제20조에 따른 약국 개설의 등록
17. 「의료기사 등에 관한 법률」 제12조에 따른 안경업소개설의 등록

32 유통산업발전법령상 공동집배송센터의 지정취소사유에 해당하는 것을 모두 고른 것은?

ㄱ. 공동집배송센터의 지정을 받은 날부터 정당한 사유 없이 3년 이내에 시공을 하지 아니하는 경우
ㄴ. 공동집배송센터사업자가 파산한 경우
ㄷ. 공동집배송센터의 시공 후 공사가 6월 이상 중단된 경우
ㄹ. 공동집배송센터의 지정을 받은 날부터 5년 이내에 준공되지 아니한 경우

① ㄱ, ㄴ
② ㄷ, ㄹ
③ ㄱ, ㄴ, ㄷ
④ ㄴ, ㄷ, ㄹ
⑤ ㄱ, ㄴ, ㄷ, ㄹ

해설 산업통상자원부장관은 다음의 어느 하나에 해당하는 경우에는 공동집배송센터의 지정을 취소할 수 있다. 다만, 제1호에 해당하는 경우에는 그 지정을 취소하여야 한다(법 제33조 제2항).

1. 거짓이나 그 밖의 부정한 방법으로 공동집배송센터의 지정을 받은 경우
2. 공동집배송센터의 지정을 받은 날부터 정당한 사유 없이 3년 이내에 시공을 하지 아니하는 경우
3. 제1항에 따른 시정명령을 이행하지 아니하는 경우
4. 공동집배송센터사업자의 파산 등 대통령령으로 정하는 사유로 정상적인 사업추진이 곤란하다고 인정되는 경우

가. 공동집배송센터사업자가 파산한 경우
나. 공동집배송센터사업자인 법인, 조합 등이 해산된 경우
다. 공동집배송센터의 시공 후 정당한 사유 없이 공사가 6개월 이상 중단된 경우
라. 공동집배송센터의 지정을 받은 날부터 5년 이내에 준공되지 아니한 경우

정답 32 ⑤

33 **유통산업발전법령상 대규모점포등과 관련한 유통분쟁조정위원회(이하 '위원회'라 함)의 분쟁 조정에 관한 설명으로 옳지 않은 것은?**

① 대규모점포등과 관련한 분쟁의 조정신청을 받은 특별자치시・시・군・구의 위원회는 부득이 한 사정이 없으면 신청을 받은 날부터 60일 이내에 이를 심사하여 조정안을 작성하여야 한다.
② 시(특별자치시는 제외)・군・구의 위원회의 조정안에 불복하는 자는 조정안을 제시받은 날부터 15일 이내에 시・도의 위원회에 조정을 신청할 수 있다.
③ 위원회는 동일한 시기에 동일한 사안에 대하여 다수의 분쟁조정이 신청된 경우에는 그 다수의 분쟁조정신청을 통합하여 조정할 수 있다.
④ 위원회는 유통분쟁조정신청을 받은 경우 신청일부터 10일 이내에 신청인외의 관련 당사자에게 분쟁의 조정신청에 관한 사실과 그 내용을 통보하여야 한다.
⑤ 위원회는 분쟁의 성질상 위원회에서 조정함이 적합하지 아니하다고 인정하거나 부정한 목적으로 신청되었다고 인정하는 경우에는 조정을 거부할 수 있다.

해설 위원회는 유통분쟁조정신청을 받은 경우 신청일부터 3일 이내에 신청인외의 관련 당사자에게 분쟁의 조정신청에 관한 사실과 그 내용을 통보하여야 한다(시행령 제16조).

34 **유통산업발전법령상 지정유통연수기관의 지정기준으로 옳은 것을 모두 고른 것은?**

ㄱ. 사무실 면적 : 16m^2 이상
ㄴ. 강의실 면적 : 50m^2 이상
ㄷ. 휴게실 면적 : 7m^2 이상
ㄹ. 연수실적 : 지정신청일 기준으로 1년 이내에 2회(1회당 20시간 이상) 이상의 유통연수강좌를 실시한 실적이 있을 것

① ㄱ, ㄴ
② ㄱ, ㄹ
③ ㄴ, ㄷ
④ ㄴ, ㄷ, ㄹ
⑤ ㄱ, ㄴ, ㄷ, ㄹ

해설 ✻ 유통연수기관의 지정기준(시행령 제9조의2 관련)

구분	구비요건
시설기준	가. 강의실 면적 : 100m^2 이상 나. 사무실 면적 : 16m^2 이상 다. 휴게실 면적 : 10m^2 이상
연수실적	지정신청일 기준으로 1년 이내에 2회(1회당 20시간 이상) 이상의 유통연수강좌를 실시한 실적이 있을 것

정답 33 ④ 34 ②

35 철도사업법상 철도사업자가 공동사용시설관리자와 협정을 체결하여 공동 활용할 수 있는 공동 사용시설로서 옳지 않은 것은?

① 철도역 및 환승시설을 제외한 역 시설
② 철도차량의 정비·검사·점검·보관 등 유지관리를 위한 시설
③ 사고의 복구 및 구조·피난을 위한 설비
④ 열차의 조성 또는 분리 등을 위한 시설
⑤ 철도 운영에 필요한 정보통신 설비

해설 철도시설의 공동 활용(법 제31조) : 공공교통을 목적으로 하는 선로 및 다음의 공동 사용시설을 관리하는 자는 철도사업자가 그 시설의 공동 활용에 관한 요청을 하는 경우 협정을 체결하여 이용할 수 있게 하여야 한다.
1. 철도역 및 역 시설(물류시설, 환승시설 및 편의시설 등을 포함한다)
2. 철도차량의 정비·검사·점검·보관 등 유지관리를 위한 시설
3. 사고의 복구 및 구조·피난을 위한 설비
4. 열차의 조성 또는 분리 등을 위한 시설
5. 철도 운영에 필요한 정보통신 설비

36 철도사업법령상 민자철도의 운영평가 방법 등에 관한 설명으로 옳지 않은 것은?

① 국토교통부장관이 민자철도사업자에게 필요한 조치를 명한 경우 해당 민자철도사업자는 15일 이내에 조치계획을 마련하여 국토교통부장관에게 제출해야 한다.
② 국토교통부장관은 운영평가를 실시하려면 매년 3월 31일까지 소관 민자철도에 대한 평가일정, 평가방법 등을 포함한 운영평가계획을 수립한 후 평가를 실시하기 2주 전까지 민자철도사업자에게 통보해야 한다.
③ 국토교통부장관은 운영평가 결과에 따라 민자철도에 관한 유지·관리 및 체계 개선 등 필요한 조치를 민자철도사업자에게 명할 수 있다.
④ 국토교통부장관은 운영평가를 위하여 필요한 경우에는 관계 공무원, 철도 관련 전문가 등으로 민자철도 운영 평가단을 구성·운영할 수 있다.
⑤ 국토교통부장관이 정하여 고시하는 민자철도 운영평가 기준에는 민자철도 운영의 효율성이 포함되어야 한다.

해설 국토교통부장관이 민자철도사업자에게 필요한 조치를 명한 경우 해당 민자철도사업자는 30일 이내에 조치계획을 마련하여 국토교통부장관에게 제출해야 한다(시행규칙 제17조 제4항).

정답 35 모두 정답 36 ①

37 철도사업법령상 전용철도를 운영하는 자가 등록사항을 변경하려는 경우 국토교통부장관에게 등록을 하지 않아도 되는 경미한 변경에 해당하지 않는 것은?

① 운행시간을 연장한 경우

② 운행횟수를 단축한 경우

③ 10분의 1의 범위 안에서 철도차량 대수를 변경한 경우

④ 주사무소・철도차량기지를 제외한 운송관련 부대시설을 변경한 경우

⑤ 9월의 범위 안에서 전용철도 건설기간을 조정한 경우

해설 법 제34조 제1항 단서에서 "대통령령으로 정하는 경미한 변경의 경우"란 다음의 하나에 해당하는 경우를 말한다(시행령 제12조 제1항).

1. 운행시간을 연장 또는 단축한 경우
2. 배차간격 또는 운행횟수를 단축 또는 연장한 경우
3. 10분의 1의 범위 안에서 철도차량 대수를 변경한 경우
4. 주사무소・철도차량기지를 제외한 운송관련 부대시설을 변경한 경우
5. 임원을 변경한 경우(법인에 한한다)
6. 6월의 범위 안에서 전용철도 건설기간을 조정한 경우

38 철도사업법상 국토교통부장관이 철도시설물의 점용허가를 취소할 수 있는 경우가 아닌 것은?

① 점용허가를 받은 자가 점용허가 목적과 다른 목적으로 철도시설을 점용한 경우

② 시설물의 종류와 경영하는 사업이 철도사업에 지장을 주게 된 경우

③ 점용허가를 받은 자가 점용허가를 받은 날부터 6개월 이내에 해당 점용허가의 목적이 된 공사에 착수하지 아니한 경우

④ 점용허가를 받은 자가 점용료를 납부하지 아니하는 경우

⑤ 점용허가를 받은 자가 스스로 점용허가의 취소를 신청하는 경우

해설 **점용허가의 취소**(법 제42조의2) : 국토교통부장관은 제42조 제1항에 따른 점용허가를 받은 자가 다음의 어느 하나에 해당하면 그 점용허가를 취소할 수 있다.

1. 점용허가 목적과 다른 목적으로 철도시설을 점용한 경우
2. 제42조 제2항을 위반하여 시설물의 종류와 경영하는 사업이 철도사업에 지장을 주게 된 경우
3. 점용허가를 받은 날부터 1년 이내에 해당 점용허가의 목적이 된 공사에 착수하지 아니한 경우. 다만, 정당한 사유가 있는 경우에는 1년의 범위에서 공사의 착수기간을 연장할 수 있다.
4. 점용료를 납부하지 아니하는 경우
5. 점용허가를 받은 자가 스스로 점용허가의 취소를 신청하는 경우

정답 37 ⑤ 38 ③

39 **농수산물 유통 및 가격안정에 관한 법령상 중도매업의 허가에 관한 설명으로 옳지 않은 것은?**

① 도매시장법인의 주주 및 임직원으로서 해당 도매시장법인의 업무와 경합되는 중도매업을 하려는 자는 중도매업의 허가를 받을 수 없다.

② 최저거래금액 및 거래대금의 지급보증을 위한 보증금 등 도매시장 개설자가 업무규정으로 정한 허가조건을 갖추지 못한 자는 중도매업의 허가를 받을 수 없다.

③ 법인인 중도매인은 임원이 파산선고를 받고 복권되지 아니한 때에는 그 임원을 지체 없이 해임하여야 한다.

④ 도매시장 개설자는 법인인 중도매인에게 중도매업의 허가를 하는 경우 3년 이상 10년 이하의 범위에서 허가 유효기간을 설정할 수 있다.

⑤ 도매시장의 개설자는 갱신허가를 한 경우에는 유효기간이 만료되는 허가증을 회수한 후 새로운 허가증을 발급하여야 한다.

해설 도매시장 개설자는 중도매업의 허가를 하는 경우 5년 이상 10년 이하의 범위에서 허가 유효기간을 설정할 수 있다. 다만, 법인이 아닌 중도매인은 3년 이상 10년 이하의 범위에서 허가 유효기간을 설정할 수 있다(법 제25조 제6항).

40 **농수산물 유통 및 가격안정에 관한 법령상 농수산물공판장(이하 '공판장'이라 함)에 관한 설명으로 옳지 않은 것은?**

① 농림수협등, 생산자단체 또는 공익법인이 공판장의 개설승인을 받으려면 공판장 개설승인 신청서에 업무규정과 운영관리계획서 등 승인에 필요한 서류를 첨부하여 시・도지사에게 제출하여야 한다.

② 공판장 개설자가 업무규정을 변경한 경우에는 이를 시・도지사에게 보고하여야 한다.

③ 생산자단체가 구성원의 농수산물을 공판장에 출하하는 경우 공판장의 개설자에게 산지유통인으로 등록하여야 한다.

④ 공판장의 경매사는 공판장의 개설자가 임면한다.

⑤ 공판장의 중도매인은 공판장의 개설자가 지정한다.

해설 ③ 농수산물을 수집하여 공판장에 출하하려는 자는 공판장의 개설자에게 산지유통인으로 등록하여야 한다(법 제44조 제3항).

정답 39 ④ 40 ③

저자 | 전표훈

[학력]
- 경영학 박사

[경력]
- (현) (사)한국물류혁신학회 운영위원
- (현) (사)한국유통학회 회원
- (현) (사)한국광고학회 회원
- (현) EBS 물류관리사 화물운송론, 물류관련법규 대표강사
- (현) 에듀윌 공기업·공무원 경영학 대표강사
- (현) 물류산업진흥재단 물류관련법규 대표강사
- (전) 한국산업인력공단 기업발굴협의회 위원
- (전) 한국가스공사 외부전문위원
- (전) 인하대, 이화여대, 한국항공대, 한국산업기술대, 한성대, 대전대, 서경대 등 강의
- (전) CJ대한통운, 현대글로비스, 물류산업재단, 신영와코루, 인천서구청 등 강의
- (전) 고용노동부 지역산업맞춤형 물류인력양성 교수

[저서]
- EBS 물류관리사 단기완성(화물운송론/물류법규, 신지원, 2017~2025)
- 물류관리사 물류관련법규(신지원, 2017~2025)
- 물류관리사 벼락치기(신지원, 2017~2025)
- 유통관리사 단기완성(유통마케팅/상권분석, 신지원, 2017)
- 유통관리사 한권합격(신지원, 2022~2025)
- NCS 공기업 경영학(에듀윌)(2023)

2025
물류관리사 물류관련법규

인　쇄　2025년 1월 5일
발　행　2025년 1월 10일
편　저　전표훈
발행인　최현동
발행처　신지원
주　소　07532 서울특별시 강서구 양천로 551-17, 813호(가양동, 한화비즈메트로 1차)
전　화　(02) 2013-8080
팩　스　(02) 2013-8090
등　록　제16-1242호
교재구입문의　(02) 2013-8080~1

정가　27,000원
ISBN　979-11-6633-509-9 13320

물류
관리사